한 권으로 끝내는
디자인 창업&경영에 대한 모든 것

한 권으로 끝내는

디자인

창업&경영에 대한

모든 것

김호곤 감수

셀 퍼킨스 지음 | 서동춘 옮김

시그마북스
Sigma Books

한 권으로 끝내는
디자인 창업&경영에 대한 모든 것

발행일 2012년 11월 5일 초판 1쇄
감　수 김호곤
지은이 셸 퍼킨스
옮긴이 서동춘
발행인 강학경
발행처 시그마북스
마케팅 정제용, 이정은
에디터 권경자, 양정희, 박주희
디자인 김세아, 김수진
등록번호 제10-965호
주소 서울특별시 영등포구 양평로 22길 21 선유도코오롱디지털타워 A404호
전자우편 sigma@spress.co.kr
홈페이지 http://www.sigmabooks.co.kr
전화 (02) 2062-5288~9
팩시밀리 (02) 323-4197
ISBN 978-89-8445-495-8(03320)

Talent is not enough: Business Secrets For Designers, Second Edition

디자인 기술이 상품이 된 시대에, 사업을 위해 디자인 기술에 집중할 필요가 있다. 이에 셀 퍼킨스가 야심찬 디자이너를 위한 필독서를 집필했다.
— **마티 뉴마이어**(Marty Neumeier), 뉴트론 LLC 회장이자, 『브랜드 반란을 꿈꾸다』와 『브랜드 갭』의 저자

나같이 뇌가 한쪽으로만 발달한 우뇌 디자이너에게 이토록 유익한 좌뇌 비즈니스 책은 일찍이 없었다. 이제 양쪽 뇌를 올바로 갖춤으로써, 나는 말뜻을 새겨 말할 수 있게 되었다. 내 제자들과 내 회사의 모든 디자이너에게 셀의 책을 구입하라고 권장한다.
— **브라이언 콜린스**(Brian Collins), 브랜드 통합 그룹, 오길비&매더 월드와이드(Ogilvy & Mather Worldwide)의 최고 창의성 책임자(Chief Creative Officer)

이 책은 디자이너를 위한 환상적인 경영서다. 이 책엔 디자이너에게 필요한 실무 지식이 조목조목 실려 있다. 셀은 그런 정보를 간결하고 실행하기 쉽게 다듬는 장인적인 일을 해냈다. 이 책은 비즈니스에서 성공하길 원하는 모든 디자이너의 필독서라 할 수 있다.
— **빌리 피타드**(Billy Pittard), 피타드 사(Pittard Inc)의 회장

이 책은 내가 ATTIK를 위해 세 개의 스튜디오를 설립하기 전에 읽었으면 원이 없었을 아주 간결하고 알찬 안내서다. 셀은 우리가 수년 동안 시행착오를 거듭한 후에나 터득할 수 있는 많은 지식을 포착해냈다. 독립 디자이너나 에이전시 소유자라면 늘 곁에 두고 읽어야 할 안내서다.
— **윌 트래비스**(Will Travis), ATTIK 미국 지사장

많은 디자인 회사와 디자이너들은 셀의 건전한 비즈니스 전망과 조언으로 적잖은 이익을 얻고 있다. 이제 그는 그런 통찰력을 책으로 엮었다. 이 책을 읽게 될 행운을 누리는 독자들은 성공에 필수적인 알토란 같은 메시지를 흡수할 것이다. 셀의 이런 수고는 모든 디자이너로부터 '감사'의 인사를 받을 자격이 있다.
— **로즈 골드파브**(Roz Goldfarb), 로즈 골드파브 협회의 협회장이자, 『그래픽 디자이너(Careers by design)』의 저자

대학에서 배우지 못했던 디자인 회사를 운영하는 데 필요한 지식을 얻기 위해 페이지마다 책 갈피를 꽂아야 할 운명의 책이다.
— **미첼 목**(Mitchell Mauk), 목 디자인 사장

디자이너들이 디자인과 관련된 문제를 해결하는 데는 남다른 창의성을 발휘하지만, 회사를 창업하거나 운영하는 데에 필요한 기본적인 비즈니스 지식은 턱없이 부족한 것이 현실이다. 당신이 학생이든, 디자이너든, 디자인 회사의 소유자든, 셀 퍼킨스의 이 책은 여러분 모두에게 꼭 필요한 디자인 실무에 관한 종합 안내서일 것이다.
— **제라드 퍼버쇼**(Gerard Furbershaw), 루나 디자인(Lunar Design)의 공동 설립자이자 최고집행책임자(COO)

자신감과 재능을 겸비한 멘토 퍼킨스가 전략과 문제가 난무하는 바다에서 순항할 수 있는 나침반을 만들어냈다.
— 〈커뮤니케이션 아트(Communication Arts Magazine)〉지

이 책은 환상적이다. 디자이너라면 반드시 소장해야 할 책이다. 셀답게 정보가 간결명료하게 전달되고 있다. 우리 모두에게 필요한 귀중한 책이다.
— 롭 빈더(Rob Bynder), 로버트 빈더 디자인 사장

디자이너라면 알아야 할 업계의 모든 문제를 다룬 위대한 개괄서.
— 나단 쉐드로프(Nathan Shedroff), 『경험 디자인(Experience Design)』과 『의미 만들기(Making Meaning)』의 저자

셀 퍼킨스는 모든 디자이너에게 필수적인 핵심 통찰력과 기술을 함께 묶었다. 그들이 넓은 사무 공간에서 일하든, 매디슨 애비뉴 가의 작은 침실에서 일하든, 이 책을 종교로 삼아라. 그러면 가장 중요한 문제인 창조적인 일에 매진할 수 있을 것이다.
— 빌 카마르다(Bill Camarda), 독자

창업에서부터 경영, 관리까지 비즈니스에 관한 모든 내용이 한 수레 가득 들어 있는 책.
— 〈스텝(STEP Magazine)〉지

셀 퍼킨스는 이해하기 쉬운 말로 분야별 디자이너를 위해 비즈니스의 요모조모를 또박또박 알려주고 있다. 또한 진로 선택에서 가격책정, 그리고 법률문제까지 조목조목 다루었다. 이 책은 가치를 헤아리기 어려운 자산이다.
— 트로이 피나모어(Troy Finamore), 피나모어 디자인

이 책은 그래픽 디자인에 관한 손꼽을 만한 책이다.
— 대니얼 슈츠스미스(Daniel Schutzsmith), GraphicDefine.org

디자인 학과를 막 졸업했든, 창업을 생각하고 있든, 성장통을 겪고 있는 대기업 회장이든, 이 책은 바로 당신을 위한 책이다.
— 마이크 렌하트(Mike Lenhart), GraphicDesignForum.com

이 책은 디자인 분야에서 일하는 사람이라면 반드시 읽어야 할 책이다.
— 딘나 무어(Deanna Moore), AIGALosAngeles.org

우리가 좋아하는 디자인 컨설턴트이자, 언젠가 당신의 가장 절친한 친구가 될 셀 퍼킨스가 이 주제에 관한 책을 제대로 한 편 썼다. 그 자신이 디자이너이기 때문에, 창조성이 상처를 입지 않게 조언해주고 있다.
— 앨리사 워커(Alissa Walker), UnBeige(디자인 블로그)

퍼킨스의 책은 디자인 학위로 밥벌이를 하려는 디자이너라면 반드시 읽어야 할 책이다.
— 로버트 블린(Robert Blinn), Core77(디자인 전문 사이트)

차례

이 책의 초판에 받은 지나친 환대에 우선 깊은 감사를 드린다. 이 책의 초판은 디자인 관련 출판계에서 호평을 받았을 뿐만 아니라, 디자인 세계에서 열광적인 호응을 얻었다. 또한 전국의 많은 디자인 학교에서 필독서로 채택되었으며, 많은 스튜디오의 서재에 비치되었다.

필자는 독자들과 많은 전화통화와 이메일을 주고받았다. 또한 이 책에서 다루었던 주제에 관해 회의에서 프레젠테이션도 했으며, 청중들과 함께하는 생방송에 출연하여 질의응답을 하기도 했다. 이 모든 상호작용을 즐겼고, 필자가 받은 그런 위대한 피드백은 새로운 내용을 준비하도록 이끌었다.

이번 증보된 2판에서는 현금흐름 관리, 시설 관리, 학생인턴 활용, 대형 프로젝트 관리, 회사의 표준 작업량과 재정 예측에 관한 새로운 정보를 추가했다. 게다가 기존의 항목들을 일일이 다시 살펴 필요한 곳마다 새로운 정보를 추가했다.

모두가 다 아는 사실이지만, 이 책의 첫판이 출간된 4년 동안 세계 경제에 격변이 일어났다. 세계적인 경제침체로 많은 고객이 예산을 줄이고 있으며, 좋은 프로젝트에 대한 경쟁도 더욱 거세졌다. 창조적 직업에 대한 고용 기회도 힘겨워지는 건 마찬가지다. 그래서 비즈니스 디자이너에게도 비즈니스 기술이 그 어느 때보다 중요해지고 있다. 그렇기 때문에 당신이 이 책을 길잡이로 삼아 더욱 분발해 업계를 이끌어가길 바란다.

과연 내 의도가 적중되었는지, 독자 여러분이 부디 알려주길 바란다!

셀 퍼킨스

디자이너가 만든 작품은 언제나 생생히 기록된다. 박물관 상점마다 혁신적인 디자인을 보여주는 화려한 잡지와 커피테이블 도서들로 쌓여 있지 않던가! 하지만 이것은 디자이너란 직업의 한 단면만을 보여준다. 그것들은 외적이며 고객에게 보여주는 문제에 집중하고 있다. 즉 그런 작품은 디자이너가 맡은 창조적 도전으로 디자이너가 고객에게 전달한 도전의 해결이란 측면인 것이다. 하지만 '비즈니스 관행'이라 불리는 내부, 운영에 관한 정보는 거의 없다.

디자인 세계는 이 세계에 첫발을 내디딘 사회 초년생을 비롯해 기존의 디자이너를 위해서도 더 많은 정보가 필요한 실정이다.

많은 젊은이들이 대학에서 디자인을 전공한 후 디자이너가 되기 위해 이 세계에 입문한다. 대학은 재능을 양성하고, 전문 기술을 교육하며, 포트폴리오를 개발하는 데는 더없이 훌륭한 곳이지만 비즈니스 관행은 가르치지 않는다. 그 결과, 해마다 많은 졸업생들이 훌륭한 포트폴리오와 넘치는 열정으로 이 세계에 발을 들이지만 가격을 책정하는 방법, 공정한 계약을 체결하는 방법, 일반적인 세금문제에 대해서는 무지몽매해 엉뚱한 문제로 곤경에 처하곤 한다. 디자이너로서 살아가기 위한 생존 전략은 재능만으론 부족하다. 장기적으로 성공하려면, 창조의 재능과 더불어 비즈니스 혜안을 갖춰야 한다.

실무 세계에서 시행착오를 통해 자리를 잡아가는 것이 디자이너들의 전통이 되었다. 많은 신생 디자인 회사들이 꽃도 피우지 못한 채 몇 년 후면 시들어버리는데, 그 이유는 능력이 부족해서가 아니라 비즈니스 관행에 대한 이해가 부족하기 때문이다. 사실 디자인 사업가도 믿을 만한 조언을 어디서 구해야 할지 모르는 형편이다.

비즈니스에 대한 통찰력은 경쟁사 사이에선 거의 공유되지 않고, 작은 회사는 외부 조언을 받을 경제적 여유가 없다. 이 때문에 창조적 분야의 회사들이 비즈니스 관행을 익히는 데 많은 시간과 노력을 낭비하게 된다. 이것은 핵심적인 노동법이나 세금문제를 가볍게 여긴 순진한 디자이너에게 심각한 문제를 야기할 수 있다. 이런 시행착오적 접근은 낭비로, 불필요할 뿐 아니라 사업에 걸림돌로 작용한다.

이 책은 디자이너를 위해 핵심적인 비즈니스 문제를 골고루 다루고 있다. 그것은 실무 디자이너와 창조적 관리자로 일한 필자의 경험과 함께 일한 디자인 회사 직원들의 경험에서 우러난 것이다. 필자는 컨설팅 일과 교육에서 이런 문제들을 계속 탐구하고 그 결과를 집필할 것이다. 틈날 때마다 필자의 사이트에 올리는 무료 보너스 장chapters들을 지켜봐주길 바란다.

www.talentisnotenough.com.

이 책의 구성

이 책을 구성하면서 상당한 고민거리 중의 하나는 실타래처럼 얽혀 있는 많은 주제들을 어떻게 분류해서 일목요연하게 배열할 것인가 하는 문제였다. 결국 필자가 디자이너로서 겪은 사건의 순서대로 장들을 배치하기로 했다. 그래서 뒷장은 앞장을 바탕으로 진행되며, 가격결정과 같은 중요한 주제는 반복해 다룰 것이다. 또한 반복되는 주제는 그때마다 새로운 특징들을 탐색할 것이다. 이런 반복 구조는 이 책을 완독한 독자에겐 분명하게 드러날 것이다. 하지만 이 책은 시간에 쫓기는 독자들을 위해 빠른 참고도서의 역할을 할 수 있도록 고안되었다.

목차에서 보이듯, 크게 네 가지 주제로 묶었다. 잠시 그 주제들을 맛보기로 살펴보자.

진로 선택

아직 진로를 선택하지 않았다면, 이 항은 다양한 선택에 따른 장단점을 알 수 있게 할 것이다. 창조적 직업으로 생계를 꾸려가는 다양한 방법을 서술했으며, 디자이너와 미술가의 핵심적인 차이를 살펴본다.

디자인 분야에도 다양한 창조적 분야와 작업환경이 존재한다. 당신이 디자인 스튜디오나 광고회사에서 컨설턴트 분야나 사내 디자인 부서에 취직하고 싶다면 여기서 방법을 찾을 수 있다.

남의 밑에서 일하고 싶지 않은 사람도 있다. 이들은 프리랜서로 얽매이지 않고 주로 디자인 회사와 하도급 관계를 맺고 프로젝트로 일하고 있다. 이런 관계를 이해하기 위한 독립계약서 견본을 다루었다. 그것은 독립계약 상태와 관련된 많은 문제와 저작물에 대한 소유권을 명시한다.

소기업

프리랜서로 경력을 시작하는 많은 디자이너는 보스 경향이 있다. 그들은 하도급 관계에서 벗어나 기업체의 고객과 직접 거래를 하거나, 한두 명의 친구를 채용해 늘어난 업무를 처리하려 한다.

프리랜서의 일을 확장해 작은 디자인 회사를 설립할 생각이라면, 골치 아픈 잡다한 일이 늘어날 것이다. 이 책의 이 항에서는 성공적인 회사를 설립, 유지하는 데 필요한 필수적인 사항들을 다룬다. 회사의 법적 구조를 선택하고, 회사명을 등록하는 방법과 더불어 고용주가 되어 사업의 면허나 세금과 같은 문제를 적법하게 대처하는 방법을 알려줄 것이다.

회사를 순조롭게 운영하려면 새로운 프로젝트가 지속적으로 있어야 한다. 또한 새로운 비즈니스 개발에 지속적으로 시간과 돈을 투자해야 한다. 이 항엔 효과적인 마케팅과 홍보 활동을 위한 조언이 들어 있다. 고객 프로젝트의 대부분은 정액제가 기본이기 때문에, 여기에서는 단가를 계산하고 중요한 제안서를 준비하는 세부적인 지침을 다룬다. 또한 라이선스 비용기술 사용료이나 로열티특허나 저작권 사용료와 같은 창조적 서비스에 대한 기타 수입모델에 관한 정보도 다루었다.

고객 프로젝트를 맡을 때마다 계획과 예산에 맞게 일을 추진해야 한다. 디자인 전문가라면 누구나 알고 있는 사실로 이것은 매우 까다로운 일이다. 그래서 성공에 필수적인 현명한 프로젝트 관리의 필수 성분들을 상세히 다룰 것이다.

소기업을 운영하는 데 필요한 기초 사항들을 다루는 이 항을 마무리하면서, 장부 정리의 기초와 각종 사업 보험을 소개한다.

법률문제

안타깝게도 많은 디자이너들이 법률문제에 순진하거나 무지하다. 실무 세계에서 자신의 이익을 지켜줄 사람은 자신밖에는 없다. 따라서 그런 모든 문제는 스스로 해결해야 한다. 이 항은 디자인 서비스에 적용되는 중요한 법률문제를 다룬다. 거기엔 지식재산권특허권, 디자인권, 상표권과 더불어 명예훼손과 프라이버시권, 퍼블리시티권이것은 특히 광고나 출판계에 중요이 포함된다.

이런 법률문제와 기타 법률문제는 고객과 계약을 맺으면서 발생하기 시작한다. 세부항목을 제대로 파악하지 않고 계약서에 서명하면, 심각한 문제에 빠져들 수 있다. 또한 한국의 경우 미국에 비해 계약서의 형식과 내용에 있어서 구체적으로 명시하지 않는 경향이 강하기 때문에 이로 인한 분쟁이 흔히 발생한다. 그리고 디자인 용역 계약은 다른 분야에 있어서의 계약과 내용에 차이가 있다. 이러한 상황을 고려해 공정거래위원회www.ftc.go.kr에서는 '디자인업 표준하도급기본계약서' 양식을 개발하였다. 표준하도급계약서는 하도급법 및 업종 특성 등을 고려하여 법 위반을 최소화하고 계약서 작성시 편의를 제공할 목적으로 공정거래위원회에서 보급하는 표준계약서를 말한다. 보다 명확한 계약서를 통해 흔히 빠지기 쉬운 함정을 피할 수 있도록, 이 항에 디자인 서비스를 위한 미국의 최신 AIGA 표준 계약서 양식을 넣었다. AIGAThe American Institute of Graphic Arts, 미국 그래픽 예술 협회는 미국의 디자이너를 위한 전문가 협회다. 이 중요한 참고서류에는 추천할 만한 계약 용어, 주요 용어에 대한 정의, 고객과 성공적으로 계약을 협상할 수 있는 제안 등이 들어 있다.

이 항은 오늘날 디자인 분야에서 직면하는 주요한 윤리문제와 사회적 책임에 대한 몇 가지 단상으로 마무리된다.

대형회사

성공한 작은 기업이 연륜이 쌓이면서 큰 기업으로 성장한다. 물론 확장을 원하지 않는다면 현상을 고수하면 되지만, 회사를 키우기로 작정했다면 새로운 고민거리들과 마주칠 각오를 해야 한다. 고객 조직도 더 커질 것이고, 프로젝트도 크고 복잡해지면서 더 많은 자원이 필요해질 것이다. 디자인 팀도 커지고 다양해질 것이며, 그들을 지도해야 할 일도 만만치 않을 것이다.

이사가 늘고 더 큰돈이 운용되면서, 비즈니스 계획과 재정관리 측면에서도 더욱 세밀해져야 한다. 장기적인 목표를 세우고, 당신에게 맞는 회사를 만들기 위해 주요 지표에 대한 재정 성과를 벤치마크할 필요성이 더욱 커질 것이다. 물론 그 모든 문제를 여기서 다룰 것이다.

회사가 성장하게 되면 새로운 비즈니스 개발이 필요해지면서, 반드시 전문 영업사원을 채용해야 할 것이다. 이런 성장 과정에서 설립자의 역할이 커지며 2세대 경영층을 개발할 필요성 같은 문제가 불거질 것이다. 효과적인 장기 비즈니스 계획엔 소유권 이전 문제도 포함된다. 결국, 회사의 설립자는 영리한 출구전략을 만들고 이행해야 한다. 출구전략으로 수년 동안 그 회사에 뿌리 내린 일부 가치가 도태될 수 있다. 아무튼 출구전략으로 은퇴를 위한 현금이나 다른 벤처기업을 창업할 종잣돈을 마련할 수 있게 된다. 마음이 부푼 새로운 소유자에게 회사를 성공적으로 이양하는 데 필요한 조언과 더불어, 디자인 회사를 매각하는 데 따른 가격계산과 기타 정보를 여기서 얻게 될 것이다.

마지막으로, 이 항은 사내부서에서 활동하는 디자인 관리자가 직면하는 문제를 다루면서 마무리될 것이다. 많은 면에서 이 마지막 장은 책 전체의 요약이라 할 수 있다.

경력을 위한 자원

이 책을 쓰면서 필자는 디자인 세계에 전문적인 비즈니스 관행이라는 필수 자원을 제공하고 싶었다. 당신의 경력이 얼마나 되었든, 이 책이 당신의 성공에 든든한 디딤돌이 되길 바라마지 않는다.

01 창조적인 직업, 디자이너로서 생계 꾸려가기

해마다 수천 명의 지원자들이 디자인이 무엇이며, 디자이너가 미술가나 삽화가와 어떻게 다른지를 제대로 알지 못한 채 디자인 세계의 문을 두드린다. 비싼 수업료를 내고 디자인 학위를 획득할 용의가 있거나 디자인 실무 세계를 온전히 알고 싶은 독자라면 이 책을 통해 그 세계를 들여다볼 수 있을 것이다.

창조적인 직업들

창조성이 뛰어난 사람을 위해, 그 창조성을 발휘할 표현 수단은 다양하게 존재한다. 그래서 음악이나 패션, 건축이나 영화 등에서 그 끼를 마음껏 발산할 수 있다. 특히 시각디자인에 관심이 있다면 미술, 사진, 삽화, 디자인에도 관심을 둘 필요가 있다. 하지만 이런 시각디자인에서도 적성에 맞는 분야가 따로 있다. 관련 분야 모두 이미지를 창조하고 사용하지만, 심리적인 면이나 작업 공정에서 각기 다른 특성을 요구하기 때문이다. 그래서 자신의 적성에 맞는 분야를 선택하는 안목이 중요하다.

미술

미술가는 자신만의 주제와 기준을 정한 후, 홀로 작업하는 경향이 있다. 미술가의 작품은 전적으로 개인적인 탐구와 자아를 표현한 결과물이다. 미술가가 되면 계획을 스스로 설정하고 자신의 작품에 책임을 져야 한다. 그림이나 조각이 완성되어 창작자의 손을 떠나게 되면 그 작품은 더 이상 변하지 않는다. 이 계통에서 성공하려면 홀로 작업하는 것을 즐겨야 하며, 작품에 매진하도록 자신을 잘 다독일 줄 알아야 한다.

수입은 작품 판매를 통해 발생하기 때문에 많은 작품을 만들어내야 하며, 또한 작품의 가격을 책정하는 데도 능숙해야 한다. 보통 미술품 판매는 화랑에 위탁해서 이뤄지며 화랑은 그런 거래에 높은 수수료를 부과한다. 일부 예술가는 개인 프로젝트를 추진하기 위해 장려금을 신청하기도 하는데, 장려금은 보통 비영리 단체나 정부부처에서 나오는 보조금으로 갚지 않아도 된다. 그래서 미술 장려금을 받기 위한 경쟁이 매우 치열하다.

사진과 삽화

일부 사진가나 삽화가는 순수예술에 전념하기도 한다. 예를 들면, 개인적인 이미지들을 만들어 화랑을 통해 팔거나, 한정판 책과 같은 개인 프로젝트를 시행하는 개인들이 이런 사례에 들어간다. 하지만 대부분의 사진가나 삽화가는 사업가들이 의뢰하는 상업적 작품을 주로 다룬다. 고객의 요구에 맞추는 작품은 자신의 내면을 표출하는 작품과는 사뭇 다르다. 상업적 고객은 이미지, 크기, 미디어를 구체적으로 명시한다. 또한 그 작품을 사용하거나 복제하기 위해 필요한 기술적 사양이 무엇이었던 그것을 충족시켜야 하며, 또한 고객이 어떤 의견을 말하거나 변경을 요구하면 그것을 겸허히 수용해야 한다. 고객의 예산과 계획을 존중해야 하며, 작업이 진행되는 동안 고객과 충실하게 의사소통을 해야 한다. 그래야 작업이 끝날 때까지 고객을 만족시킬 수 있다.

상업적 작품을 진행하면서 흔히 예술가의 대리인이라고 불리는 에이전트 중개인와 관계를 맺어 도움을 얻고 싶을 수도 있다. 그 에이전트는 작품을 진척시키거나, 당신을 대신하여 각 프로젝트의 가격이나 계약을 협상하고 그 대가로 수수료를 챙긴다. 당신이 창작한 상업적 이미지에 대한 소유권을 보유하고 있다면 저작권료를 받을 수 있으며, 그런 이미지들은 나중에 별도로 사용될 수 있다.

디자인

미술과 달리, 디자인의 초점은 자아의 표현이나 개인적 문제의 탐구가 아니다. 직업 디자이너가 된다는 것은 비즈니스 및 커뮤니케이션 문제들을 해결해야 함을 의미한다. 고객에게 전문적인 조언과 전략적인 서비스를 제공해 그들이 치열한 경쟁 속에서 성공할 수 있게 해야 한다.

당신의 작품이 주는 영향력과 결과는 디자이너와 고객 양자의 다양한 기준으로 측정되며, 각 프로젝트는 수준 높은 미학적 기준들을 충족해야 한다. 대부분의 전문 디자인 일은 인쇄물, 인터넷, 혹은 방송처럼 다양한 미디어와 관련되어 있다. 따라서 다양한 배경을 가진 팀원으로 구성된 팀이 필요하다. 프로젝트는 디자인 방향과 수정이 반복되면서 진화하기 때문에 주고받는 긴밀한 공조를 편안히 받아들여야 한다.

팀을 구성하는 방법도 다양하며 디자인 일을 맡는 방법도 여러 가지다. 어떤 프로젝트를 돕기 위해 디자인 회사에 단기 계약으로 고용된 프리랜서의 급여는 프리랜서에 책정된 기준에 따라 정해지고, 창조적인 프로젝트 팀에서 해당 분야를 책임지는 담당자의 직책을 맡게 되면 급료는 협상을 통해 정해져야 한다. 하지만 비즈니스 고객에게 직접 일을 받은 디자인 프로젝트의 경우, 그 비용은 정해진 관례를 바탕으로 협상하는 것이 일반적이다. 일

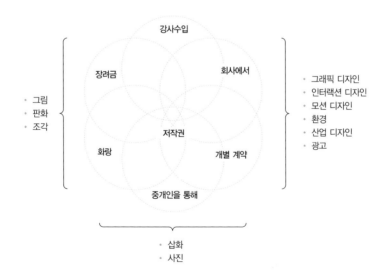

도표 1-1 창조적 직업으로 얻는 수입원이 몇 가지 있다. 각 수입원은 특정한 경력과 밀접하게 관련되지만, 교육과 저작권은 모두에게 기회가 된다.

부 디자이너는 저작권 수입을 얻을 수도 있다. 저작권 수입을 얻으려면 제품 디자이너나 소프트웨어 응용처럼 지식재산권을 등록하고 소유해야 하며, 그 부분에 대해선 별도의 요구를 해야 한다.

교육

교편을 전업으로 삼는 사람도 있지만, 시간당 강사로서 교편을 잡는 사람도 있다. 대부분의 예술 및 디자인 학교는 현장 전문가를 강사로 초빙해 전문 과정을 가르친다. 이런 초빙 강사는 몇 가지 이점이 있다.

강사들은 학생들에게 최신 정보와 기술을 전해줄 수 있고, 학생들은 강사와 개인적인 인맥을 형성해 인턴십이나 프리랜서 일을 배울 기회를 얻을 수 있으며, 경우에 따라선 사제관계가 노사관계로 진전될 수도 있다. 이런 이유로 예술 및 디자인 강사들이 고객 관련 활동 외에도 가르치는 일을 자주 맡는다. 도표 1-1은 디자이너의 수입원을 보여준다.

디자인 기술

전문 디자이너가 되려면 다섯 가지 필수 기술을 갖춰야 한다.

재능

첫 번째 필수조건은 재능이다. 대조, 크기 조정, 색, 조화, 인쇄 형식과 같은 시각디자인의 형식 요소들을 다루는 데 능수능란하고 타고난 능력이 있어야 한다. 복잡한 커뮤니케이션디자인 문제에 새롭고 적절한 시각 솔루션을 개발하려면 이런 요소들을 효율적으로 사용할 수 있어야 한다. 그런 창조적 능력이 없거나 교육 과정을 통해 발굴될 자질이 없다면 디자이너로서의 소질이 없는 것이다.

방법론

두 번째 필수조건은 해당 분야에서 현재의 방법론에 익숙해지는 것이다. 즉 훌륭한 작품을 만드는 데 도움을 주는 조치나 과정을 말한다.

전문기술

세 번째 필수조건은 전문기술이다. 솔루션을 생산하고 이행하는 데 필요한 현재의 장치들을 자유자재로 다룰 수 있어야 한다. 디자인 장비나 도구는 끊임없이 발전하기 때문에 전문기술 습득은 움직이는 표적과 같다.

20년 전, 그래픽 디자인에 필요한 도구는 T-자형 제도자T-square, 스탯 카메라Stat camera, 직접 복사사진을 만드는 데 사용하는 특수 카메라-옮긴이, 밀랍, 래피도 펜 Rapidograph pen 정도였지만, 이제는 모두 쓰레기통으로 사라지고 말았다. 오늘날은 주로 디지털 프로그램 퀴크엑스프레스QuarkXPress, 어도비 인디자인 Adobe InDesign, 일러스트레이터Illustrator, 포토샵Photoshop, 아크로뱃Acrobat, 드림 위버와 플래시가 디자인에 쓰이고 있다. 하지만 20년 후엔 이런 장치나 프로그램들도 역사로 사라지고 새로운 장비들이 등장할 것이다. 결국, 디자이너는 전문기술을 높이고 신기술에 숙달되기 위해 부단히 노력해야 한다.

대인관계

네 번째 필수조건은 훌륭한 대인관계다. 훌륭한 대인관계를 위해선 경청자가 되어야 하며, 타인과의 관계를 긍정적·생산적으로 맺고 유지할 수 있는 기술이 있어야 한다. 그래야 상호 존중의 관계를 세우고 유지할 수 있게 된다. 또한 그 말은 긍정적인 견해를 가지고 역경에서도 품위를 유지할 수 있어야 한다는 의미다. 이런 긍정적인 성품을 갖추면 타인은 당신을 찾게 된다. 동종업자들은 당신을 팀에 영입하고 싶어 할 것이고, 고객들은 당신과 거래를 맺고 싶어 할 것이다. 외톨이 늑대로 인식되는 디자이너에게 경력의 기회란 극도로 위축될 수밖에 없다. 자기 영역만 고집하는 방어적·비협조적인 이해하기 곤란한 외톨이 늑대는 말 그대로 외톨이로 남을 수밖에 없다.

비즈니스 기술
디자이너에게 필요한 마지막 다섯 번째 필수조건은 비즈니스 지식이다. 고객의 비즈니스 문제, 트렌드, 선택을 명확히 이해하고 있어야 고객에게 조언을 해줄 수 있다. 거래가 늘어날수록 고객의 요구를 눈치껏 알아서 해결해줘야 한다. 더불어 자신의 마케팅, 재정, 관리문제에도 현명해야 한다. 비즈니스 지식은 길고 힘든 비즈니스의 여정에서 이정표 역할을 한다.

다양한 디자인 분야

디자인은 다양한 분야가 포진해 있다. 이것은 작은 역설을 일으킨다. 훌륭한 디자이너는 큰 그림을 보고 종합 전략을 개발하기 위해 다방면의 전문가 generalist가 되어야 한다. 하지만 전략의 성공을 거두려면 전술에서도 뛰어나야 하는 것처럼, 전략을 성공시키기 위해 특정한 디자인 분야에서 전문가가 되어야 한다specialist.

　시스템의 각 성분은 정교하게 실행되어야 한다. 물론, 한 사람이 모든 것을 알고 실행하기란 불가능하다. 재능과 관심에 따라 한 분야에 집중한 후, 그 조각을 전략이란 퍼즐에 끼워 맞출 줄 아는 안목을 키워야 한다. 따라서 프리랜서나 개인 사업자는 자신의 전문기술을 키우면서 필요할 때 함께 일할 다른 전문 분야 사람들과 인맥을 쌓아야 한다. 대형 디자인 회사는 다양한 분야의 스페셜리스트를 고용해 다양한 팀에 그들을 배치하여 이런 문제를 해결한다. 그들은 필요한 만큼 다양한 환경과 미디어를 동원해 종합적인 시스템을 계획하고 실행한다. 고객과 저작물의 성향에 따라 다음과 같은 분야가 있다.

- 디자인 계획과 연구
- 회사의 아이덴티티정체성 디자인
- 커뮤니케이션과 콜래터럴 디자인collateral design, 회사 이미지를 구성하는 인쇄물 디자인으로 회사 로고, 명함, 레터헤드, 봉투 디자인을 말함-옮긴이
- 출판과 편집디자인
- 브랜드 아이덴티티와 포장 디자인
- 광고와 홍보 디자인
- 정보 디자인
- 인터랙션 디자인
- 모션 그래픽 디자인
- 환경 디자인
- 산업 디자인

팀의 다양한 역할

전문기술 외에도 당신은 팀에 다른 역할로 공헌할 수 있다. 그 프로젝트의 성질에 따라 다음과 같은 역할을 맡을 수 있다.

- 전략가
- 디자이너
- 컴퓨터 언어 운영 체제 전문가Implementation specialists
- 프로그래머
- 프로젝트 관리자

그 밖에도 가능한 역할이 있으며, 사람에 따라 일인 다역을 맡을 수 있다. 작은 회사에서 일하게 되면 프로젝트에 따라 당신의 역할이 바뀔 수 있다. 하지만 큰 회사라면 역할이 고정되기 십상이다.

잠재적 고용주

디자인 경력을 설계함에 있어, 그다음으로 고려할 사항은 사내부서에서 일하길 원하는지, 외주 컨설턴트업에 합류할 것인지, 프리랜서로 남을 것인지의 여부다. 적성에 맞는 가장 적합한 환경을 선택하라.

사내부서
많은 디자이너들이 고객사社 사내부서에서 일하고 싶어 한다. 사내부서에서 일하길 원한다면 다음과 같은 대형회사들을 눈여겨봐 둘 필요가 있다.

- 출판사
- 연예기획사
- 방송사
- 인터넷 비즈니스 회사

- 주요 대기업

사내부서의 디자이너는 기존의 아이덴티티를 유지해야 하며, 모든 작품에 창조적 일관성이 있어야 한다. 사내 디자인 팀의 프로젝트는 반복되는 경향이 있다. 주요 프로젝트는 계절별 홍보나 주요 산업행사로 연례적인 주기를 갖는다.

큰 조직에서 일하는 장점으론 생산 관리자, 마케팅 이사와 공조할 수 있다는 점이다. 젊은 디자이너에게 이것은 장기 전략개발에 참여할 수 있으며, 고객 입장에서는 그 창조적 도전을 볼 수 있는 절호의 기회다. 무시 못할 또다른 장점은 큰 회사의 직업 안정성과 복지혜택이다. 하지만 단점으로는 회사의 정치 역학에 대처해야 한다는 점이다. 큰 기업에선 자원, 예산, 의사결정의 권위를 둘러싼 부서 간의 알력이 있기 마련이다.

외주 컨설턴트업

디자인 회사나 광고회사에 취업하는 것은 젊은 디자이너에겐 커다란 기회다. 다양한 산업에 종사하는 고객은 다양한 일을 맡기므로 일을 배우기에 더할 나위 없는 기회라 할 수 있다. 디자인 스승을 만날 수도 있고 업무 관행이나 가격책정도 배울 수 있다.

기업은 외부 컨설턴트 사업에서 각종 창조적인 서비스를 구입한다. 많은 디자인 회사는 기업체와 브랜드 아이덴티티, 마케팅과 커뮤니케이션 시스템, 홍보, 광고, 기술 서비스, 인터랙티브 디자인, 산업 디자인과 같은 특정한 분야에서 자신의 영역을 확보한다. 광고회사들은 대개 상장된 지주회사에 속해 있는 반면, 디자인 회사는 소규모로 주로 개인 소유다. 한 예로 미국 디자인 회사의 절반은 고용인이 5인 미만으로 추정되고 있다. 대형 디자인 회사도 고용인이 50명 미만이다.

창업

울타리를 벗어나 프리랜서의 길을 걷고 싶을 수도 있다. 미국 노동통계청이
실시하는 다양한 직업의 고용 트렌드 추적에 따르면 전체 노동력에서 10명
중 1명이 자영업자인데 비해, 디자이너는 10명 중 3명이 프리랜서였다. 창
업자는 회계 관리, 기초상법을 비롯한 중요한 비즈니스 문제들을 신속히
처리할 줄 알아야 한다. 훌륭한 디자인은 물론, 마케팅과 판매에 대한 모든
일도 도맡아 처리해야 한다. 성공은 폭넓은 인맥과 자기관리에 의해 좌우
된다.

유연해야 한다

흥미, 재능, 기질에 맞는 진로를 선택해 사회에 첫발을 내디뎌야 한다. 그러
면 개인적 성장은 물론 만족도 느낄 수 있다. 하지만 발을 디딘 후에는 유연
해야 하며 새로운 기회에는 마음을 활짝 열어 놓아야 한다.

디자인 세계는 최근에 급변했고 앞으로도 계속 발전할 것이며, 세계 경제
도 지각변동을 맞고 있다. 미국 경제는 제조업 중심에서 지식 기반 경제로
이동하고 있으며, 고용도 영구직에서 단기 계약과 일용직으로 바뀌고 있다.
이는 프로젝트가 단기 프로젝트로 변한다는 의미다. 이로 인해 전문지식,
동료 간의 인맥, 공조, 기술의 중요성이 더욱 커지고 있다. 디자이너는 이 모
든 면에서 앞서가야 한다. 성공하려면 두뇌, 기업가 정신, 유연성을 갖춰야
한다. 남보다 앞서가면서 넓은 시선으로 앞을 봐라.

02 구직

현재 디자인 회사에서 일자리를 찾는다면, 이 장에서 많은 도움을 얻을 것이다. 여기엔 구직 자료를 준비하는 방법, 구직조사 방법, 해당 분야에서 인맥을 쌓는 방법이 들어 있다. 또한 면접에 대한 조언, 학생에서 직업 세계로 무사히 안착할 수 있는 조언도 포함되어 있다.

행복한 능력

자신의 능력과 관심에 부합하는 직업을 구해야 삶에 활기를 느낄 수 있다.

어떤 회사를 원하는가? 회사마다 특정한 디자인에 집중하며, 특정한 산업 분야의 고객을 갖는다. 당신은 그중 어느 회사에 관심이 가고, 어떤 직책을 맡고 싶은가? 그래픽 디자인, 인터랙션 디자인, 산업 디자인을 원하는가? 그렇다면 거기에 걸맞는 능력을 갖추고 있어야 한다. 물론 진로 선택에 약간의 유연성을 발휘할 수는 있지만, 지나치게 벗어나서도 곤란하다. 일단 입사한 후 원하는 분야로 옮길 수 있다는 생각은 그야말로 착각이다. 필요에 따라 사람을 뽑기 때문이다. 그렇기 때문에 첫 단추를 잘 꿰어야 한다.

첫 단추를 잘 꿰려면 자신의 장단점을 솔직하게 평가해야 한다. 또한 원하는 직책에 필요한 자질을 소유하고 있어야 한다. 아직은 꿈의 직장에 들어가기에 역부족일 수도 있지만, 기술을 더 갈고닦고 새로운 프로그램들을 배우면 강력한 후보의 자격을 갖추게 될 것이다. 학문적인 훈련이 더 필요하다고 판단되면 평판이 좋은 교육 프로그램을 신청해보자. 고용주는 당신의 포트폴리오이력서를 검토하면서 당신의 능력을 평가할 것이다. 그래서 당신이 학위를 따게 되면 기회의 문이 더 열리게 된다. 그것은 당신의 능력을 잘 대변해주면서 덤으로 동창이란 인맥을 가꾸게 해준다.

제너럴리스트를 고용하려는 회사가 있는 반면, 스페셜리스트만 원하는 회사가 있을 것이다. 제너럴리스트는 다방면에 재주를 두루 갖추고 있는 팔방미인으로 출판, 인터랙티브, 3D 디자인에 대한 지식을 갖추고 있지만, 반드시 어느 한 분야에 깊은 지식을 갖추고 있지는 않다. 반면에 스페셜리스트는 한 분야에 깊은 전문적 지식을 갖추고 있다.도표 2-1 참조

디자인 학부를 막 이수한 졸업생은 제너럴리스트이기 십상이다. 이는 학과 이수를 위한 자연스런 결과다. 다양한 분야의 강사로부터 다양한 학과를

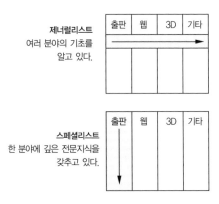

	출판	웹	3D	기타

제너럴리스트
여러 분야의 기초를
알고 있다.

	출판	웹	3D	기타

스페셜리스트
한 분야에 깊은 전문지식을
갖추고 있다.

도표 2-1 디자이너들은 보통 제너럴리스트로 교육받은 후, 실무 경력을 쌓으면서 스페셜리스트가 된다.

배우는 학부는 학생들에게 넓지만 얕은 포트폴리오를 부여한다. 이런 폭넓은 훈련은 작은 회사에서 일하기에 적합하다. 작은 규모의 프로젝트에서는 매우 유연할 필요가 있으므로, 다양한 산업계의 고객으로부터 다양한 도전을 맡게 된다. 경우에 따라서는 경력에 없던 일도 들어온다.예컨대 모션 그래픽이나 전시회 부스 같은 것이 있다. 물론 당신은 기꺼이 그 일을 맡아 최선을 다해 완성해야 한다.

하지만 대형 회사는 사정이 다르다. 대형 회사의 팀원이 되면 한 가지 분야에만 고도로 집중해야 한다. 그 팀의 팀장은 당신에게 스승 노릇을 할 것이며 당신이 그 분야에서 깊은 전문 지식을 가질 수 있도록 도와줄 것이다. 2년이면 당신이 스페셜리스트가 되기에 충분한 시간이다. 당신이 진로를 고민할 때 이 점을 염두에 둬야 한다.

구직 준비

인터넷과 이메일은 기본이고, 다음과 같은 구직에 필요한 기본 품목을 준비해라. 고용주는 당신이 보낸 많은 자료를 볼 것이다. 당신이 준비한 그 자료는 일관성을 유지해야 하며 전문가다운 이미지를 투사해야 한다. 경영 컨설턴트 톰 피터스Tom Peters는 이것을 "당신이 브랜드다The brand you"라는 멋진 문구로 불렀다.

문방 시스템

우선 개인 문방 시스템이 필요하다. 그 각각은 디자인과 양식에서 일정한 격식을 갖춰야 한다.

완벽한 문방 시스템엔 다음과 같은 품목이 들어가야 한다.

- 명함
- 당신은 많은 명함을 돌려야 한다. 그래서 명함은 특징적이어야 하지만 표준 크기와 일반 소재를 사용하는 것이 좋다. 만약 너무 크면미국의 경우 9 x 5cm 이상 지갑이나 명함집에 맞지 않는다. 플라스틱이나 금속 같은 특수 소재는 수령자가 명함 뒷면에 당신에 관한 메모를 적기에 부적합하다. 이것은 구직자에게는 중요한 문제다.
- 문서 상단Letterhead
- 이것은 이름이나 연락처가 문서 상단에 인쇄되어 있는 것을 말한다. 디자인을 마치면 그것을 스캔해서 깨끗하게 팩스를 보내라. 깨알 같은 글자나 희미한 잉크색은 피해라.
- 속장Second sheet
- 이것은 문서 상단과 같은 종이지만 보통 백지다. 이런 속장은 두 장 이

상의 서신에 필요하며, 긴 문서에서 첫 장만 문서 상단을 갖는다.

- 비즈니스 봉투
- 일반적인 비즈니스 봉투는 문서 상단을 삼등분으로 접었을 때 딱 맞게 들어간다. 미국에서 그 수치는 24 x 10.5cm로 '십 번(넘버 텐)' 상업봉투라고 한다.
- 편지 라벨Mailing label
- 대형봉투나 발송용 통mailing tube, 사진이나 달력 등을 넣어 보내는 통 – 옮긴이에 사용할 부착형 라벨이 필요하다.

문방 시스템은 오프셋 인쇄로 대규모로 일관되게 처리되는 것이 전통이었지만, 요즘은 이미지가 종이에 잘 맞고 프린터의 질이 높다면 직접 소규모로 인쇄해 비용을 절감할 수 있다. 한쪽 면에 질감이 들어간 종이를 사용한다면 매끈한 면에 정보가 들어가도록 신경 써야 한다. 질감이 들어간 면에선 작은 활자가 잘 보이지 않는다.

문방 시스템을 갖췄다면 이제 그것을 이용해 이력서, 자기소개서, 감사의 편지를 작성해라.

이력서

이력서Résumé는 경력과 자격을 밝히는 한 쪽짜리 요약서다. 여기엔 이름, 연락처, 근무 경력, 기술, 교육이 들어간다. 이력서를 문서 상단을 이용해 인쇄했다면 이름과 연락처는 미리 들어가 있는 것이다.

웹사이트를 운영하고 있다면 URL웹 주소을 포함해라. 상단에 '이력서' 란 단어를 쓸 필요는 없지만, 이력서란 단어를 사용할 경우에는 두 악센트를 넣어야 정확한 단어가 된다. 혹은 악센트 대신 대문자로 처리하는 방법도 있다.Resume 혹은 résumé

이력서의 구성은 다양하지만 고용주들이 가장 선호하는 양식은 읽기 쉬운 연대기 형식이다. 최근의 직책을 제일 먼저 작성하고, 그다음 순으로 적어 내려가면 된다. 고용 기간, 회사 이름과 위치, 직책, 핵심 역할, 주요 업적 등을 기재해라. 맨 하단에 정보처리 기술과 수상 경력을 적어라.

솔직하게 써라. 교육이나 경력을 과장하지 마라. 채용 과정에서 모두 검증되기 마련이다. 또한 교육이나 경력을 서술할 때 '계획했다', '이행했다', '개발했다', '창조했다', '만들었다' 와 같은 동작동사action verbs를 확실하게 사용하는 것이 좋다. 이런 단어들은 당신이 정열, 아이디어, 창의성을 가진 능동적인 사람임을 은연중에 암시한다. 수동적이며 의타적으로 보이는 구직 후보자는 확실히 불리하다.

배열을 간결하고 읽기 쉽게 해라. 명단을 글머리 기호bullet points로 쓰면 간결해진다. 좋은 이력서는 결국 인쇄의 문제다. 이미지를 넣을 필요는 없다. 가족 활동, 모호한 취미, 애완동물과 같은 무관한 내용도 넣지 마라. 또한 법적 문제가 될 수 있는 사항으로 나이, 성별, 인종, 국적, 종교, 신체적 묘사에 대한 글도 써넣지 마라. 이런 내용들은 채용 과정에서 불법적인 차별에 노출될 수 있다. 또한 개인 신원보증인의 이름도 덧붙이지 마라. 상대가 요청할 때까진 밝힐 필요가 없다.

방학 중에 아르바이트를 했는데 디자인 분야와 무관한 노동 경험을 기재했다면, 그 일이 어떻게 연관되는지 설명할 필요가 있다. 그 경험을 통해 디자인에 영향을 미치는 어떤 일을 배웠는가? 그리고 그 일이 팀으로 이뤄졌는가, 아니면 납기에 쫓겨 이뤄진 일인가? 고객관리 기술을 얻었는가? 실무 경험이 없는 사회 초년생이라면 받은 교육을 상세히 설명해라. 원하는 직책과 관련되는 학과, 유명 강사, 학업 성적 등을 기재하면 된다.

이런 이력서 외에도 인터넷 구직에 사용할 인터넷 이력서도 준비해라. 당신의 모든 정보를 이메일 자체에 모두 올려놓아라. 수령자가 어떤 이메일을 사용할지 알 수 없는 노릇이다. 메시지는 오로지 문자여야 한다. 이것은 창조적인 도전을 제기한다. 오로지 기초적인 서식 작성과 단락 띄어쓰기로만 눈에 띄는 이력서를 만들어야 하기 때문이다. 인터넷 구직에서 사용하는 키워드를 반드시 넣어야 한다. 이것은 매우 중요한 사안인데, 많은 대기업들이 스팸메일을 걸러내기 때문이다.

첨부 파일에 대한 별도의 언급이 없다면 이메일에 파일을 첨부하지 마라. 바이러스를 피하기 위해 많은 기업들이 수상한 파일은 열지 않는 정책을 펴고 있다. 첨부파일을 승인했다면 파일 제목에 '홍길동 이력서. pdf'처럼 이름을 반드시 기재해라.

끝으로 어떤 이력서든 보내기 전에 꼼꼼히 교정을 봐야 한다. 친구에게 부탁을 해도 좋다.

커버레터

이력서는 반드시 커버레터cover letter, 이력서와 함께 보내는 간단한 자기 소개서로 일종의 자기 PR 문서-옮긴이와 함께 보내야 한다. 이메일 형식으로 보낼 예정이라면 한 블록의 소개 문자를 덧붙여라. 채용 담당자에게 가능할 때마다 이 편지를 보내라. 따라서 그 담당자의 직책과 이름의 정확한 철자를 알아둬야 한다.

커버레터의 목적은 직장의 필수 조건과 자격 관계를 명확히 히려는 의도이므로 한 쪽이면 된다. 당신이 신청하는 직책을 쓰고, 그 직책에 당신이 적합한 이유를 간결히 설명해라. 상대가 요구하는 자격 요건에 구체적으로 서술해 최대한 양식에 맞춰라. 당신의 경험과 기술이 그 회사에 얼마나 유익한지를 알려라. 동봉해서 보내는 문서를 말하고 구직 일정을 어떻게 따를 것인지를 서술해라. 그것은 특정한 날짜에 전화를 하거나 이메일을 보내거나 혹은 포트폴리오를 전해준다는 약속이다. 마지막으로 자격을 심사해준 상대의 호의에 미리 감사한다는 표현으로 편지를 마무리해라.

감사의 편지

다음에 문방을 사용할 곳은 감사의 편지다. 미리 준비된 기본 양식을 갖추고 있어야 한다. 그래야 상황에 따라 수정하기도 쉽고 빠르게 보낼 수도 있다. 전화통화나 면접처럼 개인적인 접촉을 할 때마다 감사의 편지를 보내라. 그런 일이 있은 후 바로 보내야 예의이며 프로다운 인상을 준다. 감사의 편지에선 보여준 개인적 관심과 내어준 시간에 감사함을 표시해라. 그 만남이 구직 면담이었다면 당신이 그 직책에 적합한 이유를 다시 한 번 간결하게 설명하고, 그 팀에 합류하고 싶다는 분명한 의사를 재천명해라. 면접자가 다수였다면 모두에게 편지를 보내라. 내용이 동일해서는 안 되며, 당신의 이름과 연락처를 하단에 남겨라.

포트폴리오

디자인 분야에서 직업을 얻으려면 양식을 작성하는 능력과 더불어 당신의 사고방식을 알 수 있는 눈에 띄는 포트폴리오가 있어야 한다. 디자인 포트폴리오의 구체적인 내용과 양식은 분야에 따라 많이 다르지만, 어떤 분야든 잠재적 고용주의 마음에 들도록 만들어야 한다. 따라서 미리 그 회사를 조심스럽게 조사해 거기에 맞게 편집해야 한다.

대부분의 스튜디오와 에이전시는 제출식 정책을 쓴다. 그래서 포트폴리오를 접수처에 접수시킨 후 하루 이틀 후에 되찾아가라고 한다. 그 프로젝트들을 직접 일일이 설명할 수 없기 때문에, 모든 것이 자체 설명될 수 있도록 포트폴리오를 작성해야 한다. 이 때문에 엉성한 샘플로 가득 찬 상자 형식의 포트폴리오는 사라지고 있는 추세다. 지금은 주로 사례 연구 형식을 사용한다. 이것은 보통 각 프로젝트에 대한 특집 기사가 실린 책과 유사하다. 포트폴리오 자체가 자막이나 설명이 덧붙여진 완성된 프로젝트의 이미지와 사진이 들어가 출판 디자인되고 있다. 각 프로젝트에 대해 다음과 같은 사항을 염두에 둬야 한다.

- 고객을 확인하고,
- 고객이 직면했던 비즈니스 및 커뮤니케이션 문제를 설명한 후
- 당신이 개발한 해결책을 서술하며,
- 그것이 얼마나 성공했는지를 설명해야 한다. 완성된 작품이 고객 사업에 미친 영향을 서술함으로써 그 프로젝트의 결과를 계량화해야 한다.

면접관이 쉽게 찾아볼 수 있도록 포트폴리오의 내용을 구성해라. 저작물을 종류별로 분류한 후, 쪽수를 매기거나 꼬리표를 붙이거나 목차를 만드는 것도 유용하다. 팀이 만든 프로젝트의 경우, 그 핵심 팀원을 밝히고 거기서 당신이 맡았던 역할을 밝혀라.

포트폴리오에 커버레터와 추가로 한두 장의 이력서를 반드시 포함시켜야 한다. 일부 구직자는 인상을 강력히 남기기 위해 작은 소품을 덧붙이기도 한다. 그것은 포트폴리오에 들어 있는 이미지로 만든 엽서나 소책자가 될 수 있다. 하지만 오해의 소지가 있는 홍보물에 대해서는 주의해야 한다. 포트폴리오로 모든 것을 말하는 것이 최선이다. 이상한 소품이나 티셔츠 혹은 음식과 같은 개인적 선물은 전문적이지 못하다.

웹사이트

인터넷 포트폴리오도 만들어야 한다. 웹사이트를 만드는 것이 시간은 걸리더라도 비용은 많이 들지 않는다. 많은 인터넷 서비스 공급업체는 웹 주소를 이용해 이메일을 주고받고 작은 사이트를 운영할 수 있는 묶음 상품을 제공한다. 사이트에 파일을 붙일 때, 검색엔진은 그래픽 파일이나 플래시 애니메이션에 들어 있는 문자는 읽을 수 없다는 사실을 염두에 둬라. 사람

들이 당신을 쉽게 찾을 수 있게 하려면, 연락처를 검색 가능한 문자로 사이트에 올려놓아야 한다.

당신이 웹디자이너로서 고객에게 만들어준 웹사이트가 있다면 포트폴리오에 그 사이트의 주소만 올려놓지 말고 자막이 달린 프로젝트의 이미지를 넣어라. 또한 그 프로젝트를 종류별로 분류해, 면접관이 쉽게 스크롤을 상하로 움직여 그 저작물을 쉽게 확인할 수 있게 해라. 미래의 고용주가 당신이 만든 사이트에 흥미를 느끼게 해야 한다. 그들이 하이퍼링크를 쫓아 당신이 얼마 전에 디자인했던 그 사이트를 방문하게 되면 그 사이트는 그사이에 많이 변했을 수도 있다. 미래의 고용주가 그 사이트에서 당신이 의도했던 것과 다른 사실을 볼 수도 있다. 그럼 그는 시선을 다른 후보의 사이트로 돌릴 것이 분명하다.

인터넷 포트폴리오를 개발할 때 다운로드 시간을 염두에 둬라. 가능한 짧아야 한다. 그리고 사이트를 열기 전에 모든 것이 자신의 뜻대로 정확하게 배열되고 작동하는지를 확실하게 시험하고 방문자들이 잘못된 메시지를 받지 않도록 해야 한다. 페이지 위에 메타태그meta tag, 헤더 섹션을 위해 HTML 소스 코드에 포함된 키워드를 말하며, 전부는 아니지만 일부 검색엔진이 인덱스를 만들 때 이 정보를 이용한다를 사용해야 한다. 마지막으로 이것은 경력과 관련된 사이트이므로 전문성을 갖추라는 것이다. 가족사진이나 휴가 이야기로 사이트를 난잡하게 만들지 마라. 그런 이야기는 구직과 관련이 없으며 미래의 고용주는 쉽게 흥미를 잃을 것이다.

구직

구직에 전념해라. 성공에 필요한 시간과 노력을 들이는 습관을 일상적으로 길들여야 한다. 여러 길을 다각도로 모색하고 좋은 직장을 위해선 이사도 마다해선 안 된다. 구직은 몇 주 혹은 몇 달이 걸릴 수도 있기에 추구할 수 있는 모든 가능성을 열어둬야 한다. 다음과 같은 단순한 추적 방식을 세워둬라.

- 그 구직 기회를 알게 된 방법
- 직함과 직무 내용
- 상벌 제도에 관한 내용
- 채용 부서
- 그 회사와 접촉한 날짜와 내용이메일, 전화통화 등
- 포트폴리오처럼 회수해야 할 자료들에 대한 기록

추적 시스템엔 후속 조치를 위한 보기 쉬운 일정표가 들어가야 한다. 무엇보다 기회가 오면 적극적이어야 한다. 다만 회사가 당신을 골칫덩어리로 여길 정도로 끈질기면 곤란하다.

개요

그렇다면 현재 가능한 일자리를 어떻게 찾을 것인가? 많은 방법이 있겠지만 그중 다음 세 가지가 특히 더 효과적이다.

디자인 세계에서 일자리를 얻는 가장 좋은 첫 번째 방법은 개인 인맥을 통하는 것이다. 에이전시나 디자인 스튜디오의 절반 이상은 인맥을 통해 사람을 구한다고 한다. 대부분의 디자이너는 구인광고가 뜨기 전에 친구들을 통해 그런 정보를 듣게 된다.

두 번째로 효과적인 방법은 회사 사이트에 올라온 신입 사원 구직광고에 직접 신청하는 것이다. 회사의 인적자원부에서는 공개채용을 정책으로 삼는 경우가 종종 있어 이런 방법으로 사내 직책을 찾을 수 있다. 또한 이런 구인광고는 산업계 출판물에도 나온다. 따라서 이런 방법으로 일자리를 찾기 위해선 원하는 회사의 사이트를 자주 방문하고 주요 출판물의 최신호를 뒤적거려 볼 필요가 있다.

세 번째 방법은 소수의 사람에게 적용되는 헤드헌터다. 디자인 회사엔 사회 초년생이 직접 찾아오는 경우가 많아 직책이 낮은 사람은 헤드헌터의 영입 대상 목록에 거의 오르지 않는다. 하지만 회사에선 고위직을 충당하기 위해 광범위한 전문 인맥을 관리하는 헤드헌터를 이용하기도 한다. 헤드헌터들은 이직을 적극적으로 고려하지는 않지만 개별적으로 접근하면 이직을 고려할 강한 잠재적 후보자들을 많이 알고 있다.

가장 비효과적인 디자인 일자리 찾기는 인터넷에 올라온 일반 구인광고다. 여기엔 많은 목록이 올라와 있지만, 대부분 지난 것이고 디자인 일자리를 찾기란 모래사장에서 바늘 찾기다. 설령 마땅한 목록이 올랐어도 경쟁이 매우 치열하다. 이미 수백 명이 신청했을 것이다.

이제 눈요기를 했으니 구직 전략을 좀더 상세히 살펴보자.

인맥 쌓기

디자인 일자리를 얻는 가장 효과적인 방법이 인맥이라면, 어떻게 인맥을 쌓을 것인가? 가장 좋은 방법은 전문 협회를 통하는 것이다. 원하는 디자인 분야의 주요 조직을 확인해라.

한국에서는 디자인 전문가를 위한 주요 조직들로 다음과 같은 곳들이 있다.

- 한국디자인진흥원
  - www.kidp.or.kr
- 한국산업디자이너협회

- www.kaid.or.kr
- 한국여성시각디자이너협회
  - kwvd.or.kr
- 한국캐릭터디자이너협회
  - www.kocda.org
- 한국선물포장디자이너협회
  - www.krgift.co.kr
- 한국조명디자이너협회
  - www.kald.org
- 한국공예디자이너협회
  - www.koreacda.org
- 대구실내디자이너협회
  - www.dgid.org
- 한국시각정보디자인협회
  - www.vidak.or.kr
- 한국봉제완구디자이너협회
  - www.봉제완구디자이너협회.kr
- 한국실내건축가협회
  - www.kosid.or.kr
- 서울패션아티스트협의회
  - www.sfaa.co.kr

이 조직 대부분은 현지 행사를 하기 때문에 당신이 참여하기가 매우 쉽다. 당신에게 맞는 조직을 찾으면 회원으로 가입해라. 그러면 그들이 당신에게 뉴스레터나 행사 안내 메일을 보내줄 것이다. 그들의 행사에 적극적으로 참여해 많은 인맥을 형성해라. 수줍어하지 마라. 일찍 도착해 여러 사람과 교분을 맺어라. 마케팅 사람들은 이것을 "작업한다working the room"라고 말한다. 새로운 사람을 만나면 대화를 짧게 유지해라. 그들에게 당신이 누구이고 무슨 일을 하는지 알려라. 그리고 적당한 시점에 명함을 건네라. 당신에게 호감을 갖게 된 사람은 당신의 디자인 분야와 당신을 어떻게 만났는지를 명함 뒤에 기재할 것이고 그 명함을 보관할 것이다.

대화 중에 상대에게 보낼 유용한 정보나 소식이 있으면 즉시 이메일로 후속 조치를 해라. 예컨대 상대의 고객에 관한 최근 기사나 바뀐 전화번호 같은 게 있을 수 있다. 그런 정보를 이메일로 보낼 땐 당신의 연락처를 가진 서명란을 꼭 첨부해라. 그래야 상대가 당신의 주소를 자신의 전자주소록에 쉽게 첨부할 수 있다.

행사 참여는 시작에 불과하다. 자원봉사자로서 그 조직의 행사나 출판을 도와주면 더 많은 인맥을 구축할 수 있다. 이런 일을 계기로 당신은 사람들에게 당신이 얼마나 창조적이며 협조적인지를 보여줄 수 있다. 그들에게 명랑하고 재능이 넘치며 근면한 모습을 보여줘라.

인맥을 구축하면서 모든 사람이 소중하다는 마음가짐을 가져라. 처음 만나는 그 사람이 당신과 어떤 인연이 될지 아무도 알 수 없다. 첫인상을 잘 가꿔라. 똑똑하고, 다정하며, 전문성을 갖춘 데다, 낙천적인 사람으로 비춰져야 한다. 같은 분야의 사람을 만나면 주제를 넘지 않는 선에서 관계를 지속할 기회를 찾아라. 그 사람의 활동과 근황에 귀를 열어두어 수상이나 주요한 업적에 축하의 인사를 보내라.

진정한 관계란 나를 위한 일방적인 관계에서는 구축되지 않는다. 기회가 된다면 상대에게 보탬이 되는 일을 해라. 당신에게 맞지 않는 프로젝트나 취업 기회가 있다면 더 적합한 사람에게 양보해라. 그들은 당신에 대한 고마움을 잊지 않을 것이다.

인터넷 목록

인맥 형성이나 산업 출판물 광고 외에도 인터넷 구인광고란을 이용할 수도 있다. 하지만 인터넷 구인광고란은 그리 권장할 만한 곳은 못 된다. 대부분의 구인광고란은 이미 지난 구인광고이기 십상이다.

새로운 목록이 올라오면 즉시 이력서를 접수해라. 구인광고가 올라오면 일주일 내에 접수하는 것이 좋다. 그 이상의 시간이 지나면 이미 그 고용주는 면접 절차에 들어갔을 것이다. 고용주의 인사채용 과정은 대개 이렇다. 1~2주 정도 구인광고를 내고, 다시 1~2주는 신청자의 서류를 검토하거나 전화 면담을 하며, 다시 2주 정도 개인면접과 협상을 한 후 고용은 완결된다.

인터넷으로 신청서를 접수하면, 접수 여부를 알리는 회신을 받지 못할 때가 있다. 많은 대형 사이트들은 소프트웨어를 사용해 후보자를 추려낸다. 그래서 구직 목록에서 사용된 키워드를 신청서에 삽입하는 것이 매우 중요하다. 인터넷 구직란은 무료지만 신청자에게 등록 절차를 요구하며 설문지에 답을 해달라고 요청하는 경우가 많다. 이런 정보를 이용해 신청자의 정보를 검색 가능한 데이터베이스로 표준화할 수 있게 한다.

하지만 개인정보에 대해선 주의해야 한다. 해커나 ID 도둑의 가능성에 대비해 주민등록번호나 생년월일 혹은 금융정보는 제공하지 마라. 사이트의 구직란에 등록한 후 마케팅 메시지나 스팸을 받을 수도 있다. 이런 부작용을 최소화하기 위해 일자리를 잡은 후 나중에 없앨 수 있는 이메일 주소를 사용해도 된다. 일부 사이트는 신청자의 정보를 위해 게재 기간을 제한하기도 한다. 여러 달 후에도 일자리를 찾지 못했다면 재등록이 필요할 수도 있다.

포괄적인 구직 사이트도 있지만 특정한 산업의 구직에 집중하는 사이트도 있다. 디자인 계통의 일자리를 원한다면 디자인 구직을 전문으로 취급하는 사이트로 구직을 시작하는 것이 최선이다.

다음은 한국의 디자이너 구직사이트 목록이다.

- 디자이너DB디자인 구인구직 사이트, 광고, 편집, 그래픽, 제품, 패션 등 취업정보 제공
  - www.designerdb.co.kr
- 디자이너잡채용정보 포트폴리오 인재정보 공모·전시·행사 취업가이드, 디자인 분야 취업 전문업
  체, 패션, 광고, 웹, 편집디자이너, 아르바이트 등 채용정보 제공
  - www.designerjob.co.kr
- 디자인잡스디자이너 취업정보 사이트, 웹디자인, 광고, 출판, 산업, 패션디자인 등 인재정보 제공
  - www.designjobs.co.kr
- 디자이너샵디자인 취업 정보 사이트, 웹 디자이너, 광고, 인테리어, 헤어 디자이너, 구인구직 제공
  - www.designjobkorea.com
- 디자인잡디자인 분야 취업 전문 사이트, 패션, 웹, 광고, 편집, 인테리어 등 구인구직 정보 제공
  - www.designjob.co.kr
- 패션인디자이너 구인구직 사이트, 패션, 뷰티, 미용, 주얼리 분야 샵마스터 등 취업정보 안내
  - www.fashionin.com
- 디자이너마을디자이너 포트폴리오, 디자인회사 홍보, 개발 및 프로젝트 등 사업 안내
  - www.designervillage.kr
- 파인드디자인디자인 취업 정보 사이트, 편집디자이너, 맥편집, 웹프로그래머 등 구인구직 정보 제공
  - www.finddesign.co.kr
- 마포디자인취업센터디자인기업 및 디자이너가 밀집한 마포 지역 위치, 디자인 취업, 창업, 사업
  을 특화 발전시켜 일자리 창출 및 취업불균형 해소에 목적. 그 외 전시실, 세미나실, 회의실 등을 보유하
  고 있어 디자인 분야 종사자라면 누구나 와서 손쉽게 이용할 수 있는 디자인 기업, 디자이너, 시민을 위
  한 열린 공간
  - www.dcluster.seoul.kr
- 강남 트렌드센터디자인 트렌드를 선도하고, 비즈니스 중심 거점지로 디자인 기업이 경쟁력을 강
  화할 수 있도록 지원하는 데 목적. 지속적인 디자인트렌드 상담센터 운영 및 디자인 트렌드 사업을 통해
  디자인 산업 분야를 지원함으로써 디자인 기업의 경쟁력을 강화

- www.dcluster.seoul.kr

일반적인 한국의 취업구직 포털사이트에서 디자인 관련 분야의 일자리를
알아보는 것도 도움이 된다.

- 잡코리아
−www.jobkorea.co.kr
- 사람인
−www.saramin.co.kr
- 인쿠르트
−www.incruit.com
- 커리어
−www.career.co.k
- 고용정보 워크넷
−www.work.go.kr
- 한국고용정보원
−www.keis.or.kr

특정 회사의 사내부서를 원한다면 해당 회사 사이트에 올라온 구직 목록
을 직접 방문해라.

구직 시점에서 관심을 끄는 어떤 목록도 찾지 못했다면, 다음 단계는 크고
일반적인 구직 사이트를 방문하기 시작하는 일일 것이다. 원하는 직업 목록
을 찾으면 다음 단계로 그 회사의 고용주를 조사해야 한다. 그들의 웹사이트
를 방문해 회사의 규모, 서비스, 고객 등과 같은 배경 지식을 알아둬라. 검색
사이트를 통해 그들에 대한 최근 기사도 살피는 것이 좋다.

헤드헌터

회사에서 고위직을 충원할 때 헤드헌터들과 접촉하기도 한다. 이때 리크루트 회사에 지불되는 비용은 보통 해당자의 1년 급여의 %로 계산되지만, 후보자나 채용자 대신 회사가 그 비용을 낸다.

헤드헌터의 재정 모형은 두 가지로, 고용이 성사되면 비용을 받는 성공불 조건과 비용의 일부를 미리 받는 선수금 조건이 있다. 선수금 조건은 채용이 성사되지 않아도 일정한 보수를 받는다. 업무가 과중한 디자인 관리자에게 구직 과정을 대행해주는 전문 리크루터는 하느님의 선물일 수 있다. 하지만 디자인 회사가 바쁘지 않다면 그들이 직접 채용할 수도 있다. 그런 이유로 경기가 침체되면 헤드헌터들의 활동도 위축된다. 고용시장이 위축되면서 직접 후보자를 찾기가 수월해지기 때문이다.

리크루터는 중매쟁이처럼 기능해 노동집약적인 후보 검증을 대행해준다. 그들은 또한 양질의 후보자에 대한 자신만의 데이터베이스를 유지한다. 급히 충원할 직책이 있을 경우 그들이 며칠 내로 양질의 후보군을 만들어내기도 한다. 헤드헌터들은 고위직을 성사시켜야 큰돈이 되기 때문에 사회 초년생은 취급하지 않고 경력자 위주로 거래한다. 리크루트 회사가 당신을 후보자로 삼으면 그들은 당신에게 포트폴리오, 이력서, 면접 기술, 경력 전략에 대한 전문적인 관리와 지침을 제공해준다. 더불어 그들이 급여와 복지에 대한 모든 협상을 주도한다.

채용 과정은 고용주와 리크루트 회사 간의 문서로 작성된다. 그런 계약은 고용주가 그 후보자를 보통 1년인 특정 기한 내에 채용하면 헤드헌터에게 수수료를 지급한다는 내용이다. 또한 그 후보자가 고용 몇 개월 내에 해고되거나 퇴사하면 다른 후보자를 추가 수수료 없이 추천한다는 보증을 한다.

리크루트 회사들은 임시직은 취급하지 않지만, 일부 회사는 프리랜서들을 위해 에이전시나 중개인 역할을 하기도 한다. 이 경우 그 회사는 프리랜서에게 단기적인 일을 소개한다. 그 프리랜서는 작업시간기록표를 제출하여 정해진 시급에 따라 리크루트 회사에게 직접 급여를 받는다.

인터넷 조사로 리크루트 회사를 좀더 알아볼 수 있다. 일부 헤드헌터 사이트는 서비스의 내용만 제공하지만, 현재 가능한 모든 직책의 상세한 목록을 보여주는 헤드헌터 사이트도 많이 있다.

- 디자이너잡
- www.designerjob.co.kr
- 잡온라인
- jobonline.co.kr
- 패션워크
- www.fashionwork.co.kr
- 패션인재
- www.passioninjae.com
- 디자인구인
- www.design9in.co.kr

면접 과정

가고 싶은 직장을 찾아 그 회사에 서류와 포트폴리오를 제출했다. 그들이 당신에게 관심이 있다면 면접을 보러 오라고 연락할 것이다. 그 과정은 다음과 같다.

최초의 면접

면접 후보자는 여러 명일 것이다. 경쟁에서 이기려면 면접을 철저히 대비해야 한다. 당신은 이미 포트폴리오로 디자인 기술을 보여주었으며, 이력서와 커버레터로 문서작성 능력을 선보였다. 이제 면접관은 당신의 성품을 보려 할 것이다. 면접관은 긍정적이며 열린 사고방식을 갖춘 후보자를 원한다. 역동적이며 원만한 대인관계, 회사와 어울릴 성품을 원하며, 당신이 역경에 빠졌을 때 어떻게 처신해 팀에 공헌할지를 보려 할 것이다.

물론 초조하기 마련이다. 긴장감을 극복할 수 있는 가장 좋은 방법은 철저한 준비다. 그 회사를 더 조사해라. 그 회사의 역사를 더 알아라. 당신은 알고 있던 지식을 바탕으로 그들에게 그들의 비즈니스에 대해 묻고 싶을 수도 있지만, 당신이 이미 숙지했어야 할 당연한 질문을 던져 나쁜 인상을 주지 않도록 유념해라.

면접엔 의례적인 질문이 따른다. '왜 직장을 옮기려고 합니까?', '직무에서 저지른 가장 큰 실수는 무엇이었으며, 그것을 어떻게 만회했습니까?'와 같은 관행적인 질문에 대한 답변을 준비해라. 또한 '지금부터 5년 동안 무엇을 하고 싶습니까?'와 같은 돌발질문도 준비해야 한다. 경력에 대한 질문을 받으면 당신이 신청하고 있는 지위와 관련되게 대답해라. 고용주들은 목표가 다른 곳에 있는 후보자는 기피한다.

면접에 입고 갈 복장도 유의해라. 회사마다 어울리는 복장이 있다. 그 회사를 잘 아는 친구에게 물어보거나, 면접 전날 약간의 조사를 통해 그 회사 직원들이 청바지를 입는지, 정장을 입는지를 알아보는 것도 좋다.

면접 첫날, 여분의 이력서를 챙겨가라. 미리 도착할 수 있도록 일정을 조절하고, 절대 늦지 마라. 그들은 당신을 기다리지 않고 다음 후보자를 면접할 것이다. 건물에 들어가기 전에 휴대폰은 꺼두고 껌은 뱉어라. 만나는 사람 모두에게 좋은 모습을 보여라. 주차장에서 만났던 여자가 설립자일 수도 있고, 로비에 서 있던 남자가 인적자원부 부장일 수도 있다. 접수처에서 신원을 확인할 때, 약간의 서류 작업이 있을 수 있다. 일부 디자인 회사는 표준 양식의 구직 신청서 작성을 요구한다.

설령 면접이 초조해도 대화를 자신이 주도해서는 안 된다. 말하는 만큼 듣는 것에 신경 써야 한다. 질문엔 솔직하고 간결하며 낙관적인 대답을 해라. 과거 고용주나 고객들에 대한 불평불만을 쏟아내지 마라. 상대에게 낙관적이며 긍정적인 인상을 심어줘야 한다. 당신의 기술이 그 회사에 얼마나 유익하며 그들의 지속적인 성장에 얼마나 기여할지를 강조해라.

여러 가지 이유에서 당신의 첫 면접은 팀장이나 인적자원부 부장과의 일대일 면접이 될 것이다. 어떤 시점에서 당신은 미래의 동료들을 만나게 될 것이다. 대형 회사에서 그런 만남은 보통 2차 면접에서 이뤄진다. 고객 프로젝트로 바쁜 직원들을 1차 면접에 참여하게 하면 시간적으로 큰 비용을 감수해야 하기 때문이다.

동작에도 유의해라. 시선을 맞추고, 자신감이 넘치되 단정하게 어깨를 펴고 활갯짓을 하고 미소를 머금어라. 편안하고, 열려 있으며, 어울릴 줄 아는 사람으로 인식을 심어줘라. 몸을 움츠려 부정적인 신호를 보내지 마라. 수줍음을 타더라도 손을 가슴에 포개놓지 말고, 고개를 숙여 바닥을 내려다보지 마라.

첫 면접에서 급여 협상은 금물이다. 질문을 받으면 과거에 받았던 급여 내역을 말해라. 옮겨가는 회사에서 처음부터 급여나 복지를 두고 입씨름하는 광경은 볼썽사나우며, 처음부터 돈에 연연하는 모습은 부정적인 인상을 심어줄 수 있다. 서로에게 최우선 순위는 기술과 성격에 관한 적합성을 따지는 것이다. 돈도 중요하지만, 최우선 순위는 아니다. 따라서 급여문제는 2차 면접에서 협상해라.

마지막 인상이 중요한 법이다. 면접이 끝날 때 다시 한 번 당신이 그 자리에 얼마나 열정적인지를 서술해라. 집에 도착한 직후 감사의 편지나 이메일을 보내라. 그것이 올바른 비즈니스 에티켓이다. 그것은 당신에 대한 추가적인 정보를 더 줄 수 있는 기회이기도 하다.

기본적인 사실 확인

회사가 후보자로 당신을 낙점하면, 그들은 이력서나 면접에서 나타난 당신에 대한 정보를 확인할 것이다. 그래서 당신의 고용 사실, 급여 내역, 교육, 학위를 조사할 수 있다.

신원보증인

회사에서 신원보증을 요청하는 경우, 아래의 두 가지 중 하나 혹은 전부를 요구하는 경우가 있다.

1. 신원보증보험증권서울보증보험에서 발급
2. 신원보증인지인의 인감도장과 인감증명서, 재산세과세증명원 요구

만약 회사에서 신원보증보험증권 대신에 신원보증인으로 대체해도 된다고 하면, 보증인의 필요 서류를 제출하면 된다. 그렇지만 보증인보다는 보증보험증권이 비용이나 시간적인 면에서, 그리고 회사나 입사자의 입장에서 훨씬 편리하고 확실하기에 요즘은 보증보험증권을 많이 이용하는 추세다.

2차 면접

2차 면접에 응시하라는 연락을 받으면 급여를 협상할 준비를 해라. 구직 목록에 급여 범위가 서술되었겠지만, 객관적으로 판단할 수 있는 외부 기준이 있으면 도움이 된다. 구직 과정에서 초봉에 대한 기본 정보는 모았을 것이

다. 하지만 그런 정보는 임의적으로 적절한 기준에는 미달된다. 현재의 급여 수준과 복지 혜택을 별도로 조사해라. 그래야 급여에 대한 기대치를 현실에 맞출 수 있다. 급여를 높게 부르면 기회를 놓치게 되고, 너무 낮게 부르면 나중에 급여를 대폭 상향하기가 어렵다.

급여 조사

급여를 조사할 수 있는 가장 좋은 방법은 자료를 찾는 것이다. 무료로 이용 가능한 정부의 자료로 시작해라. 하지만 정부 자료는 갱신이 늦는 경우도 있다. 최신 자료를 보려면 전문 협회나 무역 출간물과 같은 업계의 자료를 살펴봐야 한다. 다음 사이트에서 다양한 직종의 연간 급여 관련 통계자료를 확인할 수 있다.

- 한국고용노동부
- www.moel.go.kr

검색엔진을 통해 여러 디자인 회사의 급여 정보를 발견할 수도 있다. 당신의 디자인 분야를 치고 '급여조사', '임금조사', '중간소득'과 같은 단어를 이어 써라. 하지만 그 결과를 분석할 때는 모든 급여 조사가 한결같지 않다는 점을 알아야 한다. 일반적으로 이런 문제들을 조심해야 한다.

- 견본은 얼마나 큰가?
- 지역, 직책, 경력에 따라 그 결과가 다를 수 있기 때문에 견본이 크면 클수록 좋다.
- 그 정보는 얼마나 최신인가?
- 12개월 이내에 올라온 정보가 가장 좋다. 많은 변화를 고려하지 않아

도 되기 때문이다.

- 그 출처를 얼마나 신용할 수 있는가?
- 일부 웹사이트는 방문 수를 높이기 위해 급여 자료를 이용하지만 정보의 출처는 모호한 경우가 많다. 자료나 견본의 크기를 결정할 수 없다면, 그 수치들은 대표성도 신뢰성도 없는 것이다.

평균값 대 중간값

급여 조사에서 그 수치가 평균값인가, 아니면 중간값인가? 양자의 차이는 학창 시절에 배웠겠지만, 까마득히 잊었던 기억을 되살리는 의미에서 두 값을 간단히 서술해보자.

'평균'은 말 그대로 평균값이다. 1, 2, 3, 4, 500이라는 수가 있다. 이 다섯 숫자의 평균은 모두 합해 나온 510을 5로 나누어 나온 102다. 급여 조사에서 평균은 나머지 값보다 상당히 높거나 낮아 진실을 왜곡할 수 있어 그 수에 현혹되면 안 된다. 그런 왜곡을 피하려면 중간값을 살펴야 한다. '중간값'은 크기순으로 일렬로 늘어놓은 값 중에서 가운데 숫자를 말한다. 예컨대 1, 2, 3, 4, 500에서 중간값은 3이다. 급여 협상에서 중간값이 현실적인 수치다.

기타 급여문제

과거에 디자인 회사는 고용인들에게 기본 급여만 지불했지만, 최근엔 대부분의 회사에서 성과급을 도입하고 있다. 이런 회사에서는 인재를 영입할 만큼 기본 급여가 충분히 높지만, 그 이상의 보수는 없다. 그래서 급여에 대한 변수가 발생한다. 비즈니스 목표를 달성하면 인센티브를 지급하기로 서로 약속하는 것이다. 인센티브는 특정한 프로젝트, 고객거래, 혹은 회사의 전반적인 성과와 연관된다. 충분히 고려된 인센티브 제도는 고용인들에게 강력한 동기유발이 된다. 또한 회사의 수익성에 연계하여 급여에 탄력성을 줄 수 있다.

고용 협상에서 당신은 직원성과와 급여조정에 대한 시스템을 알아야 한다. 대형회사는 고용 날짜를 기준으로 연간주기를 엄격하게 준수한다. 연간 성과나 급여조정은 두 가지 부분으로 계산된다. 하나는 업무 성과의 품질이고, 다른 하나는 생계비 조정이다. 생계비 조정은 인플레이션 요소를 감안하기 위해 필수적이다. 이런 조정이 없다면 구매력에서 손해를 보게 된다. 생계비 조정은 보통 정부가 추적하는 소비자 물가지수CPI; Consumer Price Index 에 기반한다. 통계청 사이트에서 이런 경제 자료를 찾아볼 수 있다.

- 통계청
- www.kostat.go.kr
- 국가 통계포털
- kosis.kr
- 나라지표
- www.index.go.kr

포괄적 배경조사

초봉 협상에 들어갔다면 회사에서 당신을 채용하겠다는 것이다. 이 시점에서 그들은 세밀한 배경조사를 하게 된다. 그런 조사엔 신용기록, 파산기록, 범죄기록이 포함된다. 이런 관행은 작은 스튜디오에선 그리 흔하진 않지만, 대형 에이전시나 기업체 사내부서에선 표준적인 절차다. 회사가 회계부서나 보안요원 후보자에게 직위를 불문하고 이런 정보를 캔다면 그런 절차가 차별적으로 보이지는 않는다. 또한 후보자의 동의를 얻어 그런 조사를 할 수도 있다. 이때 추가 정보수집에 승인하는 양식에 서명을 해야 하며, 채용 서류에 그런 동의서가 포함된 경우가 많다.

그런 배경조사엔 법적 장치가 마련되어 있다. 예컨대 개인 신용정보의 오남용으로부터 사생활의 비밀 등을 적절히 보호함으로써 건전한 신용질서의 확립에 이바지하기 위해 '신용정보의 이용 및 보호에 관한 법률', '개인정보보호법' 등이 제정되어 있다. 고용주들은 그런 광범위한 조사를 직접 실행하기에 시간도 경험도 없기 때문에 유료 서비스를 이용해 정보를 얻는다.

채용이 거부된 이유가 배경조사를 통해 발견된 부정적인 정보의 결과라면, 그 고용주는 법에 따라 당신에게 그 결과를 통보하고 반박할 기회를 줘야 한다. 비슷한 이름으로 인한 혼동이나 주민등록번호를 잘못 기입, 혹은 아이디의 도용과 같은 일 때문에 그릇된 정보가 나올 수 있기 때문이다. 하지만 무엇보다 중요한 점은 그 정보를 바로 잡을 기회가 있다는 것이다.

심층 배경조사는 많은 우려를 낳고 있다. 빅 브라더_{사회 곳곳에 스며든 감시 장치-옮긴이}가 사생활을 침해한다는 논란이 있기 때문이다. 이 문제에 대한 자세한 정보는 다음과 같은 비영리 소비자 권리단체로부터 얻을 수 있다.

- 한국개인정보보호협의회
  - www. Kcppi.or.kr

최종 장애물

디자인 회사와 광고 에이전시에선 특정한 소프트웨어 응용프로그램이 필수인 자리에 당신이 필요하다면 그런 기술을 시험해볼 것이다. 그러므로 우선 유료로 프리랜서 일을 맡겨도 놀랄 필요는 없다. 그것은 일종의 시운전으로 한 프로젝트에서 당신과 공조하며 당신을 검증해 보려는 의도다.

채용 완결

고용 과정의 마무리로 직무내역서와 고용계약서를 받게 된다. 작은 회사에서 그 계약서는 간단하지만, 대형회사에서는 매우 상세하다.

계약서에는 고용 조건이 들어 있다. 임시직인지 정규직인지, 상근직인지 비상근직인지, 정시출퇴근자인지 초과근무자인지를 명시할 것이다. 노동조합이 없다면 고용계약서엔 고용 기간이 없고 대신 '임의 고용employment at will'이란 서술이 들어 있을 것이다. 이것은 그 이유가 불법이 아닌 한, 당신은 언제 어떤 이유로든 해고될 수 있다는 말이다. 마찬가지로 당신도 언제 어떤 이유로든 사직할 권리를 갖는다. 또한 고용 기간에 만든 모든 창작품은 저작권 법에 따라 '업무상 저작물'이라고 하여, 일정한 경우 그 사람을 고용한 사용자회사가 저작권을 갖게 된다는 언급도 포함된다.자세한 정보는 17장 지식재산권 참조 더불어 그 계약서엔 회사와 고객의 비즈니스에 관해 알게 된 비밀정보를 보호하는 비밀엄수 조항도 포함된다.

기타 일반적인 고용인 지침 및 정책은 고용 안내책자나 사내 인트라넷 사이트를 보면 될 것이다. 채용 후, 업무가 손에 익고 생산적인 팀원이 되기엔 얼마간의 시간이 필요하다. 대개 이런 초기 오리엔테이션 기간은 세 달 정도다. 적응이 늦어 고용주가 당신의 성과를 탐탁지 않게 여기게 되면, 당신은 구직이란 가시밭길을 다시 하염없이 걸어야 할 것이다.

교정을 벗어나 세상 속으로

최근 졸업생들이 사회에 들어가 부딪히는 문제 중 하나는 실무 프로젝트가 학교에서 배운 것과는 많이 다르다는 사실이다. 일반적으로, 실무 프로젝트

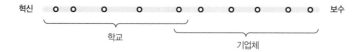

| 도표 2-2 창조적인 위험감수는 교육계에서는 권장되지만, 비즈니스 계통에선 회피한다.

는 사용할 수 있는 디자인 언어중요한 디자인 계획이나 양식을 말함-옮긴이나 시각 어휘디
자인 형태, 비례, 구성, 배치를 말함-옮긴이를 비롯해 다른 많은 부분에서 제약을 받는다.
디자인 활동이란 한쪽엔 혁신이 있고, 다른 한쪽에는 보수가 있는 연속체다.
도표 2-2 참조 혁신은 '기존의 상식에서 벗어난 거칠고 위험한 도전'이다. 보수
란 '시대의 흐름에 적응한 여러 가지 시각디자인'을 말하는 것으로, 우리는
그 디자인이 어떻게 작동하고 어떤 상황에 가장 효과적인지를 알고 있다.

디자인 학교들은 그 스펙트럼에서 혁신 쪽에 몰려 있다. 상업적 이익에서
자유로운 학교는 새롭고 실험적인 작품을 개발할 수 있는 실험실로서, 외부
의 간섭 없이 실험을 할 수 있는 보금자리라는 데에 긍지를 느낀다.

디자인 회사나 광고 에이전시와 같은 창조적 서비스를 판매하는 회사에
고용되면, 그런 상아탑 분위기에서 나만의 세계를 작품으로 생산해낼 수 없
다는 사실을 금세 깨닫게 될 것이다. 비즈니스 고객은 혁신의 반대편에 있
는 보수적인 성향이 강하다. 특히 상장회사는 그 성향이 더욱 심하다. 그들
은 관습을 따르지 않는 커뮤니케이션에 커다란 위험을 감수하길 피한다. 만
약 혁신이 실패한다면 주주들이 그대로 용인해줄 리 만무하기 때문이다. 그
래서 대부분의 은행은 디자이너에게 타임스 로만Times Roman, 영국의 유서 깊은 일
간지 〈더 타임스The Times〉를 위해 새롭게 탄생한 서체-옮긴이, 짙은 파란색, 핀스트라이프가
는 세로줄 무늬-옮긴이 디자인을 요청한다. 그들은 기존의 이미지가 전통과 안정
성을 전달하기 때문에 자신들의 산업에 잘 작동한다는 사실을 익히 알고 있

다.

디자인 업계에서 가장 실험성이 강한 곳은 개인 소유의 작은 회사와 일하는 작은 디자인 회사다. 고객과 디자이너가 실수를 두려워하지 않고 위험을 추구할 때 예기치 않은 작품이 나올 수 있다. 하지만 대형 회사는 위험을 회피한다. 세계적인 고객은 시장에서 무난한 것으로 검증된 디자인을 사용하는 대규모 디자인 팀을 보유한 세계 굴지의 에이전시를 선호한다. 그런 고객들에게 혁신은 감당하기에 벅찬 위험부담이다.

이와 반대로 디자인 스튜디오는 자신의 프로젝트를 기획할 수 있다. 그 스튜디오가 홍보용으로 만든 프로젝트는 대단히 실험적일 수 있다. 보수가 없다시피 한 비영리 고객의 프로젝트도 이율배반적으로 어느 정도 창조적 자유를 누릴 수 있다. 흥미로운 작품을 만들어내야만 성공하는 컴퓨터 게임업체처럼, 연예오락 고객들도 혁신을 바랄 때가 있다. 광고고객도 보통 시대의 흐름에 따르는 제품을 팔지만, 젊은층을 공략할 목적으로 튀는 광고를 발주하기도 한다. 작은 사업체는 큰 사업체보다 더 많은 새로운 시도를 한다. 가장 보수적인 집단은 정부다.

하지만 이는 혁신이 좋다, 보수가 좋다는 그런 말은 아니다. 가장 좋은 디자인의 해결책은 그 프로젝트에 가장 적합한 시각적 양식을 찾는 것이다. 〈스케이트보드skateboard〉지의 편집은 파격이 아름답지만, 처방약 라벨이나 고속도로 표지판은 그렇지 않다. 새로운 양식의 시각디자인이 끊임없이 추구되고 있다. 혁신이 성공하면 그것은 점차 주류로 통합되며 시간이 흐르면서 보수로 변한다.

최근의 디자인 연감을 보고 미학 감각을 쌓았을 사회 초년생은 디자인 업계에서 보수적인 작품이 얼마나 차지하는지 모를 것이다. 그러나 디자인 업계의 경쟁은 혁신에 커다란 부담으로 작용한다.도표 2-3 참조 스튜디오들은 디자인 연감에 그들이 보수적인 고객들을 위해 작업한 보수적인 작품이 아니

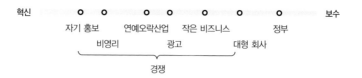

혁신 ○ ○　　○ ○　　○　　○　　○ 보수
　　　자기 홍보　연예오락산업 작은 비즈니스　　정부
　　　　비영리　　　　광고　　　　대형 회사
　　　　　　　　　경쟁

▌도표 2-3 경쟁은 혁신을 제한한다.

라, 비영리나 홍보를 위해 만든 실험적인 작품을 연감에 출품한다. 만약 뭔가 신선한 작품이 수상을 하게 되면, 이것은 기존 작품에 식상해 있는 디자이너로 구성된 심사위원단의 눈에 띄었기 때문이다. 터놓고 말하면, 보수적인 프로젝트를 통해 얻은 수익으로 수상한 프로젝트를 보조하는 것이 현실이다. 프로젝트의 대부분은 빵을 얻기 위한 작업이다. 신입사원으로서 짙은 푸른색의 핀스트라이프 프로젝트에서 일하게 되더라도 실망하지 마라.

03 독립 계약 문제

디자인 회사와 에이전시에서 프리랜서로 일하는 것은 경험도 얻고, 인맥도 넓히며, 포트폴리오도 늘릴
수 있는 호기다. 하지만 1인 비즈니스를 하는 프리랜서는 법과 재정문제로 곤란에 빠지기 일쑤다. 이 장
에선 독립계약자에 대한 국세청의 정의를 설명하고, 프리랜서가 갖거나 갖지 못한 혜택을 살펴보며, 프
리랜서의 관계를 규정하는 핵심 서류를 다룬다.

프리랜서로 독립한다는 것

많은 디자이너가 사내부서를 원하지만, 프리랜서로도 크게 성공할 수 있다. 미국 노동부의 발표에 따르면 10명의 디자이너 중 3명이 프리랜서다. 일부 프리랜서 디자이너는 특정한 프로젝트에 정액제로 제안서를 제출해, 비즈니스 고객들과 직접 거래를 하기도 한다. 한편 다른 프리랜서는 디자인 회사의 보조 재원으로 막후에서 일하길 선호한다. 디자인 회사와 에이전시에서 일시적인 업무 증가는 보통 외부 디자이너와 하청 관계를 맺어 대처한다.도표 3-1 참조 특수 기술을 가진 프리랜서는 프로젝트의 특정 단계나 업무에 투입되며, 프리랜서는 보통 협상된 시급을 기준으로 보수가 정해진다.

프리랜서는 1인 사업체라는 점을 명심해라. 디자인 회사와 에이전시는 당신에게 일괄 지급을 할 것이다. 즉 어떤 세금이나 기타 금액이 원천징수되지 않았다는 말이다. 그래서 세금, 보험, 기타 비즈니스 문제들을 모두 스스로 책임져야 한다. 이런 문제에 제대로 대처하지 못하면 곤란한 처지에 빠질 수 있으니 주의하라.

도표 3-1 디자인 회사는 업무량이 내부 역량을 초과할 때 프리랜서를 부른다. 업무량이 꾸준히 증가한다면 정식 고용을 결정하겠지만, 나중에 업무량이 줄어들면 유휴 노동력이 많아질 염려가 있다.

작은 실천 하나

비즈니스 재정과 개인 재정을 구별하는 것이 좋다. 따라서 비즈니스 통장을 개설해라. 일반적인 작은 사업체처럼 회계사에게 세금이나 소득공제에 대한 조언을 구해라. 회사 직원이 아닌 프리랜서는 세금문제를 알고 있어야 한다.

혜택

법에 의해 당신은 자영업자를 위한 여러 보험 제도에 가입하고 있어야 한다. 당신은 고용주 및 고용인 몫을 지불해야 한다. 회계사의 도움을 받으면 그가 액수와 납부 기한을 알려줄 것이다.

그런 지불을 하지 않을 때 볼 수 없는 혜택

- 휴가와 병가
- 실업보험
- 산재보험
- 상해보험
- 건강보험
- 생명보험
- 퇴직연금

독립계약자 계약서

프리랜서로 디자인 회사의 일을 맡을 때 양자의 관계를 설정하는 많은 서류가 작성되는데, 그 시작은 독립계약자 계약서Independent contractor agreement라는 일반적인 서류다. 모든 대형 디자인 회사와 에이전시는 프로젝트를 시작하기 전, 당신에게 서류에 서명할 것을 요구한다.견본은 4장 참조 일반적으로 양자는 계약서 내용을 한 번 토의한 후 바로 서명한다. 그 계약서는 프로젝트가 아닌 양 당사자의 기본 관계를 서술하는 것이기 때문이다.

계약서는 회사마다 조금씩 다르지만 기본적인 내용은 다음과 같다. 독립계약자로서 당신의 신분을 재천명하고, 자신의 세금과 비즈니스 경비를 본인이 책임진다는 사실을 포함하며, 알게 되는 정보에 대해 비밀을 엄수해야 하고, 제삼자의 권리를 침해하지 않으며, 독창적으로 일을 수행한다는 보증과 더불어 지식재산권을 양도한다는 것이다. 지식재산권 양도란 '디자인 회사에 모든 권리를 준다' 는 의미다.

서비스를 비즈니스 고객에게 직접 제공할 때, 지식재산권은 달리 협상된다. 물론 그럴 만한 충분한 이유가 있다. 디자인 회사는 직원이든 프리랜서든 그들의 팀원으로부터 모든 권리를 얻어야 그 권리의 일부 혹은 전부를 비즈니스 고객에게 팔 수 있다. 자신이 소유한 권리여야 자신의 마음대로 팔 수 있지 않겠는가!

고용저작물

디자인 회사는 권리 양도를 요구하는 대신, 서면 계약서로 된 고용저작물의 사용을 통해 그 권리를 얻을 수도 있다. 고용저작물의 표준 정의는 '업무의 일환으로 고용인이 만든 저작물'을 말한다. 저작권은 법적 소유자인 고용주에게 속한다. 이 말은 회사를 떠나는 고용인은 지식재산권에 해당하는 권리를 얻으려면 허가를 얻어야 한다는 뜻이다. 설령 당신이 창작자라 하더라도, 그 저작물을 당신의 포트폴리오에 올리려면 고용주의 허가를 얻어야 한다.

프리랜서에게 중요한 두 번째 규정이 있다. 당사자들이 그 저작물을 고용저작물로 서면 합의하고 그것이 9개의 범주 중 하나에 속한다면, 특별히 주문되거나 위임된 저작물은 고용저작물이 될 수 있다. 지식재산권에 대한 자세한 정보는 17장 참조 초기 독립계약서에 고용저작물이란 말이 바로 나올 수도 있고, 당신에게 발부되는 각 프로젝트 구매주문서에 별도로 서술될 수도 있다.

일부 회사는 당신이 수행할 서비스와 보수 지불 방법을 별도 계약서로 첨부하거나 기본 독립계약자 계약서에 명시한다. 하지만 그런 정보는 프로젝트 구매주문서에서 나타나는 게 더 일반적이다.

구매주문서

이제 정식으로 계약을 맺었으므로 당신은 프로젝트를 수행하게 된다. 디자인 회사는 프로젝트 예산을 꼼꼼하게 계획한다. 그 프로젝트의 일부가 당신에게 할당되면, 그 세부사항은 구매주문서에 조목조목 설명될 것이다. 그 구매주문서는 프로젝트, 프로젝트 스케줄, 마감 시한, 당신에게 부과되는 시간과 예산에 대한 상세한 정보를 확인한다. 대부분의 디자인 회사와 에이전시에서 그 구매주문서는 프로젝트 관리자나 프로듀서가 당신에게 발부할 것이다.

청구서

서비스를 수행하면서 정기적으로 청구서送狀를 보내 지불을 요청해야 한다. 대규모 프로젝트라면 협상을 통해 일주일이나 이주일 단위로 청구서를 제출한다. 현금흐름을 위해 월 단위 이상으로 지불을 요청해서는 안 된다. 디자인 회사는 당신을 납품업자로 기록할 것이며, 모든 지급은 그들의 지불계정 시스템을 통해 이뤄질 것이다. 따라서 청구 후 15일에서 30일 정도 지난 후 지급이 이뤄진다. 개인 청구서는 관련 프로젝트 구매주문서를 언급해야 하며, 그 디자인 회사가 요청하면 추가적인 세부사항을 포함시켜야 한다. 하지만 당신은 디자인 회사의 직원이 아니므로 내부 작업시간 기록표는 작성할 필요가 없다.

04 독립계약자 계약서 양식 견본

디자인 회사와 광고 에이전시 등과 하청계약을 맺을 때는 견본과 같은 계약서를 이용해라. 반면에 서비스를 비즈니스 고객에게 직접 판매할 경우에는 그런 계약서를 사용해선 안 된다. 대신, 11장과 19장에서 살펴볼 적절한 용어와 조건이 포함된 정액제 제안서를 준비해라.

계약서 쓰기

이 서비스 계약서는 _____ (디자인 회사)과 _____ (계약자)를 당사자로 양자 사이에 _____ 의 계약으로 체결되어 효력을 발생한다.

디자인 회사는 계약자를 디자인 회사를 위해 컨설팅 서비스를 수행해줄 독립 계약자로서 보유하길 원하며, 계약자는 이하에 서술된 조건에 따라 해당 서비스를 충실히 수행할 것이다. 본 계약에 따른 상호 약속에 의거해 계약 양 당사자는 다음과 같이 합의한다.

1. 서비스

A. 계약자는 본 계약서의 첨부문서에 있는 별첨 A에 서술된 서비스를 디자인 회사에 제공하는 데 합의한다. 계약 양 당사자는 해당 서비스를 포기, 추가, 대체할 수 있으며, 기간을 연장할 수 있다. 혹은 별첨 A를 수정하여 보상 조건을 변경할 수는 있지만, 그런 변동사항들은 양측의 권위 있는 대표자가 서명하고 그것이 기존의 별첨 A를 대체하거나 변경할지를 명시해야 한다.
B. 계약자는 본 계약에 따라 디자인 회사의 사장 또는 사장 지명자의 요청이나 지시에 따른 해당 서비스만 수행할 권한을 가지며, 오로지 사장이나 사장 지명자에게만 보고한다.

2. 지급

A. 디자인 회사는 해당 서비스의 수행과 관련하여 별첨 A에 제시된 대금을 계약자에게 지불하기로 동의한다_{정액금액}. 그런 정액금액은 별첨 A에 서술된 지급계획에 따라 지급된다.

B. 디자인 회사는 계약자에게 이하에 서술된 서비스의 수행과 관련해 계약자에게 발생되어 사전 승인된 합리적 여행, 생활, 기타 경비를 지급할 것이다. 본 조항에 의거하여 계약자가 구매한 후 디자인 회사가 대금을 지불해준 모든 장비와 물품은 디자인 회사의 재산으로 귀속되며, 디자인 회사의 요청에 따라 계약자는 그런 모든 장비를 디자인 회사의 소유로 양도하며 회사로 전달해줘야 한다.

3. 지식재산권 소유

A. 본 계약하에 계약자가 수행한 작품_{계약자의 저작물}이 저작권법에 의해 보호받을 수 있는 저작권을 포함하는 한, 양 당사자는 다음과 같은 조항에 동의한다.

　1. 계약자의 저작물은 저작권법상 법인 등의 명의로 공표되는 '업무상 저작물' 로서, 디자인 회사가 특별히 주문하고 위탁한 것이다.

　2. 계약자의 작품은 저작권법에 따라 디자인 회사의 기획하에 계약자가 업무상 작성하는 저작물로 고려된다.

　3. 디자인 회사는 저작권법에 따라 그 계약자의 저작물과 그 계약자의 저작물을 구체화한 어떤 저작물에 대한 유일한 저작권자다.

B. 계약자의 작품이 업무상 저작물로서 적절히 간주될 수 없는 한, 계약자는

모든 저작권을 포함하여 계약자의 저작물에 대한 모든 권리, 제목, 이익을 디자인 회사에 양도한다.

C. 계약자는 디자인 회사가 어떤 저작권, 특허권, 상표권, 혹은 지식재산권을 디자인 회사가 확보하고 필요한 서류를 준비하는 데 수수료 없이 도와야 한다. 그러나 디자인 회사는 계약자에게 발생된 합리적인 개인비용은 보상해줘야 한다.

D. 계약자는 본 계약하의 서비스를 수행하기 위해 채용한 어떤 고용인이나 하청인이 그들이 그 저작물 생산에서 가질 수 있는 모든 저작권 및 기타 지식재산권을 계약자에게 서면으로 양도할 것을 요구하는 데 동의한다. 계약자는 디자인 회사에게 그와 같은 양도에 대한 서면 동의서를 제공해야 한다.

E. 계약자는 본 계약으로 모든 도덕적 권리를 포기하며, 이런 권리에는 계약자가 본 계약서하에서 디자인 회사에 양도한 어떤 소재나 성과물에 가지고 있거나 가질 수 있는 출처증명권the right to identification of authorship 또는 후속 변경에 대한 제한권을 포함한다.

F. 이 3항의 모든 조항은 2항과 별첨 A에 따른 정액금액을 완불한 후 유효하다.

4. 독창성과 지식재산권 침해금지

본 계약서에 따라 계약자가 제공한 저작물, 모든 소재 및 서비스는 계약자, 계약자의 직원, 혹은 계약자의 하청업자에게 독창적이어야 하며, 디자인 회사, 디자인 회사의 고객, 대표, 유통업자 혹은 딜러에 의한 그 사용이 제삼자의 어떤 특허권, 저작권, 영업비밀, 기타 지식재산권을 고의로 침해하지 않을 것임을 계약자는 확고히 보증한다. 계약자는 디자인 회사나 그 회사의 고객, 대표, 유통자, 혹은 딜러가 이 조항의 어떤 위반으로 발생한 책임, 손실, 비용, 손해, 클레임, 요구 혹은 비용을 배상하며 디자인 회사의 책임을 면제할 것을 동의한다.

5. 비밀 엄수

A. '비밀정보' 는 디자인 회사가 직접 혹은 간접적으로 서면, 구두에 의해 혹은 부품, 장비의 도면이나 검사에 의해 노출된 연구, 제품계획, 제품, 서비스, 고객, 고객명단, 시장, 소프트웨어, 개발, 발명, 공정, 제조법, 기술, 디자인, 도안, 공학, 하드웨어 구성 정보를 비롯해 저작물, 디자인 회사의 독점정보, 기술자료, 거래비밀이나 노하우를 의미한다.

B. 계약자와 계약자의 직원 혹은 하청업자는 비밀정보를 엄수해야 하며, 이 계약 기간 동안 혹은 그 이후에도 디자인 회사의 비밀 정보를 디자인 회사를 대신하여 서비스를 수행하는 것 외에는 어떤 목적으로도 사용해서는 안 된다. 비밀정보는 다음과 같은 사항에서는 해당되지 않는다. (i) 계약자의 서면 기록을 증거로 삼아 디자인 회사가 계약자에게 누설한 시점에 계약자가 이미 알고 있던 비밀, (ii) 대중적으로 알려졌으며, 일반적으로 계약자의 어떤 잘못을 통하지 않고 널리 유포된 비밀, (iii) 그런 누설을 할 권위를 가진 제삼자로부터 계약자가 정당하게 받은 비밀은 비밀유지 조건에서 제외된다. 디자인 회사의 서면 동의가 없으면, 계약자는 이 계약서의 조건을 어느 누구에게도 직간접적으로 누설해서는 안 된다. 계약자는 디자인 회사와 '일한다는 것' 은 누설해도 되지만, 그 서비스의 성격과 전망을 누설해서는 안 된다.

C. 계약자는 이 계약서의 기간 동안 계약자가 얻은 비밀정보를 기밀로 엄수하기로 합의한 전 현직 고용주나 기타 사람, 실체의 어떤 거래 비밀을 부적절하게 사용하거나 누설하지 않으며, 상기 고용주, 사람, 혹은 법인의 서면 동의가 없으면 이들에 속한 어떤 미출간된 기록이나 독점 정보를 디자인 회사에 가져오지 않을 것에 동의한다.

D. 계약자는 디자인 회사가 제삼자의 비밀정보나 독점정보에 대한 비밀을 유지하고 그것을 오로지 제한된 목적을 위해서만 사용하기 위해 디자인 회사의 의무에 해당하는 제삼자의 비밀정보나 독점정보를 받았고 앞으로도 받을 것이라는 점을 인정한다. 계약자는 본 계약 기간 동안, 그리고 그 이후로도 그런 비밀 혹은 독점정보를 가장 엄격하게 기밀로 엄수하고 그것을 어떤 사람, 회사, 혹은 기업에 누설하지 않으며, 해당 삼자와 더불어 디자인 회사와의 계약서에 부합하는 디자인 회사의 서비스를 수행하는 데 필요할 때를 제외하고는 그것을 사용하지 않을 의무를 디자인 회사와 해당 삼자에게 지고 있다는 것에 동의한다.

E. 이 계약서가 종결되었을 때나 디자인 회사의 중도 요청이 있을 때, 계약자는 디자인 회사에 계약자의 소유나 통제하에 있는 유형화된 비밀정보와 디자인 회사의 모든 물품을 디자인 회사에 반환해야 한다.

6. 상충하는 의무

계약자는 본 계약서의 어떤 조항과 상충하거나 이행을 방해할 어떤 계약이나 의무가 없으며, 추가로 본 계약 기간 동안 본 계약과 상충하는 계약은 체결하지 않을 것임을 보증한다.

7. 기간과 계약 종료

A. 본 계약은 계약자가 서비스를 시행하는 날부터 효력을 발생한다. 본 계약은 별첨 A나 이하에 적시된 종료 날짜까지 지속된다기간.

B. 각 계약 당사자는 상대방에게 10일 전 서면공지에 입각해 이유 없이 본 계약을 종료한다.

C. 3항과 4항은 본 계약 종결 후에도 효력이 존속한다.

8. 양도

계약자는 본 계약에 따라 수행한 서비스가 독창적이라는 것을 인정한다. 따라서 본 계약서나 본 계약서에 명시된 어떤 권리나 이익을 디자인 회사의 서면 동의 없이는 계약자가 양도하거나 위임할 수 없다. 서면 동의 없는 그런 양도는 무효다.

9. 독립계약자

계약자는 독립계약자로서 본 계약서상의 서비스를 수행한다. 본 계약서는 계약자를 디자인 회사의 에이전트, 고용인, 혹은 대리인으로 인정하지 않는다. 계약자는 디자인 회사의 고용인이 아니기 때문에, 계약자나 계약자의 하청인은 계약 기간 동안 어떤 고용인 복리후생의 자격이 없다. 계약자는 계약자 자신과 계약자 직원의 원천과세, 노동급여, 사회복지세FICA, 실업세를 비롯해 지방자치정부, 주정부, 연방정부의 세금을 일체 지불해야 한다.

계약자는 본 계약에 따라 계약자에게 지급된 모든 지출을 수입으로 신고할 의무가 있음을 인지하고 동의하며, 계약자는 다음과 같이 디자인 회사에 부과된 의무에 한해 계약자가 책임을 지며 디자인 회사에 피해가 가지 않도록 해야 하고, 책임을 이행하지 못할 시에 발생하는 피해에 대해선 디자인 회사에 보상할 것임을 동의한다. (i) 원천과세 및 기타 세금문제와 (ii) 계약자가 독립계약자를 포기함으로써 발생하는 모든 지불은 계약자가 책임진다. 본 계약에 따른 서비스의 수행에서 계약자는 가능한 모든 법과 규제를 따라야 한다.

10. 형평법상 구제

계약자는 본 계약서의 3항, 5항, 혹은 6항에 열거된 계약조건을 위반하여 발생한 디자인 회사의 손해를 측정해서 계산하는 것은 불가능하며 부적절한 행위임을 동의한다. 따라서 계약자는 그런 위반의 경우, 디자인 회사가 가능한 모든 권리나 구제수단 외에도 관할 법원으로부터 그런 위반이나 위반의 위험성, 상기 조항에 구체적 실행을 제한하는 금지 명령을 얻을 권리가 있음에 동의한다.

11. 잡칙

본 계약은 계약조건과 관련된 당사자 간의 완전 합의이며, 본 계약의 어떤 권리 포기나 수정은 각 당사자의 서면 동의 없이는 유효하지 않다. 본 계약의 어떤 조건의 위법으로 인한 권리포기는 본 계약의 다른 조건의 권리포기나 위법의 권리포기로 이어지지 않는다. 만약 본 계약의 어떤 계약조건이 관할 법원에 의해 법에 저촉되는 것으로 판결받는다 해도, 본 계약의 나머지 조건은 완전한 힘과 효력을 가진다. 불가항력의 사태로 본 계약의 의무 불이행에 대해 양 당사자는 어떤 책임도 지지 않는다. 본 계약은 각 당사자의 계승자와 양수인의 이익에도 효력이 발생하며 구속력을 유지한다. 본 계약으로 인해 발생한 모든 분쟁은 본 디자인 회사 소재지인 ○○지방법원을 전속 관할로 하며, 양 당사자는 상기 법원들에 대인 및 전속 관할권과 재판지로 할 것에 동의하고 그 결정에 따른다.

본 계약의 증거로 양 당사자는 상기에 적시된 계약 날짜를 현재시로 본 계약서의 효력을 발생시킨다.

디자인 회사

담당자 서명 _____

이름과 직책 _____

날짜 _____

주소 _____

계약자

담당자 서명 _____

이름과 직책 _____

주민등록번호 _____

날짜 _____

주소 _____

별첨 A

계약자가 수행할 서비스

계약자는 다음과 같은 서비스를 수행하고, 디자인 회사는 그 서비스에 대금
을 지불을 한다. _____

_____

_____

_____

기간

기간은 다음과 같은 날짜에 시작하고 종결한다.

_____

협정가격

디자인 회사는 다음과 같이 계약자에게 지불한다. 아래 중 하나 선택

 • 프로젝트 건당 _____원

 • 일당 _____원

 • 시간당 _____원

 • 기타 _____원

청구서 계획

계약자는 다음과 같이 디자인 회사에게 청구한다. 아래 중 하나 선택

- 매주 말
- 매월 말
- 프로젝트 완공시

지불계획

지불은 계약자의 청구서를 디자인 회사가 접수한 후 30일 내에 집행한다.

확인

본인은 위의 계약사항을 읽고 확인했다.

디자인 회사

담당자 서명 _____

이름과 직책 _____

날짜 _____

주소 _____

계약자

담당자 서명 _____

이름과 직책 _____

주민등록번호 _____

날짜 _____

주소 _____

05 프리랜서의 소득세

초보 프리랜서에게 소득세(법인세)를 계산하고 신고하는 일은 약간 벅찰 것이다. 이 장은 프리랜서를 위한 소득세의 기본을 살펴본다. 일반적인 비즈니스 경비 계산과 더불어 연간 총수입을 계산하여 분기별로 납부해야 하는 소득세를 다룬다. 또한 프리랜서로 수익이 나지 않을 때의 세금문제 같은 중요한 정보도 다룰 것이다.

세금 예납

직장에선 급여 때마다 추정세액을 원천징수해서 당신을 대신해 세무서에 보낸다. 하지만 프리랜서는 독립 사업체이기 때문에 스스로 해결해야 한다.

세금은 어떻게 발생할까? 한 해 동안 수행한 서비스에 대해 당신은 많은 고객들로부터 대금을 받는다. 그런 수입에 대해 국가에 낼 세액을 세무대리인과 상담해라. 신규로 사업을 개시한 연도는 중간예납은 하지 않아도 된다. 그러나 그다음 연도부터 개인사업자는 관할세무서에서 직전년도 소득세의 1/2금액이 고지되어 나오므로 11월 말까지 납부해야 되며, 사업부진시에는 추계액을 신고할 수 있다. 법인의 경우에는 직전사업년도의 1/2을 신고납부하거나 상반기 실적을 중간결산하여 납부할 수 있다. 개인 소득세율은 해마다 변한다.

비즈니스 경비

소득세를 계산할 때 그 사용경비가 수입금액에서 차감할 수 있는 필요경비_{손금}에 인정되는 기준은 경비의 사업 관련성이다. 사업과 관련이 있는 모든 지출, 즉 사업장임차료, 직원급여, 차량유지비, 지급이자, 출장비, 접대비 등은 필요경비로 인정되나 개인적인 지출, 즉 가사사용경비, 사업과 관련 없는 지급이자·차량유지비 등은 비용으로 인정받지 못한다. 하지만 사업 관련성이 있더라도 경비로 인정받지 못하는 경우가 있다. 과태료나 벌과금을 납부한 경우, 일정 한도를 초과한 접대비·기부금 지출 등 여러 가지 공공의 목적을 달성하기 위하여 필요경비로 인정되지 않는 경우도 있다.

그렇다면 개인사업자의 소득금액을 계산하는 네 가지 방법에 대하여 알아보자.

첫 번째는 장부를 기록하기 어려운 영세사업자를 위해 국세청에서 고시한 단순경비율이 있다. 단순경비율은 단순경비율에 해당되는 금액만큼 필요경비를 인정해주는 제도로서 예를 들어 1천만 원의 수입을 올린 경우 단순경비율이 74.3%이면 743만 원을 경비로 인정하고 소득금액은 257만 원이된다. 적용 대상자의 기준은 업종별로 다르나 현재 디자인 업종의 경우에는 직전년도 매출이 2천400만 원 미만인 사업자만 해당된다.

두 번째는 기준경비율 적용 대상자로서 직전년도 매출 2천400만 원 이상 사업자로서 장부를 기장하지 않는 사업자가 해당되며 매입비용, 임차료, 인건비는 증빙에 의거 계산하고 기타경비는 기준경비율을 적용한다.

세 번째는 간편장부대상자로서 직전년도 매출 7천500만 원 미만 사업자는 간편장부를 이용하여 기장하고 신고납부할 수 있다.

네 번째는 복식부기의무자다. 직전사업년도 7천500만 원 이상 사업자로 앞서 서술한 바와 같이 복식부기에 의한 기장을 해야 하며, 기장하지 않는 경우 기준경비율에 의한 주계결정 및 가산세 적용 등 불이익이 크다.

세금을 절약하기 위해서는 국세청 홈페이지를 방문하여 발간 책자 중 세금절약 가이드 Ⅰ, Ⅱ를 보고 절세 방법을 익힐 필요가 있다.

마감 시한

종합소득세 확정신고 기한은 5월 1일부터 5월 31일까지이며, 중간예납기간은 11월 1일부터 11월 30일까지다. 법인의 경우에는 사업연도 경과 후 3월 이내에 법인세를 신고해야 하며, 중간예납은 사업연도 개시일로부터 8월 이

내에 신고, 납부해야 한다. 즉 12월 말 법인인 경우 8월 31일까지가 중간예납 신고, 납부 기한이다. 국세청은 연체에 이자를 부과하며 실제보다 낮게 신고한 금액에는 가산금을 부과한다. 프리랜서 활동의 첫해라면 분기별 세금액을 세무대리인과 상담해라.

개인사업자의 경우 특히 4천만 원을 초과한 금융소득, 300만 원 초과 기타소득, 근로소득 등 다른 소득이 있는 경우 5월 종합소득세 신고시 합산해 신고해야 한다.

세금을 초과로 납부했다면 납세신고서를 제출할 때 환급받아야 한다. 혹은 어떤 이유로 과납했다면 환급을 요청하거나 그 추가금액을 신고해서 다음 납부액에서 차감하면 된다.

은행잔고를 유지해라

각종 세금을 늦지 않게 납부하려면, 비즈니스에 사용하는 은행계좌에 넉넉한 잔액을 남겨 놓아야 한다. 필자의 경험에 따르면, 그해에 고객에게 지불받을 때마다 그 금액의 1/3을 따로 적립해두면 편리했다. 그러면 세금 납부액을 비축할 수 있어 세금 납부 시한이 닥쳤을 때 허둥거리지 않아도 된다. 제때 세금을 납부해야 곤란한 처지에 빠지지 않는다.

o6 프리랜서 단가 계산하기

많은 디자이너가 프리랜서 경력을 경험한다. 그것은 경험을 얻고, 관계를 구축하며, 다양한 포트폴리오를 개발하는 데 더없이 좋은 기회다. 비즈니스 고객과 직거래를 하며 특정한 프로젝트에 정액제 제안서를 제출하는 프리랜서도 있지만, 디자인 회사의 보조자원으로 그늘 속에서 일하길 선호하는 프리랜서도 있다. 그렇게 그림자로 일하길 원할 때, 서비스에 대한 공정가격을 어떻게 계산해야 할까?

프리랜서 단가 계산하는 법

디자인 회사나 에이전시에서 일시적인 업무량 증가는 하청 관계로 외부 디자이너를 영입해 해결하려 한다. 특수기술을 보유한 프리랜서는 프로젝트의 특정 단계나 분야에 고용되고, 보수는 협상된 시급으로 받으며, 필요한 프로젝트 재료에 대해 보상을 받는다. 그 보수는 세금이 원천징수되지 않은 세전금액으로, 프리랜서는 자영업자의 신분이므로 제세공과금을 비롯한 비즈니스 비용은 모두 자기가 부담해야 한다. 따라서 자신의 상황에 맞게 시급을 계산할 줄 알아야 하는데, 그 과정은 그리 복잡하지 않으며 다음과 같은 단순한 지침만 따르면 된다.

경비를 합산해라

제일 먼저 연간 비즈니스 경비를 모두 합산해라.이에 대한 개관은 도표 6-1 참조 프리랜서 경력이 2년이라면, 지난해에 납부한 종합소득세 내역을 살펴봐라. 하지만 당신이 프리랜서 초년생이라면 추정액이 들어간 작업 계획표를 준비해라. 어느 정도 조사를 해서 그 추정액을 가능한 현실적으로 계산한 다음 반드시 합리적인 보수를 책정해라. 그런 보수엔 자신의 기술과 경력을 정직하게 반영해야 한다. 참고로 디자인 전문 협회인 AIGA가 발행하는 디자인 급여의 연간조사를 살펴보면 도움이 된다. 연간 비즈니스 경비를 완성하면 다음과 같은 사항이 나올 것이다.

일반경비
- 사무실 임대료 및 제반 경비가정 사무실의 경우, 이것은 비례 배분된다.
- 사무실 전화비 및 인터넷 접속료

- 사무용품

- 책임보험

- 광고비 및 마케팅비

- 출장 및 접대비

- 법률 및 회계 서비스 비용

- 영업세 및 면허세

- 감가상각_{그해에 어떤 가구, 비품, 혹은 장비를 구입했다면 구입총액보다는 그 목록에 한 해분의 감가상각만 더해라.}

노동경비

- 급여_{이것은 주택 임대료나 주택대출금(당신의 가정 사무실과 관련 없는 부분), 식비, 의류비, 여행과}

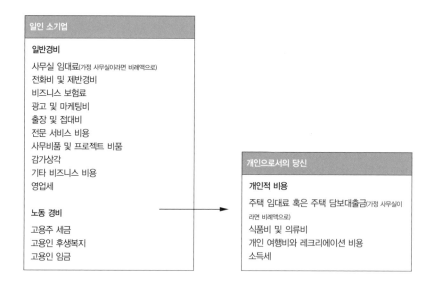

일인 소기업	
일반경비	
사무실 임대료(가정 사무실이라면 비례액으로)	
전화비 및 제반경비	
비즈니스 보험료	
광고 및 마케팅비	
출장 및 접대비	
전문 서비스 비용	
사무비품 및 프로젝트 비품	
감가상각	
기타 비즈니스 비용	
영업세	
노동 경비	
고용주 세금	
고용인 후생복지	
고용인 임금	

개인으로서의 당신
개인적 비용
주택 임대료 혹은 주택 담보대출금(가정 사무실이라면 비례액으로)
식품비 및 의류비
개인 여행비와 레크리에이션 비용
소득세

도표 6-1 자신보다 비즈니스를 더 크게 생각해라. 비즈니스는 고용인으로서 자신에게 지불되는 임금 외에도 많은 경비를 갖는다.

레크리에이션과 같은 개인경비를 충당하기에 넉넉한 임금이어야 한다.

- 의료보험
- 기타 고용인 후생복지
- 고용인 세금

이 계산엔 일반 비즈니스 경비가 모두 포함된다. 하지만 그것은 단 한 프로젝트와 관련된 외부 서비스나 재료의 구입은 포함되지 않는다. 예컨대 특정 프로젝트를 위해 인쇄물, 사진, 혹은 특별한 재료를 구입했다면 그런 경비가 시급에 영향을 주어선 안 된다. 그런 경비는 할증을 붙여 별도로 고객에게 청구해야 한다.

업무가동시간을 측정해라

다음 단계는 한 해 동안 만들 수 있는 업무가동시간을 측정하는 것이다. 아무리 근면한 사람이라도 개미처럼 일만 하고 살 수는 없다. 만근을 기준으로 했을 때, 보통 디자이너의 업무가동시간은 50~80%의 범위를 보여주었다.

도표 6-2는 업무가동시간의 한 예를 보여준다. 그런데 이 예에서는 왜 이리 수치가 낮을까? 대형회사에선 다른 직원들이 마케팅과 같은 비업무가동시간을 대신해주어 사내 디자이너들이 더 높은 업무가동시간을 만들 수 있기 때문이다. 하지만 1인 기업가인 당신은 그 모든 일을 자신이 알아서 해야 한다. 이 분야에 첫발을 디뎠을 때는 말할 것도 없고, 그 후로도 당신은 신규 비즈니스 개발 활동에 많은 시간을 투자해야 한다.

업무가동시간 예측

프리랜서		시간	%
만근 스케줄	52주 x 40시간	2,080	100%
감가 요소:			
• 휴가	3주 x 40시간	120	6%
• 병가	8일 x 8시간	64	3%
• 국경일	10일 x 8시간	80	4%
• 마케팅	50주 x 14시간	700	34%
총합계		1,116	53%

▌도표 6-2 한 해 동안 만들 수 있는 업무가동시간을 추정할 때는 보수적이어야 한다.

손익분기율을 알아야 한다

이 시점에서 비즈니스를 원만히 운영하기 위해 필요한 1년 경비와 수익을 내기 위해 활용할 수 있는 시간도 알게 되었다. 이제 해야 할 일은 전체 경비를 업무가동시간으로 나누는 것이다. 이것은 손익분기율로 문을 닫지 않기 위해 시간당 올려야 하는 수익을 나타낸다.

손익분기율을 시간당 노동가치로 높여라

하지만 비즈니스의 목적은 수익창출이므로 손익분기율만으로는 만족할 수 없다. 그래서 목표수익률을 결정해 시간당 노동가치로 만들어야 한다. 이는 매우 중요한 판단으로 디자인 분야마다 수익률이 다르지만 보통 10~20% 사이이다.

동종 업계를 비교해라

본인의 시간당 노동가치를 계산했으니 동종업계에 있는 다른 프리랜서의 시간당 노동가치와 비교해볼 필요가 있다. 업계 내에서 여기저기 물어보고, 최근의 조사를 살펴봐라. 초보 프리랜서는 시간당 고작 35달러약 4만 원에 불과할 수 있지만, 디자인 감독은 시간당 75달러약 9만 원 이상일 것이다. 그래서 당신의 기술에 근접하는 비교 정보가 필요하다. 많은 광고 에이전시와 디자인 회사는 많은 프리랜서와 거래를 한다. 따라서 그들은 협상 전략으로 가격을 깎자는 말은 하지만, 시간당 노동가치를 잘 알고 있다. 당신이 관행보다 높은 시간당 노동가치를 요구할 때는 그에 합당한 이유를 설명해야 한다.

경쟁력을 갖춰라

조사를 통해 자신의 시간당 노동가치를 시장에 맞추어 조정할 필요는 있지만, 손익분기율 이하로는 절대 낮춰선 안 된다. 적당한 경비에 아주 많은 업무가동시간을 가진 프리랜서는 시간당 노동가치를 높여도 좋다. 하지만 경쟁력을 갖추기 위해 시간당 노동가치를 하향조정하고 싶다면, 계산을 다시 꼼꼼히 해볼 필요가 있다. 목표수익률을 낮추는 것도 좋지만, 수익률이 전혀 없는 것도 곤란하다. 자영업자인 프리랜서는 비용절감과 업무가동시간을 증가시킬 방도를 모색해야 한다.

끝으로 시급 계산은 일회성 과정이 아니다. 비용이 변하고 경력이 달라지며 전반적인 고객의 요구 또한 변하기 때문에, 시급은 주기석으로 상향조정해야 한다. 그런 시급조정은 1년에 한두 차례가 적당하며, 최대한 현실적이며 경쟁적이어야 한다.

07 창업

프리랜서에서 디자인 회사로 변신하려면 많은 과정을 해결해야 한다. 이 장에선 소기업 창업에 필수적인 요소들을 다룬다. 소유 구조 선택, 회사 이름 선택, 현지 비즈니스 문제 처리, 그리고 마침내 사장이 되는 문제를 개괄해본다. 이런 변신을 꾀할 때는 낯설은 많은 도전에 직면하게 된다. 그때는 전문가를 찾아 조언을 구하는 것이 가장 좋다.

창업을 시작하다

지금까지 성공한 프리랜서로 독립성을 즐겼다면, 이제는 작은 디자인 회사를 창업할 꿈을 꿈직도 하다. 이런 창업은 일거 양단 식으로 일어나지는 않는다. 창업은 보통 하청 일을 조금씩 줄이면서 서서히 직접 거래를 늘여 나간다. 현재 디자인 스튜디오의 정규직 직원이라면, 당신은 양해를 구해 스케줄 시간을 점점 줄이고 경쟁이나 이익이 충돌하는 일은 되도록 개입하지 않는 것이 좋다. 새로운 회사의 법적 구조와 아이덴티티를 정하고 최초의 문방구에 로고를 새겨 첫 고객을 유치하기까지는 시간이 걸린다. 물론 시작하기 전에 프로젝트를 의뢰하는 고객이 있을 정도의 행운아라면 창업은 훨씬 빨라진다.

조언자들

프리랜서에서 회사로 변신할 때는 무엇보다 조언이 중요하다. 창업이 처음인 당신에게 많은 문제가 눈앞에 닥칠 것이다. 그런 문제에 시간과 노력을 낭비하고 싶지 않으면 전문가의 조언이 절대적이다. 이미 한번 이런 산고를 겪은 디자이너와 대화를 나눠보고, 그들의 조언을 귀담아 자신의 계획을 토론해봐라. 그리고 그들의 솔직담백한 조언을 구해라. 그 후에 다음과 같은 전문가를 찾아라.

- 회사를 설립하는 데 도움을 주고 지식재산권에 대해 지속적인 조언을 해줄 변호사
- 다른 디자인 회사를 고객으로 두고 있어 당신의 재정 시스템을 설립하

는 데 도움을 주며 세금문제에 지속적인 조언을 해줄 공인회계사
- 은행과 재정문제에 조언과 지원을 해줄 소기업을 주로 담당하는 은행원
- 비즈니스의 일반적인 위험으로부터 사업체를 확실히 보호해주는 보험을 조언해줄 비즈니스 보험 대리인
- 전략적 조언자로 이바지할 당신의 디자인 분야에 특별한 전문성을 지닌 산업 컨설턴트

법적 구조 선택

모든 사업체는 소유권 구조와 과세 방법을 규정하는 법적 구조를 갖는다. 일반적으로 디자인 회사들이 갖는 법적 구조를 비교해보자. 자신의 비즈니스에 적합한 법적 구조를 선택하기 위해선 서로 장단점이 있기 때문에 이해관계를 잘 따져봐야 한다. 그런 문제로는 설립의 쉽고 어려움, 영업세 수준, 부채와 의무에 대한 책임한도도표 7-1 참조 등이 있다.

개인사업자

처음으로 자신의 사업을 시작할 때 개인사업자는 한 사람이 소유하고 관리하는 비법인 기업이기 때문에 별도의 설립 절차 없이 사업자등록만으로 사업이 가능하다. 국세청에서는 개인사업자에 대한 세금 중 부가가치세는 각 사업장별로 과세하나, 소득세의 경우 개인별로 연간 모든 소득을 종합하여 주민등록번호에 의거 합산 과세한다. 그러나 별도의 다른 소득이 없을 경우 개인사업자에 대한 영업수익이 곧 사업소득으로 소득세가 과세된다.

소득세는 신규로 개업한 연도에는 중간예납 신고의무가 없고, 다음 해 5월 1년간의 소득에 대해 확정신고하면 된다. 이런 단일과세는 개인사업자에게

회사의 법적 구조	설립 난이도	책임한계	세금
개인사업자	낮음	없음	단일과세
합명회사	낮음	없음	이중과세
합자회사	중간	약간	이중과세
유한회사	중간	약간	이중과세
주식회사	높음	있음	이중과세

▌도표 7-1 사업체의 법적 구조는 장단점이 있기 때문에 신중하게 판단해 결정해야 한다.

커다란 혜택이다. 물론 단점도 있다. 모든 비즈니스 채무와 의무에 무한책임을 져야 한다는 것이다. 비즈니스가 잘못되면 당신은 궁지에 몰리게 되고 저축, 주택, 차와 같은 개인 재산을 잃을 수도 있다.

합명회사

동업도 설립하기 쉽다. 동업이란 한 사업체를 공동으로 소유하여 수익을 발생시키기 위한 두 사람 이상의 자발적인 연합을 일컫는다. 동업을 위한 공식적인 서류는 없으며, 두 가지 형태의 동업이 있다.

하나는 합명회사general partnership 혹은 ordinary partnership이고, 다른 하나는 합자회사limited partnership이다. 별도의 서류를 제출하지 않으면 그것은 자동직으로 합명회사가 된다. 이 합명회사는 디자인 전문가들 사이에서 뿌리를 내리게 되었다. 서로 보완적인 기술을 가진 친구나 동기생이 사업을 공동으로 하는 것은 매우 논리적인 결과이기 때문이다. 특히 광고계에서 예술 감독과 카피라이터가 공동으로 사업체를 설립하는 사례가 많다. 합명회사에서 모는 농업자는 일정 정도 일상적인 비즈니스 경영에 참여하며, 모든 동업자는 충성의 의무를 갖는다. 그래서 비즈니스 기회를 강탈하는 등의 동업 관계의 이해에 저촉되는 행위엔 법적 책임이 따른다.

합명회사는 합자회사·유한회사·주식회사와 동일하게 사업체의 수익에 대하여 법인세가 부과된다. 또한 회사_{법인}의 수익에 대하여 개인에게 배당되던 배당소득세를 원천징수하고, 배당을 받은 연도의 소득세 신고시 또다시 다른 소득과 합하여 종합소득세를 신고 납부해야 한다. 이러한 과세는 법인 단계에서 법인세가 과세되고 또 개인에게 수익이 이전될 때 소득세가 과세되기 때문에 이중과세 구조를 갖고 있으나, 과세 당국에서는 배당세액공제 방법으로 이중과세 문제를 해소하고 있다. 세금신고는 법인설립시 세무서에 신고한 사업연도1월 1일~12월 31일 종료 후 3월 내에 법인세 신고서를 관할 세무서에 제출해야 한다.

반면, 합명회사의 단점으로는 법적으로 회사와 소유주가 동일한 실체이므로 소유주들은 비즈니스와 관련된 계약, 채무 혹은 기타 의무에 공동 책임을 져야 한다. 그래서 소유주 중 누군가가 행한 비즈니스 거래에 모든 소유주가 법적으로 구속된다. 소유주 한 명이 합명회사를 대신하여 대출을 받았다면, 당신은 개인적으로 그 채무에 대해 책임이 있기 때문에 채권자들은 채무변제를 위해 당신의 개인 자산을 추적해올 수 있다.

동업자의 행동이 사업체에 법적으로 구속력을 발휘하기 때문에 동업자를 선택할 때는 심사숙고해야 한다. 존경하고 신뢰할 수 있는 사람을 동업자로 삼아야 하며, 회사를 시작하기 전에 동업자 협정을 정확하게 협상해야 한다. 공식적인 동업자 협정은 법적 요구사항은 아니지만 그러한 협정서를 하나 마련해두는 것이 안전하다. 그 과정에서 서로의 기대 사항을 토론하고 각자의 역할 분담에 대한 이야기가 나올 것이고, 그런 대화에서 나온 결과를 문서로 작성하면 된다. 그래야 나중에 자본분배, 손익배분, 경영의무, 혹은 권한의 한계, 동업자의 영입이나 퇴출문제, 의견 불일치와 같은 문제가 야기될 때 해결 기준이 마련된다.

동업자가 중도에 혹은 은퇴할 나이가 되어 퇴직을 원하거나 혹은 사망하게 되면 그 문제를 어떻게 처리할 것인가? 이 문제에 대비하기 위해 협정서에 매점조항buyout provision을 포함시켜야 한다. 그러면 소유권의 매각이나 재매입의 방법을 미리 정할 수 있다. 예를 들어 기존의 동업자에게 매입을 제한할 수도 있으며, 혹은 달갑지 않은 사람이 매입하는 것도 제한할 필요가 있다. 매점조항이 없을 경우, 한 동업자가 떠나면 동업 관계가 법으로 해체될 수 있다. 그런 다음 모든 자산과 수익을 동업자들과 나눈 후에 사업을 다시 시작해야 한다.

합자회사

다른 동업 관계는 합자회사limited partnership다. 합자회사는 합명회사의 설립보다 복잡하고 비용도 많이 든다. 합자회사는 소유주들과는 별개인 법적 실체이기 때문이다. 합자회사는 한 명 이상의 무한책임사원general partner과 한 명 이상의 유한책임사원limited partner으로 구성된다. 무한책임사원은 회사의 일상 경영을 통제하고 회사의 채무와 의무에 개인적으로 책임을 진다. 이것은 수동적인 투자자인 유한책임사원과는 대조된다. 유한책임사원은 자본을 출자하고 이익을 공유하지만 회사 경영에는 개입하지 않는다. 그들은 회사를 계약이나 기타 의무로 구속할 권리가 없다. 이 때문에 유한책임사원의 개인적 책임은 자신의 투자액으로 한정된다.

합자회사도 다른 구조의 회사와 마찬가지로 법인 단계에서는 법인세 및 개인에게 배당시 소득세가 과세되는 이중과세 구조로 합명회사와 같다. 합자회사는 디자인 업계에서는 일반적이지 않고, 다른 회사나 부동산에 투자하는 회사들이 자주 설립한다. 만약 합자회사 설립에 관심을 두었다면 합자회사를 설립한 경험이 있는 변호사와 상담할 필요가 있다.

주식회사

주식회사 설립은 비즈니스에서 한 단계 더 진화했다는 말이다. 가장 일반적인 형태로 주식회사는 그 설립자나 소유주와는 분리된 법적 존재다. 법인격체인 주식회사는 자신의 이름으로 비즈니스를 운영하고, 은행계좌를 개설하며 재산을 소유한다.

주식회사의 소유자를 '주주'라고 하는데 한 명이나 소수의 주주가 주식회사를 소유하고 있다면, 그런 주식회사를 폐쇄기업 혹은 동족기업이라 부른다. 주식회사의 설립과 유지는 매우 복잡하기 때문에 변호사를 이용하는 것이 최선이다. 주식회사 서류는 최초의 주주를 확인하고 발행되는 주식의 수와 형태를 명시한다. 참고로 주식회사는 다양한 종류의 주식을 발행할 수 있다. 그리고 일단 주식회사의 설립등기를 마치면 각종 규칙을 따라야 한다.

1년을 기준으로 주주들은 중요한 비즈니스 결정을 책임질 이사들을 뽑는다. 그런 중요한 비즈니스 결정으로는 법적으로 그 주식회사를 구속하는 대출, 사무실 임대, 혹은 부동산 구매 등이 있다. 회사의 의결은 중요한 결정과 연관하여 준비되고, 이사회의 모든 결정은 회사 의사록에 기재되어야 한다. 보통 이것은 변호사가 보관한다.

법인 이사들은 회사의 일상 경영을 담당할 직원들을 뽑지만, 작은 디자인 회사는 소유주가 사장, 직원, 고용인이라는 일인 다역을 맡는 경우도 흔하다. 주식회사는 독립적인 인격체이기 때문에 영원히 회사를 운영할 수 있다. 개인주주가 주식의 매매나 양도 혹은 증여를 통해 변동되기 때문에 회사의 비즈니스에는 혼란을 초래하지 않는다.

주식회사의 주요 장점은 주주들이 회사의 채무와 의무에 개인적으로 책임을 지지 않는다는 것이다. 이런 보호를 '법인격 방패' 혹은 '법인격 장막'이라 한다. 주식회사가 채무를 갚지 못해 파산하게 되면 회사의 자산은 처분되겠지만 주주, 사장, 직원은 그에 대해 어떤 책임도 없다. 그래서 신생

주식회사나 작은 주식회사가 금융기관에 대출을 요구하면 대출기관에서 대출조건에 직원의 개인보증을 요구할 수도 있다. 개인보증에 서명하면 책임한계가 무효화된다. 또한 사장이나 직원이 주식회사에 피해를 입힌 경우 법적 책임이 부과될 수도 있다. 이것을 '법인격 부인'이라 부르며, 직원이 고의로 불법행동을 했거나 회사정관에 따라 그에게 부여된 권한을 초과하여 행동하면 그에 따라 법적인 책임을 지게 된다.

　주식회사의 과세 방법은 합명회사에서 전술한 바와 같이 이중과세 구조를 취하고 있다. 영업수익에 대해 우선 회사에 과세되고, 이익금이 주주에게 배당되면, 그에 대해 개인에게 다시 과세된다. 배당이익금이 개인소득 과세대상이란 의미다. 그러나 배당세액공제 등의 방식으로 이중과세 문제를 해소하고 있고, 세법에서는 주식회사의 주주 1인과 그 외 친족 등 특수한 관계에 있는 자의 지분 합계가 50%를 초과하여 과점주주에 해당되는 경우에는 법인에 대한 제2자 납세의무를 지우고 있어 주식회사가 납부하지 못한 세금에 대하여 납부할 의무를 진다.

유한책임회사

여러 장점을 합한 유한책임회사LLC; Limited Liability Company는 인기가 매우 많다. 설립이 주식회사보다 간단하고 비즈니스 채무나 변상에서 개인책임을 보호해주며, 비즈니스 수익은 개인차원으로만 과세된다. 이런 이유로 유한책임회사는 디자인 기업가들이 선호하는 비즈니스 구조가 되었다. 유한책임회사의 소유주는 '회원'이라 불리며, 일반적으로 2명 이상이어야 한다. 유한책임회사를 형성하려면 법원의 등기관청보통 법원 등기소 등기과를 말함에 설립 능기를 해야 한다. 회원들의 권리와 책임을 분명히 하는 데 있어 합의서는 매우 중요하다. 디자인 회사에서 모든 회원은 사내에서 일하면서 경영에 적극 참여하는 것이 일반적이다.

조합과 협회

종종 한 집단의 디자이너들이 잠재적 고객들에게 자신들을 '조합' 혹은 '협회'라고 소개한다. 이 두 용어는 일상적인 사용에선 매우 혼란스러운데 조합은 정식 법적 구조지만, 협회는 법적 구조가 아니다.

조합

조합은 특징적인 사업 구조로 보통 주식회사 형태를 취한다. 조합에서 여러 개인이나 사업체가 자발적으로 모여 회원들에게 서비스를 제공한다. 법적 실체로서 조합은 회원들이 소유하고 민주적으로 통제한다. 조합을 설립하기 위해선 수동적인 주주가 없고 정치 활동도 없어야 하며 투자금의 이윤에 제한이 있어야 한다. 투자금에 이윤이 제한된다는 그 마지막 이유 때문에 조합은 대개 비영리 기업이며 수익은 개인 회원의 생산, 자본, 노력에 기초하여 분배된다. 조합의 회원들은 비즈니스의 채무와 보상 청구가 개인 책임에서 면책된다.

디자인 회사가 조합으로 구성될 가능성은 없지만 조합을 결성한 고객과 일할 가능성은 있다. 그 고객들은 여러 가지 다른 목적을 염두에 두고 조직될 수 있다. 생산자 조합은 농부, 목장주, 제조업체가 연합해서 특정 상품의 판매를 홍보한다. 때론 랜드 오 레이커스Land O'lakes, 오션 스프레이Ocean Spray, 선키스트Sunkist와 같은 하나의 브랜드로 활동하기도 한다. 소매 조합은 규모의 경제를 만들어 제조업체로부터 할인을 얻거나 공동 마케팅 활동을 시행한다. 이런 소매 조합은 지역 야채상, 하드웨어 점포예를 들면 슈퍼나 문구점, 약국 등에서 일반적이다.

이런 종류의 공동 마케팅은 패스트푸드 식당처럼 주요 프랜차이즈 체인이 지역 광고를 내기 위해 종종 이용되기도 한다. 이때 조합은 회원으로부터 전체 판매량의 일정비율로 계산된 회비를 징수해 광고 에이전시를 고용한다. 그 광고 에이전시는 전체 프랜차이즈와 동일성을 확보하기 위해 프랜차이즈 본사와 광고를 조정해야 한다. 또한 식품-구매 조합이나 신용조합과 같은 소비자 조합은 개인들이 모여 공동구매로 할인가격을 이용한다. 회원들은 일반 고객보다 할인 혜택을 더 얻는다.

협회

협회는 법적 실체가 아니다. 그래서 소송이나 과세대상이 아니다. '협회'란 용어는 상호거래와 의사결정에 대한 전반적인 철학을 서술하는 단어로, 그것은 공유하는 목적을 성취하기 위해 뜻을 함께하는 사람들이 조직을 이룬 단체를 일컫는다. 협회 회원들은 평등하며 수평적인 관계를 맺고 의사결정은 합의를 통해 이끌어낸다.

디자인 세계에서 디자이너가 고객에게 자신을 협회로 소개할 때, 그것은 프로젝트에서는 함께 공조하지만 자신은 별도의 사업체를 가지고 있다는 말이다. 즉 한 사업체가 고객과 정식 계약을 체결한 후, 나머지 디자이너들이 독립 하청업자로 참여하는 것이다. 고객은 그런 사실을 모를 수 있고, 또한 협력사 사이에 불화가 생길 수도 있다. 그래서 모든 협력사와 그 프로젝트 계약에 신중하게 협상하고 기록해야 만약의 사태를 대비할 수 있다.

각 협력사가 어떻게 보수를 받을 것인지, 최종 손익을 어떻게 배분할 것인지, 발생된 지식재산권의 소유권은 누가 소유할 것인지의 문제를 명확하게 하기 위해선 계약서를 각각 작성할 필요가 있다.

세금문제

회사의 법적 구조를 어떻게 선택할지를 다뤘다. 이제는 창업회사가 반드시 알아둬야 할 세금문제를 살펴보자.

국가의 세금은 국세청에서 관장하며 하부기관인 세무서에서 부과·징수한다. 국가에서 징수하는 세금은 국세라 하는데 지방세 또는 관세와 대별된다. 주요 세목으로는 소득세, 법인세, 부가가치세가 있다.

부가가치세

부가가치세는 최종소비자가 세부담을 하는 간접세로서 세율이다. 즉 물건값에 10%를 최종 소비자가 부담하고 사업자는 이를 받아두었다가 물건 매입 시 부담한 부가가치세를 차감한 금액을 세무서에 납부해야 한다. 개인·법인과세 방법이 동일하며 상반기는 7월, 하반기는 1월에 세금신고 납부한다.

소득세(법인세)

개인사업자는 소득세, 법인사업자는 법인세를 납부해야 하며 소득금액의 크기에 따라 소득세율은 4단계 누진세율, 법인세율은 2단계 누진세율로 구성되어 있다.

소득세는 1월 1일부터 12월 31일까지의 기간 동안 소득을 5월 31일까지 종합소득세 과세표준신고서를 제출하고, 법인인 경우 법인세는 12월 말부터 3월 31일까지 법인세 신고서를 제출하고 세금도 납부해야 한다.

지방자치단체 세금문제

지방자치단체 세금 업무는 대부분 구·군에 세무과를 두고 도세 및 시·군세를 관리하고 있으므로 시·군 세무과로 문의하여 상담을 해야 한다.

지방소득세

지방소득세는 대부분 세무서에 신고 납부한 소득세·법인세의 10%를 지방자치단체에 납부해야 한다.

기타세금

지방자치단체에서 징수하는 주요 세금에는 지방소득세 외 부동산 등을 취득시 납부하는 취득세·등록세, 부동산의 보유에 따라 내는 재산세 외 자동차세·주민세 등이 있다.

회사명

상호 선택은 설립 과정에서 매우 중요할 뿐만 아니라 회사의 브랜드 아이덴티티를 개발하는 데도 핵심이 된다. 개인사업자라면 회사의 법적 상호와 개인사업자의 이름이 동일하다. 합명회사의 법적 상호는 보통 그 소유자의 이름이 된다. 하지만 합자회사, 유한책임회사, 주식회사의 법적 상호는 상업등기소에서 어떤 상호로도 등기를 낼 수 있다.

　상호를 선택할 때는 고객에게 당신을 알릴 수 있어야 한다. 그래서 상호는 짧고, 특징적이며, 기억하기 쉽고, 인터넷에서 찾기 쉬워야 한다. 우선 여러 가지 상호를 떠올려라. 그런 다음 나라, 웹, 그리고 지방에서 그 상호의 가능성을 하나하나 점검해라. 이미 존재하는 상호는 안 되며, 특히 같은 업종에서는 더욱더 사용해선 안 된다. 회사의 법적 구조가 그것이 아닌데, 주식회사나 유한책임회사와 같은 용어를 포함해서는 안 된다. 좋아하는 상호나 흡사한 상호가 다음과 같은 차원에서 이미 사용되고 있다면, 다른 상호를 찾아야 한다.

국가

국가적 차원에서 상호의 이용 가능성을 알고 싶은가? 그 상호를 타인이 사용 중인지 확인하려면 전국의 각 지방법원 상업등기소에서 이름과 상표 검색을 하면 된다. 그런 검색으로 시장에서 그 상호가 어떤 서비스를 하는지 확인할 수 있다.상표 검색에 대한 자세한 정보는 17장 참조

인터넷

웹사이트 이름을 회사상호로 만들면 유리하다. 이때 인터넷 도메인 이름의 사용 가능성을 확인해야 한다. 먼저 인터넷으로 도메인 등록을 해주는 업체를 검색하라. 도메인 등록 업체 홈페이지에 들어가 보면 원하는 도메인을 등록할 수 있는지 검색할 수 있는 화면이 있다. 이미 수백만 개의 이름이 등록되어 있기 때문에 등록 가능한 이름을 찾기란 꽤 힘들 수도 있다. 검색을 해보고 다른 사람이 선점하지 않았다면 해당 사이트에서 안내하는 대로 도메인 등록 절차를 진행하면 된다.

사업자 등록

여러분이 디자인 사업을 창업하려고 한다면 먼저 허가 및 인가, 법인설립신고를 한 다음에 관할 세무서에 들러 사업자 등록을 해야 한다. 허가나 신고가 필요한 업종을 제외하고는 개인사업자는 임대차계약서만 첨부하면 된다. 주식회사 등 법인은 법인설립신고 관련 서류를 첨부하여 신청하면 된다.

　관할 세무서에서 사업자등록증이 발부되면 사업자별로 사업자등록번호가 부여되는데 이 번호는 매출이나 매입시 또는 원천징수할 때 이 사업자등록번호를 이용하여 정규 영수증을 발행하며, 법인통장 개설 등 많은 업무

에 사용된다.

또한 개인사업자는 매입·매출 인건비 지급 등에 사용할 사업용 계좌를 개설하여 세무서에 신고해야 하며, 법인으로 사업을 시작할 경우 매출에 대한 세금계산서도 전자세금계산서를 발부해야 하는 등 주의해야 할 사항이 많으므로, 반드시 세무서나 세무대리인의 상담을 받아 가산세 부담 등 불이익을 받지 않도록 유의사항을 미리 알아둬야 한다.

기타 지방단치단체의 신고 및 허가

지방자치단체에 디자인 관련 업종은 일반적으로 신고 및 허가 절차가 없으나 광고업·간판 설치 등과 관련하여 영업신고 및 허가를 요구할 수 있다. 그래서 약간의 조사를 통해 시나 구청에 문의하여 제대로 파악해야 한다. 그런 요구사항이나 수수료는 비즈니스의 종류에 따라 다르며, 서류는 영업을 시작하기 전에 완성되어야 한다. 세무과에서 재산, 시설, 설비, 혹은 총수령액에 부과되는 지방세에 관해 당신에게 말해줄 것이다.

용도지역제

영업 장소가 사업용도와 맞는지 여부를 조사해야 한다. 이것은 주거지에서 운영하는 사업체에도 적용된다. 그래서 임대계약서를 쓰기 전에 이런 문제를 반드시 확인해야 한다.

용도지역제는 토지 사용에 대한 법적 규제다. 이것은 법으로 공동체를 용도에 따른 구역으로 나누는 것이다. 각 구역은 주거지, 상업지, 공장지, 혹은 혼합지로 구분되어 특정한 용도로만 사용이 가능하다. 지방자치단체는 특정 사업이 주민들에게 불편을 줄까 우려한다. 흔히 교통 혼잡이나 소음 등이 불편 사례로 꼽힌다. 그래서 일부 지방자치단체는 특정 지역에서 사업을 시작하기 전에 토지이용확인서의 제출을 요구한다. 지방 법령은 인구밀도, 건물고도, 용적, 건물 층수, 주차장과 같은 건축문제를 규제한다. 용도지역제법토지이용제한법은 크기, 건축, 표지판 설치를 규제하기도 한다.

많은 디자인 회사가 유서 깊은 역사적 건축물에 입주하길 바란다. 이런 구조물은 주로 중심가에 위치하며 흥미로운 건축적 특징을 가진다. 하지만 역사 지역은 추가적인 제한이 가해질 수 있어 그런 건축물의 외관 변경이나 다른 색의 도색은 시의 허가를 받아야 한다.

고용주 되기

회사를 설립하고 고용인을 채용하려면 특별한 규제는 없으나 세무서에 사업자 등록을 신청하여 임금대장을 작성해야 한다. 임금에 대한 정보는 13장에서 다룰 것이다. 마지막으로 당신의 사업체는 근로자상해보험에 대한 정부의 요구조건을 충족해야 한다. 근로자상해보험은 15장에서 자세히 다룰 것이다.

이처럼 창업은 타인의 도움을 많이 필요로 한다. 창업이 처음이라면 모든 문제에 미숙할 수밖에 없으므로, 변호사와 공인회계사를 비롯한 전문가의 조언을 구하는 것이 무엇보다 중요하다. 나중에 후회해도 그때는 이미 늦었다. 사전에 충분한 조언으로 법과 세금문제에 만전을 기해라.

o8 가격모형

디자인 서비스에서 가격을 책정하는 모형은 다양하다. 이 중에서 가장 적절한 모형을 어떻게 선택할 것
인가? 이 장에선 각 모형을 설명하며 협상 과정에 자주 등장하는 핵심 용어 몇 가지를 규정한다.

가격모형의 가격결정 구조

디자이너가 저작물을 팔 때, 그 가격을 결정하는 모형은 아주 많지만 가장 일반적인 가격결정 구조는 다음과 같다.

- 시간과 재료
- 정액보수
- 라이선스 : 사용에 근거
- 라이선스 : 사용료
- 혼합형
- 무료

시간과 재료

이 방법이 가장 좋은 방법은 아니지만 가장 단순한 접근 방법이다. 프로젝트를 수행하면서 실제 투입 시간을 추적해서 합의된 시급을 곱해 그 금액을 고객에게 청구한다. 거기에 개인적으로 쓴 프로젝트 관련 비용을 청구한다. 여행과 관련된 경비는 보통 원가로 변상해주지만, 기타 비용은 20%를 할증해 변상해준다. 왜 그럴까? 그것은 그런 구매에 들어간 행정적인 시간과 그 돈의 투자나 이자에 대한 기회비용을 벌충해주려는 의도다.

시간과 재료에 따른 가격모형은 일정한 신뢰를 바탕으로 한다. 고객은 당신이 시간이란 미터기를 공회전시키진 않을 것이라고 믿을 것이다. 그래서 당신은 시간을 어떻게 소비했는지를 설명하기 위해 매월 말에 모든 활동에 대한 세부적인 요약서를 제공해야 한다.

시간과 재료의 가격모형은 이해하고 기록하기 쉬운 장점이 있지만, 결점으로는 그런 모형의 가격청구엔 디자인 서비스에 대한 궁극적 가치나 영향은 반영하지 않는다는 점이다.

정액보수

정액보수의 모형은 디자인 회사를 위해선 좋은 접근법이지만 위험도 따른다. 당신은 프로젝트를 시작하기 전에 서비스 단가를 합의한다. 이런 정액제는 그 단가를 어떻게 산정했고, 그 프로젝트를 어떻게 관리하는가에 따라 손익이 발생한다. 정액보수의 목표는 그 단가가 저작물의 실제 가치를 반영하는 것이다. 그러므로 그 저작물이 고객의 비즈니스에 미치는 긍정적인 영향에 의해 측정될 것이다. 또한 그 단가가 디자인 서비스 시장에서 경쟁력이 있었다는 반증이기도 하다.

정액보수 제안서는 저작물의 전망에 매우 구체적이어야 한다. 그래서 무엇이 포함되고, 무엇이 포함되지 않았는지 명시해야 한다. 프로젝트가 진행되면 고객은 반드시 추가 요청을 하기 마련이다. 하지만 그런 전망이 처음부터 잘 규정되었다면 그런 요청이 제안시에 들어 있지 않음을 바로 확인할 수 있다. 추가 요청이 오면 그 요청을 들어줄 시간과 자원이 있는지 판단해야 한다. 가능할 경우, 추가 요청에 들어가는 시간과 경비를 추정해서 고객에게 변경서를 보내야 한다. 변경서는 말하자면 별도로 승인받고 별도로 청구해야 하는 추가 제안서다. 그것은 원래 계약에는 들어 있지 않았던 내용이다. 이 때문에 변경서는 대부분 거부된다. 하지만 차라리 이편이 낫다. 프로젝트가 진행 중이고, 원제안서에 산입했던 이윤이 보호되기 때문이다.

정액보수 제안서엔 디자이너가 고객에게 모든 지식재산권을 양도한다는 내용이 포함되는 게 관례다. 그래서 서비스 단가는 지식재산권의 가치를 충당할 만큼 충분히 높아야 한다.더 자세한 정보는 11장, 17장을 참조

라이선스 : 사용 기준

사용 기준 가격은 사진가, 카피라이터, 삽화가에게 일반적이며 특히 그들의 작품이 광고나 마케팅에 사용될 때 적용된다. 그 가격은 완성된 작품이 사용될 것인지 혹은 복제될 것인지에 따라 다르게 결정된다. 고객이 필요한 사용 권리에 대해 고객과 대화를 나눈 다음, 다음과 같은 구체적인 사항에 계약서를 체결해라.

- 사용될 미디어 종류
- 잡지표지 혹은 광고판
- 작품 생산량의 수
- 작품이 인쇄 매체에 사용될 것이라면 계약서에서 인쇄 부수를 구체화해야 한다.
- 배포되는 지리적 범위
- 북미로 한정한다든지 유럽으로 한정한다든지, 구체적인 범위를 정해야 한다.
- 사용 기간
- 6개월 광고처럼 기간을 명시해야 한다.

고객이 나중에 사용권이 더 필요하다고 판단하면, 그들은 당신에게 돌아와 재협상을 할 것이다. 법률 용어로 당신이 작품 사용에 주는 허가는 라이

선스의 일종이다.

라이선스 : 사용료

사용료로열티는 또 다른 중요한 보상이다. 앞서 토론했던 사용 협상과는 달리, 사용료는 산업 디자이너나 제조업 분야의 디자이너에게 흔한 보상이다. 디자이너는 라이센서작품 제공자로서 독창적인 디자인을 제공하고, 제품회사는 라이센시작품 수혜자로서 제조, 마케팅, 재고관리, 유통, 고객 서비스 등의 기타 모든 사항을 책임진다.

디자이너는 사용료로 보상받는데, 이는 제조품 순매출이윤율이나 할인가가 적용된 총판매액의 일정 %를 받는 형식이다. 사용료는 주로 도매가를 기준으로 하지만, 출판계에서는 소매가를 기준으로 하는 것이 관행이다. 사용료 표준율은 가구, 선물용품 문방구 등 제품 종류에 따라 상당한 차이가 나서, 낮을 경우에는 3%에서 높은 경우엔 15%까지 있다. 제품이 판매 목표를 초과할 때는 그 사용료 %가 증가하기도 한다. 책이 매진되어 재판하는 경우도 그런 사례에 들어간다. 과거에 성공적인 제품을 선보인 디자이너는 향후 프로젝트에서 더 높은 사용료 %를 협상하는 데 유리한 위치를 갖는다. 일부 계약시는 그 계약조건에 라이센시에 지불할 사용료 최소 총액을 넣기도 한다. 사용료는 상환불가 조건으로 선지급되기도 한다.이것은 출판계에 종종 있는 사례이다.

혼합형

대규모 프로젝트에서 보상은 혼합형 접근이 때론 가장 합리적이다. 하나의 거래에서 다양한 보상 체계가 특별한 것은 아니다. 예를 들어, 산업 디자인 회사는 프로젝트 초반 국면에선 정액보상제로 지불을 받은 후 신제품이 대량생산에 들어가면 사용료로 지불받게 된다.

무료

끝으로 버리는 작품이 있다. 버리는 작품엔 '좋은' 무료와 '나쁜' 무료가 있다. '나쁜' 무료의 예는 투기적 작품이다. 투기적 작품은 고객이 몇 개의 견본을 요청할 때 발생하며, 일종의 시험운전인 셈이다. 그들은 당신의 시각적 접근을 보길 원한다. 그런 디자인은 적절한 조사, 분석, 전략적 개발을 등한시한 채 곧장 견본을 만들어야 하기 때문에 일탈적인 디자인이 된다. 그래서 고객이 당신을 고용해도 결국 당신은 그 견본을 포기하고 새로 시작해야 할 가능성이 높다.

투기적 작품은 급여나 개인적인 돈에서 상당한 지출을 하게 만들 수 있다. 나중에 계약을 맺게 될 때 그 잠재적 이익에 대한 이런 가욋돈이 차지하는 비중을 신중히 따져 봐야 한다. 그래픽 디자인 회사에서 그런 잠재적 이익이 전혀 없을 수도 있다. 미국에서 고객들은 그래픽 디자인 회사와 장기계약을 체결하는 예는 드문 편이며, 또한 그 관계도 프로젝트 위주로 연결되기 십상이다. 게다가 일반적인 인쇄 프로젝트의 청구비용은 만 달러 미만인 경우도 허다하다. 투기적 작품에 수천 달러를 소비했다면, 프로젝트 하나로 그 비용을 회수할 가능성은 희박하며 그 고객이 당신에게 두 번째 프로젝트를 발주하리란 보장도 없다.

다만, 수익 규모가 상당한 광고계에서 투기적 작품은 다소 합리적이다. 관계의 잠재성이 훨씬 더 높기 때문이다. 광고 에이전시는 대형 프로젝트를 수주하기 위해 투기적 작품에 10만 달러 이상 지출하기도 한다. 큰 액수의 미디어 청구서를 제출할 수 있는 1년 혹은 2년짜리의 대형계약을 체결할 수 있기 때문이다.

'베이크 오프bake-off, 견본 취합 방식'는 투기적 작품의 변형이다. 여기서 고객은 여러 회사에 접근해 그들 각각에게 소액의 돈을 주고 견본 작품을 의뢰한다. 마찬가지로 이것은 일탈적인 디자인으로 회복하기 어려운 비용부담이 된다.

반면에 '좋은' 무료는 프로보노 작품이 되는 것이다. 프로보노 퍼블리코 Pro bono publico는 '공익을 위하여'라는 뜻의 라틴 문구다. 그것은 공적·사회적 혹은 종교 조직에 기증하는 서비스를 말한다. 많은 디자이너가 스스로의 열정에 따라 그들의 창작품을 기꺼이 제공한다. 만약 디자이너들이 그들의 작품을 기꺼이 제공할 때 이를 금전으로 환산해서 돈을 기부한 것과 마찬가지로 기부금 영수증을 발행해준다면, 디자인을 기부한 사람은 이를 통해 소득공제를 받게 됨으로써 기부에 더 큰 동기를 제공할 수 있을 것이다. 아직 한국은 제도적으로 방안이 마련되어 있지 않으나, 현재 미국의 경우 국회에서 이 법의 개정 가능성을 토론하고 있다. 최근 제출된 법안은 생존 예술가, 작가, 음악가, 학자들이 자선 목적으로 작품을 기증하면 완전한 시장가치를 기초로 세금공제를 받을 수 있게 해주는 조항을 포함하고 있다. 이 법안은 매우 고무적이다.

상충

고객과 가격문제를 협상할 때, 많은 디자이너들이 염두에 두는 단순한 공식이 하나 있다. '빠르다, 저렴하다, 훌륭하다', 이 세 가지 중에서 두 가지를

저렴하다.

두 가지만
선택하라.

빠르다.

훌륭하다.

┃ 도표 8-1 본질적인 가격상충 문제를 염두에 둬야 하지만 고객에게 설명할 필요는 없다.

선택하라.도표 8-1 참조 당신은 이런 공식을 고객에게 눈치 없이 드러내지는 않을 테지만, 이것은 사실 디자인 프로젝트에 내포된 근본적인 이율배반적 문제다.

예컨대 프로보노 프로젝트로 돈을 받지는 못할 테지만, 그래도 완성된 저작물이 최대한 훌륭하기를 바란다. 그런데 훌륭한 저작물을 만들려면 그만큼 시간이 더 많이 소요된다. 그리고 유료 고객은 항상 스케줄에 최우선권을 준다. 결국 프로젝트가 곧 돈이다. 이 때문에 프로보노 프로젝트는 곧잘 보류되곤 한다. 반면에 대기업 고객은 그들의 비즈니스에 매우 중요하면서도 빠르게 진행해야 할 프로젝트를 당신에게 맡길 것이다. 결과가 빠르고 훌륭해야 한다. 따라서 단가가 그리 싸지는 않을 것이다.

전문용어

고객과 잠재적인 프로젝트를 토의할 때 전문용어에 주의해야 한다. 전문용어를 사용할 때, 그 단어가 당신과 고객에게 동일한 의미로 사용되는지 확인할 필요가 있다. 참고로 협상에 빈번히 등장하는 몇 가지 주요 전문용어를 정의해보자.

견적서

견적서는 임시적으로 구속력이 없으며, 해당 프로젝트에 예상되는 대략적인 비용을 예측하는 것으로 그 비용은 대략적인 수치나 혹은 범위로 표현된다.

가격공시

가격공시는 훨씬 더 정확하다. 그것은 정찰가로 구체적인 서비스를 수행한다는 회사의 제안서다. 예를 들어 인쇄회사는 고객이 준 명세서를 바탕으로 가격공시를 제출한다.

입찰

이 용어는 고객이 경쟁적인 가격을 추구하기 위해 한 프로젝트에 여러 공급업체의 신청서를 받는 것이다. 회사는 경쟁적인 입찰 절차에 엄격한 지침을 갖는다.

약식 계약서

이것은 구두로 합의된 사항을 문서로 요약한 것이다. 프로젝트를 구두 약속을 믿고 시작하는 것은 절대 금물이다. 서명된 문서를 가져야 늘 자신을 보호할 수 있다. 약식 계약서는 없는 것보단 좋겠지만 완벽한 제안서를 제출하는 것이 훨씬 안전하다.

제안서

제안서는 기술명세서, 공정, 스케줄, 단가를 규정하는 세부적인 프로젝트 서류다. 여기엔 법률용어와 법적 조건이 들어간다. 제안서는 디자이너가 고객에게 권장하는 행동 과정을 추천하는 토론서다. 많은 제안서는 수차례의 변경과 협상을 겪고 나서야 최종 결정이 난다. 제안서에 대한 더 자세한 정보는 11장을 참조

최고 한도액

고객이 보낸 서류에서, 특히 구매서에서 이 용어를 주시해야 한다. 이 용어는 고객이 한 프로젝트에 지불할 수 있는 최고 액수를 포함한다. 여기엔 세금, 운송비, 기타 부대비용이 포함된다. 이 금액을 초과하는 비용을 청구하려면 재승인이라는 긴 과정이 있어야 한다.

09 회사의 요율표 설정

디자인 회사를 위한 표준 청구율 계산은 프리랜서를 위한 시급 계산(6장 참조)과는 약간 다르지만, 본질적인 비즈니스 도전은 동일하다. 비용을 충당하고 수익을 창출할 요율이 필요하다.

요율표 접근 방법들

프리랜서는 디자인 회사나 에이전시의 하청 일을 주로 도맡아 하기 때문에, 대부분의 프리랜서는 시간과 재료를 기준으로 한 단일요율로 비용을 청구한다. 반면에 디자인 회사는 고객 프로젝트를 정액제 기준으로 일하는 경향이 있다. 그래서 디자인 회사는 각각의 프로젝트를 계획하고 단가를 산정하는 데 극히 논리적이어야 한다.

정액보수를 계산하기 위해, 디자인 회사는 우선 그 프로젝트에 소요될 시간을 추정해야 한다. 그리고 프로젝트 단가를 계산하기 위해 표준시급을 적용하면 된다. 이런 표준시급을 디폴트default율 혹은 기준율이라고도 한다. 이런 요율을 내부 계획을 세우는 데 사용할 때 여러 접근 방법이 있다. 일부 스튜디오는 모든 일에 단일요율을 적용하지만, 다른 스튜디오는 복수요율을 적용한다. 가장 일반적인 접근은 다음과 같다.

- 통합적인 단일요율
- 직원에 따른 차등요율
- 팀 내 역할에 따른 차등요율
- 임무에 따른 차등요율
- 기본급에 적용되는 할증요율

통합적인 단일요율

이 계산은 우선 총급여와 일반 경비를 분석한 후 노동청구시간을 분석한다. 그다음에 목표수익률을 결정하고 나서, 이 모든 요소를 합치면 시급이 결정된다. 이것을 흔히 혼합율이라 하는데, 회사 전체의 재정 데이터를 이용해 계산하기 때문이다. 여기엔 총고용시간, 총급여, 총일반경비가 들어간다.

이런 계산에서 프로젝트 재료비는 걱정하지 않아도 된다. 특수 품목이나 외부 서비스는 특정한 고객의 요청에 따라 구매되는데, 이런 일회성 비용은 프로젝트별로 예산을 잡으면 된다. 당신이 공급업자에게 지불한 금액은 고객에게 청구하면 된다. 또한 노동의 대가로 받는 시급은 급여나 일반 경비와 같은 모든 지불을 충당할 수 있어야 한다.도표 9-1 참조 이렇게 반복되는 고정비용은 비즈니스 운영을 위해 필요한 기본 경비다. 문제는 그것들이 프로젝트마다 다르다는 것이다. 그래서 이를 시급으로 바꿔 계산해야 한다. 이런 시급을 모든 저작물에 비례적으로 적용하면 된다.

하지만 비즈니스 비용만 충당하면 되는 것일까? 그것은 본전치기에 불과하며 본전치기에 만족할 사업가는 없다. 비즈니스 비용에 이윤율을 더해야 한다. 비즈니스 수익엔 재료에 가산한 이윤도 포함된다. 하지만 광고 에이전시와 달리 디자인 회사는 중개인 역할은 거의 하지 않으며, 수입의 대부분은 직원의 노동력에 기반한다. 디자인 회사의 수익모델은 당신과 팀원이

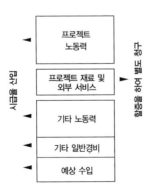

만든 디자인 서비스에서 발생한다.

　디자인 회사의 혼합요율은 다음과 같은 네 단계에 따라 계산된다.

　첫째, 비즈니스 운영에 필요한 모든 경비를 합산해라.

　　총급여프로젝트 노동력과 비프로젝트 노동력 합산

　　＋ 총일반경비
　　────────────────────

　　＝ 비즈니스 운영 총경비

　둘째, 총급여시간에서 고객 프로젝트에 투입할 수 있는 시간을 계산해라. 예를 들어, 만근 고용인의 연간 급여는 2천80시간으로 계산된다52주 x 40시간. 만근 고용인이 5명이라면 그 시간은 1만 400시간이 된다. 하지만 업무가동시간만근시간에서 비업무가동시간을 빼면 그 비율은 60~65%되어 그만큼만 실제 고객 프로젝트에 투입이 가능할 것이다.업무가동시간은 26장 참조

　　총직원 시간고용인 수×연간 스케줄

　　－ 휴가

　　－ 병가

　　－ 국경일

　　－ 직원회의

　　－ 행정 활동

　　－ 신규 비즈니스 개발
　　────────────────────

　　＝ 청구 가능 총시간

셋째, 시급에 산입될 이윤율을 결정해라. 디자인 회사에서 상여금이나 세금을 공제하기 전의 연간 순수입은 보통 10%다. 이런 수치는 손익계산서에서 손익분기점 바로 위에 있는 인센티브 이전 이윤율이다. 그래서 계획 설립 목적을 위해서라면, 그 목표수익을 좀더 과감하게 설정해야 한다. 일부 디자인 회사는 서비스 형태와 회사의 평판에 따라 15~20%의 높은 순수익을 성취하기도 한다.

넷째, 이 모든 요소들을 결합해 시급을 결정해라.

　　총비용
÷ 총청구시간
───────────────────
= 손익분기점
+ 목표 수익 %
───────────────────
= 프로젝트 계획 설립 목적을 위해 사용할 시급

당신의 노동비용과 일반경비는 시간에 따라 변하기 때문에, 이런 요율은 1년에 한두 차례 조정하는 것이 좋다. 이것은 혼합율로, 과거에 디자인 회사가 주로 접근하던 방식이다. 이런 단일요율은 프로젝트 계획이 매우 쉽다는 장점이 있다. 하지만 고객과 가격을 협상할 때, 인턴들이 포토카피를 만들고 회사의 설립자들이 세계적인 전략을 개발하는 이런 시대에 단일요율을 적용하는 이유를 설명하기란 어렵다는 단점이 있다. 고객들이 설립자들에게 낮은 요율을 지불하는 것은 좋아할 테지만, 그밖에 다른 직원들에게 높게 지불하는 것은 매우 싫어할 것이다.

직원에 따른 차등요율

이것은 접근이 다르다. 이것은 각 개인의 급여 수준과 작업 스케줄에 기초하여 개인청구율을 계산하는 것이다. 그 요율엔 일반경비와 목표이윤율도 포함된다. 일반경비를 계산하기 위해 12개월간의 손익계산서를 살펴라. 지불된 총급료프로젝트 노동력과 비프로젝트 노동력의 합산와 일반경비를 비교해라.도표 9-1 참조 디자인 회사에서 일반경비는 총급여지불의 약 50~60%가 될 것이다. 따라서 일반경비의 계수는 약 1.5~1.6이 된다.

개인 급여
÷ 개인 청구시간

= 청구시간당 급여
× 회사의 일반경비 계수

= 손익분기점
+ 회사의 목표 이윤율

= 프로젝트 계획을 위한 개인청구율

개인요율은 팀원의 기술과 경력을 반영하며, 경력자는 초보자보다 요율이 훨씬 더 높다. 이런 접근으로 디자인 회사에 인적 자원을 적절히 활용해서 경력자들을 효율적으로 투입하게 만든다. 경력자들이 자신의 포토카피를 만들거나 프레젠테이션 자료를 직접 만든다면, 그들은 사소한 일을 하는데 에너지를 소진하느라 그 프로젝트 예산을 허비하게 될 것이다.

개인청구율을 계산하는 회사는 그 정보를 보호하는 데 각별히 신경 써야 한다. 개인청구율과 그 계산에 사용된 공식을 아는 사람은 급여에 대해 속속들이 알게 될 것이다. 급여가 보편적인 회사에서 그런 비밀의 누설은 불필요한 잡음과 불만족을 잉태할 수 있다.

프로젝트 기획자로 누가 그 프로젝트에 참여할지를 알게 된다면, 그 기획자는 그들의 개인요율을 이용해 정확한 견적서를 작성할 수 있다. 하지만 당신이 큰 회사에서 일하며 내년도에 시행될 커다란 프로젝트를 조절하고 있다면, 누가 그 프로젝트에 포함될지 정확히 알기란 어렵다. 그래서 기껏해야 그 프로젝트에 맞는 팀의 규모와 어떤 기술이 적용될지를 아는 것이 전부이다. 결국 이것은 또 다른 가격결정 변수로 등장하는데, 이때는 개별 직원보단 일반적인 역할에 대한 시급을 사용해서 정액급여를 계산해야 한다.

팀 내 역할에 따른 차등요율

프로젝트 팀의 크기는 프로젝트 규모에 따라 결정된다. 프로젝트엔 보통 한 명의 감독, 한 명 이상의 디자이너, 한 명 이상의 프로덕션 전문가, 한 명의 프로젝트 매니저가 포함된다. 큰 회사에선 이런 간부급 직원 아래에 여러 직원이 있을 것이다. 각 역할에 적용되는 표준청구율은 각 범주에 든 모든 개인의 평균이 된다. 이런 접근은 프로젝트의 견적서를 정확하게 산출하게 해주며, 또한 급료 정보를 비밀로 유지할 수 있는 이점도 있다. 이런 이유로 많은 선도 기업이 역할에 기초한 시급을 채택하고 있다. 실제로 그것은 다음과 같은 요율 구조를 이끈다.

- **사장** 공동 소유자와 이사들

- 고위직모든 간부와 팀장들
- 직원모든 중간급 직원
- 신참입사 수준의 고용인 및 인턴

임무에 따른 차등요율

경우에 따라 디자인 회사는 스케치, 스캔, 회의시간, 프레젠테이션 준비처럼 모든 프로젝트에서 반복되는 업무를 바탕으로 요율을 책정하고 싶을 수 있다. 임무에 따른 차등요율은 비슷한 급료를 받는 작은 회사에서 잘 가동된다. 하지만 큰 회사에서 이런 요율은 문제가 있다. 높은 보수를 받는 직원이 요율이 낮은 일에 많은 시간을 빼앗기게 되면 상대방에겐 좋을 수 있겠지만 디자인 회사에겐 재정적인 문제를 안겨준다. 비즈니스 관점에서 높은 급료를 받는 직원은 자신들의 급여를 충당하고 그들의 위치에 맞는 수입을 발생시켜야 하기 때문이다.

고위직 직원이 그 역할에 맞지 않는 일을 할 때마다 회사엔 기회비용이 발생한다. 고급 인적 자원이 많은 시간을 낮은 수준의 업무에 소요한다면, 재정적인 문제가 발생한다. 경력자가 요율이 낮은 일에 매달림으로써 실제 수입이 부족해져서 사실상 손해를 보는 것이다.

기본급에 적용되는 할증요율

이런 접근은 디자인 회사엔 드물지만 회계사나 변호사 같은 다른 전문직에는 널리 사용되고 있다. 그것은 연간 노동청구가 연간 노동비용의 일정한 배수가 된다는 가정에 기초하고 있다. 예를 들어, 회계법인에서 CPA를 채용할 때 그 회계사가 50만 달러의 수입을 발생시키면 연 10만 달러의 급여를 준다고 합의하는 것이다. 그 정확한 배수는 서비스의 형태에 따라 회사마다 다를 것이다.

다음은 전문가들이 사용하는 일반적인 몇 가지 배수다.

- 변호사   5.0~7.0
- 회계사   4.0~5.0
- 비즈니스 컨설턴트   4.0~5.0
- 산업 디자이너   3.5~4.0
- 그래픽 디자이너   3.5~4.0
- 건축가   2.5~3.5
- 실내 디자이너   2.5~3.5

그렇다면 당신의 청구요율을 계산하기 위해 어떻게 배수를 구할 수 있을까? 다음 두 가지 예가 있다.

- 직원 디자이너

  연간 기본급 5만 달러

  ÷ 목표 업무가동시간 1천664시간 _{2천80시간×80%}

  ─────────────────────────

  = 시급 30달러

  × 산업 배수 3.5

  ─────────────────────────

  = 제안된 청구요율 105달러

- 사장

  연간 기본급 15만 달러

  ÷ 목표 업무가동시간 1천664시간 _{2천80 × 80%}

  _____

  = 시급 90달러

  × 산업 배수 3.5

  _____

  = 제안된 청구요율 315달러

이처럼 경력직과 초보자 사이엔 많은 요율 차이가 존재한다. 회사에서 이대로 전부 주지는 않아 그 차이는 조금 작아지겠지만, 그런 배수 자체는 여전히 유효하다.

- 사장　　　　　　　　2.50
- 경력 디자이너　　　　3.00
- 디자이너　　　　　　3.50
- 프로덕션 전문가　　　4.00
- 학생 인턴　　　　　　4.50
- 팀원 평균　　　　　　3.50

이런 접근법을 사용하기로 결정했다면 그 계산에 변수도 적용해야 한다. 일부 디자인 회사는 기본급에 세금과 후생복지를 덧붙인다. 또한 각 직위에 대한 업무가동시간도 토론의 여지가 있다. 이런 접근법은 규모에 대한 감을 잡기 위해 주먹구구식 계산법으로 사용되기도 한다. 따라서 최대한 간단하게 유지하는 것이 최선이다.

프로젝트 계획

일단 표준시급을 결정했다면 프로젝트의 예산을 개발할 준비는 된 것이다. 표준요율은 시급을 기준으로 견적가격을 합산할 수 있게 해준다. 정액가격 등으로 고객에게 가격을 제시할 때 나름의 판단을 해야 한다. 제시가격이 너무 높으면 가격경쟁력이 없을 것이고, 반대로 너무 낮으면 그 프로젝트의 중요성을 정확하게 반영하지 못할 것이다. 최종 단가엔 시장가격과 더불어 그 프로젝트의 중요성을 반영시켜야 한다. 그 중요성은 그 프로젝트가 고객의 비즈니스에 미치는 영향에 의해 측정된다.

디자인 회사의 궁극적인 목표는 시간의 수보다는 가치에 따른 가격결정이다. 하지만 합리적인 가격결정을 위해선 논리적인 계획이 우선 이행되어야 한다. 도표 9-2는 프로젝트의 작업 계획표 견본이다. 작업 계획표는 팀의 크기, 프로젝트를 만드는 데 필요한 단계, 외부에서 들여와야 할 소재에 대한 예측을 명확하게 해준다.

방법론

내부 작업 계획표엔 창조적인 방법론이 정확하게 반영되어야 한다. 그래서 당신이 실제로 작업하는 현실적인 시방서가 되어야 한다. 프로젝트를 어떻게 전개시킬 것인가? 가장 중요한 국면, 단계, 일정은 무엇인가? 합리적인 작업 공정을 준비한다고 해서 예기치 못한 상황을 배제하는 것은 아니다. 마법을 위한 여지는 여전히 충분하다. 세부적인 계획이 디사인 과정에서 나타나는 직관적인 통찰력을 방해하지는 않는다. 여기서 목표는 최고의 작품을 만들 수 있는 모형을 개발하는 것이다.

공정		수수료				경비			
		이름 요율	스티브 100달러	메리 100달러	존 100달러		순비용	인상가격	총비용
1	1단계	시간	8	8	8	상세내역	100달러	20%	120달러
	2단계		8	8	8	상세내역	100달러	20%	120달러
	3단계		8	8	8	상세내역	100달러	20%	120달러
	일정		8	8	8	상세내역	100달러	20%	120달러
	시간 96		32	32	32		–	–	–
	수수료 9,600달러		3,200달러	3,200달러	3,200달러		–	–	–
	경비 480달러		–	–	–		–	–	–
2	1단계	시간	8	8	8	상세내역	100달러	20%	120달러
	2단계		8	8	8	상세내역	100달러	20%	120달러
	3단계		8	8	8	상세내역	100달러	20%	120달러
	일정		8	8	8	상세내역	100달러	20%	120달러
	시간 96		32	32	32		–	–	–
	수수료 9,600달러		3,200달러	3,200달러	3,200달러		–	–	–
	경비 480달러		–	–	–		–	–	480달러
계	시간 192		64	64	64				
	수수료 19,200달러		6,400달러	6,400달러	6,400달러				
	경비 960달러		–	–	–		–	–	960달러

도표 9-2 내부 작업 계획표를 이용해 필요한 국면, 단계, 팀원을 확인해라. 그 결과는 당신의 표준청구요율과 할증에 기초한 '견적' 가격이다. 그 총액은 필요에 따라 조정할 수 있다. 그 후 고객에 보낼 제안서에는 이런 막후의 세부사항은 거의 포함되지 않는다. 예를 들어, 고객은 프로젝트에 투입된 총시간을 알 필요가 없다.

창조적 방법론은 모든 계획의 기본 틀이자 최종적으로 고객에게 보낼 제 안서에 대한 윤곽이 된다.고객 문서는 11장 참조 많은 디자이너들이 다분야 디자인 회사인 피치Fitch의 예를 따라 발견, 정의, 디자인, 실행이라는 네 가지 연속 적인 국면에서 프로젝트를 구성한다. 이런 보편적인 기준 틀은 브랜드 아이 덴티티 디자인이나 웹 개발, 그리고 신제품 개발에 이르기까지 폭넓은 고객 업무를 계획하고 실행할 정도로 매우 유연하다.

당신이 선호하는 공정을 심사숙고한 후, 서면 명세서와 도표 혹은 흐름도 flow chart, 궤도로 시각적인 개략도를 준비해라. 그러한 개략도는 프로젝트 진행 상황을 고객에게 설명하는 데 매우 유용하다. 그것은 디자인 서비스가 처음이라 막연한 기대감을 갖고 있는 고객에게 특히 도움이 된다. 많은 디자인 회사들은 독특한 프로젝트 명세서나 일정을 위한 전문용어를 개발하기도 한다. 자신만의 공정 명세서를 준비하는 것은 경쟁사와 차별화하는 매우 강력한 수단이다.

새로운 고객에게 접근하는 이 모든 행위의 저변에는 당신이 전문가라는 메시지가 깔려 있다. 그들이 프로젝트를 가장 낮은 단가의 입찰자가 아니라 전문가에게 맡김으로써 성공에 대한 확률을 높인다는 것이다. 당신의 공정은 많은 세월을 통해 얻은 경험의 산물이다. 당신은 오랜 세월 이 계통에서 잔뼈가 굵었고, 중요한 문제를 이해하고 있다. 창조적인 방법론을 강조함으로써 당신의 디자인이 문제해결에 가장 뛰어나다는 사실을 분명히 전해야 한다. 그것은 고도로 맞춤화된 전문 서비스로 아이디어에 의해 발기되고 고도로 집중된 노력에 의한 혁신인 것이다. 이런 이유로 가격결정엔 그런 공정이 반영되어야 한다.

일부 고객은 디자인을 총무처에 물건을 구매하듯 그렇게 쉽게 이뤄지는 것이라 착각하는데, 이런 접근은 그런 그릇된 관념을 깨우쳐준다. 많은 유수한 디자인 회사가 기존의 디자인으로는 실행할 수 없는 전략적 프로젝트에 헌신하고 있다. 결과의 크기와 양적 기준에 기초한 단가는 오늘날 전문가의 세계에서 이뤄지고 있는 저작물의 협의적인 속성과는 어울리지 않는다.

10 마케팅

성공적인 마케팅을 위해선 체계적인 계획, 이행, 다양한 비즈니스 분야의 통제가 필요하다. 디자인 회사는 경쟁적 시장에서의 분명한 포지셔닝, 당신의 디자인 분야에 적합하고 다양한 개발정책, 장기적으로 상호 호혜적인 관계에 초점을 맞춰야 한다. 이 장은 그런 중요한 주제에 대한 전문가의 조언을 다룬다.

포지셔닝

포지셔닝은 경쟁사들 사이에서 나를 고객에게 표현하는 방식이다. 성공적인 포지셔닝 전략은 구체적인 시장에서 자리매김을 하거나, 고객의 마음을 사로잡기 위해 행하는 의도적인 마케팅 결정이나 활동을 말한다. 일부 회사는 경쟁사와 확실하게 차별화되는 제안서를 만들기 위해 많은 노력을 기울이는데, 사실 이는 경쟁사도 마찬가지다.

효과적인 포지셔닝은 포지셔닝 선언문으로 시작된다. 포지셔닝 선언문은 단순명료해야 한다. 따라서 두 문장 이내로 만들어라. 이것은 당신의 비즈니스 핵심을 짧은 순간에 전하는 '엘리베이터 연설elevator speech, 할리우드 영화감독들 사이에서 비롯된 용어로 엘리베이터를 타면서부터 내리기까지 약 60초 이내의 짧은 시간 내에 인상적인 설명을 통해 투자자의 마음을 사로잡을 수 있어야 한다는 말-옮긴이'이다. 다음과 같은 포지셔닝 선언문에 당신의 입장을 대입해봐라.

"저희는 '어떤 회사로', '어떤 종류의 서비스를', '어떤 범주의 고객'에게 전달합니다. 저희만의 '독특한 판매 전략은', '이러한 구체적인 고객 혜택'을 제공하는 것입니다."

잠재적인 고객이 알아듣기 힘들게 만들면 곤란하다. 그 말이 너무 막연하거나 복잡하면 고객들은 흘려듣고 말 것이다. 빈칸을 채울 몇 가지 방법이 있다.

회사의 종류

당신이 속한 비즈니스의 종류를 서술해라. 그래픽 디자인, 웹 개발, 혹은 광고인지를 말이다.

서비스 서술

당신의 주특기를 서술해라. 많은 디자이너들이 세상에 첫발을 디뎠을 때 자신을 '르네상스 인간만능인간'으로 설명하고 싶어 한다. 다양한 디자인 일을 맡고 싶고, 맡을 수 있다고 생각한다. 실제 그런 능력을 보유하고 있을 수도 있지만, 포지셔닝 선언문으로는 그리 잘 가동되지 않는다. 고도로 경쟁적인 시장에서 만인의 연인이 될 수는 없는 노릇이다. 그런 모습은 프로젝트를 못 얻어 안달하는 모습으로 비춰질 수 있다. 따라서 자신 있는 두세 가지 서비스에 집중하여 거기에서 수익을 창출할 수 있도록 포지셔닝 선언문을 작성해야 한다.

고객 범주

주 고객의 산업을 확인해라. 그것이 제조업, 재정 서비스, 혹은 연예오락산업일 수 있다. 당신은 그 산업에 정통해야 한다. 그 집중 분야가 두세 개를 넘어선 곤란하다.

고유판매제언

같은 분야의 경쟁사와 당신을 구별하는 뚜렷한 차이점이 있어야 한다. 특정한 분야에서의 오랜 연륜, 수상 경력, 독점적 방법, 신기술에 대한 이해, 혹은 비교할 수 있는 어떤 분야에서 두드러진 당신의 경력을 강조해라.

수혜진술서

고객이 다른 경쟁사 대신 당신을 선택해서 얻는 이점은 무엇인가? 당신과 거래한 고객들이 구체적으로 어떤 경쟁적인 이득을 얻었는지를 설명해야 한다. 여기엔 신제품, 더욱 효과적인 특정한 목표 집단과의 대화, 유통량 증가, 판매 증가, 마케팅 시간 절약 등의 효과가 포함된다.

포지셔닝 선언문을 작성하면서 경쟁사를 조사하고 새로운 프로젝트의 수주 경쟁에서 부딪히게 될 사람들의 명단을 작성해라. 그들의 직위와 성향은 어떠하며, 당신과 경쟁사가 차별화되는 점은 무엇인가? 경쟁사의 웹사이트를 방문하고, 그들의 마케팅 소재를 살펴보며, 그들과 일하는 사람들과 대화를 나눠봐라. 경쟁사의 직원은 몇 명이며 그들의 장단점은 무엇인가?

경쟁사에 관해 모은 정보들을 포지셔닝 지도도표 10-1 참조로 시각화해라. 우선 커다란 십자가를 그려라. 그리고 수직축에 핵심 차별화 요소를 지정해라. 직원이나 총비용과 같은 회사의 규모를 나타내는 요소는 수직축에 들어갈 수 있는 훌륭한 측정 요소로, 위에는 큰 회사 아래는 작은 회사를 나타내라. 수평축엔 구체적인 차별화 요소를 선택해라. 그런 요소로는 인쇄와 인터랙티브와 같은 두 디자인 분야의 대조나, 스페셜리스트와 제너럴리스트의 대조가 될 수 있다. 또 다른 선택으론 재래식과 최첨단, 지방 vs. 전국과 같은 지리적 차이에 대한 디자인 접근의 대조가 될 수 있다.

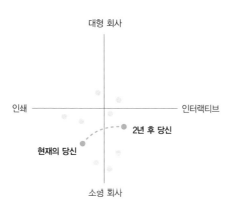

도표 10-1 포지셔닝 지도는 경쟁사를 분석하고, 미래의 목표를 설정하며, 그 목표를 향한 당신의 방향을 통제한다.

최소한 8개 경쟁사의 위치포지션를 지도에 작성해라. 그들은 당신과 경쟁했고 앞으로도 경쟁할 회사들이다. 그리고 당신 회사의 위치를 표시해라. 이런 포지셔닝 지도 작성은 당신과 경쟁사 간의 차이에 대한 성질과 범위를 분석하는 데 매우 효과적이다. 하지만 당신은 그 상황과 그곳의 직원들에 대한 내부적인 지식을 가지고 있지만, 고객은 그런 지식이 없다는 점을 염두에 둬야 한다. 그래서 당신이 보는 현실과 고객의 인식 사이엔 커다란 격차가 있을 수 있다. 고객의 눈높이를 확인하기 위해선 외부의 조언을 얻는 것이 좋다. 그런 인식의 차이를 '인식 지도perceptual mapping'라고 한다. 그것은 고객이 다양한 디자인 회사와 그들이 서비스에서 받는 인식을 도표화한 것이다. 이런 도표화로 향후 마케팅에서 그런 인식의 차이를 좁힐 수 있게 된다.

이런 지도 작성은 새로운 비즈니스 수주를 위한 훌륭한 준비가 된다. 경쟁사의 정보를 자신에 맞게 변환하여 마케팅 무기로 활용할 수 있다. 또한 도표화는 장기 비즈니스 계획에서 유용한 장치가 될 수 있다. 당신이 차용하고 싶은 경쟁사의 비즈니스 모형이 있는가? 경쟁사에 그런 특징이 있다면 그런 변화에 무엇을 포함할 것인가? 시간은 얼마나 걸리고, 무엇이 눈에 띄게 변할 것인가? 이런 변신을 '재포지셔닝'이라 부른다. 시장과 목표 고객의 마음을 사로잡는 포지션을 차지하기 위해, 당신의 스튜디오는 완전히 탈바꿈하게 될 것이다. 재포지셔닝은 판매가 저조해지거나 새로운 서비스를 도입하고 싶을 때, 시도해볼 만하다.

홍보 프로그램

당신의 다음 행보는 목표 고객과 대화를 하기 위한 홍보 활동을 적절히 혼합하는 것이다. 그런 홍보 활동으론 개인 홍보, 광고, 선전, 대중 홍보가 있다. 가능한 다양한 홍보 프로그램을 혼합해라. 디자인 회사의 가장 일반적인 홍보물을 살펴보자.

아이덴티티 시스템

당신은 이미 훌륭한 시각적 아이덴티티를 개발해 놓았을 것이고, 그것을 문방구류에 제일 먼저 적용했을 것이다. 이제 그런 브랜드를 고객에게 어떻게 설명하고 어떻게 대중화시킬 것인가? 기본적인 요소들을 유연한 시스템으로 확장하여 다양한 홍보물에 일관성 있게 적용해야 한다.

성과 · 사례연구

디자인 회사의 고전적인 마케팅은 4도 인쇄의 반들거리는 업무실적 팸플릿이었다. 그것은 시간과 돈이 많이 들지만 일단 완성되면 그 즉시 낡은 팸플릿이 되고 만다. 수정이나 개선이 불가능하기 때문이다.

　디자인 회사들은 현재 디자인 분야와 고객회사에 맞는 맞춤형 홍보 활동으로 옮겨가고 있다. 그래서 해당 디자인 분야의 가장 중요한 프로젝트만 선정해, 그것을 자막이 들어간 훌륭한 시각자료로 만들어 제출하기도 한다. 가장 좋은 접근법은 그 고객의 중요한 비즈니스 활동이나 커뮤니케이션 문제를 간결하게 언급한 후, 당신이 그런 문제를 해결했던 과정을 설명하는 것이다. 또한 가능할 때마다 당신의 저작물이 고객 비즈니스에 미쳤던 영향을 설명하고 그 결과를 계량화해라. 프로젝트란 결국 고객이 입은 수혜를 강조하는 성공 이야기가 아닌가! 심지어 프리랜서조차 허접한 견본으로 채워진 포트폴리오가 아닌 커다란 맥락에서 저작물의 성공 이야기를 전하는 간결한 모음으로 돌아서는 추세가 뚜렷하다.

웹사이트·인터랙티브 프로젝트

마찬가지로 핵심정보와 시각자료를 이용해 그 프로젝트의 개관을 보여주어야 한다. 거기에서 잠재적인 고객은 관심과 시간이 있다면 전체 프로젝트를 살펴볼 것이다. 웹사이트에 당신의 프로젝트를 보여주는 하이퍼링크의 명단만 올려놓는 것보다는 성공 스토리를 보여줘라. 누군가가 당신이 얼마 전에 완성했던 웹사이트를 보기 위해 어떤 링크를 클릭했을 때, 그는 이미 너무 많이 변해 당신이 만든 흔적을 찾아볼 수 없는 웹사이트를 보게 될 것이다. 하지만 그 잠재적인 고객은 그런 사실을 알지 못할 것이고, 당신에게 실망한 채 발걸음을 돌릴 것이다.

모션 그래픽스를 위한 홍보 필름

당신이 모션 그래픽스를 하고 있다면, 서류 정리를 위한 클립은 필요 없을 것이다. 대신 소개용 모션 그래픽스와 그 외부 포장에서 자신의 아이덴티티를 간단명료하게 드러내야 한다.

우편 발송

많은 디자인 회사가 1년에 몇 번의 홍보물을 발송한다. 이때 두 가지 문제가 발생한다. 무엇을 보내고 누가 받을 것인가? 발송하는 홍보물이 많다면, 최근 프로젝트가 들어간 우편엽서처럼 작고 싼 재료가 홍보물로 적합하다. 그런 식으로 개인적인 홍보 활동을 한다면, 복잡하고 값비싼 홍보를 대신할수 있다. 발송명단을 개발하는 것도 그 자체로 하나의 도전이다.

광고

디자인 회사의 광고는 크게 두 가지다. 신입사원 모집과 새로운 비즈니스개발이다. 신입사원 모집은 구직목록이기도 하지만, 디자인 출판계에 보내는 이미지 광고이기도 하다. 그 목표는 최고의 인재를 영입하기 위해 디자인계에서 인지도를 높이는 것이다. 하지만 새로운 비즈니스 개발이 목표라면 고객들이 애독하고 또한 광고를 게재하는 출판물을 선택해 당신의 포지셔닝과 잠재적 고객이 얻게 될 혜택을 명확히 전달해야 한다.

디렉터리

디렉터리와 업무예정표는 사진가와 삽화가에겐 매우 중요하다. 대부분의 디렉터리는 1년에 한 번 지역적으로 출간된다. 그런 디렉터리와 업무예정표를 예술 감독들에게 발송하면 그들이 그것을 책꽂이의 디자인 연감과 전화번호부 사이에 끼워놓길 바라면 된다. 또한 당신은 그 디렉터리에서 한 쪽씩이든 여러 쪽씩이든 여백을 살 수 있으며, 거기에서 당신은 하나의 주요한 프로젝트나 여러 작은 프로젝트의 이미지를 보여줄 수 있다. 또한 별도의 마케팅 활동에 사용하기 위해 그 페이지만 별도로 부본을 만들어 구매할 수도 있다.

무역쇼와 산업 행사

무역쇼는 제품 디자이너에게 매우 중요하다. 그것이 첨단기술이든 가정용품이든 고객의 산업을 한눈에 볼 수 있는 절호의 기회이기 때문이다. 거기에서 신제품을 볼 수 있고, 경쟁의 흐름을 살펴볼 수 있으며, 당신이 필요한 회사를 알아볼 수 있다. 무역쇼에 가면 많은 사람들을 만나게 되고 회사의 보편적 인지도도 높일 수 있다. 회견에 토론 패널리스트로 참여하고 싶지는 않은가? 그러면 8일에서 10일 전에 행사 주관자를 만나 당신의 전문성 등은 고려해 그 가능성을 타진해보라.

보도자료

중요한 프로젝트를 완성했거나 수상했을 경우, 혹은 새로운 고객과 중요한 협상을 할 때마다 보도자료를 내라. 하지만 많은 디자인 회사가 이런 일을 뒷전으로 밀어놓기 일쑤여서 사실 거의 하지 않는다. 그래서 이런 부수적인 일은 작은 홍보회사나 프리랜서에게 맡기는 것이 좋다. 그 정보 자체가 무역 출판물의 독자들에게 가치 있거나 흥미가 있어야 한다. 그리고 그 자료가 해당 편집자나 칼럼니스트에게 정확하게 전송되어야 한다.

언론 취재나 재판

가장 이상적인 것은 그런 보도자료가 어떤 언론 취재를 이끌어야 한다는 것이다. 당신에 관한 긍정적인 기사는 제삼자의 공식적인 인증인 셈으로 그것은 마케팅에 큰 보탬이 된다. 하지만 포토카피를 이용하지는 마라. 화질이 너무 떨어져 이미지를 제대로 투영하지 못하기 때문이다. 출판사와 만나 재인쇄를 논의해보라. 일반적인 방법은 그들에게 복사 필름이나 파일을 사서 오프셋 인쇄에 맡기는 것이다.

기사나 책 출간

산업계 출판물에 기사를 제출하고 자신의 지식을 드러내어 특정 분야 전문가로서의 위상을 높일 수 있다. 많은 디자인 회사가 자신들의 저작물에 관한 책을 낸다. 하지만 이런 책은 매우 비싸고 시간도 많이 걸리며 잠재적인 고객은 그 책을 무료로 주지 않으면 절대 읽지 않을 것이다.

회원 및 인맥

전문가 조직에 가입하여 적극적으로 활동해라. 그것은 인맥을 확장하고 트렌드의 선두를 유지하며 프로젝트의 기회를 얻을 수 있는 첩경이다.

동맹

회사의 성격에 따라 보완적인 회사와 동맹을 맺을 수 있다. 예컨대 브랜드 디자인 스튜디오는 벤처 자본회사와 긴밀한 관계를 유지한다.

다리 놓기

다리를 놓아 달라는 부탁은 약간 부끄러울 수는 있지만 매우 좋은 방법 중 하나다. 과거나 현재의 고객에게 부탁을 해보자. 혹은 큰 회사의 직원이라면 다른 부서의 직원과 안면이 있을 것이다. 그들은 당신을 알고 있기에 안심하고 다리를 놓아주거나 마케팅을 위한 간단한 추천서를 써줄 것이다.

우편 발송자 명단

디자인 회사라면 마땅히 우편 발송자 명단을 구축해야 한다. 과거와 현재의 고객부터 시작해 목표시장에서 관심을 두고 있는 회사를 덧붙여라. 당신은 산업계 출판물에서 그 회사에 관해 읽었거나 산업 행사에서 그들을 알게 되었을 것이다. 혹은 우편 발송자 명단을 구매해서 그 명단을 보충할 수도 있다. 하지만 이때 주의할 점은 그 구매가 비쌀 수도 있고 이미 낡은 명단일 수도 있으며 당신의 필요성과 맞아 떨어지지 않을 수도 있다.

우편 발송 명단에 한 회사를 덧붙일 때마다 그 회사의 서비스 구매 결정권자를 확인해라. 그 사람 이름의 정확한 철자, 사무실 주소, 직책을 명확히 파악해야 한다. 최초의 목표는 200~500명 정도로 잡아라. 하지만 양보단 질에 역점을 둬야 한다. 명단은 워드 프로세서를 사용하는 대신, 기본적인 접촉 추적 응용프로그램을 이용해라. 그러면 그 명단을 종류별로 나누고 각 우편의 날짜, 내용, 그리고 답장을 기록하며 당신이 받은 답장을 기록해 기타 상호교류나 미래의 임무에 관한 추가적인 메모를 할 수 있다. 최초의 명단 구축은 일머리에 불과하며, 진짜 일은 그 명단의 지속적인 유지와 관리다. 계속해서 추가하고 고용인 이직, 주소 변경, 인수합병과 같은 일을 반영하여 명단을 수정해라.

판매 과정

창조적인 회사를 위한 전반적인 판매 과정은 보통 다음과 같다.

존재 확인
출판물이나 산업계 행사를 통해 그 회사들을 알 수 있다.

자격심사
각 회사를 조사해 그들의 잠재성을 확인해야 한다. 그 회사가 당신의 서비스를 필요로 하는가? 그 회사를 다룬 기사를 인터넷에 검색해라. 그들이 웹사이트를 운영한다면 그 사이트를 방문하고 상장회사라면 그들의 연간보고서를 얻어라.

접촉
개인적인 커버레터로 당신의 서비스에 관한 맛보기 정보를 우선 보내고, 며칠 후 전화연락을 주는 것이 일반적인 관례다. 그 목표는 우선 긍정적인 첫인상을 심어주고 그들의 상황과 필요성을 좀더 파악하는 것이다. 조사를 통해 알게 된 정보보다 더 현실적이며 구체적인 정보를 얻어야 한다.

거래 여부의 기준

이 시점에서 그 회사와의 거래 여부를 판단할 수 있게 될 것이다. 예를 들어, 그 회사가 신생회사인데 자금은 넉넉한가, 그들이 이미 다른 회사에 디자인 서비스를 맡기지 않았는가 등이다. 만약 그 회사와 거래하기로 결정했다면 시간과 돈을 더 투자해야 한다. 하지만 당신이 수행할 수 있는 서비스라고 확신할 때 그 서비스를 맡아야 한다.

능력 프레젠테이션

다음 단계는 직접 만나는 것이다. 여기엔 사전 준비나 혹은 출장이 포함될 수 있다. 당신은 당신의 능력을 설명하고, 과거의 실적을 보여주며, 고품질 마케팅 홍보자료를 상대방에게 주고 와야 할 것이다. 그래서 그 회사에 좋은 인상을 심어주고 그들의 마음을 사로잡아 제안서 제출을 요구받아야 한다.

제안서

제안서를 작성하고 협상하는 것은 반복적인 일이다. 고객의 피드백을 통해 제안서는 계속 수정될 것이다. 그 고객은 여러 디자인 회사와 협상을 할 것이다. 당신의 제안서가 모두 수용되지는 않는다. 그러면 적중률이라고 불리는 그 성공률을 확인해라. 두 번 중 한 번, 세 번 중 한 번, 네 번 중 한 번. 평균 적중률은 새로운 고객에게 어떻게 접근했는지, 또는 기존 고객과의 친분도에 따라 스튜디오마다 다르다.

적극적인 프로젝트

서명된 제안서 없이는 프로젝트를 시작하지 마라. 서명을 받았다는 것은 그 프로젝트를 시작해도 좋다는 출발 신호탄이다. 멋진 작품이 되길!

매듭을 잘 지어라.

| 평가 | 제안 혹은 요청 |
| 수행 | 협상 |

도표 10-2 고객 만족을 평가하는 것으로 매듭을 지으면 일회성 프로젝트를 지속적인 관계로 진전시킬 수 있다.

매듭을 아름답게 맺어라

각 프로젝트가 끝나면 고객을 만나 그 일의 결과와 만족도를 평가해라. 이것은 부대적인 일감을 얻고 새로운 프로젝트를 제안할 수 있는 기회가 된다. 그것은 또한 저작물에 대한 통찰력을 얻어 수정을 가해 고객에게 더 큰 혜택을 줄 수 있다. 예를 들어, 당신이 만든 디자인이 매우 훌륭할지라도 가벼운 수정을 해서 고객에게 더욱 훌륭한 서비스를 해줄 수 있다. 고객에게 그런 제안을 하면 나름의 조언으로 피드백을 해줄 것이다.도표 10-2 참조

관계

상호교류가 가능하고 장기적인 잠재력도 있다면, 새로운 고객 프로젝트를 지속적인 관계로 전환시키기 위한 의식적인 활동을 해라.

판매 과정은 다음과 같을 것이다. 필요한 활동량과 그 수치가 당신에게는 어떻게 적용되는가? 예를 들어, 15번의 타당성 조사에서 7번의 만남을 이끌었고, 그중 3개가 제안서로 연결되었으며 그 3개의 제안서 중 단, 1개만 성과로 이어지지는 않았는가? 이런 역삼각형 과정winnowing-down process을 '판

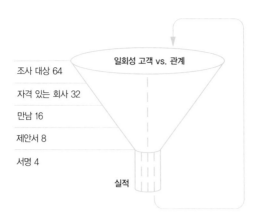

조사 대상 64	일회성 고객 vs. 관계
자격 있는 회사 32	
만남 16	
제안서 8	
서명 4	
	실적

도표 10-3 당신에게 만족한 고객으로부터 반복된 비즈니스를 얻는다면, 판매 깔때기를 채우기가 한결 쉽다.

매 깔때기'라고 한다. 대부분의 업무가 일회성 구매자의 프로젝트로 구성되어 있다면, 판매 깔때기 입구에 새로운 대상을 지속적으로 채우는 일은 매우 힘들다. 그런 비즈니스 모델은 지속적으로 고객을 찾아야 하며, 수많은 콜드콜냉담한 고객에 영업하는 행위-옮긴이을 해야 한다. 또한 프로젝트로 연결될 가능성은 적지만 많은 능력 프레젠테이션을 해야 한다. 하지만 당신에게 만족한 기존 고객들이 더 많은 프로젝트를 가지고 당신에게 달려온다면, 비즈니스는 땅 짚고 헤엄치기일 것이다. 수주량의 절반을 반복된 비즈니스로 채울 수 있다면 콜드콜을 절반으로 줄일 수 있다.도표 10-3 참조

전반적인 판매 과정은 고전적인 고객 의사결정 과정과 유사하다. 인식당신이 존재한다는 지식, 관심당신의 제안을 더 알고 싶은 욕구, 평가구매에서 당신을 적극적으로 고려하는 행위, 시험탐색을 위해 당신에게 최초의 프로젝트 공여, 재구매그 최초의 결과에 그들이 만족하면 그들은 잔여 프로젝트를 가지고 당신에게 올 것이다, 충성도다른 서비스 제공자보다 당신을 더 신뢰하고 좋아하게 되는 지속적인 관계 성립가 그것이다.

고객 충성도는 성공의 보증수표와 다름없다. 고객 충성도를 얻으려면 좋은 디자인을 제공하고 그 과정에서 고객을 만족시켜 매듭을 잘 지어 새로운 기회를 창출해야 한다.

관계 관리

건강한 디자인 회사는 여러 가지 일을 꾸준히 맡기는 우량 고객들과 거래한다. 그런 관계는 상호이익이다. 디자인 팀은 이미 경험 있는 프로젝트를 빠르고 효율적으로 해결한다. 또한 그 팀은 전략적인 지속성과 브랜드 관리를 제공할 수 있으며, 특히 고객 회사의 직원이 이직했을 때 그 효과는 더욱 빛을 발하게 된다. 또 다른 혜택은 단골 고객이 당신에게 더 포괄적인 프로젝트를 의뢰하게 된다는 점이다. 예를 들어, 첫 번째 프로젝트가 팸플릿이나 판촉물이었지만, 그 관계는 포장용기나 웹사이트로 확대될 수 있다. 그것은 당신의 기술과 포트폴리오를 키울 수 있는 좋은 기회다.

그러나 사업가로서 지나치게 한 고객에게 의존하는 것도 바람직하지 않다. 경험에 따르면, 어떤 단일계약이 총청구액의 25%를 넘지 않는 게 좋다. "한 바구니에 모든 계란을 담지 말라"는 말도 있지 않은가. 주계약자가 은퇴하거나, 주거래 회사가 합병 혹은 파산할 수도 있다. 그런 사태가 일어나면 당신의 비즈니스가 한순간에 위태로워질 수 있다.

반대로 작은 일이 너무 많아도 문제다. 작은 계약이 너무 많으면 일이 잡다해져 지치고 싫증나기 쉬우며, 또한 일이 산만해 좋은 저작물도 나오기 어렵다. 목표 고객을 심사할 때 자격심사를 강화하고, 일관성을 유지해야 한다. 최초의 마케팅 비용은 이후의 신규 고객에게도 비슷하게 적용되기 때문에 많은 디자인 회사는 욕심나는 새로운 거래처에 최저 마케팅 비용을 설

수익성 프로젝트를 몇 개는 잡아야 접대비용을 상쇄한다.

▌도표 10-4 반복될 비즈니스 가능성이 높은 큰 계약을 추구해라.

정해둔다.도표 10-4 참조

　너무 사소하거나 어울리지 않는 프로젝트에 얽매여 있다면 손을 떼는 것이 좋다. 잘못된 고객과 일하면 기회비용이 너무 크다. 창조성이 떨어지거나 수익성이 없는 일거리에 너무 매이면 다른 더 좋은 기회를 놓칠 수 있다.

　슬픈 일이지만 우량고객이 천년만년 지속되지는 않는다. 세월이 흐르면 평균거래 수명을 알게 된다. 그것은 당신의 분야와 고객의 입장에 따라 달라질 것이다. 고객이 떠나는 이유도 다양하다. 일이 비효율적이거나 서비스 수행이 원만하지 못했던 당신 탓일 수도 있고, 비용절감 운동을 시행하거나 인수합병으로 인한 고위 경영진의 교체와 같은 고객 탓일 수도 있다.

마지막 조언

진행 중인 프로젝트가 많아도 마케팅을 멈추지 마라. 프로젝트는 일정하게 유지되어야 한다. 그렇지 않으면 일감이 폭주하다 갑자기 뚝 떨어지는 아찔한 롤러코스터를 탈 수 있다.

11 제안서

제안서는 프로젝트의 규모, 공정, 계획, 총비용을 규정하는 세부적인 프로젝트 문서다. 그것은 디자이너
가 고객에게 추천하는 행동 과정을 개진하는 토의문서인 것이다.

제안서의 중요성

제안서는 적절한 계약조건으로 이뤄져야 한다. 그 제안서와 계약조건이 더해져 고객과의 법적 계약을 형성한다. 대부분의 계약서는 여러 차례의 협상과 수정을 거친 후 최종적으로 서명된다. 그런 협상의 제안서에는 기술 명세서와 관련된 문제와 법적 조건에 집중된다. 협상의 최종 결과가 양자가 서명한 포괄적인 계약서다.그 과정에 대한 개략은 도표 11-1 참조

초기 조치

프로젝트와 관련된 몇 가지 일반적인 준비부터 시작해야 한다.

디자인 공정을 생각해라

이상적인 공정 과정을 작성해라. 국면, 단계, 일정을 마음에 그려봐야 최고의 작품을 만들어낼 수 있다. 진행 중인 프로젝트가 두 곳 이상이라면, 여러 가지 변수가 발생한다. 자신의 디자인 공정이 프로젝트를 계획하고 관리하는 틀이 되어야 한다.

표준시급을 계산해라

이것은 중요한 내부 장치로 초기 예산을 어림잡는 데 필요하다. 요율은 일반경비, 프로젝트에 투입되는 시간, 이윤율에 따라 회사마다 다르다.자세한 정보와 계산 요율은 9장 참조

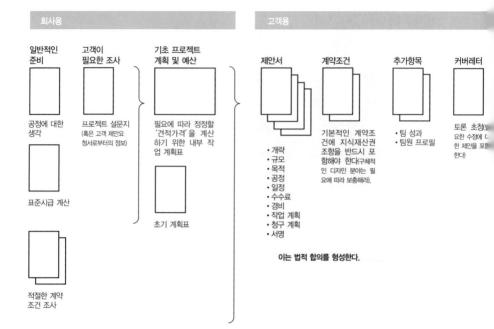

┃ 도표 11-1 양 당사자의 서명이 들어간 계약서는 커다란 계획의 일부다.

계약조건을 연구해라

당신의 프로젝트에 적합한 법률용어에 익숙해져라.

이쯤에서 당신은 입찰한 고객의 프로젝트에 집중할 수 있다.

고객 정보를 수집해라

해당 프로젝트에 대한 정보를 최대한 모아라. 고객이 당신에게 제안요청서를 보냈다면 그 세부항목을 꼼꼼히 검토해라. 이외에도 자신에게 질문을 던지는 프로젝트 설문지를 작성해서 중요한 세부사항을 간과하지는 않았는지 확인해라. 더 자세한 사항을 알기 위해선 고객이나 고객 회사의 다른 직원을 만나 추가로 토론할 수 있다.

이제 예비 프로젝트를 계획하고 예산을 작성할 차례다. 스프레드시트spreadsheet, 정산표에 신물이 날지도 모르겠지만 그 프로젝트의 '견적가격'을 산출하는 내부 계획표를 사용하는 데 습관을 들여야 한다. 프로젝트 규모, 디자인과 공정, 팀원 규모, 팀원의 작업 추정시간, 예상되는 외부 구매를 기초로 하여 대략적인 수치를 산출해라. 이것을 기준으로 자신들만의 객관적인 요소를 산입하면 된다. 그래서 시장조건과 그 저작물이 고객에게 미치는 궁극적인 가치를 반영하여 총비용을 조정한다.

필요한 작업일수를 날짜나 주 단위로 보여주는 예비 작업 계획표를 작성해야 한다.다른 고객에게 수행했던 과거의 경험을 기준으로 해야 한다. 작업 계획표를 만드는 좋은 방법으로 간트 차트Gantt chart가 있다. 간트 차트는 시간에 따른 프로젝트 활동을 보여준다.도표 11-2 참조 구체적인 시공일, 승인 날짜, 마감일에 되도록 얽매이지 않는 것이 최선이다. 하지만 내 마음대로 되지 않는 것이 세상이다. 경과를 보면서 스케줄을 계획하는 게 좋다.

이런 모든 내부 준비와 계획은 말 그대로 내부용이다. 이제부터는 고객용 문서를 초안한다.

프로젝트 계획					
	1주	2주	3주	4주	5주
1국면					
2국면					
3국면					
4국면					

도표 11-2 간트 차트는 구간을 보여주는 동시에 활동을 순차적으로 할 것인지, 동시에 진행할 것인지를 보여준다.

제안서

이 시점에서 고객에게 보낼 문서의 초안을 작성해야 한다. 서면 제안서엔 프로젝트와 디자인 회사에 따라 상당히 다른 세부사항이 들어가지만, 제안서 자체는 다음과 같은 일반적인 구조를 따른다.

- 고객 상황에 대한 개관
  - 이것은 고객의 산업과 그들의 치열한 도전에 대한 당신의 이해를 보여준다.
- 프로젝트의 규모와 구체적인 목적에 대한 서술
  - 즉시 해결할 문제와 성취해야 할 구체적인 목표를 서술한다.
- 추천할 공정
  - 각 국면에서 포함시킬 것과 배제할 것을 서술하고 각 단계들의 결과, 성과물과 일정, 지침서, 수정이나 다듬기, 전달 양식, 시간의 틀, 수수료와 경비소계 등을 서술해라. 더불어 고객의 책임을 명확히 하고, 고객이 그 과정에 개입할 수 있는 방법을 설명해라.
- 총소요 기간, 총비용, 총경비를 개략해라.
  - 여기서 모든 소계를 합산하고 세금도 계산해놓아라.
- 청구 계획
  - 이것은 청구액과 청구 시기를 다룬 간단한 목록이다. 지불조건은 잠시 후에 다룰 것이다.
- 적절한 계약조건
  - 법적 계약조건에 대한 자세한 정보는 19장을 참조하라.
- 두 줄의 서명란
  - 계약서 맨 아래에 서명란을 둔다. 한 줄은 제출자고, 다른 한 줄은 수

령자다.

몇 가지 추가항목을 덧붙이고 싶을 것이다. 더욱이 생면부지의 이사에게 제안서를 발송할 때는 더 말할 필요도 없다.

- 간부직 팀원의 간단한 이력
- 당신 디자인 회사의 능력과 신뢰성을 보여줄 수 있는 배경 정보

제안서를 마무리하면서 반드시 커버레터를 첨부해라. 커버레터는 최종 문구로 짧고, 전문적이며, 열정적으로 써라. 제안서에 들어 있는 세부사항을 반복하지 마라. 커버레터는 단순히 후속 대화를 위한 초청장에 불과하다. 하지만 필요에 따라 프로젝트의 규모를 개선할 수 있다는 의지를 표명해야 한다.

고객에게 제안서는 어떻게 전달해야 할까? 직접 전달하는 것이 가장 좋은 방법이다. 그래야 그 내용을 설명하고, 고객의 우려를 불식시키며, 긍정적인 비즈니스 관계를 구축할 수 있는 기회를 갖게 된다.

12 프로젝트 관리의 기본

프로젝트 관리는 '창조적 공정이란 자유' 와 '건전한 비즈니스 행정 절차' 라는 구속이 중첩되는 분야다.
자유란 분방하고 시각적이지만, 구속은 수에 의해 구성되고 추진된다. 이 양자를 결합하는 방법을 고찰
해보자.

프로젝트 관리의 중요성

프로젝트의 성공은 세부적인 계획과 사전 준비에 달려 있다. 하지만 일단 프로젝트를 시작하면 유연성을 가져야 한다. 계획대로 착착 진행되는 일은 없다. 프로젝트가 진행되는 동안 비용과 품질 같은 이율배반적인 문제에 판단을 내려야 한다. 그런 문제를 충분히 인식하고 있으면 현명한 결정을 내릴 수 있는데, 그런 이유로 디자인 회사는 프로젝트 활동을 추적하고 분석할 수 있는 믿을 만한 시스템을 당연히 갖춰야 한다. 이번 장에선 중간보고서의 준비와 사용에 관해 토론하며, 고객의 기대를 관리하고 프로젝트 변화에 대처하는 실질적인 전략을 다뤄본다. 여기서 곤란한 문제가 발생하기도 하는데, 빈번히 일어나는 '문제'와 처치 방법을 토론하며 고객과의 관계를 유지할 수 있는 전문적인 조언을 다룰 것이다.

출발

좋은 디자인은 절반의 전투에 지나지 않는다. 프로젝트는 스케줄과 예산에 입각하여 이뤄져야 하며, 고객의 기대를 충족하면서도 수익을 내야 한다. 프로젝트를 계획하고 추적하는 훌륭한 시스템은 이 모든 문제를 가볍게 해준다. 하지만 그 시스템을 이용하는 사람이 그 시스템 못지않게 훌륭해야 한다. 결국 그런 기술을 가진 사람을 채용해야 한다는 결론이다.

당신이 작은 사무실을 운영하며 작은 프로젝트 위주로 일한다면 직원을 채용해라. 필요한 디자인 기술을 갖춘 직원을 채용한 후, 업무 지침과 교육을 통해 직원의 프로젝트-관리 기술을 차츰 개발시킬 수 있다.

또 다른 접근은 분야별로 각 팀을 갖춘 큰 회사가 취하는 방식이다. 큰 회사는 프로젝트 관리를 비롯해 필요한 분야에 따라 인재를 채용할 수 있다. 이런 올스타식 팀 접근은 큰 회사에 입사할 수 있는 주요한 혜택 중 하나다. 훌륭한 디자인 개발 외에도 프로젝트 관리의 전반적인 목표는 계획된 예산과 스케줄에 따라 프로젝트를 관리해서 수익을 내는 것이다. 따라서 모든 프로젝트는 처음부터 계획에 따라 진행되어야 한다.

11장에서 토론했던 것처럼 짜임새 있는 계획을 정립하는 데는 여러 단계가 있다. 우선 프로젝트와 관련된 일반적인 준비부터 시작해야 한다. 선호하는 디자인 공정부터 세밀히 계획하고, 예비 예산을 작성하는 데 필요한 표준청구율을 계산하고, 당신의 디자인 서비스에 적합한 표준적인 계약조건을 조사해라.

그런 다음 구체적인 프로젝트에 집중해야 한다. 고객과 고객의 비즈니스 욕구에 대한 정보를 최대한 수집해라. 그래야 프로젝트의 규모를 분명히 규정하고 필요한 자원을 확인할 수 있다. 이런 정보를 손에 쥐면 종합적인 프로젝트 스케줄과 예산을 개발할 차례다. 이런 내부 계획을 스프레드시트로 작성하면, 팀의 규모를 결정하고 각 팀원에 배정할 시간과 외부 경비를 계획하는 데 도움이 된다. 반드시 약간의 여유를 줘야 한다. 경험 많은 전문가의 말을 빌리자면 "약속은 적게, 일은 더 많이"가 현명한 방침이다. 이것은 빈틈없이 계획을 작성하더라도 우발성이란 요소를 고려하란 의미다. 하지만 그 범위가 10%를 넘어선 안 된다. 이 정도면 그 프로젝트의 특정 부분이 예상보다 까다로웠어도 여유롭게 대처할 수 있다. 프로젝트가 계획대로 순조롭게 진행된다면 고객에게 약속했던 일보다 더 많은 일을 해줄 수 있다.

예비 계획의 마지막 단계는 계약서의 초안을 작성하는 것이다. 여기엔 계약조건과 더불어 정액제의 제안서가 들어간다. 이 문서는 프로젝트의 규모를 규정하고, 그 프로젝트의 공정과 결과물에 대한 고객의 기대를 서면화하는 것이다. 예산 준비는 11장 참조

기록 보관

고객이 계약서에 서명을 하면 프로젝트가 시작된다. 이제부터 발생하는 도전은 프로젝트 작업을 효율적으로 추적하고 관리하는 것이다. 따라서 심사숙고한 프로젝트 관리 시스템이 필요하다.

작은 회사는 보통 두 가지 매뉴얼 파일로 공정을 관리한다. 첫 번째 파일은 디자인 파일로 각종 디자인 요소들을 개발하면서 그것들을 여기에 정리한다. 두 번째 파일은 비즈니스 파일로 그 프로젝트의 법적 기록과 재정적 기록이 여기에 정리된다. 두 파일은 접는 서류철이나 세 개의 고리가 달린 바인더로 정리할 수 있다. 프로젝트가 진행되는 동안, 그 디자인 파일은 디자인 담당자가 책상 위에 올려놓고 디자인 요소들이 스튜디오의 품질 기준에 맞는지를 확인할 것이다. 비즈니스 파일은 프로젝트 관리자가 책상 위에 올려놓고 예산, 스케줄, 납품 등을 점검한다. 작은 회사에선 디자이너가 프로젝트 관리를 함께하는 경우도 종종 있다.

비즈니스 파일 표지 안쪽에 목록 점검표를 두기도 한다. 그 목록에 든 첫 대상은 사전 준비와 관련되어 있을 것이다.

- 내부 작업 계획표와 초인 작성 계획
- 고객 서명이 들어간 공식 제안서 사본 1부
- 디자인 팀원과 고객 팀원 양쪽 모두의 연락처
  – 여기엔 이름, 직책, 프로젝트 역할, 전화번호, 팩스번호, 이메일 주소, 그리고 물품을 전달할 주소가 들어가야 한다. 연락처는 제안서에 서명한 후 열리는 프로젝트 시공식에서 참석자 전원에게 배포해야 한다.

비즈니스 파일의 다른 목록들은 프로젝트가 진행되는 동안 발생되는 사항들이다.

- 프로젝트의 총소요 시간 계산
- 작은 회사에서 이런 시간 계산은 하나의 프로젝트만 수행하는 프리랜 서에겐 사실상 일일 작업 계획표, 작은 회사에선 약식 계획표, 전 직원 이 다양한 프로젝트에서 일하는 대형 회사에선 프로젝트–추적 소프트 웨어로 출력되는 주간 보고서가 된다. 일시적인 업무 보고서 이상의 의미를 지닌다.
- 사용된 모든 재료와 납품업자에게 지출된 총비용 계산
- 당신이 발부한 모든 구매 주문서 사본들
- 인쇄 회사에 주문을 해놓은 것처럼 공급업자에게 맡긴 일이 있다면, 서면 주문서를 발행하여 그 협상 결과를 간수해야 한다. 프로젝트 비 즈니스 파일과 중간보고서에서 이런 주문서로 공급업자들에게 예산이 어떻게 배정되었는지를 알 수 있다. 만약 프로젝트가 취소되면 공급업 자들에게 그 사실을 알려야 한다. 그렇게 취소가 되면 금전적인 배상 이 있을 수 있다. 만약 인쇄업자가 특별히 주문한 종이가 있다면, 그에 대한 비용을 물어줘야 한다. 당신이 고객에게 대하듯 공급업자를 정중 히 대하고, 그들을 전문가로 대접하며 존경해야 한다. 공급업자들은 전문적인 조언을 얻을 수 있는 훌륭한 정보원이다. 또한 당신이 언젠 가 위기에 처했을 때 그들에게 크게 신세질 수 있다.
- 모든 청구서의 사본
- 지불 완료라는 당신의 메모를 덧붙여라.

프로젝트가 진행되는 동안 많은 증빙 서류들이 발생할 것이다. 이런 서류 들이 비즈니스 파일로 정리될 수도 있지만, 나머지 디자인 팀원이 쉽게 접 근할 수 있도록 디자인 파일에 들어갈 확률이 더 높다.

팀원의 프로젝트 투입 시간은 일일 작업시간표로 확인될 것이다. 작업시간표의 구성은 디자인 회사의 선호도와 프로젝트 추적 소프트웨어에 따라 달라지겠지만 기본 요소로는 작업 날짜, 고용인 이름, 고객 이름, 프로젝트 이름과 번호, 수행 중인 임무, 소요된 시간, 업무가동시간인지 비업무가동시간인지의 여부, 그리고 비고가 된다. 업무가동시간은 관행이겠지만 스튜디오의 실수를 정정한다든지, 잃어버린 파일을 복구하는 비업무가동시간이 고객 프로젝트에 배정될 수도 있다.직원은 비업무가동시간을 사무실 프로젝트나 활동에 보낼 수도 있다. 업무가동시간과 비업무가동시간에 대한 더 자세한 정보는 26장을 참조

프로젝트가 진척되면서 컴퓨터엔 개별 파일이 많이 만들어진다. 모든 파일에 날짜와 수정 번호를 매겨둬라. 그렇지 않으면 파일이 뒤죽박죽될 수 있다. 편집이나 정정에 대한 흔적을 잃거나 엉뚱한 파일을 공급업자에게 전달하고 싶지는 않을 것이다. 그런 문제를 피하려면 모든 파일에 간단하고 일관된 명명규칙을 적용해라. 또한 디지털 파일을 저장하고 백업해둬라. 그래야 모든 파일을 쉽고 빠르게 찾을 수 있다. 만약 중요한 파일을 잃어버리거나 새로 복구해야 한다면, 시간과 금전 부분에서 커다란 손실로 이어질 수 있다.

비즈니스 파일 규모는 관리할 수 있는 수준으로 유지해라. 중복되거나 낡은 정보를 담고 있는 폴더나 바인더를 주기적으로 징리하면 된다. 자주 봐야 하는 '참고' 정보와 수정이나 교체된 '낡은 정보'를 분리해 두되, 어떤 파일도 버려선 안 된다. 낡은 정보는 따로 저장해 놓으면 된다. 프로젝트 추적 시스템을 설치해야 한다면, 때가 되면 해야 할 일을 알려주는 간단한 티클러 시스템tickler system, 자동색인제도로 일종의 알리미 기능-옮긴이을 장착할 필요가 있다. 마감 시한을 놓치거나 어떤 행위를 실패하면 프로젝트에 커나란 문제가 발생할 수 있으며, 최악의 경우 고객과의 거래가 완전히 끊어질 수도 있다.

중간보고서

프로젝트를 진행하면서 일주일에 적어도 한 번은 중간보고서를 준비하고 점검하는 습관을 들여라. 예상 금액과 실제 금액의 지속적인 비교는 효과적인 프로젝트 관리를 위해 중요하다. 따라서 프로젝트는 처음부터 상세한 계획을 세워 시작해야 한다. 예상 금액과 실제 금액을 지속적으로 비교할 때 동일한 양식을 이용해라. 그래야 비교하기 쉬우며 어떤 항목이 예산을 초과하는지를 한눈에 알아볼 수 있다. 이런 접근을 흔히 '예외 관리'라고 한다. 애초의 기댓값과 맞지 않는 항목들을 볼 수 있기 때문이다.

프로젝트의 총계 수치는 최대한 현재적이어야 한다. 즉 프로젝트에 소요되는 시간을 일일 기준으로 기록하면 된다. 공급업자에게 받은 모든 청구서도 일일 기준으로 검토하고 기장해라. 빠르게 진행되는 프로젝트에서 현재의 총계를 내는 계산을 미루면 큰 문제를 일으킬 수 있다. 한 프로젝트에 너무 많은 시간이나 돈이 투입되고 있는데 그 사실을 뒤늦게 알게 되면 사태를 정상으로 돌이키기가 힘들 수 있다. 때를 놓치지 않으려면 문제를 빨리 파악해야 한다.

추정 금액과 실제 금액의 차이를 유의하면 다음과 같이 일을 하는 데 도움이 된다.

- 내부의 비효율성을 인지
- 너무 많은 목표를 추구하거나 팀원이 너무 많으면 예산이 빨리 소진될 수 있다.
- 서비스가 합의된 규모 내에 있도록 확인
- 보상이 정액제일 때, 이는 매우 중요하다.
- 필요할 땐 즉시 변경서를 발부

‒ 변경 주문서에 대한 자세한 내용은 아래에서 다룬다.

프로젝트 관리 시스템을 사용하면, 그 정보를 받을 사람의 수준에 맞춰 다양한 수준으로 중간보고서를 작성할 수 있다. 가장 상세한 중간보고서는 디자인 팀과 재정 관리자가 직접 작성하는 것이다. 프로젝트 진행에 따라 개선되는 이런 중간보고서는 추정 금액과 실제 금액을 나란히 비교해야 한다. 팀 보고서는 고객 이름, 프로젝트의 이름, 스튜디오가 추적을 목적으로 배정한 업무번호, 고객이 발부한 통제번호, 프로젝트 시공 날짜와 준공 날짜, 현 상황에 대한 간단한 메모예컨대 다음 일정 혹은 다음 조치 같은 것로 시작될 것이다.

이런 일반적인 정보 외에도 프로젝트의 상황에 대해 구체적으로 알고 싶은 세부사항이 있을 것이다. 중간보고서의 정확한 구성은 회사마다 다르지만, 가장 일반적인 양식은 가로줄에는 예산이 집행된 개인 임무와 재료가 있고, 그다음은 당신이 분석할 금액이 적힌 칸으로 이어진다.소계를 포함한 국면으로 그 임무들을 배열할 수도 있다. 각 임무를 위해 다음과 같은 사항을 알아야 한다.

- 고객이 승인한 원래의 추정 금액
- 고객이 승인한 후속 변경서 총액
‒ 이 두 칸이 프로젝트에 대해 고객에게 청구할 수 있는 총금액이다.
- 스튜디오 내부 예산
‒ 내부 정보를 작성할 때, 총매출과 순매출 중에서 선택해야 한다.순매출 할증 없이 공급업자 경비와 직원 노동가격에 급여율을 곱하지 않는 비용을 합한 것 외부 구매는 금액으로만 나타내고, 직원 노동은 시간과 금액으로 보여주는 것이 좋다
- 공급업자에게 발부한 구매 주문서
‒ 이런 외부 구매서는 미불 금액이다. 공급업자의 청구서를 받으면 그 청구서는 구매 주문서와 일치해야 한다. 공급업자가 중간청구서를 제

출하면 남게 될 잔액을 확인해라.

- 그때까지 수행된 총작업량

- 이것도 가능한 현재적이어야 한다. 표준청구율로 계산된 시간과 금액에 따른 노동을 살펴봐라. 외부 재료와 서비스는 할증된 금액으로 작성되어야 한다. 이런 접근은 매우 유용한데 그것이 시간과 재료를 기준으로 협상된 것이라면, 그 프로젝트가 무엇 때문에 청구되고 있는지를 보여주기 때문이다. 정액보상 프로젝트에서라면 계약에 따른 정해진 금액을 청구하지만, 그래도 이런 접근은 흥미로운 비교를 가능케 한다.

- 지금까지 고객에게 발부한 모든 청구서의 누적 총액

- 보통 이것은 누적 청구서 외에 일련의 중간청구서가 포함된다.

- 현재 작업량과 고객에게 청구한 금액의 차이를 계산

- 보통 이것은 정확히 일치하지는 않는다. 실제 이행된 서비스보다 청구가 늦으면 양(+)의 계정이 되고, 선금을 지불했다면 음(-)의 계정이 된다.

- 변경주문서를 포함하여 남아 있는 추정 예산

- 이 수치는 미래 청구 금액을 나타낸다.

- 내부 예산에 남아 있는 금액

- 프로젝트를 진행하면서 예산집행 속도를 측정해야 한다. 그 속도를 소진율이라 하며, 작은 프로젝트에선 그리 중요하지 않지만 빠르게 진행되는 대규모 프로젝트에선 면밀히 주시해야 한다. 소진율을 측정하는 한 방법으로, 집행되는 예산을 주 단위나 누적 차트로 만들어라. 실제 예산은 불규칙하게 집행되겠지만, 차트에선 일직선으로 나타날 것이다. 차트를 만들기 위해 총예상금액을 주week로 나누면 된다. 이와 관련하여 집행된 예산의 %는 디자인 팀원들이 느끼는 공정 진척도와 일

치하지 않을 수도 있다.이 문제는 25장 참조

외부인에게 보여줄 프로젝트 보고서는 개략적이어야 한다. 예를 들어 스튜디오 관리를 위해 필요한 요약서는 보통 총계만 보여준다. 거기에 어떤 의문 사항이 있다면 언제든 세부사항을 살펴보면 된다. 주요 사항은 프로젝트의 현 상황에 대한 메모, 예산 집행의 %, 추정 금액 중 청구된 금액의 %, 준공 날짜다.

일부 프로젝트에선 고객에게 요약서를 제출해야 한다. 그런 보고서엔 총액만 기재해라. 중간보고서를 요청하는 고객조직도 있는데, 그것은 회계부나 구매부서에서 필요한 절차일 뿐이다. 정액보상 프로젝트에서 예산을 일일이 열거하는 것도 바람직하지 않다. 간단명료한 보고서만 보내라. 불필요하게 자세히 보낼 경우, 고객이 그 수치들에 들어 있는 사소한 문제에 신경 쓸 수 있다. 그것은 전혀 생산적이지 않다. 그렇다고 청구액이 바뀌지도 않을 것이며, 창조적인 고민이 아닌 불필요한 고민을 하게 만들 뿐이다. 고객의 요청에 다음과 같이 간략하게 전해주면 충분하다.

'이전 청구 금액 + 금번 청구 금액 = 총청구 금액'

변경서 관리

성공한 디자이너는 고객의 기대를 유도하고 변경을 효과적으로 다룰 줄 안다. 계획대로 완벽하게 진행되는 프로젝트는 없다. 그런 변화는 자유의지를 가진 당신 편에서 발생할 수 있다. 계획과 예산 혹은 품질 사이에서 어느 쪽을 선택할지 판단을 내려야 한다. 최상의 프로젝트를 만들기 위해 시간이 더 필요한 경우가 있다. 그러면 프로젝트 내에서 예산을 전용하여 이것을 수용할 수 있다. 한쪽에서 절약하여 원하는 쪽에 더 많은 돈을 투입하는 것이다. 이런 전용은 고객의 눈에는 보이지 않는다.

때론 보상 없이 디자인 품질을 높이기 위해 많은 시간을 더 투입할 수도 있다. 디자이너로서 최고의 작품을 만들어야 하지 않겠는가! 하지만 사업가로서 비용과 회사에 미칠 영향을 정확히 파악하면서 신중한 판단을 내려야 할 것이다.

고객 측에서 원래 규모를 넘어서거나 제안서에 없던 추가적인 일을 요청하기도 한다. 그런 고객의 변경이나 추가에 대해 디자인 회사는 변경서를 만들어야 한다. 즉각적이며 지속적인 변경서의 사용은 비즈니스에 장기적인 성공과 수익성에 커다란 영향을 미친다. 하지만 변경서를 내려면 프로젝트 규모가 애초부터 명확하게 규정되어 있어야 가능하다. 고객에게 보낸 제안서가 모호했다면, 이런 문제가 불거졌을 때 힘든 신경전을 벌여야 한다.

다음은 변경서 양식에 포함되는 기본 정보다.

- 요청 날짜
- 요청한 고객 이름
- 요구한 구제적인 변화나 추가적인 일의 명세서
- 변경 사유
- 그 변경이 프로젝트의 계획, 재원, 비용, 품질에 미칠 명세서
- 그 변경이 그 프로젝트의 본질적인 특징이나 기능성에 미칠 효과
- 그 변경 요구를 알아야 할 사람들의 이름 그 변경에 가장 영향을 받을 주주들
- 두 줄의 서명란 제출자와 수령자

아래와 같은 중요한 메모도 포함해야 한다.

- 변경서 양식이 정해진 날짜 이내에 승인되지 않으면 그 추가적인 일은 무효라는 성명서
- 승인된 변경서는 모두 별도로 청구될 것이라는 설명
- 원계약의 법적 계약조건이 그 추가적인 일에도 적용된다는 성명서

당신이 편하려면 변경서에서 발생하는 공정은 최대한 간단해야 한다. 많은 디자인 회사는 변경서를 미리 복사해서 팀원들 책상 위의 전화기 옆에 한 묶음으로 둔다. 고객이 변경서에 서명하지 않으면 그 추가 일을 수행하지 마라. 정액보상 프로젝트에서 그런 추가 일은 별도로 청구된다는 점을 명확히 해라. 나중에 변경에 대한 별도의 청구서를 보낼 때, 서명된 양식의 포토 카피를 첨부해라.

어떤 면에서 변경서는 그리 반가운 일은 아니다. 고객이 '추가로'가 아니라 '대신'으로 큰 변경을 요구하면, 충분한 시간을 가지고 재평가해라. 그 프로젝트가 어느 정도 진행된 상황에서 명세서나 규모의 변경을 요구하면, 원래의 문서는 아예 폐기하는 것이 일이 더 간단하고 덜 혼란스럽다. 제안서, 구매 주문서, 청구서 등을 전부 다시 시작해야 할 것이다.

변경서를 통해 프로젝트를 새로 시작하면 이미 완성된 프로젝트를 특징별로 분류해야 할 것이다. 비즈니스 활동을 직무에 따라 분류해주는 프로젝트 추적 프로그램을 사용하고 있다면, 새로 시작하는 프로젝트는 다른 범주로 분류되었는지 확인해야 한다. 과거의 직무와 새로운 직무를 명확히 구별해야 하지 않겠는가!

일반적인 문제들

프로젝트 진행 중에 내외적으로 잘못될 수 있는 많은 일들이 도사리고 있다. 여기서 몇 가지 '레드 플래그red flags, 위험 징후 - 옮긴이'와 처방전을 다뤄본다.

- 불완전한 계획
  - 종합적인 계획의 부족은 실수나 불쾌한 사건을 일으킬 수 있다. 사소한 실수는 추가 비용을 발생시키는 것으로 끝나지만, 감당하기 어려운 실수를 하게 되면 고객과 당황스런 재협상을 해야 한다.
- 부실한 자원 조직
  - 오해를 살 수 있는 대화나 조정의 문제는 없는지, 혹은 필요한 자원이 적절히 준비되었는지의 문제를 매일 점검해라.
- 역할 분담과 책임의 소재
  - 팀원의 역할과 책임에 대한 분명한 선이 있어야 한다. 그렇지 않으면 중첩이나 결여가 발생하는 혼란이 일어난다. 임무에 개별적인 책임을 지우고, 상충하는 문제에서 의사 결정권자가 누구인지를 명확히 해라.
- 팀원의 충원성
  - 비상 사태나 병가가 있을 경우 충원할 사람을 반드시 확인해라. 정보가 공유되고 있으며, 프로젝트 진행 상황은 기록되는지를 매일 확인해라.
- 규모의 변경
  - 이것은 가장 흔한 문제다. 일이 진행되는 중에 사람들은 늘 무언가를 덧붙이고 싶어 한다. 움직이는 목표는 맞추기가 불가능하다. 원래의 명세서를 최대한 유지해라. 필요할 때는 변경서를 발부해라.
- 불명확한 목표

- 그 프로젝트가 완성되었는지, 그리고 그것이 성공했는지 여부는 어떻게 알 것인가? 프로젝트를 마쳤을 때, 완성된 주요한 요소들은 사전에 합의된 것이어야 한다. 그렇지 않으면 프로젝트가 마감되었을 때, 분쟁의 소지가 생길 수 있다. 당신은 '프로젝트가 성공적으로 끝났다'고 생각할 수 있지만, 고객은 전혀 다른 각도로 평가할 수 있다.
- 프로젝트 자금
- 당황스런 일에 빠지지 않도록 해라. 누가 자금줄을 쥐고 있는지, 그들이 그 프로그램에 변함없이 관심을 두고 있는지를 확인해라. 많은 일들이 프로젝트 자금을 고갈시킬 수 있다. 고객의 비즈니스 전략에 큰 변화가 일어나 그 프로젝트를 중도에 그칠 수도 있으며, 재정이 부실해져서 비용절감 운동이 일어날 수도 있고, 인수합병으로 프로젝트가 연기되어 취소될 수 있으며, 이사진의 변경으로 우선권이 변경되어 경쟁적인 프로젝트가 발생할 수도 있다.

궤도를 유지해라

훌륭한 프로젝트 관리에는 탁월한 고객 서비스가 들어 있다. 공정 내내 고객과의 대화를 원활히 유지해라. 고객에게 새로운 정보를 적극적으로 제공하고 전문적인 조언을 주어라. 늘 가까이 지내며 질문에는 즉시 응답해라. 약속은 철저히 이행하고 훌륭한 디자인과 서비스를 제공해 고객의 신뢰와 존경을 얻어라. 당신은 믿을 수 있는 동지이자 신뢰할 수 있는 조언자가 되어야 한다. 비즈니스의 장기적인 성공은 일회성 프로젝트를 지속적이며 상호호혜적인 관계로 승화시키는 데 있다.

13 장부 정리의 기초

일목요연한 장부 정리는 디자인학과 졸업생들에겐 힘든 도전이 될 것이다. 디자인 학과에서 비즈니스 실무는 가르치지 않기 때문이다. 그래서 대부분의 디자이너들은 장부 정리의 기본을 실무에서 배워야 한다. 가계부를 정리해봤다면 비즈니스 장부 정리도 그리 힘들지는 않을 것이다. 비즈니스 장부란 가계부 정리의 연장이기 때문이다. 가계부 정리를 토대로 거기에 전문용어를 터득하고 비즈니스 기록을 정리하는 기술을 덧붙이면 비즈니스 장부 정리에 명수가 될 것이다.

장부 정리의 중요성

회사가 번영하려면 훌륭한 디자인을 만들어내야 한다. 하지만 거기에 더해 돈이 어디서 들어오고 어디로 나가는지를, 그리고 어떤 수익을 내고 있는지에 대한 명확한 그림을 가지고 있어야 회사가 번영한다. 완벽하고 정확한 장부 정리는 그런 그림을 명확하게 보여줄 것이다. 적절한 장부 기록은 정확한 재무제표를 만들어 정확한 납세 신고서를 제출하게 해주며 비스니스를 건강하게 유지시켜준다. 이 장에선 장부 정리의 핵심 사항들을 설명하고 당신의 비즈니스 활동을 추적하여 세무 당국과의 마찰을 피할 수 있게 해주는 현장 조언을 들려줄 것이다.

장부 정리는 중요하지만 약간은 두려운 마음이 든다. 비즈니스에 갓 뛰어든 사람에게 최대한 쉽게 접근할 수 있도록 이 주제를 세 항으로 나누어 개략적으로 살펴볼 것이다.

첫 번째 항은 모든 비즈니스가 반드시 보관할 핵심 기록이고, 두 번째 항은 효과적인 재정 관리에 필요한 기초적인 절차와 시스템이며, 세 번째 항은 모든 것을 정상으로 유지하기 위한 내부적인 통제다.

사업가는 비즈니스 과정을 통제하고, 수입과 지출을 유지하며, 정확한 세금 납부를 위한 시스템을 갖춰야 한다. 재징 기록은 완벽하고, 정확하며, 시기적절해야 한다. 이 모든 것을 어떻게 성취할 것인가? 궁극적으론 실행을 통해 배우겠지만, 재정문제는 굳이 시행착오라는 불필요한 낭비를 할 필요가 없다. 여기에 올바르게 출발할 수 있는 몇 가지 전략이 있다.

- 회계사에게 시스템과 절차에 대한 조언을 구해라. 공인회계사나 장부에 관한 정보는 이 장에서 얻을 수 있다.
- 참고도서 한두 권은 비치해둬라.

- 세미나에 참석해라. 많은 대학의 사회교육원에 기업가들을 위한 재정 워크샵이 개설되어 있다. 그 제목은 '비전문가를 위한 회계' 정도일 것이다.

비즈니스 기록

그렇다면 보관해야 하는 기본적인 비즈니스 기록은 무엇인가?

고객 청구서

고객에게 보낸 모든 청구서의 사본을 간직해라. 그해에 발행한 모든 청구서를 날짜순으로 목록 작성한 장부를 '판매장'이라 부른다. 청구서가 판매장에 작성되면 그것이 그달의 비즈니스 수입으로 공식 기록되는 것이다. 고객이 아직 지불하지 않았다면 그 열린 항목미수금을 수취계정이라 하며 장부에 비즈니스 자산으로 기록한다. 미수금의 만기일을 추적하기 위해 옛기록을 주기적으로 정리해야 한다. 그 보고서는 미지불 항목이 얼마나 오래 되었는가에 따라 별도로 칸을 만들어 분류한다. 예를 들어 0~30일, 30~60일 등으로 칸을 만들어 분류해라. 지불을 받으면 그 지불 정보를 청구서 사본에 기입한 후 '지불'로 표시된 파일로 옮겨라. 해마다 별도의 지불된 파일을 만들어라. 그 파일의 내용은 알파벳 순서로 정리한 고객 명단으로 옮겨 정리해라.

 일반적으로 고객청구서는 세금계산서나 거래명세서로 작성하여 하단에 청구 및 영수로 표시하여 발송한다. 당신이 법인으로 사업체를 운영하거나 개인사업자라도 일정 금액 이상 매출이 발생하는 경우에는 반드시 전자세금계산서를 발행해야 한다.

공급업자 청구서

비즈니스 초기에 일부 공급업자는 재료나 서비스에 C.O.Dcash on delivery, 착불이란 뜻으로 여기선 외상 사절을 뜻함 – 옮긴이로 지불해주길 바란다. 하지만 대부분은 신용을 공여외상해줄 것이다. 그런 외상에 대해 그 공급업자는 나중에 우편으로 청구서를 발송한다. 비즈니스 편지는 매일 확인해야 한다. 그 청구서의 일부는 프로젝트와 관련되어 있을 것이고, 일부는 일반적인 운영비와 관련되어 있을 것이다. 그것을 장부에 기재하기 전에 청구서를 일일이 검토하고, 당신이 갖고 있는 패킹슬립packing slips, 상품의 내용과 출하지를 적은 영수증 – 옮긴이이나 당신이 발행한 구매서와 대조해라. 그달에 들어온 모든 청구서를 날짜순으로 정리한 목록을 매입장이라 한다. 당신의 구매서는 경비항목에서 확인될 것이다. 각 기재는 원본 청구서를 기초로 해야 한다. 월별 청구서를 바탕으로 구매를 기록하지 마라.비즈니스 신용카드 청구서는 예외다. 그 경우엔 그 내역서가 곧 청구서이기 때문이다. 공급업자가 보낸 월말 내역서에 확인되지 않은 항목을 발견하면, 그들에게 당신이 잃어버린 청구서를 한 부 보내달라고 요청해라.

공급업자의 청구서도 일반적으로 매입 세금계산서로 갈음하며, 수동 발행 또는 전자세금계산서에 의한 발행도 가능하다. 공급업자가 전자세금계산서를 발행하는 경우 당신의 이메일주소로 발송된다.

당신이 지불하지 않은 청구서인 열린 항목을 '지불계정미불금'이라 한다. 그 총액은 재무제표에는 부채로 나타난다. 그것은 당신이 받은 서비스나 상품에 지불해야 할 돈이기 때문이다. 모든 미지불 청구서를 만기 날짜로 정리해 파일에 보관해라. 대부분의 회사는 지난 보고서를 주기적으로 정리해 미지불 청구서를 요약한다. 그리고 공급업자에게 지불을 하면 영수증 앞면에 반드시 지불 확인을 해라. 그 청구서 자체에 당신의 수표번호, 날짜, 지불 금액을 기입하고 공급업자 이름을 알파벳순대로 배열해놓은 지불 파일로 옮겨라.

비즈니스 은행계좌 정보

당신이 개인사업자라 해도 비즈니스 금융 활동과 개인 금융 활동은 분리하는 것이 바람직하다. 매월 말마다 각 비즈니스 은행 거래내역서를 대조하여 그것을 취소 증명서지불된 수표 혹은 돈이 전달되었다는 은행 확인 서류와 함께 파일에 보관해라. 일반적인 믿음과 달리 은행 거래내역서를 대조해보는 것은 시간 낭비가 아니다. 그것은 매월 당신의 기록과 은행 기록을 대조하여 정확한 계좌에 정확한 금액이 결산되었는지 확인하는 중요한 업무다. 그것은 혹시 모를 실수를 정정하고 은행이나 서비스 수수료를 찾아 기록할 수 있는 기회다. 대조를 마치면 어떤 항목이 그 은행에서 결산되었고, 어떤 항목이 여전히 미수로 남아 있는지를 정확히 알게 된다.

현금출납장

개인도 마찬가지지만 회사의 재정 정보도 주로 수표장에서 온다. 비즈니스에서 수표장은 '전표 등록'이라 하여 양식이 일반적으로 더 크다. 그러나 지향하는 목표는 동일하다. 거래된 수표와 예금을 비롯한 특정한 계좌의 거래내역을 보관하는 것이다. 일부 비즈니스는 여러 당좌예금계좌가 있어 몇 개의 '전표 등록'을 가지게 된다. 당신의 지불을 '지불금'이라 하며, 회사의 지불장은 특정한 시기에 여러 계좌로부터 발생한 지불의 총목록이다. 대부분의 지불은 지불계정에 있는 공급업자의 청구서에 지출된다. 즉 미불금을 해결하는 것이지만 현금을 주고 바로 구매하기로 결정한 지출일 수도 있다. 그 활동은 금액과 수취인의 이름과 더불어 날짜순으로 기재된다. 각 지불을 종류별로 분류해 놓으면 매월 말에 지출별로 소계를 낼 수 있다. 또한 당신이 받은 돈은 현금출납장에 지출과 같이 일정한 기간 동안 수령한 돈을 날짜순으로 기록한다.

대부분의 수령액은 수취계정에 있던 청구서로 고객이 보낸 수표일 것이다. 각 지불을 날짜, 금액, 납입자와 더불어 용도별로 기재한다.

간편장부

국세청은 디자인 관련 서비스 업종에서 1년 매출이 7천500만 원 이하의 경우 간편장부에 의한 소득세 신고제도를 시행하고 있다. 소규모 개인사업자를 위한 제도로 이를 시행하면 기장을 하지 않는 경우에 비해 소득세 절감이 가능하다.도표 13-1 참조

날짜	거래 내용	거래처	수입		비용		고정자산증감		비고
			금액	부가세	금액	부가세	금액	부가세	
전장(전월) 이월 금액									
계			0	0	0	0	0	0	

▌도표 13-1 간편장부 양식

시간 보관 기록

내부 관리 목적을 위해 고객에게 제공 중인 디자인 회사는 프로젝트 시간을 하나도 놓치지 말고 추적해야 한다. 그런 추적 방법은 다양하다. 보통 팀원의 노동 시간을 작업시간표로 확인해서 그것을 나중에 개인 프로젝트로 기재하면 될 것이다. 수동 프로젝트 추적 시스템으론 폴더, 바인더, 직무 처리 예정표라는 커다란 봉투가 있다. 각 프로젝트에 대해 투입된 시간과 재료의 총계를 보관해야 한다.

주행기록 일지

5장에서 토론했듯 자가용의 업무 사용은 여행 날짜, 목적, 운행 거리를 단순한 일지로 기록해야 한다. 귀찮겠지만 고객의 접대비와 여행 경비요금이나 기름 값 등를 같은 일지에 기록하면 기록이 쉬워진다.

고정자산의 스케줄

그해에 구입한 모든 집기, 비품, 장비, 컴퓨터를 임대료 상승이나 자동차 등과 더불어 별도의 목록으로 보관해야 한다. 이런 목록엔 1년 이상의 내용연수최초로 만들어진 시점에서 노후하여 폐물이 되는 시점까지의 기간 - 옮긴이를 가진 100만 원을 초과하는 모든 물리적 자산이 들어간다. 이런 품목들의 감가상각을 계산하면 그 물품이 시간이 흐르면서 가치가 서서히 하락한다는 개념에 따라 세금 혜택을 받을 수 있다. 원래의 구매가격은 장부에 자산으로 기록하며, 그 후 해마다 소액의 경비로 처리된다. 회계사는 감가상각표를 이용해 그것을 계산하여 당신의 납세보고서에 반영해줄 것이다. 하지만 100만 원 이하 대부분의 물품은 직접 경비로 처리된다.감가상각에 대한 자세한 정보는 26장 참조

납세

국가 및 지방자치단체에 낸 모든 세금 영수증을 보관해야 한다. 비즈니스에 해당되는 세금으로는 부가가치세, 원천징수한 근로소득세, 소득세, 법인세, 지방소득세 등이 있다. 고용인을 두고 있다면 그들의 급료 기록을 상세히 보관해야 한다. 가장 쉬운 보관 방법은 외부서비스를 받는 것으로 그들은 독립적인 세무사나 공인회계사가 될 것이다. 당신이 대리 위임장 서류에 서명하면 그들은 고용인들의 급료에 대한 세액을 계산해 납부서를 보내줄 것이다. 이것은 부주의로 납부 마감 날짜를 놓치지 않게 해주기 때문에 큰 도움이 된다. 물론 당신은 은행잔고를 유지해 급료지불과 세금납부가 원활히

이뤄지도록 협조해야만 한다. 그래야 급료가 지불되고 세금납부 만기가 될 때, 은행에 잔고가 있을 것이기 때문이다. 이런 주기적인 납부엔 고용인 급여에서 공제하는 원천과세와 더불어 고용주가 납부하는 국민연금, 건강보험료 등이 포함된다.

기타 비즈니스 기록들

비즈니스를 시작하기 전에 지방자치단체나 국가에서 어떤 면허를 요구하는지를 알아볼 필요가 있다. 모든 면허를 비즈니스 장소에 눈에 띄게 게시해야 한다. 각종 보험, 임대, 서명된 계약서를 모두 보관해야 하며 중요한 비즈니스 서신은 그것이 일반우편이든 전자우편이든 보관해야 한다. 기록 보관에 대한 법적 요구는 문서 종류에 따라 다르다. 예를 들어, 납세 관련 서류는 5년 이상 보관할 것을 법적으로 규정하고 있다. 비즈니스를 처음 시작할 때, 서류 보관 문제를 변호사 및 세무대리인과 상담해라. 만약의 문제를 피하기 위해 프리랜서와 소규모 비즈니스에서 가장 편한 방법은 모든 서류를 보관하는 것이다. 소규모 비즈니스에서 그 서류들은 많은 공간을 차지하지는 않을 것이다. 그러다가 혼란스러워지기 시작하면 오래된 파일을 다른 장소에 보관하면 된다.

비즈니스 절차와 시스템

기록을 잘 보관하는 것 외에 훌륭한 재정 관리를 위해선 올바른 절차를 설립하고 따라야 하며 모든 활동을 기록해야 한다. 미루는 습관을 들이면 산더미 같은 서류가 줄어들 날이 없어 중요한 세부사항이나 영수증 혹은 첨부문서를 잃어버리기 쉽다. 숙지해야 할 몇 가지 절차를 알아보자.

결제 주기와 청구 절차

청구서 발부 절차를 아주 쉽게 해야 하며 일정하게 청구를 해야 한다. 일정하게 청구서를 신청해야 고객도 일정하게 지불하게 된다. 매월 말에 한꺼번에 청구서가 다발로 올 때까지 기다리지 마라. 특히 대형 프로젝트는 일이 끝난 후 청구서 한 장으로 모든 결제를 해결하려 해서는 안 된다. 가능한 선불로 받고 대형 프로젝트는 일련의 중간 결제로 대금을 받아라.

고객 예탁금 기록

고객 예탁금, 리테이너 피retainer fee, 위약금이나 유지보수비라는 뜻으로 일종의 보증금–옮긴이, 혹은 선금을 받으면 그것을 장부에 정확하게 기록해야 하고, 이런 선수금은 서비스를 완료할 때까지는 부채로 남아야 한다. 그 프로젝트가 취소되면 일부 혹은 전액을 환불해야 하기 때문에 아직은 당신 돈이 아니다. 이런 돈은 다른 용도로 전용하지 말고 은행에 예치시켜야 한다.

효율적인 수금

청구서를 보낼 때, 고객이 편하게 지불할 수 있도록 배려해야 한다. 고객이 큰 회사라면 당신이 보낸 청구서는 여러 단계를 거쳐 검토될 것이다. 청구서를 한눈에 알아보기 쉽게 만들면 승인 절차를 간소화시킬 수 있다. 청구서에 프로젝트 이름과 번호, 주요 고객의 이름, 필요한 고객의 요구나 구매서 정보를 포함시켜라. 프로젝트 계약 날짜나 혹은 그 청구서의 사유를 덧붙일 수도 있다. 회사 고객에게 각 청구서를 두 장씩 보내면 좋다. 한 장은 그들의 파일에 보관될 원본이 될 것이고, 나머지 하나는 지불과 함께 당신에게 반송할 송금액 사본이 된다.

청구서를 보낸 후, 월말에 결산보고서를 보내라. 결산보고서는 모든 열린 항목의 목록을 프린트한 것이다. 그것은 기록을 떠올리게 하며 기록을 비교할 기회가 된다. 고객이 그 결산보고서에서 자신들에게 없는 청구서를 보게 되면, 그들은 당신에게 그 사본을 요청할 것이다. 만기 날짜가 오면 그 고객의 회계과에 전화를 해서 그 청구서를 지불할 수 있는지 여부를 확인해라. 그들이 지불계획을 갖고 있지 않다면, 추가적인 정보를 제공하거나 거래 담당자를 통해 그들에게 서류를 다시 검토해줄 것을 요청할 수 있다. 일관성을 유지하되, 늘 우호적이며 전문적이어야 한다. 절대 까탈을 부리거나 무례해선 안 된다. 그것은 지속적인 관계에 치명적일 수 있다. 각 청구서 상황에 대해 고객사에서 들은 내용을 메모하고, 완불될 때까지 규칙적으로 후속 조치를 취해라.

　새로운 고객과 거래를 시작할 때, 당신은 그 거래에 초기 신용 한도를 두고 싶거나 혹은 그들의 관계가 다른 공급업체와 같은가를 알아보기 위해 신용보고서를 얻고 싶을 수 있다. 더불어 지불 연체에 연체금을 부과할 수 있는 조건을 계약 사항에 넣어야 한다. 연체율은 보통 매월 1.5%다. 더 자세한 정보는 19장 참조 연륜이 쌓이면 모든 고객의 지불 태도를 추적해라. 그러면 각 고객의 지불 성향을 확연히 알 수 있다. 디자인 회사는 또한 전체 비즈니스의 수금 기간을 계산해야 한다. 전체 고객에게서 수금하는 데 걸리는 평균 일수, 즉 청구 시점에서 수금 시점까지의 시간을 계산하는 것이다.

공급업자와의 관계

모든 공급업자에게 결제를 명확하게 해줘라. 현금관리를 철저히 해서 지불 날짜를 잊지 말고 제때 지불해줘야 한다. 지불할 돈이 약간 부족하다면 그 공급업자에게 전화를 해서 지불 일정을 조정해라. 대화의 창을 열어라. 그리고 한번에 목돈을 결제하는 것보단 몇 번에 걸쳐 적은 돈으로 결제를 해라. 예를 들어 보름이나 한 달 치를 모았다가 한꺼번에 결제하는 것보단 매주 적은 양으로 지불하는 것이 최선이다. 이것은 비즈니스에 중요한 문제다.

지출액 중에는 원천징수했다가 다음 달 10일까지 원천징수한 세금을 국세청에 납부해야 하는 경우도 있다. 고용관계가 아닌 자에게 강의료를 지급하는 등 사업소득, 기타소득 등 세법에 정하는 경우 지급자가 일정금액 세금을 원천징수하여 원천징수영수증과 같이 관할 세무서에 신고 납부해야 한다. 원천징수 대상 여부는 세무대리인의 조언을 받아 처리하도록 한다.

비즈니스 은행 관계

은행은 신중하게 선택해야 한다. 중소기업을 전문적으로 취급하는 은행을 선택하라. 당신의 관계는 당좌 및 현금거래계좌로 시작해서 점차 장비 대출, 여신 한도, 급여관리로 확장될 것이다. 당신의 계좌를 담당한 은행원과 친분을 쌓아라. 그 은행원은 훌륭한 비즈니스 조언자가 될 것이니, 적어도 1년에 한 번은 좌담을 나눠라.

비상금

재정 목표 중의 하나는 예비 비축금을 마련해놓는 것이다. 이 돈은 예기치 못한 일에 대비하여 마련해두는 비상금으로, 대부분의 회사에서 합리적인 비상금은 급료와 임대료를 포함한 두세 달분의 운영비. 이런 비상금이 있으면 두 발 뻗고 잘 수 있을 것이다. 이런 예비비를 고객 예탁금에 더해라. 하지만 여기에 대출금이 포함되어서는 안 된다. 여기에 이자수입이 발생하면 좋은 일이지만, 비상금은 장기로 묶어놓아선 안 된다. 비상금은 단기 투자로 쉽게 접근할 수 있어야 한다. 언제 무슨 일이 생길지는 아무도 모르는 법이다.

기업 달력

매년 초에 각종 세금납부 마감일, 급여 날짜, 임대갱신 날짜, 보험납입 날짜에 대한 종합 목록을 작성해라. 이것을 기업 달력이라 한다. 세금은 늦지 않게 납부하는 것이 좋다. 세무 당국이 연체된 세금에 벌금이나 이자를 물리기 때문이다.

급여

급여는 시계처럼 정확하게 진행되어야 한다. 따라서 현금관리를 철저히 해야 하며, 급여 날짜에 통장 잔액이 여유가 있어야 한다. 급여관리를 외부에 의뢰했다면 그들은 당신에게 개인이 받은 연봉 정보를 보내줄 것이다.

근로자를 고용계약하고, 급여지급시에는 근로기준법에 의한 근로자 명부를 작성 비치해야 하며 임금대장과 소득세법에 의한 근로소득 원천징수부를 비치 기록관리해야 한다. 매월 급여를 지급할 경우 국세청 간이세액표를 이용하여 근로소득세를 원천징수하고, 원천징수한 세액은 다음 달 10일까지 원천징수이행사항신고서와 함께 관할 세무서에 제출해야 한다. 이를 개인별 근로소득원천징수부에 기록관리했다가 1월 1일부터 12월 31일까지의 총근로소득금액에 대하여 연말정산해 총납부할 세금에서 이미 납부한 세금을 차감한 잔액을 납부하면 된다. 이러한 소득세 원천징수 및 연말정산 업무는 세무대리인에게 의뢰하면 원천징수 및 세무신고를 대리인을 통해 신고할 수 있다. 특히 15세 이상 청소년 고용시 부모의 동의서를 받아야 하며, 외국인 근로자 고용시 고용허가서를 받는 등 주의해야 한다.

회계 소프트웨어

업무를 일일이 수기로 하는 것보다 소프트웨어를 사용하면 재정 상태를 쉽게 추적할 수 있다. 현재 여러 회사에서 회계 프로그램을 개발 판매하고 있다. 당신은 그런 회계 응용프로그램을 전표등록에 제일 먼저 사용할 것이나. 서서히 추가적인 기능에 익숙해지면 개인 고객의 프로젝트에서 발생하는 수입과 경비를 어느 정도 분석하게 해줄 것이다. 하지만 회사가 성장하면 프로젝트 견적과 스케줄을 다루고, 개별 임무의 추정 금액과 실제 금액을 비교하며 자원과 마감 시한을 추적할 수 있는 더욱 강력한 소프트웨어로 시스템을 강화해야 한다. 이런 회계 소프트웨어를 선택하여 설치할 때, 회계 전문가의 조언을 들어라.

회계 전문가

회계는 납세만 준비하는 게 아니다. 절차, 파일, 소프트웨어, 보고서를 비롯한 재정 시스템을 적절히 설치하려면 공인회계사나 세무사의 조언이 필요하다.

공인회계사는 공공회계를 전문 직업으로 개업할 수 있는 정부의 인가를 받은 사람이다. 공인회계사를 직원으로 둘 정도로 규모가 큰 디자인 회사는 드물고, 대부분의 디자인 회사는 외부 공인회계사와 일한다. 재정 시스템은 적절하고 신뢰할 수 있어야만 하며, 일반회계기준GAAP; Generally Accepted Accounting Principles을 따르는 게 중요하다. 회계란 '재정정보를 분류하고 기록하며, 요약하고 해석하는 전반적인 과정'으로, 그것은 비즈니스 시스템, 규칙, 방법과 관련된다.

장부 정리부기는 회계의 일부다. 장부 정리의 핵심은 기록 과정에 있다. 매일 원시문서source documents를 검토하고 분류하여 그것을 시스템으로 만들어 파일처리해야 한다. 장부계원은 수치를 회계 기록으로 만드는 책임자다. 이것은 약간의 경험을 요구하지만 주로 서기의 역할로 정부의 면허는 필요 없다. 신생 디자인 회사는 장부 정리를 외부에 맡기지만, 회사가 성장하면 그런 업무를 사내로 들여와야 한다.

복식부기

그렇다면 장부계원은 회계 일을 어떻게 그렇게 빈틈없이 할 수 있을까? 당신의 재정 활동은 '복식부기'라는 방법으로 기록된다. 이 방법은 재정관리자에겐 유서 깊은 접근법으로 르네상스기 이탈리아에서 최초로 개발되었다. 복식부기의 근본 특징은 자체적인 대차대조의 균형을 이루는 시스템으로, 거래란 물건을 서로 교환하는 행위라는 가정에 기반하고 있다. 파는 사람이 있으면 사는 사람도 있다는 재정거래의 양면성을 말하는 것으로, 한 계정이 차변이 되면 다른 계정은 대변이 된다. 결국 양쪽의 총합은 일치한다. 그래서 장부는 균형을 이루게 한다. 물품을 구매하면 경비는 늘고, 현금은 준다. 다른 거래에서 차변과 대변이 어떻게 작동하는지를 살펴보자.

	증가	감소
자산, 경비	차변	대변
부채, 자기자본, 수입	대변	차변

계정 분류표

재정 활동을 추적하기 위해 사용하는 내부계정에 이름과 코드번호를 매겨야 한다. 이런 목록을 '계정 분류표'라고 한다. 그 계정은 수치에 따라 구간을 만들어 재무제표에서 그 계정들의 상대적인 위치를 나타낸다. 표준계정 분류표는 산업별로 다르지만 디자인 회사는 보통 다음과 같다.

대차대조표 항목들

101-249	자산
251-329	부채
331-399	자기자본

운영손익활동

401-449	판매
451-539	매출원가여기엔 프로젝트 총직접비용이 포함
801-849	일반경비관리비와 마케팅 비용과 같은 총간접비용

운영과 무관한 손익활동

| 901-999 | 기타 수입 및 비용이자수입, 이자비용, 영업수익에 대한 세금 등이 포함 |

개인계정을 만들 때, 가능한 구체적이어야 한다. 어떤 것도 소홀히 취급하지 마라. 매월 말에 장부계원이 모든 계정에 들어 있는 최종 잔여금의 목록을 준비할 것이다. 그런 목록을 '시산표'라고 하며, 그달의 대변과 차변이 정확히 기재되었는지를 확인하는 데 사용된다. 이상이 없으면 재무제표를 준비한다. 그달에 발생한 비즈니스 영업의 순이익과 순손실은 총수입이 총지출보다 많았는지, 그 반대인지를 보여준다. 이런 전반적인 이익이나 손실을 '순익'이라 한다.재무제표의 준비와 사용에 대한 자세한 정보는 26장 참조

현금주의회계와 발생주의회계

숙지해야 할 또 다른 회계 개념은 국세청에 보고하기 위한 두 가지 회계 방법인 현금주의회계와 발생주의회계가 있다. 발생주의회계에서 모든 수입과 지출은 발생한 순간 기록된다. 그것은 실제 현금을 받거나 지불한 시기와는 무관하다. 그래서 재무제표에 그달에 일어난 프로젝트 활동이 나타난다.

앞서 언급했듯이 고객 청구서는 판매로 기록된 후 열린 수취계정으로 추적된다. 공급업자로부터의 구매는 경비로 기록된 후 열린 지불계정으로 추적된다. 이것은 현금주의회계와는 대조적이다. 현금주의회계에서 수입과 경비는 실제 현금이 오고 간 후에 기록된다. 현금지불은 시간이 지난 후에

발생하기 쉽기 때문에, 현금주의회계는 그달의 비즈니스 활동을 왜곡시켜 출납의 기복을 크게 만들어 오해를 일으킬 소지가 있다. 그래서 발생주의에 기초한 재무제표가 좀더 정확한 그림을 보여주며, 그런 이유로 대부분의 디자인 회사는 매월 활동을 발생주의에 기초하여 추적한다. 세법에서는 기부금 등 일부 항목을 제외하고 대부분 발생주의에 의거해 세액을 계산하고 있다.

내부 통제

비즈니스가 성장하면 일부 고용인을 재정 분야로 투입해야 할 것이다. 이것은 비즈니스의 중대 변화를 시사한다. 단순한 실수나 배임, 횡령, 사기, 착복 등을 미연에 방지하려면 훌륭한 절차나 내부 통제가 필요하다. 유비무환이라 했다. 지혜로운 비즈니스 관행은 다음과 같다.

신중한 고용

- 재정 담당자의 채용은 신중해야 된다. 재정을 관리할 사람은 해당 분야의 전문지식뿐만 아니라 정직성과 청렴성을 갖춰야 한다. 각 후보자의 전문성을 검증하고, 과거 고용주들과 대화를 나눠보라. 그 사람의 뒷조사를 확실히 하는 것이 중요하다.
- 내부에서 재정 담당자를 선택할 때는 그 사람이 필요한 기술과 적성을 갖췄는지를 확인해라. 훌륭한 접수원이나 인사 담당자가 반드시 훌륭한 장부계원이 되는 것은 아니다.
- 권한을 천천히 위임하고 재정 담당자에 대한 감시를 소홀히 하지 마라. 그들의 일에 대한 품질과 정확성을 평가할 때, 당신은 훌륭한 도덕심을 유지해야 한다. 다른 고용인들처럼 재정 관리자들도 높은 급여를 받고,

자신들의 노력이 평가받고 인정받을 때 사기가 돋고 생산적이 된다.

- 고용인들 사이에서 인사교환훈련을 실시해 필요할 때 서로를 충원할 수 있도록 해라. 그렇게 해서 재정 담당자에게 강제휴가를 준 후, 재정의 이상 유무를 확인해라.

한도 설정

- 비즈니스 수표에 서명할 사람을 제한하고 각 개인의 결제권한에 한도를 설정해라. 일정 금액 이상의 거래는 당신에게 와서 추가 검토와 2차 서명을 받도록 조치해라.
- 또한 여러 가지 결정에도 한도금액을 설정해야 한다. 예를 들어, 일정 금액 이상의 구매서는 반드시 2차 서명을 거쳐 승인받도록 해야 한다.

기타 조치들

- 구매 담당자와 지불 담당자를 구분하는 게 좋다. 공급업자를 확인해서 협상하는 사람이 나중에 그들에게 지불을 해주는 사람이 되어선 안 된다.
- 수표를 끊을 때마다 수표 서명자에게 그 사유를 밝혀야 한다. 예를 들어, 액수가 큰 공급업자의 청구서는 구매서와 패킹슬립을 맞춰봐야 한다. 이런 확인을 통해 혹시 모를 의문점을 확인한 후 수표를 발행해도 된다.
- 은행에서 우편물은 회사의 소유주가 우선 개봉해야 한다. 거래명세서나 취소증명서가 들어 있는 우편물이라면 더 말할 것도 없다. 우편물 내용을 훑어보고 특이한 점이 없는지 확인한 후 장부계원에게 넘겨주면 된다. 그 명세서를 훑어볼 때 취소증명서의 이름, 액수, 서명에 어떤 변경이나 위조가 없는지 확인한다.
- 되도록 현금지불을 피해라. 모든 활동에 수표나 충전카드원하는 만큼 구매한

후 청구서가 오면 일시불로 결제하는 카드-옮긴이를 사용하면 명확한 거래 내역을 추적할 수 있다. 수표를 현금으로 바꾸지 말고, 작은 현금이라도 개인적인 돈처럼 사용하지 마라. 그러면 현금 내역을 추적하기가 힘들다.

• 끝으로 공인회계사에게 장부를 주기적으로 감사하게 해라. 회계감사는 세금 분쟁과만 연관된 것이라고 착각하는 경우가 많은데, 회계감사란 용어는 회사의 재정 기록을 전문적으로 조사한다는 의미다. 회계감사의 목적은 회사 거래 관행의 정확성, 적합성, 일관성을 측정하는 것이다.

14 현금흐름

효율적인 금전관리는 모든 디자인 회사의 중요한 도전이다. '현금'은 통화(currency)뿐만 아니라 수표, 우편환, 은행송금 등을 말한다. '현금흐름'이란 특정 기간 동안 비즈니스에서 거래된 돈의 양을 말하는 용어다. 양(+)의 현금흐름이라면 사업을 확장하고 그 소유자들에게 이익을 분배하는 데 유용하지만, 음(−)의 현금흐름이라면 돈을 대출받아야 사업을 운영할 수 있다. 이 장에선 그런 중요한 비즈니스 문제를 해결하는 방안을 모색할 것이다.

현금 활동 분석의 세 가지

다음은 현금 활동을 분석하는 데 유효한 세 가지 표준장치다.

- 단기 현금 예산표
- 장기 현금 예산표
- 현금흐름표

이 장치들을 하나씩 살펴보자.

단기 현금 예산표

이것은 60일 이내에 주거나 받아야 할 돈을 기재하는 것이다. 그것은 보통 네 칸으로 구성되며, 각 칸은 15일을 나타낸다.도표 14-1 참조 그 예산표를 준비하기 위해 재정시스템으로부터 두 장의 작은 보고서를 프린트해라. 그것은 최근의 수취계정 기간 보고서와 지불계정 기간 보고서다.

수취계정 기간 보고서는 받아야 할 고객 청구서로 보통 이름으로 묶어놓는다. 왼쪽엔 각 청구서가 발부된 날짜순으로 기재되고, 오른쪽엔 지불 체류 기간을 확인하는 칸들이 있다. 당신은 이런 사항들을 재정 소프트웨어에 설치해야 한다. 예를 들어, '현재'15일 이내, '15~30일', '30~45일', 그리고 '45일 이상'을 기입하면 된다. 고객이 오류가 있다는 연락이 없으면, 가기 오래된 청구서부터 수금될 것으로 보면 된다. 지불계정 정보도 마찬가지다. 우선권이 변할 때도 있지만 일반적으론 가장 오래된 공급업자 청구서를 먼저 지불해야 한다.

현재시로 총금액:
10월 1일

		10월 1~15일	10월 16~31일	11월 1~15일	11월 16~30일	그 후

초기 현금 잔액

현금						
당좌예금	30					
저축예금	5					
계	35					
초기 현금 총잔액		35	2	22	2	0

수취

수취계정 기간						
90일 이상	2	2	0	0	0	0
60~90일	6	3	3	0	0	0
30~60일	100	0	50	50	0	0
0~30일	142	0	0	0	71	71
수취계정 총액	250					
기타 수입처						
신용한도		0	0	6	0	0
대출		0	0	0	0	0
동기간 현금 총액		5	53	56	71	71

지불

지불계정 기간						
90일 이상	0	0	0	0	0	0
60~90일	12	0	6	6	0	0
30~60일	60	0	0	30	30	0
0~30일	20	0	0	0	10	10
지불계정 총액	92					
직접 지불비						
임대료		5	0	5	0	5
급료		27	27	27	27	27
판매세		6	0	8	0	0
신용한도 이자		0	0	0	6	0
대출 상환		0	0	0	0	0
동기간 지불 총액		38	33	76	73	42

도표 14-1 이 열린 수취계정은 현재시로 보여준다. 따라서 미래의 청구는 포함되지 않는다. 공개 지불계정도 마찬가지다. 만약 당신이 오늘 문을 닫아야만 한다면, 이것은 현금활동을 어떻게 서서히 마무리 지을 것인지를 보여준다. 주의할 점은 결산 내역서가 음(-)이 되지 않도록 해라.

순변동액	-33	20	-20	-2	29

최종잔액	2	22	2	0	29

그리고 지불계정 시스템과 상관없는 몇 가지 의무사항인 매월 임대료, 급료, 대출금 상환은 우선 해결 사항이다. 이런 요소들은 '직접 지불'로 기재해라.

단기 현금흐름표를 시작할 때 초기 현금 잔액을 첫째 칸 맨 위에 넣어라. 여기엔 당좌예금, 저축, 현금거래계좌와 같은 현금 보유액이 포함된다. 이제 모든 수취할 금액과 지불할 금액을 적절한 칸에 넣어라. 각 15일 구간에서 초기 현금 잔액, 예상되는 수입, 계획된 지출, 순변동액, 그리고 그 결과인 최종 잔액을 볼 수 있다. 첫째 칸 아래에 있는 최종 잔액은 다음 칸 맨 위의 초기 잔액이 된다. 이런 단기 양식은 매우 보수적으로 장부에 든 실제 금액만 보여준다. 그것은 잠재적 혹은 투기적 미래 활동은 전혀 고려하지 않는다.

- 수취를 강화해라
- 고객에게 미리 지불하게 만들긴 힘들지만 상습적인 지불 연체 고객에겐 똑바로 말할 수 있다. 그들에게 지불 날짜를 지켜달라고 협상해라.
- 지불을 늦춰라
- 급여, 임대료, 세금과 같은 경비는 특정한 날짜에 지불해야 한다. 그러나 공급업자에게 주는 지불은 여유를 가질 수 있다. 현금이 부족하면 일부 공급업자들과 협상을 통해 지불을 늦춰라. 그리고 액수가 큰 대금은 작은 단위로 분할해 지불할 수도 있다. 그런 맥락에서 많은 디자인 회사는 수금 후 공급업자에게 지불한다. 하지만 이는 매우 조심해야 한다. 납품업자에게 무리수를 두지 마라. 수금이 늦다든지, 혹은 기타 문제로 고객과 분쟁이 있더라도 그 여파가 공급업자에게 미쳐서는 안 된다.

- 대출
  - 급료처럼 반드시 그 날짜에 해결해줘야 하는 금전문제에 대해서는 단기 대출도 고려해볼 만하다. 많은 디자인 회사는 은행에 신용 한도_{일종의} _{마이너스 통장 - 옮긴이}를 가지고 있다. 그런 신용 한도를 사용했다면 되도록 빨리 상환해 이자부담을 최소화해라.
- 소유주로부터 추가 투자를 얻어라
  - 회사의 소유주들로부터 추가 자본을 얻는 것도 괜찮다. 그 결과로 소유주들은 개인 돈을 투자해 회사의 자본금 규모를 늘릴 수 있다.

이제 단기적인 현금흐름은 충분히 준비했다. 이제 장기적인 현금흐름을 준비할 때다. 그럼으로써 우리는 더 넓은 지평을 보게 될 것이다.

장기 현금흐름표

이것은 정상적인 비즈니스 계획의 일부지만, 구체적인 형식은 변하기 마련이다. 이 항은 '현금계획', '현금예산' 혹은 '현금흐름 예측도'라고 보면 된다. 많은 견본을 인터넷이나 비즈니스 계획에 대한 서적에서 찾아볼 수 있다. 이 장기 현금흐름표는 향후 3년 동안 예상되는 현금 수요에 대한 계획이다. 그것은 장부책에 고객이나 공급업자들과 현재시로 연결되어 있지는 않다.

장기 현금흐름표는 미래 활동들에 대한 포괄적인 몇 가지 가정으로 시작된다. 비즈니스의 전반적인 규모의 변화, 직원의 승진이나 이직과 같은 변동사항, 고객과 고객 서비스의 변화와 그에 대한 당신의 대처와 변화, 주요 구매 시기, 사무실 이전과 같은 미래 일정 등을 조심스럽게 고려해야 한다.

하나하나의 문제에 최대한 논리적이고 객관적이어야 한다. 비현실적인

지불

그들의 돈

평소 은행 잔고

당신의 돈

1개월

2개월

3개월

청구   45일 대기

도표 14-2 프로젝트가 끝난 후에도 또다시 30~45일 정도를 기다려야 한다면, 그동안에 당신이 노동비 및 기타 경비를 충당해야 한다. 결국 당신의 현금이 꽁꽁 묶이게 된다는 의미다.

기대에 마음이 부풀어선 안 된다. 매월 판매계획은 과거의 평균을 기초로 현재의 트렌드와 계획된 변화를 반영하여 조정되어야 한다. 이런 장기적인 계획은 너무 많은 가정을 기초로 하기 때문에 계획을 실행해 갈수록 정확성이 떨어지는 경향이 있다. 그래서 계획을 비즈니스의 발전에 따라 정기적으로 현실에 맞게 수정해야 한다. 이런 계획을 준비할 때 지속적인 성공의 밑바탕이 되는 것은 자원과 비축금에 대한 예상이다. 예를 들어, 일부 비즈니스의 연례 보고서를 보면 계절별 손익 주기를 가지고 있다. 그럴 경우, 판매가 낮고 경비가 많은 비수기 동안 비즈니스를 운영하기 위해 대출이 필요할 수도 있다. 그때 현금계획은 필요한 신용도와 상환계획을 보여준다.장기 재정계획에 대한 자세한 정보는 27장 참조 이런 계획 과정을 검토할 때 다음과 같은 조언을 염두에 둬라.

- 당연한 말이지만 지불계정이 수취계정보다 반드시 적어야 비즈니스의 생존이 가능하다. 만약 상황이 그렇지 않다면, 가격을 올릴 것인지 비용을 낮출 것인지 고민해야 한다.
- 가능하면 장비와 같은 장기자산의 구입은 자금을 외부에서 조달해 현

수취

중간청구과 즉시지불

그들의 돈

평소 은행 잔고

당신의 돈

> **도표 14-3** 자주 청구하고, 기간 내에 지불하는 고객과 일을 해라. 그러면 돈 한 푼 안 들이고 고객의 돈으로 프로젝트를 완성할 수 있다.

금을 바닥내지 않도록 해라. 장기자산은 장기부채와 쌍을 이루므로 단위가 큰 구매는 재원을 조달해라.

- 현금잔고가 넉넉하면 여분의 돈은 이자를 주는 계정으로 이동해라. 이것을 자동으로 해주는 은행 시스템을 이용하면 된다.

현금흐름표

여기 마지막 보고에서 우리는 미래에서 다시 과거로 잠깐 돌아가보자. 그 현금흐름도는 '현금흐름 내역서' 혹은 '현금 출처와 사용'이라 말할 수 있다. 인터넷이나 회계학 책에서 쉽게 견본을 찾아볼 수 있다. 그것은 우량 기업들이 매월 말, 분기 말, 연말에 준비하는 세 가지 표준 재무제표 중 하나다.나머지 둘은 대차대조표와 손익계산서

이런 회고적인 보고서는 지난 일정 기간 현금의 출납을 보여준다. 그것은 발생주의 회계 금액은 포함하고 있지 않아 수입과 지출에서 현금이 실제로 거래된 액수만 보여주며 감가상각과 같은 비현금성 활동은 포함하지 않는다.

보고서는 아래와 같은 표준 항목들로 나눠진다.

- 운영
- 재화, 서비스 판매와 관련된 현금흐름을 보여준다.
- 투자
- 부동산과 장비의 매매와 같은 임의 비즈니스 활동과 관련된 현금흐름을 보여준다.
- 재원조달
- 이 범주엔 대출이나 배당지불과 같은 현금의 외부조달과 외부지출과 같은 현금의 외적 활동과 사용이 포함된다.

현금흐름표 끝에서 은행의 현금뿐만 아니라 유가증권과 같은 현금 등가물의 거래에 의해 발생한 목록들에서 나온 순변동액을 보게 될 것이다.

이런 장치들의 사용

영리한 사업가로서 당신은 이 장에서 토론된 그 관리 장치들을 모두 마스터해야 한다. 그것들은 트렌드와 미래의 필요성을 감지하게 해준다. 현금을 효율적으로 계획하고 관리하는 일은 디자인 회사의 전반적인 건강에 매우 중요하다.

15 보험의 기초

보험은 예기치 못한 사건이 발생했을 때를 대비한 보호장치다. 사무실이 화재로 전소되거나 직원이 사고로 심하게 부상을 당할 확률은 매우 적다. 하지만 신중한 사업가라면 그런 사고를 대비해 적절한 보호수단을 강구해 놓아야 한다. 디자인 회사에 필요한 여러 가지 보험이 있어야 화재, 절도, 부상에 대한 일반적인 책임을 제삼자에게 돌릴 수 있다. 또한 당신이 팔고 있는 전문 서비스와 직접 관련된 책임보험도 있으며, 당신과 고용인을 위한 의료보험, 생명보험, 장기 상해보험도 있다.

보험에 대한 모든 것

이 장에선 보험에 대한 필수적인 정보를 알아보자. 더불어 가정 사무실에 대한 보험정책도 간단히 살펴볼 것이다. 하지만 여기선 간단한 맛보기 정도로만 알아볼 것이기 때문에, 각자 상황에 맞는 보험정책은 유능한 보험 대리인과 상담하는 게 최선이다. 그래서 보험 대리인에 대한 약간의 정보도 추가했다.

비즈니스 초보자라면 보험에 문외한일 것이다. 그렇다면 각종 보험과 그 혜택을 개략적으로 살펴보자. 우선 보험회사부터 알아보자.

보험회사

보험회사는 보험증권을 발행하며 '운반인'이라 불리기도 한다. 그들이 피보험자인 당신의 책임을 운반해가기 때문이다. 보험회사는 당신에게 보험료를 받는 대가로 당신의 과실을 재정적으로 책임진다. 보험료는 손실의 가능성을 반영하여 계산된다. 책임져야 할 경제적 손실이 발생하면 보험회사는 특정한 금액의 보상을 약속한다. 한편 보험회사는 그들이 받은 보험료를 투자해서 많은 투자수익을 얻는다.

비즈니스를 위해 어떤 종류의 보험을 어느 정도로 구매해야 할까? 보험료는 회사의 일반경비이기 때문에 신중하게 보험을 들어야 한다. 비즈니스 소유자로서 보험 가입에 따른 지속적인 경비와 보험 미가입시에 발생할 수 있는 일회성 손실에서 어느 쪽이 유리한지 비교해봐라. 다양한 보험회사가 다양한 보험상품을 판매하고 있지만 결국 보험회사는 손해보험, 생명 및 상해보험, 건강보험 세 종류로 분류된다.

각 보험회사의 재무 건전성은 투자계에 의해 면밀히 감시되고 있다. 보험 구매자인 당신도 해당 보험회사의 재무 건전성을 알아야 한다. 보험을 체결할 때 그 보험회사의 안정성과 재무 구조의 튼튼함은 매우 중요한 요소다. 미래의 어떤 시점에서 보험을 청구할 때 그 회사가 건재해야 한다. 당신이 불구가 된다면 당신의 현금흐름은 전적으로 그 보험회사에 달려 있다. 스탠다드앤푸어스와 에엠베스트A.M. Best와 같은 신용등급 회사들이 보험회사들의 재정 건전성을 추적하여 가장 높은 A최우수에서부터 가장 낮은 D불량까지 등급을 부여한다. 신용등급 절차에 관한 자세한 정보는 www.ambest.com에서 찾아볼 수 있다. 한국 기업 신용등급에 관한 자세한 정보는 NICE신용평가정보www.nicecredit.com에서 찾아볼 수 있다.

보험대리인

그렇다면 어떠한 보험에 가입할 것인가? 일반적으로 보험회사의 마케팅 창구는 두 가지다. 보험판매는 주로 외부 대리인을 통해 이뤄지지만, 일부 회사들은 직접 마케팅을 하고 판매를 한다. 하지만 사업가인 당신에게 비즈니스 지침과 조언을 해줄 외부 대리인이 한결 유리할 것이다.

대리인의 그런 서비스는 무료이며, 그들의 수입은 보험회사에서 주는 수수료다. 수수료는 보험료의 일정 %로 계산된다. 많은 대리인들이 교육 프로그램을 이수해 전문 자격증을 취득함으로써 경쟁자들과 차별화한다. 가장 유명한 프로그램은 미국의 AICPCUAmerican Institute for Chartered Property Casualty Underwriter 공인손해보험전문인으로, 이곳 자격증은 그 대리인이 대학 수준의 전문 과정을 성공적으로 이수해 엄격한 국가공인시험을 통과했다는 의미다.

이 CPCU 자격증이 한국에서도 주목받기 시작하면서 한국 보험사들 역시 CPCU 외에도 계리사, 국제재무설계사CFP, 국제재무분석사CFA, 증권투자분석상담사 등 회사 업무에 필요한 핵심 자격 취득을 통한 최고의 전문 손해보험인을 육성하려는 노력에 적극 나서고 있다.

대리인은 전속대리인과 독립대리인으로 나눠진다. 전속대리인은 한 보험회사를 위해 일한다. 예를 들어, 스테이트 팜State Farm, 미국 자동차 보험회사과 올스테이트Allstate, 미국 보험회사는 주로 전속대리인을 사용한다. 전속대리인은 소속 회사만을 위해 영업 활동을 하며, 그 대가로 보험회사는 대리인에게 사무실 유지비용을 일부 충당해주고, 연금과 같은 기타 혜택을 제공한다. 반면에 독립대리인은 당신의 필요성을 분석한 후 여러 보험회사에서 당신에게 맞는 보험상품을 선택한다. 독립대리인은 보험상품을 판매하여 경비를 충당하고 수익을 얻는다.

중개인은 대리인과는 다르다. 중개인은 보험회사가 아니라, 당신을 위해 일한다. 중개인은 보험회사보다는 구매자를 위해 일하기 때문에 당신의 필요성에 가장 적합한 보험회사를 폭넓게 알아본다. 그들은 유명한 보험회사들 중에서 가장 경쟁력 있는 회사를 찾아낼 것이다. 본질적으로 중개인은 일종의 매파媒婆로 여러 보험회사 중 어느 곳을 택할지 갈등하는 당신에게 가장 맞는 짝을 골라준다. 그러나 일부 보험회사는 지속적인 관계를 맺고 있는 중개인의 상품만 팔기도 한다. 보험상품이 팔리면 그 보험회사는 중개인에게 '중개수수료'를 지불한다.

여기서 법적 한계를 알아야 한다. 중개인은 보험회사의 공식적인 대표가 아니기 때문에 중개인의 어떤 잘못된 행동을 하더라도 그에 대해 보험회사는 법적 책임을 지지 않는다.

고용인 혜택

그렇다면 본격적으로 보험에 대해 알아보자. 우선 건강과 관련된 보험을 살펴보자. 한국은 업무상의 재해에 대한 산업재해보상보험, 질병과 부상에 대한 건강보험, 폐질·사망·노령 등에 대한 연금보험, 실업에 대한 고용보험 제도, 이렇게 4대 사회보험제도를 시행하고 있다. 1인 이상의 근로자를 사용하는 모든 사업장은 당연 적용_{의무가입} 대상이 된다.

단체보험은 어떻게 운용될까? 보험회사는 5인 이상 고용인을 단체로 규정하지만 단체가 커야 좋은 등급을 받는다. 직원이 많은 회사는 단체보험의 피보험자가 될 수 있다. 그 단체보험은 회사의 이름으로 구매되어 고용인들에게 제공된다. 하지만 최근에는 직원 5인 이하_{소규모사업체, 개인사업}의 인원으로도 단체보험이 가입 가능하다.

물론 사용자의 배상문제를 해결하기 위해 현행 산재보험이 있으나 현실적인 보상금액과의 차이로 인해 기업에서 지급하는 추가 합의금이 경영자금의 부담으로 작용하고 있다. 때문에 합의가 원만히 되지 않을 경우 소송으로 이어져 경영상의 많은 고통을 겪게 되는데, 단체보험에 가입할 경우 합의금 재원이 마련되기 때문에 산재 사고의 문제를 쉽게 해결할 수 있다. 급여와는 상관없이 기업이 보험료를 부담하여 가입하는 경우 근로자에게는 자신의 비용 부담 없이 보험사고시 보상을 받을 수 있는 훌륭한 복지 수단이 된다. 단체보험이 근로자 복지 수단으로 작용할 경우 근로자에게 애사심 배양, 근무 의욕 고취, 생산성 향상, 이직률 방지 등 여러 가지 면에서 기업에 이득을 가져다줄 수 있다. 또한 기업 입장에서 단체보험 가입시 직원 1인당 연간 70만 원까지 전액 경비가 인정 처리되기도 한다.

건강보험

한국은 미국과 달리, 건강보험이 사회보험의 일종이다. 따라서 평소에 기금을 마련해 국민에게 보험사고가 생겼을 때 의료서비스를 제공받을 수 있도록 하기 위해 가입에 강제성을 띠고 있다. 1977년 500인 이상 사업장의 근로자를 대상으로 하여 직장의료보험제도를 처음으로 시행했다. 1979년 공무원, 사립학교 교직원, 300인 이상 사업장의 근로자, 1988년 농어촌 지역 의료보험, 1989년 도시 자영업자를 대상으로 의료보험이 시행되면서 전 국민의료보험 시대가 시작되었다. 직장건강보험의 경우, 모든 근로자의 소득 능력에 따라 보험료를 부과하며 전년도 신고한 보수월액으로 보험료를 부과한 후, 당해 연도 보수총액을 신고받아 정산하는 방식을 채택하고 있다. 법인사업장은 대표자 1인만 있어도 의무가입 대상이 된다.

직장인 건강보험료의 경우 매월 급여의 일정요율을 납부하게 되어 있고, 이 중 절반씩 근로자와 사업주가 나누어 부담한다. 또한 몇 년 전부터 장기요양 보험료가 시행되어 산출된 건강보험료의 일정요율을 납부하게 되었다. 이 역시 계산된 장기요양 보험료 절반씩을 고용주와 근로자가 납부해야한다.

생명보험

일반 의료 계획에 생명보험이 포함될 수 있다. 생명보험은 가입자가 죽고난 후 가입자가 지정한 수혜자에게 보상을 해준다. 전문가들은 최소 1년 수입의 5배 정도의 금액에 들도록 권하고 있다. 생명보험엔 보통 두 가지가 있는데, 정기생명보험은 보험증서의 기간 동안만 보상을 받는다. 따라서 기한이 만료되면 재신청을 해야 하며 연령이 높을수록 수가가 높다. 반면에 종신생명보험은 보험료를 정기적으로 납부하는 한 평생 보호를 제공한다.

기초적인 비즈니스 보험

이제 직원에 대한 안전 대책을 마련해뒀다면 사업체의 안전망은 어떤가? 장비나 재산의 손실, 잠재적 채무로부터 회사를 안전하게 보호할 필요가 있다. 화재나 소송과 같은 불행한 사건은 회사에 치명적일 수 있으며, 심하면 회사의 문을 닫아야 한다. 당신도 당신의 거래처도 그런 극단적인 사태를 바라지 않는다. 그래서 흔히 비즈니스 보험의 필수조건이 사무실 임대 계약서나 중요한 고객 계약서에 들어간다.

종사하는 업종에 따라 일부 비즈니스 보험은 산업조직을 통해 들 수 있다. 같은 업종의 사업체가 단체를 결성해 더 좋은 조건으로 보험에 가입해 다양한 보상을 받을 수 있게 하는 것이다. 그런 산업단체에 가입할 수 없다면 독립 보험대리인을 만나야 한다. 그 대리인은 당신의 비즈니스 활동을 토론한 후, 합리적으로 예견할 수 있는 각종 재산상의 손실과 부채에 대한 종류, 가치, 위치를 기재한 목록을 준비할 것이다. 그런 평가를 통해 각 위험을 수용하여 대비할 수 있도록 보험회사, 보험 종류, 공제 한도, 보상 한도, 예외 조항, 보험료를 확인하고 찾아줄 것이며 또한 당신이 작성할 각종 신청서도 갖추고 있을 것이다. 일부 견본 증서는 표준 보험증서의 전체 약관을 보여주기 때문에 유용하다. 그러나 모든 보험회사가 그런 견본을 제공하지는 않는다. 보험회사는 당신이 작성한 신청서를 꼼꼼히 검토할 것이다. 그리고 그 신청서가 승인되면 당신은 정식 보험증서에 서명해야 한다.

보험증서는 보험의 효력을 구체적으로 발생시키는 서면 계약서다. 보험증서엔 보험 기간, 예외 조항, 보험료, 공제 사항이 담겨 있다. 보험증서는 구속력을 지닌 계약서다. 보험계약은 보통 표준보험증서로 시작하는데, 나중에 그 보험증서를 당신의 구체적인 상황에 맞춰 수정한다. 그런 수정은 배서로 이뤄진다. 배서는 '조와 항을 수정해서 보상의 구체적인 요소와 조건을 더하거나 뺀 보험증서에 첨부되는 서면 계약서'이다. 각 비즈니스 보험증서는 구체적인 보상 효력 기간이 있으며 이 기간 동안 보험료를 지불해야 한다. 대부분 비즈니스 보험증서의 기간은 12개월이며 1년 단위로 검토와 갱신이 이뤄진다. 세월이 지나면서 해당 비즈니스 성격과 전망, 보험청구액에 따라 비즈니스 보험 등급이 변할 것이다.

각종 비즈니스 보험을 따로따로 알아볼 수도 있지만 기본적인 보험만 원한다면 종합보험에 가입할 수도 있다. 종합보험은 한 보험증서에 여러 가지 보험을 포함하며, 여러 개의 개별 보험을 구매하는 것보다 저렴한 편이다. 가장 일반적인 종합보험은 '사업자종합보험'이다.

사업자종합보험

사업자종합보험은 하나의 보험에 재산보험과 일반배상책임보험을 결합한 것이다. 사업자종합보험은 다양한 위험에서 회사를 보호하는 가장 경제적인 방법이다. 하지만 모든 사업체가 사업자종합보험에 가입할 자격이 있는 것은 아니다. 이 종합보험은 위험도가 낮은 전문직 직종의 중소기업을 위한 보험으로, 제조업처럼 위험도 높은 사업체는 '기업종합보험'에 들어야 한다. 기업종합보험은 더 복잡하고 더 비싸다. 그리고 사업자종합보험의 일반배상책임보험에선 전문직의 실수나 과실에 대해서는 보상하지 않는다는 점도 디자이너가 알아둬야 할 사항이다. 그런 전문직의 실수나 과실은 전문직배상책임보험으로 보호받아야 한다. 모든 사업자종합보험은 세 가지 필수적 보험인 사업체배상책임보험, 재산보험, 사업중단보상보험기업중단손실보험으로 구성되어 있다.

사업체배상책임보험

이 보험은 흔히 '일반배상책임보험' 혹은 '재해보험'이라 불린다. 그것은 제삼자가 당한 개인적 사고나 신체적 부상 혹은 재산상의 손해를 보상해준다.가장 흔한 사고는 '낙상'이다. 그 보험은 사업체 영내나 직접적인 사업체 활동의 결과로 부상을 입은 제삼자, 즉 고객이나 납품업자 혹은 동업자의 의료비를 제공해준다. 그것은 보상청구에 대한 당신의 법률 비용을 제공하며, 사업체가 지불하라고 명령받은 어떤 손해를 대신 보상해준다.

재산보험

재산보험은 파손된 비즈니스 재산을 보상해준다. 비즈니스 재산은 부동산과 동산으로 나눌 수 있다. 부동산은 토지와 그에 귀속된 건물 등을 말한다. 건물에 대한 보험보상엔 구조물 자체와 거기에 영구적으로 설치된 비품, 기계, 장비가 포함된다. 사무실이 임대라면 건물주에게 재산보험에 대해 물어 당신의 보험을 조정해라.

동산은 비영구적으로 설치된 가구나 비품을 말하며, 보상에서 별도로 배제되어 있지 않다면 당신의 보험증서에서 컴퓨터나 전화 등은 어떻게 처리했는지를 살펴라. 그런 비품들이 특별 재산으로 분류되어 특별한 보상을 요구할 수도 있다. 대부분의 비즈니스 재산보험은 당신이 보호, 관리, 통제하고 있는 타인의 동산이 피해를 입었을 때로 그 피해를 보상해 당신을 보호한다.

기본적인 보험증서로 화재나 번개로 인한 손실은 보상받지만 필요하다면 재산을 옮기는 것과 관련된 경비예를 들어, 피해 건물에서 컴퓨터가 도난당할 것을 예방하기 위해 컴퓨터를 옮기는 것와 같은 추가적인 피해도 보상해준다. 많은 표준보험증서는 폭풍, 우박, 폭발, 폭동, 시민 소요와 같은 '확장 위험'이나 항공, 자동차, 혹은 반달리즘문화적 야만 행위으로 입은 피해도 보상해준다. 그러나 지진이나 홍수와 같은 자연재해로 입은 피해는 표준보험증서로는 보상되지 않는다.

보험에서 비즈니스 재산은 다양한 방법으로 가치를 평가할 수 있으며, 가장 일반적인 방법은 대체원가법과 실가법이다. 대체 원가법은 같은 종류로 새 제품을 구입하는 비용을 보상해준다. 반면에 실가법은 대체 비용에서 피해를 입은 제품의 사용연도나 상태를 반영하여 감가상각을 빼고 보상해준다. 현 시가로 대체품을 구매하려면 당연히 대체원가법이 좋겠지만 일정한 한도가 정해진다. 보험약관에 정해진 보험 한도액은 1회의 손실을 보상해주는 것이다.

사업중단보상보험 (기업중단손실보험)

이 보험을 '사업체수입보험'이라고도 하며 사업체가 심각하게 피해를 입었거나 파손되었을 때, 사업중단보상보험은 고정비와 수익손실을 보상해준다. 예를 들어, 화재로 비즈니스가 일시적으로 중단되면 그 보험은 주요 고용인, 임대료, 세금, 이자, 감가상각, 수도 및 광열비, 복구 동안의 기타 경비, 그리고 그동안 벌었을 순수익을 변상해준다. 복구 기간 동안 발생할 추가 경비를 포함하려면 약관을 추가하면 된다.

특별비용보험은 임시 사무실의 임대료, 임시 사무실 인테리어 비용, 이사 비용을 보상해준다. 보상 기간은 사고가 발생한 후 3개월, 6개월, 12개월 등 일정 기간 동안 발생한 손해만을 보상한다.

사업중단보상보험 외에 재난복구를 위한 사전 계획을 마련해둬라. 훌륭한 재난복구 계획은 손실을 최소화하고 정상적인 비즈니스 활동으로 조속히 복귀하게 해준다.

기타 사업체보험

사업자종합보험에 포함된 세 가지 기본 보호수단 외에도 다양한 보험이 있다.

포괄책임배상보험

이 포괄책임배상보험의 목적은 기본적인 사업체배상책임보험의 최대 보상액 이상으로 보상액의 한도를 높이려는 것이다. 이 포괄책임배상보험은 기본적인 사업체배상책임보험의 보상액이 한도를 초과한 후에서야 그 보상을 받을 수 있다.

사업체자동차보험

자동차책임보험은 일반책임보험에는 포함되지 않지만, 개인자동차보험을 통해 알고 있듯이 자동차보험은 다음과 같은 조건을 포함한다.

- 차량에 가해진 피해나 손실을 대비한 충돌사고보험
- 충돌 외의 원인으로 발생한 손실이나 피해를 대비한 종합보험
- 피보험자가 제삼자에게 입힌 재산상의 손실이나 신체적 부상 등의 피해를 보상해주는 책임보험
- 보험증서에 정해진 운전자와 탑승객을 위한 의료비 보상보험
- 운전자나 탑승객이 무보험 운전자나 뺑소니 운전자에 의해 부상을 입었을 때 그 운전자나 탑승객에게 보상해주는 무보험운전자보험

그럼 사업체자동차보험은 개인자동차보험과 어떻게 다른가? 사업체자동차보험은 사업체가 소유한 차량뿐만 아니라 회사 소유가 아닌 차량도 보상해준다. 그래서 그 직원이 회사 이름으로 차량을 렌트해 사고를 냈거나 회사의 비즈니스 관계로 자신의 차량을 운전해 사고를 냈어도 회사를 대신해 그 피해를 보상한다. 다만 모든 운전자는 운전면허증을 소지하고 있어야 한다. 하지만 자동차 안에 있던 고객에게 전달할 프로젝트 관련 서류와 같은 개인 재산은 표준 자동차보험에서는 보상되지 않는다.

산업재해보상보험

고용인에게 산업재해보상보험은 산재근로자와 그 가족의 생활을 보장하기 위하여 국가가 책임을 지는 의무보험으로 원래 사용자의 근로기준법상 재해보상책임을 보장하기 위하여 국가가 사업주로부터 소정의 보험료를 징수하여 그 기금_{재원}으로 사업주를 대신하여 산재근로자에게 보상을 해주는 제도다.

산재보험은 ① 근로자의 업무상의 재해에 대하여 사용자에게는 고의·과실의 유무를 불문하는 무과실 책임주의 ② 보험 사업에 소요되는 재원인 보험료는 원칙적으로 사업주가 전액 부담 ③ 산재보험 급여는 재해 발생에 따른 손해 전체를 보상하는 것이 아니라, 평균 임금을 기초로 하는 정률보상 방식으로 행한다. ④ 자진신고 및 자진납부를 원칙으로 하며, ⑤ 재해보상과 관련되는 이의 신청을 신속히 하기 위하여 심사 및 재심사청구제도를 운영하고 있다. 그 보험료는 노동환경에 따라 크게 달라지는데 사무직 노동환경에서는 등급이 낮고, 공장이나 건설 현장과 같은 산업 노동환경에서는 등급이 높다. 다양한 직군을 갖는 대기업에선 다양한 등급이 존재한다. 그래서 산재보험료의 계산은 산재보험요율에 따라 달라지는데, 이는 매년 평가를 거쳐 업종 및 개별 사업장마다 다르게 고지 적용된다. 정확한 산재 보험요율은 근로복지공단에 문의하면 정확히 일 수 있나.

실업보험

실업보험은 사회보험의 한 형태로 임의 가입보다는 대부분 강제 가입을 원칙으로 하는데, 실업 상태에 놓인 근로자의 생활안정을 목적으로 하는 보험으로 고용개발과 고용촉진사업 등을 추가하여 고용보험이라고 부르기도 한다. 그 재원은 사업장의 노사보험료 및 국가의 보조금에 의하여 조달한다. 실업보험의 지급 기간은 보통 1년 이내이며, 보험료의 수준은 기존의 임금 수준에 따라 일정한 비율을 지급하는 것이 원칙이다. 실업보험을 운영하는 기관은 보험금의 지급뿐만 아니라 직업소개 업무를 연결하여 운영하기도 한다.

한국에서는 1993년 12월에 고용보험법이 제정되어 1995년 7월 1일부터 고용보험이 시행되고 있으며, 실업을 예방하고 재취업의 촉진과 잠재 인력의 고용 촉진, 직업 능력 및 인력 수급의 원활화를 목적으로 하여 노동부 주관으로 고용안정사업과 직업능력개발사업, 실업급여 지급 등을 실시하고 있다. 또한 노동부에 고용안정센터와 시·군·구 지방노동관서에 취업정보센터를 운영하고 있다.

귀중한 서류 및 기록에 대한 보험

중요한 비즈니스 기록이 파괴되면 그것을 복구하는 데 많은 시간과 노력이 필요하다. 표준적인 재산보험은 잃어버린 사무실 물품은 보상해주지만 귀중한 서류, 기록, 컴퓨터 파일에 들어 있는 정보를 조사, 수선, 복구, 재구축하는 데 드는 노동비용은 보상하지 않는다. 그런 특수보상은 보통 표준보험증서에 추가약관첨부문서을 설정하여 구매할 수 있다. 즉 보통 손해보험사에서 판매하는 패키지보험제조업체, 화재보험사무실이나 서비스업체에 가입할 때 보상 범위에 추가약관을 설정하여 보호가 가능하다. 귀중한 서류와 기록엔 개인 파일, 계약서, 임대계약서, 회사의 법인 설립 등기문서, 희귀본 책이나 원고가 포함된다.

보상 범위를 수정해 당신의 보호, 관리, 통제에 들어 있는 타인 소유의 귀중한 기록을 보호할 수 있다. 그러나 아무리 이런 특수 보험에 가입했어도 귀중한 비즈니스 기록은 절대 잃어버리고 싶지 않을 것이다. 따라서 중요한 서류는 복사본을 만들고 중요한 자료는 라벨을 붙여 백업해 별도의 장소에 보관해라.

신원보증보험

신원보증보험은 고용인의 부정으로 인한 비즈니스 손실을 보상해준다. 거기엔 용의자가 모호한 재산의 손실도 포함된다. 그런 보상은 사업체보험에 선택사항으로 덧붙일 수 있으며 일반적인 신원보증보험은 고용인의 절도, 횡령, 사기에 의한 재산의 손실을 보상한다. 대부분의 디자인 회사는 규모가 작고 직원들이 서로를 잘 알지만 내부 범죄에서 자유롭지 못하다. 따라서 여러 가지의 손실이 있는데 주로 개인적 이득을 위한 재산 절도다. 그렇게 도난당하는 재산으론 돈, 금융증권, 컴퓨터, 값비싼 장비가 포함된다. 또한 손실에는 고용인에 의한 재산의 파손도 들어간다.

대부분의 신원보증보험은 사업체 내에서 일어난 재산의 손실과 더불어 임시로 다른 장소에 옮겼던 재산도 보상해준다. 당사자 신원보증은 당신의 재산을 보상해주고, 제삼자 신원보증은 당신의 고객 재산까지 보상해준다. 보험증서를 꼼꼼히 읽어 예외 조항을 살펴라.

신원보증보험은 일반적으로 고용인의 부정으로 발생한 손실을 보호해준다. 하지만 특정한 개인에 한정되는 신용보험을 고려해볼 수 있다. 신용보험의 수가는 특정한 개인으로 보험이 국한되기 때문에 일반적으로 저렴하다. 이런 보험에 해당하는 개인은 은행계좌나 회계 기록을 취급하는 재정 관리자가 된다. 재정 관리자의 비행은 급여장부에 가공의 인물을 올리거나 존재하지 않는 납품업체에 비용을 지불하는 등 여러 가지가 있다.

고용관행배상책임보험

구직자나 전 현직 직원으로부터 터져나오는 회사에 대한 불만사항이 해마다 늘어나고 있다. 그런 불만사항으로는 괴롭힘, 인종·성 차별, 승진 실패, 불법 해고, 명예훼손, 혹은 사생활 침해가 있다. 그런 불만으로 소송을 당했을 경우, 미국의 고용관행배상책임보험은 배상책임을 보상해준다. 그러나

이 보험에 가입하려면 당신의 회사가 고용관행이 좋았다는 것을 입증할 수 있어야 한다.

근로자의 권리의식 및 성에 관한 평등의식이 높아짐에 따라, 기업이 근로자와의 관계에서 차별을 이유로 한 배상청구 위험이 적지 않다. 뿐만 아니라 다른 근로자로부터 부당한 대우를 받은 근로자가 이런 부당한 고용관행을 방지해야 할 기업이 감독책임을 다하지 못하였음을 이유로 손해배상청구를 할 가능성도 점차 높아지고 있다. 고용관행배상책임보험은 이러한 위험에 대비하는 보험으로서, 도입 논의 중에 있으나 아직 한국에는 본격적으로 도입되지 않았다.

임원배상책임보험

회사가 크면 임원배상책임보험에 대해 독립대리인과 상담해봐라. 임원배상책임보험은 임원의 업무수행과 관련해 발생하는 손해배상책임을 담보하는 보험으로 고의, 사기 등을 제외한 민사소송에 한해 적용되는 상품이다. 즉 회사임원이 임원의 자격으로 업무 수행 중에 과실, 부주의 등의 부당 행위로 인하여 보험 기간 동안 최초로 제기된 손해배상청구에 대하여 해당 임원에게 발생한 손해나 그 손해를 법률 또는 사규 등에 의거, 회사가 보상한 경우 회사가 입은 손해를 보상하는 보험이다.

디자인 회사에 구체적인 책임배상문제

일반적인 사업체보험은 전문 서비스와 관련된 책임보상은 제외한다. 그런 보상을 받으려면 특별한 보험에 가입해야 한다.

전문직 과실책임보험

이런 보험을 '과실보험', '전문직배상책임보험' 혹은 '업무과실보험'이라 한다. 이름이야 어쨌든 그 목적은 동일하다. 당신이나 고용인이 전문 서비스를 실행하는 중에 일으킨 부주의한 실수, 과실, 혹은 실패와 관련된 위험을 관리해주는 것이다. 보험에서 전문가는 특별한 기술과 훈련을 받아야 가능한 활동에 참여한 사람으로 고려된다. 과실보험은 부주의한 행동, 실수, 과실로 고객에게 입힌 손해를 보상해준다. 거기엔 비밀유지의 실패, 계약의 불이행, 사기, 전반적인 과실에 대한 청구도 포함된다. 그러나 문제의 그 행동은 나중에 판단오류로 판명나면 안 된다. 그것이 실제로 실수여야 한다. 전문직 과실책임보험은 고객이나 고객의 재산에 고의적으로 해를 일으키는 행위처럼 의도적인 불법 행위에는 보상하지 않는다.

건축, 공학, 의료, 법, 회계, 재정 서비스와 같은 일부 전문직은 전문직 과실책임보험을 법에 의해 의무적으로 가입해야 한다. 소송이 잦은 편은 아니지만 소송이 발생하면 액수가 매우 클 가능성이 높다. 부주의, 오류, 과실에 대한 법적심사는 같은 사법 관할권 내의 동종 전문가와 비교하여 판단한다.

일부 전문직 과실책임보험은 변호사 비용을 보상하지만, 그렇지 않은 경우도 있다. 소송을 당하면 변호사 비용을 지불해주는 보험에 가입했는지에 따라 희비가 갈릴 것이다. 능력이 미치지 못하는 일은 받지 않고 지키지 못할 고객 약속을 하지 않으면 전문적인 위험을 피할 수 있다. 아무리 조심해도 당신이 불법을 저지르면 고객은 실익이 없어도 어느 때라도 당신을 상대로 소송을 제기할 수 있다. 작은 소송이라도 그 액수가 클 수 있기 때문에 가능하면 그 보험에 법적 비용을 추가하는 게 현명하다.

전문직 과실책임보험은 기간도 몹시 중요하다. 모든 실수가 그 실수가 이뤄진 시점에 발견되는 것은 아니다. 지난 실수가 나중에 발견될 수도 있다. 그렇지만 보험 계약 기간 동안에만 보상이 효력이 있다면 당신은 그 기간을 오래 유지해 비즈니스를 그만 둔 후에도 유효시켜야 한다. 일부 보험은 그 실수가 발생한 날짜에 초점을 둔다. 그 실수가 그 보험 효력이 있던 시점에 발생한 것이라면 보상이 된다. 물론 이런 보험은 더 비싸다. 최대 보상액은 건수당 혹은 총액 기준으로 정해지며, 커다란 실수로 보험한도를 초과하는 피해가 발생하면 그 초과액은 당신이 책임져야 한다.

마지막으로 알아둬야 할 사항은 전문직 과실책임보험의 보상은 고용인의 비즈니스 활동으로 제한된다. 고객 프로젝트에 프리랜서를 많이 쓴다면 이 문제를 보험대리인과 세심하게 토론해봐라. 물론 프리랜서들도 자영업자로서 자신의 비즈니스 활동에 적절한 독립 보험을 유지해야 한다.

지식재산권소송보험_{한국}

지식재산권을 형성해 그 소유권과 사용을 협상하는 일은 모든 디자인 회사에서 핵심적인 활동이다. 지식재산권엔 특허권·디자인권·상표권이 있다. 당신 회사가 만든 저작물이 나중에 지식재산권 침해청구의 대상이 될 수 있다. 침해란 타인의 지식재산권을 무단으로 사용한 것을 말한다. 설령 그 침해가 우발적이어도 법적 책임을 면할 수 없으며 손해배상을 해야 한다.

특히 이 분야의 분쟁과 소송이 점점 늘고 있다. 지식재산권소송보험은 특허권·디자인권·상표권과 같은 지식재산권으로 인한 분쟁 발생에 대비하여 법적 비용과 보험의 한도 보상액 이상의 판결이 나오면 그것을 해결해준다. 지식재산권소송보험은 전문직 책임배상보험과 같은 다른 보험상품에 추가될 수 있다. 당신의 특별한 상황과 비즈니스 필요성을 독립대리인과 상담해 검토해라. 디자인 회사는 특히 이 분야에서 조심해야 한다. 고객과 계약을 마무리하면서 당신이 모든 세부항목fine print, 작은 글씨라는 뜻으로 소비자에게 불리한 조항을 보이지 않는 곳에 서술한 것—옮긴이을 이해했는지 확인해라. 디자인 서비스의 계약서는 보통 지식재산권과 관련된 의무와 책임을 구체적으로 명시한다.디자인 계

인터넷미디어 배상책임보험

인터넷미디어 배상책임보험은 기업의 홈페이지상의 내용물 및 인터넷미디어에 기인하는 다양한 손해배상청구 위험으로부터 기업을 지켜주는 수단이된다. 홈페이지상의 인터넷미디어와 관련하여, 아래와 같은 원인들로 발생하는 제삼자에 대한 민사상의 배상책임을 부담함으로써 입은 손해 및 합의에 필요한 소송비용을 보험금으로 지급해준다.

- 홈페이지에 게재한 내용물로 인한 타인의 명예훼손
- 홈페이지에 게재된 사진으로 인한 타인의 초상권 침해
- 타인의 캐릭터·상표를 무단사용한 경우
- 타인의 홈페이지에 대한 모방 협의

인터넷미디어란 피보험자와 관련된 데이터를 인터넷을 통하여 광고, 배포, 전자출판, 발표, 또는 전시하는 등의 행위를 말한다.

멀티미디어 배상책임보험

멀티미디어 배상책임보험은 방송, 출판, 광고 등 멀티미디어 서비스 제공과정에서 다른 사람의 명예를 훼손해 배상책임을 지게 되었을 때 보상해주는 보험이다. 배상 대상은 비방, 중상, 감정적 고통, 명예훼손, 허위폭로, 개인 신상에 대한 대중적 폭로, 상표와 상호 도용, 저작권 침해, 표절, 정보 유용 등이다. 이 보험은 최근 정보매체를 통한 개인의 권리침해 사례가 많아지면서 매체 종사자가 손해배상소송을 당하는 경우가 빈발하고 있다는 점을 고려한 것이다.

보험가입자가 타인으로부터 명예훼손에 대한 배상책임 소송을 당했을 때 들어가는 비용과 판결금액 또는 합의금액은 물론 공탁보증보험료까지 보상해준다. 보험료는 가입자별로 그동안의 소송일지와 승소율, 패소율, 회사 재무제표 등을 토대로 산출된다.

제조물배상책임보험

대중적인 제품 개발에 종사하고 있다면 제조물배상책임보험Product Liability insurance, PL보험은 중요하다. 당신의 고객이 당신에게 이 보험에 가입한 사실 증명을 요청할 수 있다. 제조물배상은 하자가 없는 제품을 소비자에게 전달해야 하는 제품 디자이너, 제조업체, 유통업자, 판매자에게 법적 책임을 묻는 것이다. 제품에 결함이 있다면 구매자는 판매자를 고소할 것이고, 그 판매자는 다시 유통업자나 제조업자 혹은 디자이너를 소송에 끌어들일 것이다. 그중 어느 한 당사자는 그 피해를 책임지거나 판결에 기여해야 한다. 제조물배상책임보험은 그 판결의 결과와 무관하게 소송비를 보상해준다.

중소(중견)기업패키지보험

소기업의 필요성을 해결해주는 별도의 보험을 들어라. 중소중견기업패키지보험은 개인사업장에서 발생할 수 있는 여러 위험을 하나의 보험증권으로 담보하는 상품이다. 재산담보, 배상책임담보, 상해담보 등을 포괄적으로 묶어 보장하기 때문에 각각의 위험을 별도의 증권에 가입하는 경우보다 보험료가 보다 저렴하다.

보험증명서

당신이 기본적인 보험을 들면, 고객이나 은행과 같은 대출기관이 그 사실증명을 요구할 수도 있다. 그런 요청을 받으면 보험대리인에게 부탁해 그들에

기초적인 사업보험	디자인에 적합한 보험
사업체배상보험 : 일반배상책임보험 재산보험 사업중단보상보험	전문직 과실책임보험 지식재산권소송보험 인터넷미디어 배상책임보험 멀티미디어 배상책임보험 제조물배상책임보험

기타 보험 :
포괄책임배상보험
사업체자동차보험
산업재해보상보험
귀중한 서류 및 기록에 대한 보상보험
신원보증보험
고용관행배상책임보험
임원배상책임보험

고용인 혜택

건강보험(가능하다면 치과 및 안과 치료를 더해라)
실업보험
생명보험
장기상해보험

▌도표 15-1 당신의 비즈니스에 적합한 보험을 독립대리인과 상담해라.

게 보험증명서를 보내라. 보험증명서는 당신이 가입한 재산보험과 책임보험의 존재와 기간을 말해주는 서명된 증거로 거기엔 보험의 종류, 보상금액, 보험의 유효 기간이 요약되어 있다. 그 보험이 취소되면 그 증명서의 소지자에게도 그 사실이 통지된다.

때론 고객이 당신의 재산보험이나 책임보험에 자신의 이름을 추가로 올려달라고 요청하기도 한다. 그러면 그 고객은 손해나 피해 소송을 당했을 때 당신의 보험으로 보상받을 수 있다. 이때 보험증서의 배서가 필요하며, 당신의 보험료는 높아진다. 보험대리인에게 이 문제를 상의해라. 배서로 인해 해당 고객은 보험가입자와 동일한 보호를 받게 된다. 고객이 그런 요청을 하면 프로젝트 계약조건에 그런 요청을 서술해라. 프로젝트를 위한 계약서에 서명하기 전에 반드시 세부항목을 읽어라. 확실히 이행할 수 없는 의무나 책임은 떠맡지 마라. 고객이 보낸 모든 계약 언어를 변호사를 시켜 검토하게 해라.

16 시설 계획

디자이너에게 청결하고 쾌적하며 효율적으로 잘 계획된 스튜디오는 매우 중요하다. 그래서 회사를 확장하거나 이전할 때 공간 계획이 필요하다. 완벽한 크기의 공간을 찾는 데 돈과 생각을 아끼지 말아야 한다. 그런 공간을 찾아 업무공간으로 꾸며야 일이 재미있고 영감이 번뜩이게 만드는 창조적 편안함을 갖출 수 있다.

올바른 공간 찾기

고객과 사무실에서 자주 만난다면, 당신의 물리적 공간은 브랜드 역할을 할 것이다. 그 위치와 내부 공간을 통해 당신의 서비스가 고품질이라는 것을 보여줘야 한다.

위치를 선택할 때, 임대 비용과 고객과의 인접성 사이에서 고민할 것이다. 가장 중요한 고객과 근접해 있으면 좋지만 고객 사무실이 중심가에 있다면 그런 지역에서 넓은 공간을 임대할 여유가 없을 수 있다. 그러면 비좁고 비싼 사무실보단 조금 떨어진 곳에서 합리적인 가격으로 넓은 공간을 찾는 게 바람직하다. 고객과 인쇄소, 철골업자와 같은 납품업자 사이의 중간 지역에서 적절한 공간을 찾는 것도 한 방법이다.

사무 공간의 크기는 정규직이나 임시직 직원의 수에 개인당 필요한 공간을 곱하면 된다. 각 업종별로 이에 대한 표준 범위가 있다. 디자인 세계에서 직원당 필요한 공간은 약 23평방미터에서 33평방미터로 그 작업의 역동적인 성질을 수용해야 하기에 큰 편이다. 대부분의 비즈니스 공간은 직원당 19~23평방미터며, 가장 적게 사무 공간을 차지하는 분야는 콜센터로 직원당 14~19평방미터다.

하지만 이런 어림짐작이 모범답안은 아니며, 이는 모든 시설이 포함되어 계산된 것이다. 그래서 거기엔 개인 작업실, 복도, 회의실, 접객실, 창고, 컴퓨터 서버실, 포장과 화물을 처리하는 장소, 도서 및 참고 자료를 위한 공간, 휴게실, 주방 등이 포함된다. 현실적으론 디자인 회사에서 직원이 6~8명 정도라면 186평방미터면 충분하다. 그 면적에서 공용 공간과 같은 비개인적인 공간을 빼고 남는 공간을 직원 수로 나누면 개인당 공간은 약 9평방미터가 된다. 기업체의 일반적인 칸막이 사무 공간은 약 6평방미터0.75미터 x 0.75미터지만, 현재 계속 줄어드는 추세다.

새로운 공간으로 이전하기 위해 이런 계산을 하고 있다면 공간에 여유를 주는 것이 중요하다. 새 공간이 너무 크면 분할해서 재임대가 가능한지 검토한 후, 가능하다면 건물주와 협상을 해라.

공간 꾸미기

사무 공간을 얻었다면 이젠 그 공간을 기능적으로 잘 꾸며야 한다. 모든 디자인 회사는 개인 공간, 팀 공간, 공공 구역을 적절히 배치하기 위해 노력한다. 그런 노력엔 두 가지 대조적인 철학이 있다. 한 철학은 전체 공간을 하나의 공간으로 처리하는 것이다. 모든 사람이 공유하는 이런 트인 공간을 '불펜bullpen'이라 부른다. 이런 방법의 장점은 지속적인 협조와 정보 공유를 촉진한다는 것이다. 고용인들은 서로 쉽게 접근해 브레인스토밍과 의사소통을 할 수 있으며, 시설비도 저렴하다. 단점은 시끄럽고 산만하다는 것이다.

이와 정반대되는 철학은 기존처럼 개인 사무 공간을 만드는 것이다. 문이 달린 작은 공간은 매우 조용하다. 이런 공간은 글쓰기처럼 방해받지 않고 집중해야 하는 일에 적합하다. 하지만 개인 사무 공간은 동떨어진 채 고립될 수 있으며, 설치비도 매우 비싸고 일단 설치되면 바꾸기도 쉽지 않다. 개인 사무 공간은 공간을 더 차지하며기업체에서는 14평방미터 정도나 되기도 한다, 다른 용도로 쓰기에도 부적합하다.

대부분의 디자인 회사는 열린 공간과 닫힌 공간을 혼합한다. 그 혼합 방법을 잠시 살펴보자.

개인 공간

개인 디자이너에겐 일거리를 펼쳐놓을 수 있는 커다란 책상, 컴퓨터 장비의 인간환경 공학적인 배치, 프로젝트 파일과 바인더의 보관 장소, 참고도서를 쌓아놓을 수 있는 공간이 필요하다. 또한 스캐너와 프린터에 쉽게 접근할 수 있어야 하며, 빛과 온도를 적절히 유지할 수 있는 방법도 필요하다.

팀 공간

디자이너에겐 공동으로 일할 공간도 필요하다. 여기엔 공동 작업실 중앙에 위치한 회의탁자, 전시를 위한 긴 벽, 그리고 하나의 주요한 프로젝트를 위하거나 고객 거래용 참고자료들을 쌓아놓을 수 있는 혹은 공정 중인 작업을 전시할 수 있는 별도의 공간도 포함된다.프로젝트 작업실에 대한 자세한 정보는 22장 참조 많은 회사들은 작업 공간과는 별도로 직원들이 공유하는 사교 공간을 만든다. 이것은 라운지가 될 수도 있고 공간이 충분히 크다면 주방이 될 수도 있다. 둘러앉아 함께하는 식사는 스튜디오 문화에 크게 기여한다.

공공 구역

접대 장소는 스튜디오의 얼굴이다. 고객이 사무실에 도착했을 때 첫인상이 중요하기 때문에 접대실이나 회의실이 있어야 한다. 열린 스튜디오에서도 이런 만남의 장소는 폐쇄된 공간으로 프레젠테이션을 위해 채광과 소리를 조절할 수 있어야 한다. 그런 공간에 브레인스토밍을 위한 커다란 백판과 작품을 보여주기 위한 좁고 긴 선반흔히 전시레일이라고도 불린다을 갖추고 있는 게 좋다. 큰 회사에선 주요 회의실 내부에 간이부엌과 욕실을 두기도 한다. 이런 닫힌 공간은 완전히 차단되어 있어 거래처의 기밀을 엄수하는 데 도움이 된다.

전혀 시설이 안 된 미완성된 공간을 임대할 계획이라면, 당신의 사무 공간에 맞게 시설을 증축해야 한다. 사실 시설을 갖춘 공간으로 이전한다 해도 개축을 해야 한다. 두 상황 모두 증축이나 개축에 필요한 재정적 책임을 어떻게 분담할 것인지를 건물주와 논의해라. 대부분의 건물주는 재산가치가 올라가기 때문에 어느 정도 재정적인 보조를 한다. 상업부동산 변호사는 이런 임대 계약에서 매우 중요하다. 그 협상은 증개축 비용에 초점이 맞추거나 평방미터당 액수로 이뤄지는데 그 공간의 크기와 조건에 따라 비율이 바뀐다. 그런 증개축을 누가 감독할 것이며 어떤 공정이 들어가는지를 명확히 한 후에 건물주의 최종 승인을 얻어야 한다.

일반적으로 임대 건물의 증개축은 구조적이거나 기능적인 것으로 그 건물에 영구적으로 부착되거나 통합된다. 배관 공사나 전기선 가설이 한 예가 된다. 반면 비품은 이사할 때 버리거나 가져갈 수 있는 물건을 말하며, 임대가 끝났을 때 어떤 비품을 옮겨갈 수 있는지를 계약조건에 명시해야 한다. 장기 임대라면 디자인 회사가 필요성에 맞춰 포괄적인 증개축을 하며, 그런 증개축은 영구적인 변경이 된다. 그러나 단기 임대에선 변경이 아주 드물다. 그런 경우엔 가구나 장비에 초점을 맞추는데, 이런 품목의 일부는 구매보다는 임대로 한다.

재정문제에 있어 장부 기재는 회계사와 상담해라. 세금에서 여러 품목이 다양하게 감가상각이 된다. 일부 증개축에선 임대 기간에 맞추어 감가상각 기간을 줄일 수 있다. 비품, 가구, 장비 같은 소품은 감가상각 기간이 더 짧다. 세법은 주기적으로 변하며 정부의 요구사항도 때때로 변하기 때문에 공인회계사에게 전문적인 조언을 받는 것이 좋다.

증축 및 개축은 전문적인 기술을 요구한다. 디자이너로서 그 공사를 직접 맡고 싶을 수도 있지만, 신중히 생각한 후 결정해라. 당신은 증개축에 적절한 기술과 경험이 있으며 따로 시간을 낼 수 있는가? 그런 일은 외부 전문가에게 맡기는 것이 합리적이다. 가구회사나 사무실 시스템회사의 공간 기획자의 조언은 무료다. 보통 마케팅 비용으로 처리되기 때문이다. 유자격 인테리어 건축가는 유료로 당신의 필요성을 분석하고 계획을 개발하며, 소재와 비품의 선택을 안내하고, 청사진과 건축서류를 준비하며, 필요한 허가를 얻고, 목수와 전기공과 같은 계약자로부터 경쟁적인 입찰을 주도하며, 공사의 품질을 감시하는 데 당신과 공조한다. 이 모든 일은 당신의 짐을 한결 덜어준다. 또한 자료와 전화연결, 인터넷 내부 서버혹은 외부 서버, 무선 연결에 관해 컴퓨터 네트워크 상담사의 조언을 얻어라.

가장 좋은 공간 꾸미기는 당신의 특별한 상황과 필요성에 따른다. 안락한 작업 공간을 위한 세 가지 필수 요소는 통풍, 채광, 소리다. 디자인 회사의 사무실은 대개 천장은 높지만 인테리어 벽은 낮다. 개인 사무실은 거의 없으며 유리문과 유리벽으로 커다란 열린 공간을 만든다. 열린 공간은 회사 스타일의 상자형 칸막이가 없는 대신, 유연한 인프라와 표준 가구시스템으로 팀원들이 함께 공간을 점유하게 만들어 의사소통을 원활히 할 수 있게 공간 배치를 한다. 또한 이런 공간은 이동이 가능하다. 일부 회사는 책상, 화이트보드, 칸막이와 같은 비품이나 가구에 바퀴를 장착해 필요에 따라 쉽게 이동할 수 있게 한다.

증개축에 대한 계획과 시공 과정에서 고용인에게 그런 정보를 확실하게 전해라. 그리고 완성된 사무 공간으로 들어갈 모든 직원으로부터 정보를 얻고, 그들이 원하는 사항에 귀를 기울이며, 그들의 아이디어에 마음을 열어라. 하지만 이런 정보에 대한 요청을 위원회의 의사결정으로 양도하지는 마라. 이전 계획에 모든 주주가 참여하는 것도 중요하지만, 강력한 프로젝트 리더십과 명확한 의사결정 권한을 유지하는 것은 그 이상으로 중요하다.

이런 이선은 몇 주 혹은 몇 달이 걸릴 수 있다. 그동안 직원들에겐 진척 상황을 정기적으로 알려라. 불확실성과 정보 부족은 불안감을 잉태한다. 따라서 최대한 많은 정보를 공유해서 이전이나 증개축에 따른 고용인들의 불안감을 해소해줘라. 증개축이 진행될 때 고용인들에게 빈 공간과 청사진을 보여주거나 완성된 사무실의 모습을 모델로 시각화해서 보여주는 것도 좋다.

많은 디자인 회사는 고용인들이 자신만의 공간에 들어갈 소품을 선택할 기회를 주기도 한다. 그래서 고용인들이 의자, 책상, 탁자, 서랍, 책장, 램프 등의 품목을 미리 선정해놓은 몇 가지 메뉴에서 선택하게 하여 새로운 작업장에 개인적인 특색을 갖추게 한다.

입주가 준비되었다면 이전을 잘 조정해서 일상 업무와 충돌하지 않게 해라. 입주를 늦추더라도 고객의 프로젝트는 계속되어야 한다!

유연성을 유지해라

시설 계획에서 디자인 회사의 가장 큰 과제는 그 필요성들이 동적이란 것이다. 개인과 팀의 필수조건들은 시간이 지나면서 바뀐다. 직원이 이직할 수도 있고, 새로운 고용인은 선호하는 물품이 다르다. 서비스가 다양하게 발전하면서 회사도 조정이 필요해진다. 예를 들어 프린트 디자인을 위한 공간, 채광, 장비의 필요성은 웹 개발자마다 다르다. 고객에게 제공하는 서비스가 바뀌면서 오늘은 이상적이었던 공간이 3년 후엔 그렇지 않게 된다. 그러므로 공간을 배치할 때 성장과 유연성을 반드시 염두에 둬라.

17 지식재산권

지식재산권은 과학기술 및 문화적 창조 활동의 지적인 소산물에 부여되는 법적권리의 총칭으로서, 특허, 실용신안, 디자인, 상표를 포함하는 산업재산권과 저작권 및 신지식재산권으로 구분할 수 있다. 지식재산권은 시대적·국가적으로 자국의 이익을 위해 경제·사회·문화 등의 전통을 세워 법규정을 맞추고 있기 때문에 국가적으로 이에 대한 견해는 일치하지 않는 것이 일반적이다. 이 장에서는 저작권, 특허, 실용신안, 디자인 및 상표에 대하여 간단히 소개하고자 하며, 자세한 것은 지식재산권 분야의 전문가와 상담할 것을 권유하는 바이다.

저작권

저작권은 인간의 생각이나 사상 또는 감정을 표현한 문학, 학술, 예술적 창작물, 즉 저작물을 보호 대상으로 하며, 한국에서는 저작권법과 컴퓨터 프로그램보호법에 의해 그 권리를 보호한다. 저작권법은 소설, 연극, 미술, 영화, 음악 등과 같이 일반적인 저작물에 대한 권리를 보호하며 컴퓨터프로그램보호법은 컴퓨터에 활용되는 프로그램에 대하여 권리를 보호한다. 그러므로 저작권은 아이디어 자체를 보호하려는 것이 아니고, 그 아이디어를 표현하는 행위를 보호하는 것이다.

저작권은 저작물 창작과 동시에 권리가 발생하며 어떠한 절차나 형식의 이행을 필요로 하지 않기 때문에 특허, 디자인, 상표 등의 다른 지식재산권들이 일정한 요건으로 심사되고 등록된 후에 권리가 발생하는 것과는 다르다.

저작권의 종류

저작권은 저작인격권과 저작재산권이 있으며, 저작재산권은 특별한 규정이 있는 경우를 제외하고는 저작자의 생존 기간과 사망 후 50년간 존속하지만 저작자가 사망 후 40년이 경과하고 50년이 되기 전에 공표된 저작물의 저작재산권은 공표된 때부터 10년간 존속하는 것을 원칙으로 한다.

한국에서는 저작물을 실제 창작한 자가 아닌 가수, 음반제작자, 방송사와 같이 저작물의 전달자로서 창작의 가치를 증진시키는 자들에게 주어지는 권리를 저작인접권으로 보호하고 있다.

저작인격권

저작인격권에는 공표권, 성명표시권, 동일성 유지권이 있으며 일반적으로 저작물에 대해 창작자가 갖는 인격적인 권리를 의미하는 것으로 인신전속적인 성격을 지니고 있다. 그렇기 때문에 음악이나 미술과 같은 창작물의 저작인격권은 타인에게 이전될 수 없으며 저작자의 사망과 동시에 소멸되지만 프로그램에 대한 권리는 기능성이 강조되는 특성에 따라 저작인격권의 양도가 가능하다.

저작재산권

저작재산권은 저작물이 가지고 있는 경제적 가치를 보호하는 권리를 의미하며 복제권, 2차적 저작물의 작성권, 배포권, 전시권, 공연권, 공중송신권, 대여권 등이 있다. 또한 저작재산권은 저작자가 생존하는 동안과 사망 후 70년간 존속한다. 더불어 전부 또는 일부를 양도할 수 있다.

저작인접권

저작인접권은 실연자배우, 가수, 연주자, 연출자 등, 음반제작자, 방송사업자에게 부여되는 권리이며 직접적으로 저작물을 창작하지는 않았지만 이의 전달자 또는 해실자로서의 역할을 했기 때문에 복제권, 보상청구권, 배포권, 전송권, 방송권 등의 권리를 권리 발생 시점으로부터 50년간 갖는다. 따라서 실연자나 음반제작자의 허락 없이 인터넷상에서 음악파일을 송신하는 행위는 저작인접권을 침해하는 것이지만, 프로그램과 관련해서는 저작인접권이 인정되지 않는다.

저작권등록

저작자가 창작한 저작물에 관한 저작자 성명, 창작 및 맨 처음 공표연월일 등의 일정한 사항과 저작재산권의 양도, 처분제한, 질권설정자기 또는 제삼자의 채무를 담보하기 위하여 담보의 목적물을 채권자에게 제공하여 질권을 설정하는 일–옮긴이 등 권리의 변동에 대한 사항을 저작권 등록부라는 공적인 장부에 등재하고 일반국민에게 공개, 열람하도록 공시함으로써 등록에 따른 일정한 법 효과를 누릴 수 있도록 하는 저작자 권리보호제도를 저작권등록이라 한다. 저작자로서 그 성명이 등록되는 자는 등록된 저작물의 저작자로 추정되고, 창작연월일과 맨 처음 공표연월일을 기재하였다면 기재된 일자에 해당 저작물이 창작, 공표된 것으로 추정된다.

또한 저작재산권의 변동 사실을 등록하면 제삼자에게 대항할 수 있는 대항력 등의 법적효력이 부여되기 때문에 등록을 함으로써 저작권에 대한 분쟁이 생길 때 그 입증이 쉽고, 저작자가 사망한 경우라도 저작권의 침해에 대하여 쉽게 대항할 수 있다는 점에서 적극적으로 저작권의 보호가 필요한 경우에는 저작권등록을 한다.

저작권 침해

저작권 범위에 포함된 저작물을 공정 사용이 아닌 허락 없이 복제하는 행위는 모두 저작권 침해라 할 수 있다. 저작물의 경우 대체로 저작물을 언제 어떻게 침해했는지 증명하기 어렵기 때문에 두 저작물이 얼마나 비슷한지 판단하고 유추해석을 하게 되는데, 복제물에 대한 복제된 양이 무시할 정도가 아닌 이상 침해의 요건은 갖춘 것으로 판단한다. 복제 여부를 증명하기 위해서는 복제를 했다는 직접적인 증거와 우연이라고 하기에는 너무 비슷하다는 증명이 필요하다. 저작물은 보통 시각과 청각을 통해 음미되는데 시각적 저작물에 대해서는 '일반인의 판단'이 중심이 된다.

저작권 침해에 대한 구제

구제 방법은 크게 민사 및 형사적 구제로 구분하며, 민사적 구제 방법은 침해정지 및 예방청구, 가처분 신청, 복제물의 폐기조치 등 청구, 손해배상 청구, 명예회복 등의 청구가 있다. 형사적 구제 방법은 복제·공연·공중송신·전시·배포·대여·2차적 저작물 작성의 방법으로 저작재산권을 침해한 자는 5년 이하의 징역 또는 5천만 원 이하의 벌금에 처한다. 저작인격권을 침해하여 저작자의 명예를 훼손하거나 기술적 보호조치를 무력화하기 위한 기술·서비스·도구 등을 업 또는 영리를 목적으로 제조, 판매, 전송 등을 하는 경우 3년 이하의 징역 또는 3천만 원 이하의 벌금에 처하게 된다. 저작권법과 컴퓨터프로그램보호법은 저작권 침해에 대한 형벌을 친고죄로 규정하고 있다.

특허권

특허권은 발명을 보호해주는 독점적·배타적 권리를 말하며, 특허권의 보호 대상은 발명이다. 여기서 발명이라 함은 자연법칙을 이용한 기술적 사상의 창작으로서 고도한 것대발명을 의미하며, 발명이 특허를 받기 위해서는 산업상 이용 가능성 및 신규성과 진보성을 가져야 한다. 특허권은 특허권 설정

등록에 의하여 발생하는데, 존속 기간은 특허권 설정 등록이 있는 날로부터 특허출원일 후 20년이 될 때까지다.

특허의 요건

발명이라고 하여 모두가 특허의 대상이 되는 것은 아니기 때문에, 특허를 받기 위해서는 일정한 요건을 갖추어야 한다. 일반적으로 주체적 요건, 객체적 요건, 절차적 요건으로 구분된다.

특허의 주체적 요건

특허의 주체적 요건이란 '출원인이 특허를 받기 위해 갖춰야 할 요건'을 말하며, 여기에서 출원인이란 '특허를 출원하려는 자'를 말하고, 발명자 또는 그 승계인이어야 한다. 타인의 발명을 출원하는 것은 인정되지 않으며, 여러 사람이 발명을 공동으로 한 경우에는 모두가 공동 출원인으로 신청해야 한다. 출원인과 발명자가 동일인일 필요는 없고, 특허출원 전에 발명을 양도한 경우에는 양수인이 출원인이 된다. 특허출원 및 등록된 특허권에 대한 모든 권리는 출원인이 보유하게 되며, 발명자는 그에 대한 권리가 없다. 출원인은 권리 능력이 있는 자연인 혹은 법인에 한한다. 외국인은 한국법에 의하여 특허를 받을 수 있는 권리 능력을 인정받은 자에 한해 특허를 출원할 수 있다. 특허청 직원은 재직 중 상속 또는 유증의 경우를 제외하고는 특허를 받을 수 없다.

특허의 객체적 요건

발명에 대한 요건을 객체적 요건이라고 하는데, 특허를 받기 위해 발명이 갖춰야 될 요건을 '적극적 요건'이라 하고, 해당되어선 안 될 요건을 '소극적 요건'이라고 한다. 발명이 반드시 갖춰야 될 적극적 요건으로는 발명요건, 산업상 이용 가능성, 신규성 및 진보성이 있다. 하지만 이러한 모든 요건을 갖추었다 하더라도 공공의 질서 또는 선량한 풍속을 문란하게 하거나 공중의 위생을 해할 염려가 있는 발명은 특허를 받을 수 없다는 것이 소극적 요건이다.

특허의 절차적 요건

발명이 특허를 허여許與받기 위해서는 실체적인 요건을 갖춰야 할 뿐만 아니라 특허법이 요구하는 절차에 따라야 하며, 특허출원은 엄격한 서식에 따라 작성되어야 함은 물론 법에서 요구하는 요건에 부합되게 출원 절차가 행해져야 한다.

특허의 효력

특허권은 소유권과 유사한 재산권으로서 독점적·배타적으로 실시할 수 있는 권리지만, 권리의 행사에는 시간 및 공간적 제약이 따른다. 특허권은 특허권의 설정등록이 있는 날로부터 특허출원일 후 20년이 되는 날까지 행사할 수 있지만 실용신안권은 10년이다. 단, 의약품 및 농약과 같은 예외적인 사유에 한해 특허권 존속 기간의 연장이 가능하며, 그 권리를 획득한 국가 내에서만 그 효력이 있는 속지주의屬地主義를 원칙으로 한다,

특허권의 소멸

특허권이 일정한 사유에 의하여 그 효력이 상실되는 것을 특허권의 소멸이라고 하는데, 대표적으로는 특허권의 존속 기간이 만료됨으로써 소멸되는 경우 이외에도 특허권 소멸의 사유는 다양하게 존재한다. 예로서 추가 납부 기간까지 특허료를 납부하지 않는 경우 원납부 기간 만료시점으로 소급하여 특허권이 소멸된다.

만약 특허권을 포기할려면 포기의 효력이 발생하기 위해 말소등록을 해야 한다. 이외에도 일정한 사유가 발생한 시점부터 장래를 향하여 특허권이 소멸되는 특허권의 취소, 처음부터 소급적으로 특허권이 소멸되는 특허권의 무효가 있고, 특허권자의 사망시 상속인이 존재하지 않는 경우에도 특허권은 소멸된다.

실용신안권

특허권이 대발명에 대해 주어지는 권리인 반면, 실용신안권은 소발명에 대해 주어지는 권리로서 물건에 대한 간단한 고안 또는 기존 발명의 개량으로 보다 편리하고 유용하게 쓸 수 있도록 한 물품에 대한 고안에 대해 주어지는 권리다. 보호 대상에 있어서 특허권의 보호 대상인 발명은 물건을 생산하는 방법 및 물건의 발명 중 물질의 발명도 인정하고 있고, 실용신안법의 보호 대상인 고안은 물건을 생산하는 방법 및 물질을 생산하는 방법, 물질은 제외하며 오로지 물건에 대한 고안만 인정하고 있다.

실용신안제도의 목적 및 의의

특허제도 운용 과정에서 소위 개량 발명 또는 소발명이 경시되어 독점권이 부여되지 않는 경우가 있어, 산업정책상 중소기업이나 개인발명가의 소발명을 보호·장려해야 할 목적으로 실용신안법의 필요성이 대두되었다. 제도의 내용과 운용 형태는 국가마다 다소 상이하다. 실용신안법은 특허법에 대해 보완적인 관계에 있고 법 체계도 매우 유사하다. 독일을 비롯한 몇몇 국가에서는 특허법 이외에 별도의 실용신안법을 제정하여 이원적 법률에 의하여 발명을 보호하고 있다.

한국의 실용신안 제도

출원일이 1999년 7월 1일부터 2006년 9월 30일까지인 경우 실용신안제도는 신속한 권리설정을 위해 형식적인 요건만을 심사하여 등록하는 선등록제도를 채택하였으나, 심사 없이 등록된 권리의 오남용, 복잡한 심사 절차로 인한 출원인의 부담 증가 및 심사업무의 효율성 저하 등 심사 전 등록제도의 문제점이 상대적으로 부각되고 있는 점을 감안하여 실용신안제도를 심사 후 등록제도로 전환하였다. 출원일이 2006년 10월 1일 이후인 경우 이에 따라 심사 전 등록제도 운영을 위해 도입되었던 기초적 요건 심사제도, 등록 후 기술평가제도 및 정정청구제도 등을 폐지하고, 특허제도와 마찬가지로 심사청구제도, 거절이유통지제도 및 보정제도 등의 심사 절차를 도입했다.

특허제도와 현행 실용신안제도의 비교

실용신안법은 기술적 사상의 창작을 보호한다는 점에서 특허법과 그 이념이 같지만, 다른 한편으로는 여러 가지 차이를 보여주고 있다. 기본적으로는 두 법의 보호 대상이 다르다는 점을 주의해야 한다. 실용신안은 발명과 같이 고도성을 요하는 기술적 사상이 아니라, 난이도가 비교적 낮은 창작을 대상으로 하기 때문에 '물품'에 관한 고안만을 보호 대상으로 하고 '방법'에 대한 고안은 보호 대상으로 하고 있지 않다. 두 법이 인정하는 권리의 존속 기간 또한 실용신안권 등록일로부터 실용신안 출원일 후 10년이 되는 날까지로 특허권보다 더 그 기간이 짧다. 그 이유로는 일반적으로 고안이 발명보다 모방이 용이하여 제품 수명이 짧다는 점에 기인한다.

특허권 침해

특허권 침해란 제삼자가 정당한 권한 없이 타인의 특허발명을 업으로서 실시하는 것을 말하는데, 일반적으로 특허권은 특허발명을 업으로서 실시할 권리를 독점하는 재산권이므로 제삼자가 특허발명을 실시하면 그 독점권이 침해된다. 권리가 침해되면 민법상 충분한 구제수단을 강구할 수 있으나 무체재산권無體財産權, 지적 창조물을 독점적으로 이용하는 권리─옮긴이인 특허권에 대한 침해는 용이한 반면, 침해의 적발 및 입증이 곤란하여 권리구제가 용이하지 않다. 따라서 민법상의 구제수단 외에도 특허법에 특별 규정을 두어 보호를 강화하고 있는데 간접침해, 손해액의 추정, 생산 방법의 추정 또는 과실 등의 관련 규정들이 이에 해당한다.

특허권 침해에 대한 구제수단 경고장 발송

특허 침해에 대한 구제수단을 사용하기 전에 내용증명으로 경고장을 발송할 수 있다. 만일 상대측에서 경고장의 내용을 수용하거나 타협안을 제시하면 재판 외적으로 분쟁을 해결할 수 있다. 또한 경고 후에도 실시 행위가 계속될 경우 침해의 고의성을 입증하는 자료로 활용할 수 있다. 경고장의 존재는 형사적 침해죄와 손해배상청구소송에서 고의 또는 과실이 없었다고 하는 주장을 반박할 유력한 증거가 된다. 이 사실을 아는 상대라면 경고장을 받는 순간 실사 행위를 중단해야 할 것이다.

민사적 구제수단

침해금지·예방청구권, 가처분 신청, 손해배상청구권, 신용회복청구권 등이 포함되며, 민법상의 부당이득반환청구권의 행사도 가능하다.

형사적 구제(특허권 침해죄)

특허권을 침해한 경우 특허권자의 고소에 의하여 형사적 벌칙을 가하는 것이 특허권 침해죄다. 특허권 또는 전용실시권을 침해한 자는 7년 이하의 징역 또는 1억 원 이하의 벌금에 처한다. 다만 이는 친고죄이기 때문에 범인을 안 날로부터 6개월 이내에 특허권자 혹은 전용실시권자가 고소해야 형사소송 절차가 진행된다.

디자인권

디자인권은 디자인권자에게 업으로서 등록디자인 또는 이와 유사한 디자인을 실시할 권리를 독점적으로 부여하는 권리다. 디자인권의 보호 대상은 디자인으로 여기서의 디자인이란 물품물품의 부분 및 글자체를 포함의 형상, 모양, 색채 또는 이들을 결합한 것으로 시각을 통하여 미감을 일으키게 하는 것을 말하며, 소위 '물품의 미적 외관'이라 정의할 수 있다. 일반적으로 디자인의 성립요건으로는 물품성, 형태성색채, 형상, 모양, 혹은 이들의 결합, 시각성, 심미성 등이 있으며, 등록요건으로는 공업상 이용 가능성, 신규성, 창작성, 확대된 선출원주의, 등록받을 수 없는 디자인, 선출원주의 등이 있다.

디자인권에서의 디자인은 독립거래의 대상이 되는 유체동산의 물품 또는 동 물품 부분의 외관에 관한 것으로 시각을 통하여 미감을 일으키게 하는 것이다. 따라서 디자인보호법에서의 디자인은 기술적인 것이나 실용성을 필수로 하지 않는 대신, 그 외관으로부터 심미감을 느낄 수 있는 것이어야 한다. 디자인은 실용신안과 마찬가지로 물품에 관한 고안이며 어느 경우에는 하나의 물품에 실용신안과 디자인으로 중복해서 보호될 수 있는데, 물품의 형상 및 구조는 실용신안으로 물품의 형상이나 모양, 색채는 디자인으로 겸하여 중복 보호되기도 한다. 디자인은 물품의 외관에 관한 고안으로서 타인에게 쉽게 모방될 수 있기 때문에 디자인권 설정에 있어 신중을 기해야 한다.

디자인권의 존속 기간과 디자인권의 발생

디자인권의 존속 기간은 디자인의 설정등록일로부터 15년이다. 다만 유사디자인권의 존속 기간은 기본디자인권과 함께 소멸한다. 등록결정을 받은 후 소정의 등록료와 함께 특허청에 디자인 등록을 함으로써 디자인권은 발생한다. 권리의 설정등록시에는 최초 3년차분을 납부해야 하며, 그 후 4년차분 이후 등록료에 대해서는 매 1년 단위로 납부하거나 필요한 기간 단위로 분할해 납부도 가능하다.

디자인권의 내용

디자인보호법에서 디자인권자는 업으로서 등록디자인 또는 이와 유사한 디자인을 실시할 권리를 독점한다고 규정한다.

- 업으로서
- 반드시 영리를 목적으로 실시하는 것만을 의미하는 게 아닌 반복해서 행해지는 것을 모두 포함하는 의미로서 개인적으로 일시적·일회적으로 실시하는 것은 제외
- 실시
- 디자인에 관한 물품을 생산, 사용, 양도, 대여 또는 수입하거나 그 물품의 양도 또는 대여의 청약양도나 대여를 위한 전시를 포함을 하는 행위
- 독점
- 당해 디자인을 독점적으로 실시할 권능을 가짐과 동시에 제삼자가 당해 디자인과 동일 또는 유사한 디자인을 실시하는 것을 배제하는 권능도 가지는 독점배타권

디자인권의 효력 및 범위

디자인을 보호하는 방법들은 특허권적 보호 방법디자인보호법과 저작권적 보호 방법저작권법으로 구분할 수 있다. 특허권적 보호 방법으로 디자인이 법적으

로 보호받기 위해 일정한 요건을 설정한 후 이 요건에 합치하는 디자인만을 등록하도록 하며, 등록된 디자인만 디자인권이라는 독점배타적 효력을 인정하는 방법이다. 이러한 특허권적 보호 방법은 권리 발생을 위하여 기업들이 시간과 비용을 소요해야 하며, 이렇게 발생한 권리도 등록요건을 충족시키지 못했다는 이유로 등록 후에도 무효로 될 확률이 있다는 문제점이 있다. 반면 저작권적 보호 방법은 등록이라는 형식을 갖추지 않더라도 법적으로 보호를 받는 방법을 가리키며, 그 권리 내용도 타인의 모방으로부터만 보호하는 방법을 지칭한다.

이러한 방법은 디자인을 다른 저작물과 동일하게 보호하므로 저작권법리가 그대로 적용되어 마케팅 수단으로서의 디자인 특성이 무시되고 보호 기간이 지나치게 길어진다는 문제점이 있다. 디자인 권리 소유자의 경우 디자인권과 저작권 이외에 브랜드 특성이 강한 디자인의 경우 상표권 등록에 대한 조사와 함께 특허권, 실용신안권 등 산업재산권과 관련된 등록 가능성에 대한 통합적이고 전략적인 판단이 필요하다. 하지만 디자인 권리 소유자의 입장에서 어떤 법을 적용하여 자신의 권리를 보호받아야 하는지 판단하기 어려울 뿐만 아니라 관리, 운영되는 주체 역시 다르기 때문에 법적지식이 부족한 지식재산권자의 경우 접근하기 힘든 것이 사실이다. 따라서 이러한 통합적 관리와 대응을 위해서는 제품개발 전반에 법적 전문가의 자문과 참여, 또는 내부 전문가 양성 등이 필요하다.

디자인권 침해에 대한 구제 절차

민사적 구제로서 침해금지청구권, 손해배상청구권, 신용회복청구권, 부당이득반환청구권 및 형사적 구제로서 디자인권 또는 전용실시권을 침해한

자에 대해서는 민사상 책임 이외에 7년 이하의 징역 또는 1억 원 이하의 벌금에 처할 수 있다.

상표권

상표제도는 협의의 상표뿐만 아니라 서비스표, 단체표장, 지리적 표시 단체표장, 업무표장을 포함하는 광의의 상표를 보호하고 있다. 이처럼 심사 과정을 통하여 상표권이 발생한 등록상표뿐만 아니라 미등록상표도 주지·저명한 경우 보호를 인정하는 경우도 있다. 일반적으로 상표권이란 '지정 상품에 대하여 그 등록상표를 사용할 권리를 독점적으로 부여하는 권리'를 말하며, 상품의 표지인 상표를 보호 대상으로 한다. 상표를 등록받으려면 우선 자타 상품 식별력이 있어야 하며 상표법에 규정된 부등록 사유에 해당되지 않아야 한다. 상표권은 설정등록에 의하여 발생하며 존속 기간은 상표권 설정등록이 있는 날로부터 10년이지만, 다른 산업재산권과는 달리 10년마다 계속하여 그 존속 기간을 갱신할 수 있는 것이 차이점이다.

상표의 기능

상표의 기능은 상표를 상품에 사용할 때 상표 사용자에게 어떻게 작용하고 해당 상표를 접하는 수요자에게 어떻게 인식되느냐의 문제를 말한다. 이는 거래 회사에서 상표가 상품에 대해 실제로 사용됨에 따라 발휘되며 사용 기간, 범위, 빈도 등이 증대될수록 강화되는 특징이 있고, 각 시대의 거래사회 실정에 따라 변화 발전하고 있다.

일반적으로 상표는 상품거래 상황에서 다양한 기능을 하고 있는데 자기의 상품과 타인의 상품을 식별하는 자타 상품의 식별 기능, 동일한 상표를 가진 상품은 같은 출처에서 나온다는 것을 수요자에게 알려주는 출처 표시 기능, 동일한 상표의 상품은 그 품질이 동일한 것으로 수요자에게 보증하는 품질보증 기능, 상품거래사회에서 판매촉진수단으로서의 광고 선전 기능, 상표권의 자유양도 및 사용권 설정 등을 통해 얻을 수 있는 재산적 기능이 이에 해당된다. 또한 상표는 소비자의 거래비용을 줄여주며 생산자로 하여금 품질 향상에 대한 투자를 가능하게 한다.

상표의 인접개념 상표와 상호

상표는 상품을 식별하기 위하여 상품에 부착하는 표장으로서 상품의 동일성을 표시하는 기능을 가지는 것이나, 상호는 법인 또는 개인이 영업상 자기를 표시하는 명칭으로서 영업의 동일성을 표시하는 기능이 있다.

상호는 상인이 영업에 관해 자기를 표시하는 명칭으로서 인적 표지의 일종이며, 문자로 표현 및 호칭되며 법인기업의 경우 상호를 사용하는 것은 강제적이다. 하지만 상표는 자타 상품을 식별하는 기호로서 문자뿐만 아니라 기호, 문자, 도형 등과 이들의 결합 또는 이들의 색채의 결합으로 구성될 수 있으며 상표의 사용에 있어 강제성이 없다는 점이 다르다. 기업 이미지 통일화 전략에 따라 상호와 상표를 일치시키고 있는 것이 국제적 추세인 점 상표의 상호화 또는 상호의 상표화 현상과 상호가 상품 표지로 사용되고, 상표로서 등록 요건을 갖추어 등록된 경우 법률상 보호되는 상호상표가 점차 늘고 있어 상호 간의 기능이 중첩되는 경우가 많다.

상표의 등록요건

한국의 상표법은 등록주의를 채택하고 있기 때문에 상표에 대한 사용 사실의 유무와 관계없이 소정의 상표로서 구성요건을 갖추어 상표로서의 식별력을 갖출 경우 상표로서의 등록을 허용한다. 상표등록은 먼저 상표등록을 받을 수 있는 자, 즉 인적 요건을 갖춘 자만이 상표를 등록할 수 있는데 상표등록을 할 수 있는 자는 상표권자가 될 수 있는 자격을 갖는 자개인 또는 법인로서 국내에서 상표를 사용하는 자법인, 개인, 공동사업자 또는 사용하고자 하는 자가 상표법이 정하는 바에 의하여 상표를 등록받을 수 있다. 상표권자가 될 수 있는 자격은 한국 국민 및 법인 모두 가능하며 외국인은 상호주의원칙과 조약에 의거하여 자격이 결정된다. 상표를 등록하기 위한 요건은 출원 형식과 관련된 절차적 요건과 해당 상표가 자타 상품의 식별력을 가진 것인지와 관련된 실체적 요건으로 구분된다.

상표권의 침해

상표권의 침해란 타인의 등록상표와 동일 또는 유사한 상표를 그 지정 상품과 동일 또는 유사한 상품에 위법하게 사용하는 행위를 말하는데, 상표권의 가장 중요한 역할이 출처 식별이란 것에서 알 수 있듯이, 이러한 출처 식별을 저해할 가능성이 있는 상표의 상용은 상표권 침해로 볼 수 있다. 다시 말해 상표권 침해는 타인이 전용사용권이나 통상사용권을 확보하지 않은 상황에서 등록상표와 동일하거나 유사한 상표를 그 지정 상품과 동일 또는 유사한 상품에 불법적으로 사용하는 행위를 의미하며 이의 입증책임은 상표권자에게 있다. 침해 유형은 타인의 등록상표와 동일한 상표를 그 지정 상품과 동일한 상품에 위법하게 사용하는 행위를 동일 범위에서의 침해, 등록 상표와 동일한 상표를 그 지정 상품과 유사한 상품에 사용하거나, 등록상표와 유사한 상표를 그 지정 상품과 동일 또는 유사한 상품에 사용하는 것을 유사 범위에서의 침해라 한다. 또한 타인의 등록상표와 동일 또는 유사한 상표를 그 지정 상품과 동일 또는 유사한 상품에 사용할 목적이나 사용하게 할 목적으로 교부 또는 판매하거나 위조·모조 또는 소지하는 행위, 타인의 등록상표를 위조·모조할 목적이나 위조·모조하게 할 목적으로 그 용구를 제작·교부·판매 또는 소지하는 행위, 타인의 등록상표와 동일하거나 이와 유사한 상표가 표시된 지정 상품과 동일 또는 유사한 상품을 양도 또는 인도하기 위해 소지하는 행위 등을 간접침해로 취급하고 있다.

상표권 침해에 대한 구제 절차

상표권 침해에 대해 민사적 구제 절차로서 상표권자나 전용사용권자는 침해의 금지 또는 예방을 청구할 수 있고, 상표권 침해로 인한 손해배상을 청구할 수 있으며, 실추된 업무상 신용을 회복하기 위한 조치를 요구할 수도 있다. 또한 침해를 가한 개인 및 법인에 대하여 형사적 구제 절차를 통한 처벌도 청구할 수 있다. 이와 반대로 부당하게 상표권 침해 당사자로 지목된 경우 기존 상표가 이미 상표 요건을 상실했다는 것을 증명하거나, 자신의 상표가 기존 상표와 혼동되지 않는다는 것을 보여줌으로써 상표를 계속해서 사용할 수 있다. 한편 최근 들어 도메인 네임과 상표와의 분쟁이 증가하고 있는데 일반적으로 등록된 상표, 유명한 상표와 동일 또는 유사한 도메인 네임을 등록한 상표, 유명한 상표의 상품과의 관계에서 혼동을 일으키게 사용하는 것은 상표법 또는 부정경쟁방지법에 의해 제재를 받을 가능성이 높다.

18 명예훼손, 사생활 보호권, 퍼블리시티권

광고에이전시, 출판사, 방송회사는 대중들에게 지속적으로 메시지를 전달한다. 이런 메시지에는 종종 특정 개인에 관한 정보나 이미지가 포함되기도 한다. 예컨대 그 특정한 개인은 모델, 유명인, 고용인, 익명의 누군가가 될 수 있다. 그런 메시지를 준비할 때 출판인, 방송인, 에이전시는 명예훼손, 사생활 침해, 퍼블리시티권 침해를 늘 염두에 둔다. 그러나 인터넷 통신의 빠른 성장으로 이메일이나 웹사이트를 통해 정보를 유통시키는 회사도 이제 이와 동일한 수많은 법적 위험에 직면하고 있다.

주요 법적 문제들

당신이 만든 저작물의 내용에서 어떤 오류나 과실로 인해 발생한 경제적 손실이나 인적 손상에 대한 책임을 묻기 위해 소송을 제기하는 사람이 있을 수 있다. 인적 상해는 손상된 명예를 포함해 정신적 피해나 신체적 손상이 될 수도 있다. 이 장에선 커뮤니케이션 전문가들이 알아야 할 주요 법적 문제들을 설명한다.

명예훼손

명예훼손은 제삼자에게 누군가에 관한 사실 또는 허위 사실을 공공연히 고의적으로 전하는 행위를 말한다. 즉 피해자의 명성이나 평판을 실추시키거나 그 공동체에서 피해자의 지위를 해치는 혹은 피해자가 주변에서 따돌림을 당하게 만드는 진술을 말한다.

미국 대부분의 주와 서유럽 각국에서는 민사상 불법 행위만 해당되며, 형사상 범죄로 성립이 안 되는 경우가 일반적이나, 한국의 경우에는 명예훼손은 민사문제와 형사문제로 나뉠 수 있다. 형법에서는 공연히, 즉 불특정 또는 다수인에게 전파 가능성이 있게 사실 또는 허위의 사실을 적시하여 명예를 훼손한 경우 처벌을 받는다. 그러나 공공의 이익에 관한 사항에 관하여 진실한 사실을 적시한 경우에는 위법성이 조각되어 무죄가 된다. 단, 적시 내용이 반드시 진실이나 사실일 필요는 없고 진실이라고 믿을 만한 상당한 이유가 있는 경우에는 죄가 성립되지 않는다. 민법에서 명예훼손은 불법행위로서 손해배상책임을 부담한다. 피해자는 허위진술자를 상대로 소송을 제기하여 구제를 받을 수 있다. 구제는 보통 손해배상으로 이뤄지며 법적 조치를 취하면 피해자는 원고가 되고 거짓 진술을 한 가해자인 개인이나 회사는 피고가 된다.

명예훼손에는 구두명예훼손과 문서비방, 두 가지가 있다.

구두명예훼손

구두명예훼손은 말로 이뤄진 명예훼손이다. 누군가를 거짓말로 비방하는 행위로 보통은 어떤 개인이 대화 중에 다른 사람에 관한 허위사실을 한 사람 이상에게 말할 때 발생한다.

문서비방

문서비방은 고정된 혹은 영구적인 매체에서 표현된 거짓진술이다. 그래서 문서비방은 글, 서명, 사진, 혹은 라디오, 텔레비전, 인터넷 방송에서 이뤄질 수 있다. 그 결과 그런 서술은 많은 독자나 청중에게 전달될 잠재력을 지닌다. 그 허위진술은 대상자를 바보 같고 가증스러우며 우스꽝스럽고 혐오스런 존재로 부각시켜 그 대상자가 기피 대상으로 배척되는 상황에 놓이거나, 정신적 고통 혹은 치욕을 경험해야 한다. 그러한 서술을 출판하거나 방송신문, 잡지, 정치조직, 혹은 방송 등을 한 개인이나 회사는 피해 당사자로부터 소송을 당할 수 있다.

미국에서 대부분의 주는 문서비방 명예훼손에 대해 그 비방을 공개적인 글을 통해 철회할 것을 요구하고 있다. 그런 사과문은 실수를 인정하고 공개적인 사과를 한 것으로 인정된다. 보통 그런 정정사과문이 발표되면 피해자는 소송을 제기할 권리를 얻지 못한다. 반면 정정사과문이 발표된다고 해도 피해자가 소송을 제기할 권리를 얻지 못한다는 부분은 한국 법령에 해당되지 않는다. 그 외에 보고서의 사소한 실수는 문서비방에 해당하지 않는다. 예컨대, 누군가의 나이를 잘못 서술한 것은 단순한 실수로 취급한다.잘못된 정보는 또한 허위사실의 공표에 해당할 수 있다. 이 문제는 잠시 후에 다룬다. 그리고 보통 정부 단체와 공공 보고서는 문서비방에서 예외적이다.

명예훼손죄

어떤 형태의 거짓진술이 도가 지나쳐 그것이 뚜렷한 명예훼손이 될 수 있다. 명예훼손죄에 해당하는 거짓진술을 범주화할 수 있는데, 그런 거짓진술은 좋은 의도로 해석할 여지가 없다.

- 대상자가 범죄를 저질렀다거나 범죄 행위에 가담했다고 죄를 덮어씌우는 중상
- 대상자가 무서운 질병이나 혐오스런 질환에 걸렸다는 주장
- 대상자가 사업가로서 무능하거나 비현실적이라고 서술하는 등 대상자의 행동이나 성격이 업무 수행에 부적격하다고 비방하는 행위
- 그 대상자가 심각한 성적 추행과 같은 몰지각한 행동이나 부도덕적 행위를 저지른다는 주장

그런 주장이 구두로 이뤄졌다면 '구두명예훼손죄'가 되고, 출판물이나 방송에서 이뤄졌다면 '문서비방 명예훼손죄'에 해당한다. 그런 서술은 원고가 추가적인 사실을 도입하지 않아도 그 자체로 소송을 제기할 수 있다. 악의적인 의도가 명백한 것으로 고려되기 때문이다.

고소

명예훼손에 대한 고소가 이뤄지면 다음과 같은 면이 신중하게 조사된다. 그러나 형법상 명예훼손의 경우, 고소가 없어도 공소제기는 가능하나 피해자가 처벌을 원하지 않는다는 의사를 표시하면 처벌할 수 없는 반의사불벌죄反意思不罰罪, 피해자의 고소가 없어도 수사기관이 수사해서 재판을 받게 하는 등 처벌할 수 있는 죄이지만, 그 과정에서 피해자가 처벌을 원치 않는다는 의사표시를 표명할 경우 처벌 못하는 것—옮긴이에 해당된다. 또한 예외적으로 사자死者의 명예훼손죄는 친고죄에 해당된다.

사실 확인

원고는 문제의 명예훼손이 구체적으로 자신을 언급했다는 사실을 입증해야 한다. 원고가 피해자로 확인되지 않으면 그 서술은 명예훼손이 아니다.

공표

소송 전 그런 서술을 한 명 이상의 타인이 듣거나 봤어야 한다.

진술서

사실을 주장하기 위해 그 서술이 제삼자에 의해 합리적으로 이해되어야 한다. 그 서술이 의견이라기보다 사실로 드러나면 그것은 소송을 제기할 수 있다. 그러나 그 서술이 사실로 확인되더라도 의견, 풍자, 소설은 명예훼손이 되지 않는다.

허위

한국의 경우 미국과 달리 허위뿐 아니라 다른 사람의 명예를 손상시키는 사실을 적시할 경우에도 명예훼손죄가 성립된다.

실제 피해

대상자가 피해를 보지 않았다면 누구도 그 피해를 보상할 수 없다. 원고는 실추된 명성, 정신적 고통, 고생, 경제적 손실을 입증해야 한다.

책임

대부분의 경우, 그 서술자의 책임 여부는 피해자가 공적 인물인지 일반 개인인지에 따라 결정된다. 공적 인물이라면 그 문제는 대중의 관심을 끌게 된다. 문서비방이 주정부의 법에 정의되었지만, 미국 대법원은 언론의 자유를 보호하는 헌법수정조항 제1조가 대중의 관심에 적용된다고 일관적으로 판결하고 있다. 마찬가지로 한국 역시 표현의 자유를 헌법상 보장하고 있다. 그래서 공적 인물은 문서비방이 악의적인 의도로 이뤄졌다는 사실을 입증해야 한다. 그렇지 않다면 그 서술은 공정한 논평으로 보호받는다.

　모든 사람은 공적 인물에 대한 정당한 의견이나 평가를 표현할 헌법적 권리를 갖는다. 피해를 회복하기 위해 명성이 높은 원고예를 들어 정치인, 정부 관료, 명사, 기타 유명인는 문서비방을 당했다고 생각하면신문, 라디오 방송국 등에서 피고가 허위인 줄 인식했으면서도 진실과 어긋난 서술을 했다는 사실을 증명해야 한다. 반면 일반인에 대해서는 더 큰 보호가 이뤄진다. 일반인은 피고의 악의를 입증할 필요가 없다. 다만 피고가 허위진술을 발표하기 전에 진실을 조사하지 않은 과실의 정도를 입증하면 된다.

법정 수수료

책임이 있는 것으로 밝혀진 피고는 원고의 변호사 비용을 보상해야 한다.

피해보상

피고가 명예훼손에 책임이 있는 것으로 밝혀지면, 피고는 원고에게 금전으로 피해보상을 하거나 처벌받을 수 있다. 민법상 명예훼손의 경우 불법행위로 간주되며 민법 제750조 '민사손해배상의 청구'에 의해 위자료를 청구할 수 있다. 민법 제750조는 불법 행위에 대한 일반적 원칙으로서 '고의 또는 과실로 인한 위법 행위로 타인에게 손해를 가한 자는 그 손해를 배상할 책임이 있다'라고 규정한다.

형법상 명예훼손은 '307조 일반 명예훼손죄', '308조 사자死者에 대한 명예훼손', '309조 출판물 등에 의한 명예훼손', '311조 모욕죄' 등이 있으며, 징역이나 금고, 자격정지, 벌금형에 처해질 수 있다. 일반적인 명예훼손죄는 5년 이하의 징역, 10년 이하의 자격정지 또는 1천만 원 이하의 벌금에 처한다. 그러나 형법상 명예훼손죄는 '반의사불벌죄'로 피해자가 원치 않으면 처벌할 수 없다. 이때 피해보상은 실제손해보상·특정손해배상, 일반손해보상, 징벌적 손해보상, 명목손해배상 등 사건의 세부사항에 따라 여러 가지로 결정된다.

실제손해보상 · 특정손해배상

사건의 세부사항에 따라 원고가 받는 금액은 실제손해보상과 특정손해배상으로 정해진다. 실제손해는 의료비처럼 명예훼손으로 직접 발생한 돈이다. 특정손해간접손해라고도 한다는 비즈니스의 측정 가능한 손해와 같은 간접적인 손해를 말한다. 특정손해보상은 그런 간접적인 손해액을 벌충해준다. 실제손해보상과 특정손해보상은 모호하거나 주관적이지 않기 때문에 금전적으로 쉽게 계산된다.

일반손해보상

이것은 고통이나 고생과 같은 손해로 그 성질이나 금전적 가치에 따라 주관적이다. 일반손해보상은 미래에 미칠 손해까지 보상해주기 때문에 금전적 가치를 정확히 계산할 수 없다. 그리고 원고는 명성을 추락시킨 손해에 따른 일반손해보상을 받기 전에 악의를 입증해야 한다. 그러나 명예훼손죄의 경우 악의를 입증할 필요가 없다. 그런 주장은 분명히 해로운 것으로 악의적인 서술을 포함하기 때문이다.

징벌적 손해보상

이것은 '본보기 손해배상'이라고도 한다. 피고를 징벌하는 한편 대중에게 모범을 보이기 때문이다. 피고가 특히 악의적으로 행동했다면 보상을 받을 수 있다. 예컨대 고의성을 가지고 공격적이거나, 폭력적 혹은 잔혹하거나 사기성 행동을 했을 경우다. 소송에서 종종 원고가 징벌적 손해배상을 요구하기도 하는데 법정에서 배상금을 지급하라는 명령은 거의 없다. 행위를 개선하거나 금지시키는 사례는 많지만 금전적 보상 사례는 없는 편이다. —옮긴이

명목손해배상

다른 한편으로는 법정에서 피고에게 상징적인 소액을 지불하라 명령할 수 있다. 명목손해보상은 불법 행위가 있었지만 실질적인 손해가 경미할 때 이뤄지는 보상이다. 이것은 종종 원고가 공적 인물일 때 발생한다. 그 소액의 금전은 원고가 옳지만 어떤 실질적인 손해를 입지는 않았다는 사실을 알리는 보상이다.

사생활 보호권

커뮤니케이션 전문가들이 알아야 할 다음 문제는 사생활 보호권이다. 미국 법은 영장 없이는 원치 않는 공개조사를 받지 않고 살 수 있는 개인의 권리를 인정한다. 한국에서도 헌법 제16조에서 "모든 국민은 사생활의 비밀과 자유를 침해받지 아니 한다"라고 하여 사생활권의 보장을 명시하고 있다. 본질적으로 이것은 홀로 있을 권리로 사생활이 침입당하지 않을 권리다. 그런 권리를 무시하는 행위는 사생활 침해로 민사상의 불법행위다. 일반적으로 네 가지의 사생활 침해가 있다.

첫째, 침입

이것은 합리적으로 기대될 수 있는 사생활에 공격적이며 충격적인 침입을 말한다. 파파라치가 사진을 찍기 위해 타인의 사유재산에 불법 침입해서 그 사람의 사생활을 비합리적으로 방해했을 때도 이런 침입이 발생한다. 사생활 침입엔 전화도청이나 타인의 편지를 읽는 행위도 포함된다.

둘째, 개인적 사실의 공개적 노출

모든 사람들은 사적인 문제는 자신만이 알고, 합법적이 관심의 대상이 아닌 개인적 사실은 대중에게 노출하지 못하게 할 권리를 가진다. 합리적인 개인이 불쾌하게 느낄 수 있는 개인적 정보를 누군가가 공표함으로써 그 사람을 당황하게 하거나 수치를 느끼게 한다면 그것은 사생활 침해다.

셋째, 오해를 낳는 공표

이것은 어떤 사람이 사실이 아니거나 오해의 소지가 있는 서술을 비이성적으로 했다며 그 서술자를 공개하는 것이다. 여기엔 허위적인 행동이나 믿음도 포함된다. 오해를 낳는 공표는 모든 주에서 인정되지 않는다. 어찌됐든 그 허위진술은 명예훼손이 아닐지라도 그러한 서술이 정확하지 못하다는 사실을 알고서 그런 공개가 이뤄져야 하며 그런 서술이 합리적인 개인에게 어떤 면에서 공격적이거나 불쾌한 것이어야 한다.

넷째, 전용과 이기적 이용

이것은 어떤 개인의 이름, 닮음, 목소리, 혹은 개인적 정체성의 기타 특징을 허가 없이 상업적 목적으로 사용하는 것이다. 이런 종류의 침해에 대한 보호를 '퍼블리시티권'이라 한다.

퍼블리시티권

미국의 경우에는 퍼블리시티권이라고 하여 광의의 초상권 개념으로 인격권적 측면에서 뿐만 아니라, 재산권적 측면에서도 유명인의 초상을 보호하고 있다. 즉 모든 사람은 제품이나 서비스를 홍보하고 판매하기 위해 자신의 정체성이름, 이미지, 특징, 목소리 등 사용을 통제해서 수익을 올릴 배타적인 법적 권리를 갖는다는 것이다. 누군가의 정체성을 무단으로 전용하는 행위는 그 개인의 퍼블리시티권 침해다. 그러나 그 권리의 법적 범위는 주에 따라 다르

편집적 사용	상업적 사용
언론의 자유를 보호하는 수정헌법 제조	퍼블리시티권에 대한 주정부의 보호

도표 18-1 많은 사건은 그 경계가 명확하지 않다. 법 적용의 타당성은 퍼블리시티권의 정확한 사용 근거에 따라 이뤄진다.

다. 그런데 많은 경우, 퍼블리시티권은 연방법으로 보호되는 자유사회에서 자신의 사상과 의견을 표현할 권리인 언론의 자유와 상충한다. 각 사건에서 법원은 주정부의 법에 따른 원고의 퍼블리시티권과 미국 수정헌법 제1항이 보장하는 피고의 언론 자유권도표 18-1 참조 사이에서 적절한 균형을 찾는다.

퍼블리시티권 사용 범주는 세 가지로 분류할 수 있다.

창조적인 사용

피고가 소설과 같은 순수 허구적인 작품을 만들었을 때, 실제 인물과 소설 주인공이 닮았어도 그것은 보통 침해로 보지 않는다. 어떤 개인의 특징이 그림, 조각과 같은 미술작품에 사용될 때도 보통 그 사용은 침해로 보지 않는다. 독창적인 예술작품은 문제없이 전시되거나 판매될 수 있다.

공공이익을 위한 사용

공적 인물이나 보도가치가 있는 사건에 휘말린 사람의 퍼블리시티권은 언론보도로 인한 권리침해가 성립되지 않는다. 그 법은 누군가의 정체성이 뉴스보도, 공적 업무, 스포츠, 정치선전과 같은 교육적 혹은 편집적인 목적을 위해 사용될 때 퍼블리시티권에서 예외적으로 인정해주고 있다. 이 때문에 개인들에 관한 잡지, 기사, 책, 기록물이 가능한 것이다.

이 두 범주의 출발점은 언론의 자유다. 누군가의 정체성을 사용하는 것은 보통 허용된다. 만약 그런 사용을 금지한다면 이는 언론의 자유에 대한 위헌적인 제약이다. 그러나 세 번째 범주의 사용은 언론의 자유로 고려되지 않는다. 그 사용은 이익을 창출하려는 의도로 이뤄졌기 때문이다.

상업적 사용

누군가의 정체성 특징을 상품, 서비스의 광고, 판매와 관련하여 사용할 때는 사전에 허가를 얻어야 한다. 여기엔 이름이나 닮음외모나 목소리의 유사성을 광고나 T셔츠, 커피 머그잔, 우편엽서나 기타 상품에 사용하는 것도 포함된다. 정체성을 전용해서 이기적으로 사용하는 행위는 소송 대상이다. 예를 들어, 판매고를 높이기 위해 유명인의 승인을 받은 것처럼 제품과 관련하여 유명인의 이름을 무단으로 사용할 수 있다. 하지만 무단으로 자신의 퍼블리시티권을 사용했다는 사실을 입증할 책임은 원고에게 있다.

어떤 사용이 한 범주로 정확히 떨어지지 않을 때 혼란이 발생한다. 일부 사용은 복합적이다. 예를 들어, 미술 작품의 이미지를 상업제품에 사용했을 때가 그렇다. 이와 같은 문제를 분류하기 위해 캘리포니아 대법원은 변형의 개념을 사용해 최근에 판결을 내렸다. 이것은 저작권법에서 차용한 개념으로 저작물이 원작에서 본질적으로 새롭게 변한 표현이나 의미가 될 정도로 달라졌거나 다른 목적으로 사용되었다면 정당한 사용으로 본다는 것이다.

퍼블리시티권이란 맥락에서 '변형' 상업적 저작물은 어떤 개인과 단순히 닮은 것으로 보기보다는 그 예술가나 디자이너가 자신의 아이디어를 표현한 것으로 해석된다. 예술가가 상당히 창조적인 요소를 가미해서 그 이미지에 새로운 의미를 부여한 것이다. 퍼블리시티권에 대한 이런 예외는 사건에 따라 패러디나 만화와 같은 다른 양식이나 파생상품에까지 확장될 수 있다. 법적 관점에서 이런 개념은 다소 모호하며 해석의 여지를 남긴다.

이것은 유명인의 이미지처럼 전통적 이미지를 이용한 제품, 서비스, 그리고 광고와는 대조적이다. 한 엄밀한 예로는 닮음의 복제나 모방이다. 그런 이미지는 포스터에 사용되는 락 음악가의 사진처럼 상업적 목적을 위해 사용될 땐 보호받지 못한다.

주에 따라 퍼블리시티권의 정확한 세부사항은 유명인과 일반인, 생존자와 사망자에 따라 달라진다. 예를 들어, 캘리포니아 주에서 상속인은 고인의 퍼블리시티권을 계속해서 보호할 수 있다. 그래서 고인의 사후 70년 이내에 그 이름이나 닮음을 동의 없이 제품이나 서비스를 홍보하기 위해 이용하는 사람에게 책임을 물을 수 있다.제임스 딘이나 마릴린 먼로와 같은 죽은 명사의 허가권을 전문으로 관리하는 법률회사와 탤런트 에이전시는 그 명사의 유산으로 상당한 수수료를 얻고 있다.

결론을 말한다면 상업적 목적으로 어떤 개인의 정체성 특성을 사용하려면 사전에 허가를 얻어라. 사생활보호권과 퍼블리시티권은 모델과 함께 일을 할 때, 그 모델이 회사의 고용인이라 하더라도 서명된 동의서를 얻어야 한다. 어떤 사람의 특징이나 이미지를 포함하고 있고 해당 개인이 분명하게 인식할 수 있는 그런 콘텐츠를 창조하여 배포할 때마다 명예훼손, 사생활보호, 퍼블리시티권에 관한 문제에 유의해야 한다. 어떤 프로젝트에서 그런 의문사항이나 위험에 대해 궁금하다면 변호사와 상담하는 게 상책이다.

미국과 달리 한국의 경우, 퍼블리시티권이 법률상 아직 확립된 개념은 아니며 법원에서는 인격권으로 재산권적 측면의 문제까지 해결하고 있다.

19 계약조건 이해하기

이 장과 다음 장에서는 AIGA(미국 그래픽 디자인 협회)의 디자인 서비스를 위한 최신 표준계약서 양식을 소개한다. 최근에 변경된 현재의 계약서 양식은 정해진 양식의 통합적 방식으로 빈 칸만 채우면 되는 규격화된 문서가 아니라, 디자인 회사가 각각의 프로젝트에 맞는 맞춤형 제안서를 안출하여 적절한 계약조건을 첨부하도록 한다. 서로의 이해가 맞아 서명되면, 그 제안서와 첨부된 계약조건은 구속력 있는 계약서가 된다. 공정거래위원회가 제안한 디자인업 표준하도급 기본계약서도 제시한다.

AIGA의 표준 계약서 양식

그런 점을 염두에 두고 AIGA의 새로운 표준 계약서 양식은 계약조건에 초점을 맞췄다. AIGA 회원은 다양한 디자인 분야와 관련되어 있다. 이 때문에 권장 계약조건은 표준적인 양식으로 준비되어 왔다. 이런 표준적인 양식으로 개인 계약서를 관리 가능한 크기로 줄일 수 있다.

첫 번째, 두 표준 계약서인 기초 계약조건과 스케줄 A : 지식재산권 조항은 모든 디자인 분야에 공통으로 사용되어야 한다. 추가적인 세 가지 표준 계약서는 분야에 따라 계약서에 첨부문서로 제공된다. 인쇄산업용 계약조건, 인터랙티브용 계약조건, 3D용 계약조건이 있다.도표 19-1 참조

디자인 서비스를 위한 AIGA의 이런 새로운 표준계약서 양식은 산업 전문가 팀에 의해 개발되었다. 이런 양식은 디자인 회사를 위한 참고용으로 변호사의 전문적인 조언을 대신하지는 않는다. 구체적인 법적 질문이 있다면 늘 적절한 법률 상담을 받아야 한다.

도표 19-1 공통 부분은 기초 계약조건과 지식재산권 조항이다. 기타 부분은 해당 분야에 관련된 조항을 덧붙이면 된다.

이용 방법

계약서 초안을 잡고 고객과 협상하고 계약을 체결하는 과정은 다음과 같은 일련의 활동을 따른다.

- 고객과 고객의 프로젝트에 대한 사전준비와 정보수집
- 예산과 스케줄에 대한 내부계획
- 고객용 고객제안서 작성
- 모든 디자인 프로젝트에 적용되는 두 가지 AIGA 표준 계약서를 첨부하기
- 기초 계약조건
- 스케줄 A : 지식재산권 조항들
- 디자인 분야에 따른 다음과 같은 AIGA 첨부문서 첨가
- 인쇄용 계약조건
- 인터랙티브용 계약조건
- 3D용 계약조건
- 계약조건에서 최종적인 AIGA 선택 점검표를 검토하기
- 고객에게 계약서를 보여주며 질문에 대답하기
- 고객이 요청하는 변경을 협상하기
- 담당자의 서명으로 계약서 체결하기

이제부터 그 전반적인 공정에 대한 실용적인 조언과 더불어 계약서에 들어 있는 세부항목에서 해결할 중요한 법적·경제적 문제들을 살펴볼 것이다. 계약서의 전문용어를 쉽게 이해할 수 있도록 법률용어에 대한 기초적인 설명도 덧붙였다. 그러나 이런 설명은 맛보기에 불과하다. 프로젝트의 종류와 규모에 따라 계약서는 더욱 복잡해질 수 있다. 고객과 계약을 마무리하

면서 변호사에게 그 계약서의 검토를 의뢰해라. 올바른 변호사를 찾아 그 변호사의 시간과 전문지식을 최대로 이용할 수 있는 몇 가지 방법으로 이 장을 마무리할 것이다.

기초 계약조건에 대한 설명

AIGA 시스템의 첫 번째 표준은 모든 디자인 분야에 공통으로 적용되는 일반적인 계약조건으로 지불 기간, 변경, 포트폴리오 사용과 같은 기본적인 문제들을 포함하고 있다. 이 항에서는 그런 일반적인 계약조건을 상세히 다룬다. 그와 관련된 몇 가지 개념을 서술하여 이해를 도울 것이다.

정의
'계약서'와 '성과물'과 같은 중요한 용어는 제안서나 첨부 계약조건에서 일관되게 사용해야 한다. 내부적으로 통일되지 않은 전문용어는 혼동을 초래하고 법적 관점에서도 계약서의 효력을 약화시킬 수 있다. 용어를 정의했으면 그다음부터 그 용어는 항상 대문자로 시작해 사용해야 한다.

제안서
계약조건은 제안서에 포함되어 있던 프로젝트 명세서를 절대 중복 서술하지 마라. 다만 마감 조항은 포함해야 한다. 그것은 서명이 없는 제안서의 유효성 때문으로, 고객이 그 제안서를 한두 달 넘게 검토한다면 가격책정이나 실행가능성의 변화를 반영하기 위해 그 서류를 갱신해야 한다.

비용

서비스를 정액제로 합의했다면 제안서에 총금액을 명시해야 한다.

세금

뒤늦게 납부고지서가 날아와도 판매세나 사용세는 고객이 일체 책임진다는 단서를 달아라. 그런 세금은 나중에 디자이너의 회계감사 동안에 나타날 수도 있기 때문이다.

경비와 추가비용

모든 프로젝트엔 몇 가지 경비가 반드시 포함되기 마련이다. 그런 경비는 사진복사나 택시비 같은 소액일 수도 있지만, 사진촬영 같은 고액일 수도 있다. 그런 경비를 어떻게 처리할지, 비용을 충당할 추정금액이 제안서에 포함되어 있는지를 제안서에 정확하게 서술해야 한다. 그래야 고객의 오해를 사지 않는다. 일부 고객은 정산해줄 비용을 위해 영수증을 원하기도 하지만, 다른 고객은 필요성을 느낄 때 당신의 프로젝트 기록을 감사할 권리만을 요청하기도 한다. 일정액 이상의 구매는 고객의 사전승인을 받도록 하는 경우도 드물지 않다. 자동차 주행에 대한 보상을 원하면 국세청이 해마다 발간하는 표준 요율을 사용해라. www.irs.gov

대부분의 디자인 회사에서 프로젝트를 위한 여행경비는 단순 비용으로 처리해 할증을 붙이지 않지만, 기타 모든 다른 비용엔 할증을 하여 고객에게 청구한다. 그런 할증율을 서술해라. 보통 20% 고객이 큰 경비에 할증을 피하고 싶다면 그들에게 직접 구매할 것을 허락해라. 그러나 당신이 공급업자를 알선하고 품질검사를 하는 데 들인 시간은 비용으로 청구해야 한다. 디자인 회사가 금액이 큰 제삼자 서비스를 중개했다가 잘못되어 법적 책임을 떠맡을 필요는 없다. 인쇄와 같은 제삼자 서비스에 하자가 발생했을 때 고객이 직접 구매를 했다면 디자이너가 책임질 일은 없다.

청구서

프로젝트 청구 계획은 제안서에서 시작해야 한다. 중간청구서는 국면이나 진척에 따라서 혹은 주나 월 단위로도 가능하다. 부본을 복사해서 그것을 고객 주소로 정기적으로 보낼 것을 명시해도 좋다.

지불 기간

고객에게 청구서송장를 보낼 때, 완전한 지불이 청구서를 발부한 날짜에서 특정한 기한 내에 이뤄져야 한다. 예를 들어 '결제 기간 30일'은 고객이 30일 이내에 지불을 완전히 끝내야 한다는 의미다. 일부 고객은 그 청구서를 자신들이 접수한 날부터 계산해야 한다며 그 기간을 약간 늦추기도 한다. 디자인 회사는 지불 기간을 보통 '결제 기간 15'일로 하는데, 디자인 회사가 그 돈으로 '결제 기간 30일'의 공급업자에게 지불하기 위해서다. 이런 문제와 관련하여 당신은 신규 고객에게 신용한도액을 두고 싶을 것이다. 이것은 그 고객의 신용도와 당신의 자금 필요성에 따라 당신이 판단할 몫이다. 지불약속이 제대로 이행되지 않으면 해당 프로젝트가 중지될 수도 있음을 서술해야 한다.

연체료

대부분의 디자인 회사는 지불 날짜가 늦으면 연체료를 부과한다. 표준 연체료는 매월 1.5%연 18%지만 일부 주에서는 법정 한도율을 정하기도 한다. 연체료에 대해서는 별도의 청구서를 보내지 않고, 그 대신 고객에게 월별 내역서의 행 항목line item, 인쇄물로 출력되었을 때 한 줄에 들어가는 어떤 품목의 재고번호, 품명, 수량 가격 등-옮긴이에 기재해서 고객에게 지불되지 않은 청구서를 상기시킨다. 고객이 대금을 청산하면, 그 돈으로 우선 벌금을 낸 후 가장 오래된 미불 청구서부터 해결한다.

완전지불

당신의 일부 혹은 모든 권리를 고객에게 양도하기로 합의했다면, 고객이 당신 서비스에 대해 완전히 지불한 후 양도한다는 조건을 반드시 서술해야 한다.

변경

고객이 요구하는 사소한 변경은 시간과 재료에 따라 청구하면 된다. 그래서 제안서에 시급을 정하며 30일 사전 공지 없이는 그 시급을 변경하지 않는다는 사실을 서술해야 한다. 고객이 추가나 변경을 요구하면 변경서를 발송해라. 변경서는 프로젝트의 원래 규모에는 없었던 고객 요청을 디자이너가 동의하여 작성한 문서다. 그 디자이너는 추가되는 시간과 금액을 적은 변경서를 고객에게 보내 그들이 검토하게 하고 책임자의 서명을 받도록 해야 한다. 그것은 사실상 소제안서다. 그래서 변경서도 제안서와 동일한 계약조건이 적용될 것이라는 점을 서술해라. 변경서에 대한 보상은 시간과 재료에 기초하거나 혹은 정액제로 계산될 수 있다.

　프로젝트가 끝나면 각 변경 주문서는 별도로 청구해야 한다. 그러나 고객이 커다란 변경을 요구하면 새로운 제안서로 전체 프로젝트를 처음부터 다시 시작하는 것이 좋다. 그래야 더 명확하고 덜 혼란스럽다. 여기서 커다란 변화란 원래 계획 또는 예산의 일정 %예컨대 10%가 일정 금액예컨대 1천 달러을 넘을 때, 더 큰 쪽을 초과하는 경우로 규정할 수 있다.

시기

고객이 프로젝트를 진행하는 중에 빽빽한 스케줄을 협상하면서 필요한 정보, 재료, 승인을 제대로 해주지 않아 심각한 지연을 초래하는 역설적인 상황이 생길 수도 있다. 그래서 대부분의 디자인 회사는 고객이 장기적인 지연을 일으키면 그 프로젝트의 마감이 늦춰진다는 점을 명시한다. 그런 지연이 있을 동안, 가능하면 재원의 일부를 다른 프로젝트로 돌려야 할 것이다. 급한 프로젝트를 진행할 때는 다른 프로젝트를 연기하거나 거절해야 한다. 예기치 못한 연기는 일시적으로 자금줄을 막는 위험을 초래할 수 있다. 이런 위험을 상쇄하기 위해 일부 디자인 회사는 연체비용이나 재개비용을 부과하려고 한다. 이 문제를 협상의제로 다룰 수는 있지만, 대부분의 고객이 그리 달가워하는 의제는 아니다.

검사와 인수

고객에게 납품된 모든 저작물은 고객이 특정한 기간_{보통 5일에서 10일} 내에 이의를 제기하지 않으면 수용된 것이다.

하자보수

검사, 인수와 관련하여 하자보수의 개념이 있다. 고객이 그 저작물을 수용할 수 없다고 알려오면, 당신은 하자보수의 기회를 가져야 한다. 이것은 프로젝트 명세서에 따르지 않았던 부분을 수선, 정정하거나 새로 디자인하여 고객의 욕구를 충족시키는 것이다.

고객책임

고객이 디자인 회사의 서비스를 처음 받아보는 것이라면, 고객은 그 공정에서 자신이 얼마만큼 개입해야 하고 그 개입이 얼마나 중요한지를 인식하지 못한다. 그래서 당신은 정보, 콘텐츠, 스케줄, 의사결정, 승인에서 그들이 해야 할 일을 알려줘야 한다.

허가·홍보

이것은 그 저작물에 대한 적절한 신용을 얻고, 그것을 당신의 디자인 포트폴리오에 덧붙이는 문제와 관련된다. 당신은 그 저작물 자체에 포함되는 신용한도를 요청해야 한다. 그래서 완성된 저작물이 대중에게 공개될 때, 고객의 이름을 당신의 고객명단에 올릴 권리와 그 저작물을 당신의 디자인 경력에 올릴 권리를 계약서에 서술해야 한다. 또한 새로운 비즈니스에 도전할 때 타 회사에게 그 저작물을 보여주고 설명할 수 있어야 한다. 경쟁이 극심한 산업에 종사하는 고객은 이에 관해 우려하는 경우도 있어 그와 같은 홍보 활동을 사례별로 검토해 승인할 권리를 요구할 수도 있다. 만약, 그 완성된 저작물의 권리를 양도가 아니라 허가만 했고, 그 저작물이 고용저작물이 아니라면 당신은 그 저작물을 당신의 포트폴리오에서 보여줄 법적 자격을 갖는다.

비밀정보

이런 계약조건을 완벽히 이행하려면, 고객과의 첫 만남에서 별도의 기밀 및 비밀 유지 계약을 체결했더라도 계약서에 그 조항을 포함시켜야 한다. 저작물의 종류에 따라 그 기밀 및 비밀 유지 조항은 상호적이어서 고객은 물론 당신의 독점적인 정보도 보호받아야 한다.

당사자 관계

계약서에 당신은 고객의 고용인이 아니며 또한 그들과 동업이나 합작을 하지 않는다는 사실을 재천명해야 한다. 외부 서비스 납품업체로서 당신은 독립계약자로 기능한다. 당신은 필요에 따라 보조원이나 대리인을 고용할 권한도 얻어야 한다.

고용저작물

독립계약자 신분, 프로젝트 성과물의 소유권, 사용에 관한 고객과의 협상은 고용저작물과 관련된 개념 때문에 혼란이 가중되기도 한다. 고용저작물이란 미국 저작권법에서 나온 용어로 '직원이 직무상 만든 독창적인 저작물'을 의미한다. 이런 경우에 저작권은 자동적으로 고용주에게 속한다. 그러나 그 고용저작물이 독립계약자나 디자인 회사가 만든 독창적인 작품일 경우에는 그 저작권이 고객회사에 자동적으로 속해야 하지만 매우 구체적인 기준을 충족해야만 한다. 그것은 특별히 법정 명령이나 위임을 받아야 하며, 다음 아홉 가지 범주 중 하나에 속해야 한다.

- 집단 저작물에 대한 기여예를 들어 잡지, 명시선집, 혹은 백과사전
- 영화나 기타 시청각 저작물의 일부가 되는 저작물예를 들어 웹사이트나 멀티미디어 프로젝트
- 번역
- 다른 저자가 창작한 작품에 부가물로서 준비된 보조물예를 들어 머리말, 별침, 혹은 차트
- 편집물달력처럼 기존 저작물의 새로운 배열
- 교육용 교재글, 그림 혹은 그래픽
- 시험
- 시험을 위한 답안지
- 지도책

또한 그 저작물이 고용저작물이라는 내용이 들어간 서명 계약서를 양 당사자가 체결해야 한다. 그 프로젝트가 이 모든 기준을 충족시키지 못하면 고용저작물이 적용되지 않는다. 당신이 고객에게 저작권을 양도하지 않으면 당신의 소유가 된다.

체리피킹

흔한 일은 아니지만 고객이 특정한 팀원의 저작물에 만족하여 그 팀원과 직접 계약을 맺고 싶어 하는 경우가 있다. 이를 '체리피킹cherry picking, 버찌 따기라는 용어로 고객이 기업의 특정 제품이나 서비스만 구매하는 행위 – 옮긴이'이라 한다. 그럴 경우, 당신은 팀원을 소개해준 대가로 알선료를 받아야 하며, 더욱이 당신의 비즈니스에 미칠 영향까지 고려해야 한다. 가장 유능한 경력자가 사라지면 비즈니스에 예기치 않은 곤란이 닥칠 수 있다.

비독점권

계약서에 고객과의 관계가 배타적이지 않다는 조항을 덧붙일 수도 있다. 당신의 다양한 고객 중에 서로 경쟁사가 있을 수 있다. 만약 한 회사가 특정한 범주에서 당신이 다른 회사와 거래하기를 원치 않는다면, 그런 사실을 반영하여 단가를 조절해야 한다. 배타적인 관계로 다른 회사의 프로젝트를 거절해야 하며 그에 따른 손실을 상쇄하려면 수익률을 높여야 한다.

보증 및 확약

보증서는 계약서에 대한 약속이다. 그것은 그 계약서의 내용이 틀림없음을 나타내는 서면 보증이다. 디자이너로서 당신은 그 저작물을 전문가의 솜씨로 제작했으며, 또한 독창적으로 만들었기 때문에 타인의 지식재산권을 침해하지 않는다는 보증을 해야 한다. 그 저작물의 일부가 결함 있는예를 들어 인터랙티브 프로젝트에서 고객 컴퓨터 부호에 발생한 문제처럼 것으로 드러나면, 당신은 그것을 수선하거나 대체할 책임을 진다.

독창성과 관련된 법적 문제는 더욱 복잡하다. 저작권은 의식적으로 타인의 저작물을 모방해야 침해가 성립한다. 그러나 상표권, 상표외장권, 특허권은 당신이 독립적으로 저작물을 창조했어도 침해가 성립될 수 있다. 그래서 '비침해'에 대한 보증을 '지식의 한도' 내로 제한하는 것이 가장 좋다. 그런 제한 없이 비침해 보증서를 작성해주려 한다면, 프로젝트 완성을 조금 앞두고 당신의 저작물이 부주의하게 제삼자의 상표권이나 특허권선행기술과 닮았는지 여부를 공식적인 조사를 통해 알아봐야 할 것이다. 그런 선행 기술에 대한 조사는 고객 측에 일임하는 게 최선이다. 그러나 당신이 그런 조사를 하기로 합의했다면, 그 프로젝트의 스케줄과 예산에 변호사를 채용하여 그런 조사를 시행하는 법률 서비스 비용을 포함시켜야 한다.

보증 및 확약 사항은 쌍방향이 가장 좋다. 고객은 그런 보증이나 확약 조건에 대해 당신에게도 동일한 약속을 해야 한다.

침해

침해는 타인의 지식재산권을 무단으로 사용하는 것이다. 그것은 허가를 얻어 소유권을 분명하게 공지한 후 로열티나 수수료를 지급하는 계약 체결과는 반대되는 행위다. 그 침해가 우발적이더라도고객의 의뢰를 받아 당신이 독립적으로 만든 저작물이 누군가의 상표권과 닮을 수 있다 침해 책임을 져야 하며, 그 침해자는 실질적인 피해보상과 더불어 침해 작품의 사용을 중지할 책임이 있다.

보증서 포기와 전체적인 대문자 사용

계약서에 보증서의 포기가 들어가면 그 포기를 표기하는 문자는 계약서에서 '눈에 확연히 띄어야 한다'고 많은 주에서 법으로 명시하고 있다. 그것은 어떤 합리적인 소비자가 주목할 정도로 확연해야 한다. 그래서 그 포기성명은 대문자나 볼드체, 혹은 대조적인 색으로 작성해야 한다. 이런 지침을 따르지 않는다면 그 포기성명은 무효가 될 수도 있다.

보상

약속했던 보증사항을 위반해서 발생한 어떤 손실이나 피해를 당신이 보상해주기로 합의하면, 당신은 그런 손실이나 피해에 필적하는 무언가를 제공하거나, 변호사 비용을 포함해 제삼자에게 지불하라는 판결이나 피해로부터 고객을 보호하여 고객에게 전혀 피해가 가지 않게 해야 한다. 예를 들어 제삼자 침해소송에 대해 고객 대신 당신이 형사처벌을 받겠다고 약속하는 것이다.

마찬가지로 고객이 위반한 보증서 침해에 대해선 고객이 당신에게 보상하게 해야 한다. 책임의 규모가 아주 클 수 있기 때문에 디자이너에게 보상은 매우 중요한 문제다.

책임

책임이란 행동이나 부주의로 일어난 결과에 대한 법적 책임이다. 고객에 대한 당신의 책임은 민사배상이나 형사처벌이 될 것이다. 예를 들어, 특정한 날짜에 전자상거래 사이트를 완료하기로 서면 합의한 웹개발자가 약속을 이행하지 못하면 고객에게 책임을 져야 한다.

책임의 한계와 전체적인 대문자 사용

계약서에 책임한도가 포함되면 마찬가지로 그 한도를 표기하는 문구는 충분히 '눈에 확연히 띄어야 한다'는 점을 많은 주에서 법적으로 요구하고 있다. 그것은 어떤 합리적인 소비자가 주목할 정도로 확연해야 한다. 이것은 그 한도 표기가 모두 대문자로 처리되거나 볼드체 혹은 대조적인 색깔로 출력되어야 함을 의미한다.

제안서에서 합의된 총액 이상으로는 피해보상을 할 수 없다는 점을 고객과 합의해 동의를 얻어라. 계약 당사자 간에는 이런 식으로 책임한도를 설정할 수 있지만, 제삼자에게 피해보상 청구권을 주는 계약은 맺을 수 없다.

배상

배상은 피해자의 법적 상환 청구권으로 계약서에 명시되거나 법원의 명령으로 가능하다. 배상은 어떤 행위를 수행 혹은 금지시킬 수 있으며 금전적인 보상이 될 수도 있다.

피해보상

피해보상은 '소송 제기자인 원고가 겪은 손실이나 피해에 대한 재정적 보상'이다. 피해보상에는 금전적 손실과 같은 실제적 피해보상, 다소 주관적인 명성의 실추나 향후 비즈니스와 관련된 일반적인 피해보상, 원고의 사기성 행동에 대한 징벌적 피해보상이 있다.

기간과 만료

프로젝트의 정상 기간은 계약서의 서명에서 완성된 서비스를 고객이 승인한 시점까지다. 중도에 프로젝트가 취소될 경우를 대비해 계약서에 그 과정을 서술해놓아야 한다. 그러므로 공지에서 확정청구서^{확정송장}의 과정을 사전에 정해야 한다. 확정청구서는 최소 날짜까지 수행된 서비스에 투입된 시간과 새료에 대한 비용이나 중도해지료 혹은 양자의 혼합이 된다. 취소는 미완성된 저작물에 대한 소유권 문제를 야기할 수 있다. 일반적으로 디자이너는 고객이 거부한 연구자료나 견본용 저작물을 포함한 모든 준비작품을 보유하고, 고객은 가장 최근에 승인된 저작물을 받게 될 것이다.

일반 조항

계약조건에 대한 이 항에서 다루는 대부분의 법적 문제는 굉장히 자명하지만 다음의 정보는 나름대로 도움이 된다.

신의 행위

'신의 행위force majeure'라는 이 용어는 '불가항력superior force'을 의미하는 불어다. 그것은 합리적으로 예측하거나 통제를 할 수 없는 사건이나 효과를 일컫는다. 그런 사건예컨대 전쟁, 노동분쟁, 악천후, 지진이 일어나면 디자이너나 고객에게 책임을 묻지 않고 프로젝트가 연기되거나 종료될 수 있다.

준거법

이것은 재판 관할권과 관계가 있다. 서명된 계약서가 어떤 주의 법에 지배되는지 확인해야 한다. 당신의 고객은 보통 자신들의 본사가 위치한 주를 요청할 것이다.

분쟁 해결

분쟁 해결에는 세 가지 표준 방법이 있다.

- 조정
  - 조정은 분쟁을 해결하기 위해 당사자 사이에 비공식적으로 개입하는 구속력이 없는 행위다. 여기엔 문제를 명확히 하고 합의점을 도출하여

협조를 촉구하기 위해 협상을 유도하는 제삼자조정자의 적극적인 참여가 포함된다. 중재에 대한 위임이 계약서에 포함되기도 하며, 조정 서비스를 제공하는 전문적인 조정자나 변호사도 있다.

- 중재
- 조정의 다음 단계는 중재다. 중재는 공정한 제삼자중재인가 법정 밖에서 분쟁 양 당사자의 의견을 청취한다. 중재인은 판사처럼 행위하는 변호사로 양 당사자의 이야기를 청취는 하지만 그 토론에 적극적으로 참여하지는 않는다. 당신과 상대편은 증거와 증인을 제출할 기회를 가지며, 중재인은 그 사실을 듣고 난 후 결정을 내린다.

  계약서에 중재인의 결정에 대한 구속력 여부를 명시해야 한다. 구속력 있는 중재는 당사자들이 그 결정에 따를 법적 의무를 가지며, 그 결정을 최종 결정으로 받아들여야 한다. 중재는 재판을 피할 목적이지만 계약서에 포함된 중재는 나중에 법원 판결로 전환될 수 있다. 중재 수수료가 클 수도 있지만분쟁의 종류에 따라 3천 달러에서 2만 달러 이상이 될 수도 있다 보통 법정 소송비보다는 저렴하다. 편의상 많은 계약서는 분쟁을 중재할 전국적인 중재 서비스를 명시하지만 당신은 그런 전국적인 명성보다는 지방 서비스를 더 선호할 것이다. 특히 지방에서 예술과 관련된 서비스를 찾을 수 있다면 금상첨화다.

- 소송
- 소송은 분쟁을 법정에서 해결하는 것이다. 소송에 들어가는 시간과 비용은 상당할 수 있다.

변호사 비용

중재든 소송이든 판결이 확정되면 패소측은 승소 측의 비용과 변호사 비용을 보상해야 한다. 저작권법에 따르면 승소한 원고는 침해가 발생하기 전에 저작권등록을 내놓았으면 변호사 비용을 보상받을 수 있다. 저작권 이외의 분야에서 승소 측의 법적 비용에 대한 보상 책임은 계약서에 정해야 한다.

'스케줄 A'에 관한 요약 : 지식재산권 조항

모든 디자이너는 저작권 보호를 받는 독창적인 저작물과 혹시라도 상표권이나 특허권으로 등록될 수 있는 추가적인 저작물을 만든다. 이 때문에 모든 디자인 계약은 지식재산권에 대한 소유권과 사용에 대한 문제를 해결할 필요가 있다. 이것은 저작물의 성격과 고객의 구체적인 필요성에 따라 다양하게 협상될 수 있다.

준비작품 대 확정작품

준비작품과 확정작품 사이엔 중요한 차이가 있다. 각 프로젝트 초기에 디자이너는 여러 가지 토론 소재를 만들 것이다.예컨대 스케치, 속화(rough layouts, 중간 과정용 개략적 레이아웃), 시각화, 혹은 시안용 포괄적 레이아웃(comps)이 있다. 이런 작품들은 오로지 고객의 승인을 받기 위해 안출한 아이디어나 메시지를 보여주는 견본이다. 정상적으로 고객은 이런 아이템들에는 법적 자격이나 영구적 소유권을 가질 수 없다. 계약서에서도 이 부분을 분명히 해야 한다. 많은 준비 개념들은 나중에 수정되거나 아예 거부당할 수도 있다. 보통 한 개념만 수용되어 승인과 완성을 거쳐 고객에게 전달된다.

제삼자의 권리 사용

제삼자가 소유한 지적재산을 어떤 프로젝트예를 들어 삽화나 사진에서 사용할 때, 디자이너는 그 고객에게 그 재산에 대한 사용 제한이 있음을 서술해야 한다. 그 고객이 해당 삼자와 사용권을 협상해 그 삼자에게 직접 사용료를 지불하게 해라.

상표권
이 문제는 앞서 다루었다.

디자이너의 장치
이것은 배경 기술에 대한 문제를 다루는 것이다. 만약 그 디자이너에게 독점적인 어떤 기술이 최종 성과물을 개발, 운영, 전시, 사용하는 데 필요하다면 디자이너가 고객에게 그 기술을 복사하여 사용할 수 있는 비배타적 허가를 내주더라도 그 기술에 대한 소유권은 보유할 필요가 있다. 그래야 같은 기술을 타 고객의 프로젝트에 사용할 수 있다.

라이선스
라이선스허가는 최종작품을 포함하여 지식재산권을 특정하게 사용할 권리를 디자이너가 고객에게 부분적으로 승인하는 것이다.

라이선스의 범위
라이선스의 범위는 어떤 저작물이냐에 따라 변한다. 그 권리는 어떤 제품, 미디어, 지역, 혹은 시간에 사용하도록 제한한다. 기타 기본적인 제한은 고객에게 그 저작물의 수정을 허용할 것인지, 혹은 당신의 허가 없이 그 저작물을 제삼자에게 라이선스하는 걸 허용할지의 여부다. 고객이 나중에 추가적인 권리가 필요하다고 판단하면, 그들은 당신에게 돌아와 협상한 후 추가 비용을 지급할 것이다.

배타적 허가

라이선스가 배타적이라면 당신이 저작물에 대한 소유권을 가지고 있어도 당신은 그 밖에 다른 사람에게 사용권을 줄 수 없으며, 다른 고객으로부터 추가적인 라이선스 수입을 얻을 수 없게 된다. 그래서 배타적인 라이선스는 더 높은 가격으로 협상해야 한다.

무단 라이선스 사용에 대한 예정손해배상금

권리를 라이선스할 때, 계약위반에 대해 고객이 배상할 금액을 미리 정해놓을 수 있는데 이것을 '예정손해배상금'이라 한다. 세월이 흐르면 고객은 당신이 승인해준 라이선스의 승인 범위를 넘어 사용하고 싶은 유혹을 느낀다. 그래서 재협상을 하는 대신 그냥 무단으로 사용하기 시작할 것이다.이것은 항상 스톡 사진(stock photography, 사진작가들이 광고나 홍보용으로 찍는 사진 작품) 업계나 삽화가가 늘 직면하는 문제다. 그런 무단 사용으로 발생할 피해의 규모를 알기 때문에 보통 배상금은 계약서에 명시된 라이선스비의 배수로 계산된다.보통 300%

　예정손해배상금에 대한 합의는 잠재적인 소송을 피하고 고객이 라이선스의 범위를 벗어나지 않게 억제하는 효과를 갖는다. 그러나 다른 방법도 꼼꼼히 살펴봐야 한다. 계약위반이나 침해에 관련되어 있다면, 그런 소송으로 배상금을 더 높일 수도 있다.

권리양도

양도는 지식재산권을 고객에게 완전히 양도하는 것으로 저작권, 특허권, 상표권, 상표외장권, 기타 형태의 지식재산권이 포함된다. 예를 들어, 새로운 비즈니스가 개발되어 고객에게 매각되었다면 그 매각엔 일반적으로 모든 권리의 양도가 포함된다. 고객은 자신의 이름으로 미국 및 국제 저작권, 상표권, 특허권, 기타 권리를 등록해야 한다. 디자이너는 권리의 전면 양도를 포함하는 프로젝트에 대해서는 더 높은 보수를 책정해야 한다.

첨부문서에 대한 요약

앞서 토론한 기본적인 문제들 외에 구체적인 디자인 분야의 문제들을 명확하게 하기 위해 추가적인 언어를 계약서에 덧붙일 필요가 있다. 웹 개발업자와 포장 디자이너는 관심이 서로 다르다. 그런 변수는 아주 많지만, 우리는 AIGA 회원들 대다수와 가장 관련이 많은 세 가지 분야에 집중해보자. 첨부문서에 들어 있는 대부분의 내용들은 매우 잘 설명되어 있지만, 그래도 다음의 정보는 유익할 것이다.

첨부문서 1 : 인쇄산업용 계약조건

견본
당신이 받게 될 인쇄 견본의 수를 구체화해라.

완성된 저작물
인쇄산업에서 명세서나 재고문제로 비슷한 재질예를 들어, 제한된 유용성 때문에 비슷한 재질의 다른 종이로 대체하는 것으로 바뀌거나 최종적으로 배송된 수량에서 앞뒤로 약 10% 정도 차이가 나는 것은 특별히 문제 삼지 않는다. 이것은 정상적인 거래로 받아들여야 한다.

첨부문서 2 : 인터랙티브용 계약조건

지원 서비스

당신이 웹사이트에 입찰 중이며 제안서에 테스트, 호스트, 유지·관리가 포함되어 있다면 계약서에 명시할 필요가 있는 추가적인 법적 책임을 떠맡게 될 것이다. 가능한 추가적인 책임을 최대한 제한해라. 모든 인터랙티브 프로젝트에서 납품 후 얼마만큼 지원하고 유지·관리해줄 것인지, 그런 서비스는 별도 청구 대상인지를 계약서에 구체적으로 명시해야 한다.

법에 순응하기

1998년에 통과된 인력투자법 508항은 사용자 인터페이스 디자이너뿐만 아니라 소프트웨어와 하드웨어 개발자들에게 특별히 중요하다. 미국 정부가 구매하는 전자 및 정보 기술은 장애우가 접근할 수 있길 요구한다. 그것은 정부 구매용 웹사이트, 비디오 장비, 공중전화박스, 컴퓨터, 복사기, 팩스기 등과 관련하여 장애인에 대한 접근성과 이용성에 대한 필수조건을 정했고, 이것은 미국 시장에서 해당 제품에 본질적인 영향을 미쳤다.호주, 브라질, 캐나다, 일본, 포르투갈, 영국도 접근성 지침을 설정하고 있다.

첨부문서 3 : 3D용 계약조건

프로젝트 사진

환경·3D 프로젝트신호계, 무역쇼 부스, 매장 인테리어, 전시회 등를 완공한 후 당신은 그 결과를 사진 촬영할 권리를 얻어야 한다. 당연한 말이지만 그곳에 접근하여 최적의 환경 아래 사진을 찍을 수 있는 권리여야 한다.

별도의 고객책임

환경 디자인 프로젝트는 종종 각종 승인이 요구된다. 예를 들어, 건축 승인이나 토지용도 심의와 같은 것이 있다. 이런 문제는 고객의 책임이라는 점을 명시해라.

시공과 완공

건축가, 엔지니어, 혹은 계약자와 같은 다른 분야의 전문가들이 해석해야할 저작물과 제조의 세부사항에 대한 명세서를 제공해야 한다. 일반적으로 고객이 그런 이행 서비스를 직접 계약하고 비용을 지불한다. 당신의 계약서에 그런 분야의 라이선스는 없기 때문에 품질, 안전, 시의성, 저작물에 대한 비용 책임은 해당 고객, 건축가, 엔지니어, 계약자의 책임이라는 각서를 포함해야 한다. 이런 문제로 당신이 소송을 당하게 되면 고객이 당신에게 보상해야 한다.

법의 순응

당신의 프로젝트는 민권법으로 1990년에 통과되어 민간기업과 정부조직에 영향을 미치는 미국장애인복지법 ADA; Americans with Disabilities Act 에 적용될 수 있다. ADA 조건은 산업 디자이너, 인테리어 디자이너, 건축가에게 매우 중요하다.

고객 보험

프로젝트 기간 동안 고객이 적절한 보험을 들었다는 증거를 당신에게 제공해줄 것은 고객에게 요청해라. 일반적으로 100만 달러가 최소 금액이다.

최종 점검표

고객에게 계약서 초안을 보내기 전에 품질통제 목적을 위해 한 번 더 그 초안을 살펴봐라. 계약조건 지면에 채울 빈칸과 선택해야 할 중요한 몇 가지 선다형 항목이 있다.

협상문제

계약서 초안은 가능하면 직접 고객에게 전해라. 그래야 그 내용을 설명하고 질문에 답할 수 있다. 수정을 원하거나 품목을 추가하자는 의견이 있을 것이다. 의제가 될 몇 가지 문제를 살펴보자.

가격책정

최초의 고객 반응은 가격을 낮추자는 요청일 수도 있다. 표준시급 문제에 대한 토론은 될 수 있으면 피하고, 그 대신 화제를 저작물의 규모로 돌려라. 주요한 목표에 초점을 맞춰라. 그 프로젝트의 규모를 줄일 수 있는가? 프로젝트에서 후일로 미룰 수 있는 요소들이 있는가? 저작물의 규모를 줄이면 전반적인 가격을 줄일 수 있다.

예약금

가능할 때마다 프로젝트 초기에 예탁금을 요청해야 한다. 여기에는 여러 가지 방법이 있다. 일부 디자이너는 그 예탁금을 최초의 중간계산서에 적용한다. 그것은 본질적으로 국면 1의 선불에 해당한다. 다른 디자이너는 그 예탁금을 프로젝트가 완성될 때까지 보유한 후 최종계산서에 적용하기로 계약한다. 그러한 경우

2.
서명되지 않은 제안서의 유효 기간

3.2
경비에 대한 표준할증율(그리고 주행거리에 따른
보상 표준율)

3.4
청구서 지불 마감 시한 날짜

4.1
일반적인 고객 변경에 사용되는 시급율

4.2
변경이 일반적이 아니고 상당한 변경인지를 결
정하기 위해 사용될 원래 프로젝트의 계획과 예
산의 %

12.5
재판관할권 주

12.8
첨부문서의 확인

(마지막 페이지)
당신의 이름과 서명, 그리고 날짜를 기입해라.

■ 스케줄 A : 지식재산권조항
다음 세 가지 조합 중에서 단 하나만 선택해라.

IP 2. A (1) (a) 그리고 IP 2.1
제한된 사용의 라이선스, 고객은 저작물을 수정
하지 못한다. ; 그것이 인쇄산업용인지, 인터랙티
브용인지 3D용인지 구체화할 것 : 종류, 미디어,
기간, 영역, 그리고 최초의 초판 인쇄(press run)
의 규모를 서술할 것 ; 그 라이선스가 배타적인
지 비배타적인지를 표시할 것

혹은 IP 2. A (1) (b) 그리고 IP 2.2
무제한 사용을 위한 라이선스, 고객은 저작물을
수정하지 못한다. ; 그것이 인쇄산업용인지, 인터
랙티브인지, 혹은 3D용인지 표시할 것 ; (이 라이
선스는 배타적이다)

혹은 IP 2. A (1) (c) 그리고 IP 2.3
무제한 사용을 위한 라이선스, 고객은 저작물을
수정할 수 있다.; 그것이 인쇄산업용인지, 인터
랙티브용인지, 3D용인지 표시할 것 ; (이 라이선스
는 배타적이다)

그리고 위의 세 가지 선택과 더불어 나중에 고객
이 당신이 승인한 사용권을 초과할 경우를 대비
해 예정손해배상금을 포함해라.

IP 2. A (2) 그리고 IP 2.4
추가적인 보상금액을 계산하기 위해 사용될 %
를 채워라.

혹은 위의 모든 조항을 건너뛰고 직접 다음 조항
으로 가라. :

IP 2.B 그리고 2.5
이것은 어떤 제한 없이 모든 권리를 고객에게 양
도한다.

■ 첨부문서 1 : 인쇄산업용 계약조건
P 1.
당신이 받고 싶은 인쇄 견본의 수를 기입해라.

■ 첨부 문서 2 : 인터랙티브용 계약조건
I 1.1
보증 기간의 개월 수를 기입하고, 추가비용 없이
제공해줄 지원 시간을 기입해라.

I 1.2
유지관리 기간의 개월 수를 기입하고, 유지관리
를 위한 월정액이나 시급율을 기입해라.

■ 첨부 문서 3 : 3D용 계약조건
3D 3.
괄호나 그 안에 있는 문자를 제거해서, 당신이
라이선스를 받은 엔지니어인지 혹은 건축가인지
여부를 표시해라.

3D 6.
고객을 위한 보험 요구조건 : 금액을 기입해라.

예탁금에 대한 이자는 지불되지 않음을 표시해야 한다. 만약 그 프로젝트가 취소되면 그 예탁금에서 필요한 비용을 제한 후 고객에게 반환될 것이다.

제조물 책임

당신이 대중적인 소비제품 개발에 참여하고 있다면 제조물 책임은 중요한 문제다. 당신의 고객은 그 문제를 계약서에 포함시키려 할 것이다. '제조물 책임'이란 하자 없이 무해한 제품을 대중에게 전달해야 하는 제품 디자이너, 제조업자, 유통업자, 판매자의 법적 책임에 관한 언급이다. 제품에 결함이 있다면 구매자는 판매자를 고소할 것이고, 그 판매자는 유통업자나 제조업자 혹은 제품 디자이너를 그 소송에 연루시킬 것이다. 그 당사자 중 누군가가 그 피해에 책임을 지거나 그 판결에 기여해야 한다.

디자이너 보험

대형 고객들은 종종 디자이너의 비즈니스에 대한 기본적인 보험가입을 요구하기도 한다. 표준적인 비즈니스 보험은 일반책임배상보험, 산업재해보상보험, 자동차보험이다. 거기에 지식재산권 침해나 오류나 태만으로 인한 피해를 대비하여 전문인책임보험을 가입하면 되는데, 이 보험에 대해선 독립보험대리인과 함께 당신 자신의 필요성을 분석해볼 필요가 있다. 종류에 따라 전문인책임보험은 제한적이며 더 비쌀 수 있다.

계약서에 디자이너의 비즈니스 보험 요구조건이 붙는다면, 당신의 보험 대리인이 그 고객에게 보험증서를 보내 보험가입을 증명해야 한다.

부칙

고객의 변경사항은 두 가지 방법으로 기록할 수 있다. 가장 직접적인 방법은 계약서의 원문구를 바꾸는 것이다. 사실 당신은 계약서 앞에 있는 제안서에서 그 규모와 명세서와 관련된 변화를 모두 수정해야 한다. 하지만 원문을 수정하면 일이 몹시 혼란스러워질 수 있다. 그래서 때로 계약조건에 대한 변경을 '부칙'이라 부르는 별지에 따로 목록으로 작성하는 것이 좋다. 부칙은 무엇이 변경 중인지를 정확하고 분명하게 서술하여 어떤 모순이나 모호함을 없애야 한다.

만약 당신이 원본 계약조건을 직접 변경할 때는 특히 주의해야 한다. 당신이 다음 계약서를 작성할 때 자칫하면 그 수정된 계약서를 원본으로 삼아 계약을 맺을 수 있기 때문이다. 따라서 최신에 변경된 계약서가 아니라 늘 원계약서로 돌아가야 한다. 원본 계약서 문구를 항상 출발점으로 삼아라. 그렇지 않으면 엉뚱한 혼란에 빠질 수 있다.

한번에 전체적인 관계를 협상해라

계약조건은 각각의 프로젝트를 매번 별도로 하여 협상할 수도 있지만, 한번에 일괄로 협상될 수 있다. 완벽한 계약조건을 만든 후 그 계약조건이 모든 프로젝트에 적용될 것이라고 서술한다면, 향후의 제안서들은 그 계약조건으로 갈음한다고 언급하기만 하면 된다.

변호사를 구하고 함께 일하기

올바른 변호사를 구해 그의 시간을 가장 효율적으로 이용하는 것도 도전이 될 수 있다. 대부분의 변호사는 부동산이나 노동법처럼 한 가지 법률 분야에 전념한다. 디자인 전문가로서 당신은 지식재산권저작권, 상표권, 특허권, 기업비밀을 전문으로 하는 변호사를 찾아야 한다.

더불어 다른 디자이너를 고객으로 확보하고 있는 변호사를 찾아보는 게 좋다. 당신이 속한 분야의 디자인 공동체에 있는 회원에게 그런 문제로 대화를 나눠봐라. 그들이 해당 지역의 변호사를 추천해줄 수도 있다. 창업을 할 때는 적절한 변호사를 구해라. 기초적인 문제에 관한 예방적인 충고가 법적 문제에 빠진 후에 구하는 조언보다 훨씬 더 값지다.

예술을 위한 무료 변호사와 같은 단체에서 초기 법률 서비스를 할인해주기도 하지만 일반적으로 법률 서비스는 저렴하지 않다. 변호사는 유한책임회사 설립과 같은 기초적인 거래를 돕는 데는 고정 수수료를 부과할 수도 있지만, 대부분 시간과 사건에 따라 수임료를 정한다. 이런 이유로 당신이 변호사와 거래하는 데 효율적일 필요가 있다. 미리 철저히 준비해 변호사의 시간을 최대한 활용해라.

당신이 고객과 주고받은 서신을 준비해라. 당신 업계의 견본문서를 모아서 당신의 디자인 서비스와 관련된 기초적인 법률문제에 익숙해져라. 그런 견본문서 중 하나를 향후 변호사와의 심도 있는 토론을 위한 초안으로 이용해라. 솔직해야 하며 모호한 문제는 반드시 질문해라. 그런 후 변호사와 함께 고객에게 보낼 최종 문서를 작성할 수 있을 것이다.

당신의 고객이 규모가 작은 회사라면, 그들은 당신이 쉽게 대답할 수 있는 기초적인 질문을 던질 것이다. 그러나 큰 회사의 고객일 경우, 당신의 서류는 사내 법무팀으로 보내질 것이다. 사내 법무팀이 당신에게 질문을 하면 그들이 당신의 변호사와 직접 세부항목에 대해 협상하도록 주선해라. 사내 법무 팀원이 다른 분야의 법을 전공한 사람이라면, 당신의 지식재산권 변호사는 그 계약서 언어의 의미를 그에게 설명할 것이다. 변호사 대 변호사의 협상은 추가비용이 발생할 수 있지만, 그 결과로 나온 계약조건이 지속적인 관계의 토대로 받아들여진다면 당신은 그 과정을 위해 두 번 걸음할 필요가 없다.

20 AIGA 표준 계약서 양식

기초적인 계약조건

1. 정의

본 계약서에서 사용되는 용어

1.1 '계약서'란 본 기초 계약조건의 서류, 제안서 서류, 스케줄 A의 모든 내용과 더불어, 기타 아래에 지정된 첨부문서와 별첨, 스케줄, 혹은 부록을 의미한다.

1.2 '고객 내용'은 고객이 그 성과물을 준비하거나 그 성과물에 투입한 모든 재료, 정보, 사진, 글, 기타 디자인 서비스 내용을 의미한다.

1.3 '저작권'은 미국 저작권법으로 규정되고 실행되는 것으로, 유형물로 표현된 원작자의 원작에 대한 재산권을 의미한다.

1.4 '성과물'은 제안서에서 구체화된 양식이나 미디어에서 디자이너가 고객에게 전달하기로 한 제안서에 구체화된 서비스나 저작물을 의미한다.

1.5 '디자이너 도구'는 디자이너가 서비스를 수행하면서 개발했거나 이용한 모든 디자인 도구들을 의미한다. 여기엔 소스코드, 웹 저작 장치, 활지형을 포함한 기존 혹은 새로 개발된 모든 소프트웨어와 기타 소프트웨어 혹은 특허가 가능하거나 가능하지 않은 모든 기타 발명품, 그리고 웹사이트 디자인, 건축, 레이아웃, 항법 및 기능적 요소와 같은 보편적인 비저작권 개념이 포함된다.

1.6 '최종작품'은 배타적으로 그 프로젝트를 위해 디자이너가 개발 혹은 창조해서 최종 성과물의 일부로 통합되어 고객에게 전달되는 모든 창조적 내용이다. 여기엔 시각디자인, 시각 요소, 그래픽 디자인, 삽화, 사진, 애

니메이션, 소리, 인쇄 처리 및 문자, 고객 내용의 수정, 그리고 고객 내용이나 제삼자의 소재를 가지고 디자이너가 만든 선택, 배열, 조합 등이 포함된다.

1.7 '최종 성과물'은 디자이너가 제공하고 고객이 승인한 마지막 결과물을 말한다.

1.8 '준비작품'은 모든 작품을 포함하며, 여기엔 디자이너가 개발한 개념, 스케치, 시각 프레젠테이션, 혹은 기타 대체적이거나 예비 디자인과 기록이 들어갈 수 있으며, 이것들은 최종작품의 일부를 형성하지는 않지만 고객이 참고할 수 있도록 보여주거나 전달해줄 수는 있다. 하지만 의무사항은 아니다.

1.9 '프로젝트'란 제안서에 서술된 것처럼 고객이 저작물을 사용하겠다고 확인된 규모와 목적을 의미한다.

1.10 '서비스'는 제안서에 서술되었거나 추가적으로 규정된 것으로 디자이너가 고객에게 제공해줄 모든 서비스와 저작물을 말한다.

1.11 '제삼자 저작권'은 스톡 사진이나 삽화 등을 포함해 최종 성과물에 투입되는 독점적인 제삼자의 저작권을 말한다.

1.12 '상표권'은 고객 상품이나 서비스의 기원이 출처를 지정하기 위해 최종 성과물에 사용되는 상호, 단어, 상징, 디자인, 로고, 기타 장치나 디자인을 말한다.

2. 제안서

제안서의 기간은 고객에게 프레젠테이션을 한 후 _____ (_____) 일 동안 유효하다. 본 계약서가 그 기간 내에 체결되지 않는다면, 관련 계약조건과 성과물은 물론 제안서를 수정, 변경, 대체할 수 있다.

3. 보수와 비용

3.1 보수. 디자이너가 수행한 서비스에 대해 고객은 디자이너에게 제안서에 설정된 액수와 지불 계획에 입각하여 보수는 물론, 지불 계획 이후에 발생할 수 있는 모든 판매, 사용 혹은 부가가치세를 지불해야 한다.

3.2 경비. 고객은 다음과 같이 본 계약서와 관련하여 발생한 디자이너의 경비를 지불해야 한다. (a) 전화비용, 우편요금, 선적비, 속달비, 컴퓨터 서비스 비용, 조판비, 청사진비, 모델비, 프레젠테이션 재료비, 사진 복사비, 컴퓨터 비용, 주차비와 톨비, 택시비 등에 할증료_____%로 하며 출장여행경비는 km당_____ 로 변제해준다. 그리고 (b) 고객의 사전승인을 거친 후 출장, 식사, 숙박 등을 포함한 디자이너의 여행경비를 지불한다.

3.3 추가비용. 프로젝트 가격책정엔 디자이너의 보수만 포함된다. 그 외 모든 외부비용은 제안서에 별도로 명시되지 않았다면 고객에게 청구된다. 여기엔 장비임대료, 사진가의 비용과 수수료, 사진이나 예술 작품에 대한 라이선스 비용, 시제품 생산비, 인재 비용, 음악 라이선스 비용, 인터넷 접속비나 호스팅 비용 등이 들어갈 수 있다.

3.4 청구서. 모든 청구서는 접수_____ (____) 내에 지불한다. 연체비는 월 1.5%최대 연체요율은 주정부 법으로 정해져 있다로 한다. 지불은 제일 먼저 연체료를 지불하며 그다음에 미불금을 해결한다. 지불금 전액과 지불연기나 지불불이행에 대한 이행 및 집행에 필요한 법적 비용 일체는 고객이 책임진다. 고객이 지불금을 이행하지 않거나 연체금을 완제하지 않으면 고객

은 현재의 저작물에 대한 전달이나 소유권 양도를 보류할 권리를 갖는다. 본 계약서하의 어떤 지식재산권 소유의 이용이나 양도를 위한 모든 라이선스에 대한 승인은 발생한 추가비용, 세금, 경비, 수수료, 요금, 혹은 변경비를 포함한 일체의 지불을 완료해야 가능하다.

4. 변경

4.1 일반변경. 제안서나 본 계약서에 포함되어 있지 않은 변경을 요구할 때, 고객은 서비스의 규모에서 벗어난 그 변경에 대한 추가비용을 시간과 재료에 따라 디자이너에게 시급당_____원으로 지불해야 한다. 본 계약서에 어떤 최대 예산, 계약금액, 최종가격이 서술되어 있을지라도 그런 변경에 따른 추가비용은 제안서에 서술된 총지불금액과는 별도로 지불되어야 한다.

4.2 상당한 변경. 고객이 개정에 해당하거나 성과물을 생산하는 데 필요한 시간이나 서비스의 가치나 규모에서 _____%를 초과하는 요구나 지시를 내리면, 디자이너는 서면 승인을 위해 별도의 제안서를 제출할 자격이 있다. 서명이 된 제안서가 나와야 개정된 서비스가 시작될 것이며, 디자이너는 필요하다면 추가 보수를 받아야 한다.

4.3 시기. 디자이너는 제안서에서 확인되었거나 필요한 것으로 판단되는 서비스의 수행을 최우선으로 삼아 제안서에 기입된 기간 내 해당 서비스를 수행하기 위해 거래상 상당한 보증의 노력을 해야 한다. 고객은 성과물을 제안서에 기재된 시간 내에 검토한 후, 즉시 그 성과물을 (a) 서면 승인을 하든지, (b) 성과물에 대한 고객의 우려, 반대 혹은 정정 의사를 밝힌 서면 논평이나 서면 정정을 디자이너에게 보내야 한다. 마찬가지

로 디자이너는 어떤 우려, 반대 혹은 정정에 대해 서면 설명을 요청할 권리를 갖는다. 디자이너가 모든 스케줄을 소화할 수 있으려면, 고객이 제안서에 따른 재료와 서명 승인 또는 지침을 정확히 이행해야 하며 고객의 요구에 따른 서비스나 성과물의 변경 혹은 고객 측의 업무지연은 성과물의 연기로 이어질 수 있음을 고객은 인식하고 동의한다. 고객이 야기한 그와 같은 연기는 본 계약서의 계약조건이나 디자이너의 의무위반에 해당하지 않는다.

4.4 검사와 승인. 디자이너는 고객에게 성과물을 제공하기에 앞서 검사가 필요한 성과물을 검사하고, 필요한 모든 정정을 할 거래상 상당한 보증의 노력을 해야 한다. 고객은 각 성과물을 수령한 후 5일 이내에 그 성과물이 제안서의 명세서에 따르지 않았다는 사실과 그와 같은 성과물이 만들어지기 위해 필요한 어떤 반대, 정정, 변경, 수정을 디자이너에게 서면으로 공지해야 한다. 그와 같은 서면공지에는 어떤 반대, 정정, 변경 혹은 수정을 명확하게 표시해야 하며, 디자이너는 거래상 적절한 시간 내에 그 성과물을 명세서에 맞게 완성해야 한다. 어떤 반대, 변경, 정정 혹은 수정은 본 계약서의 계약조건에 복속한다. 고객의 그런 공지가 없으면 그 성과물은 수용된 것이다.

5. 고객책임

고객은 합리적이고 시기적절하게 다음과 같은 사항을 수행할 책임을 진다. (a) 디자이너 외의 당사자들과 의사결정을 조정하고, (b) 만약 제안서에 명시되지 않았다면 추가 준비 없이 복제나 성과물에 적합한 양식으로 고객 내용을 제공하며, (c) 최종 교정을 책임지는 한편, 그 성과물을 승인했지만 조판이나 오자와 같은 실수가 최종 성과물에 남게 되면 그런 실수를 정정하는 비용은 고객의 책임이라는 점을 분명히 한다.

6. 인가·홍보

성과물로 만든 모든 전시물이나 출간물엔 그 성과물에 디자이너의 이름이나 지시 사항에 의한 형태, 크기, 위치를 규정한 승인이나 저작권 공지가 포함되어 있어야 한다. 디자이너는 디자인의 우수함이나 전문적인 성취를 알릴 목적으로 디자이너의 포트폴리오와 웹사이트, 전시회, 디자인 정기간행물 혹은 기타 매체나 전시회에 성과물을 복제, 출간, 전시할 권리를 가지며, 그와 같은 사용과 연관하여 성과물의 원작자로 인정받을 권리를 갖는다. 상대방의 합리적 승인을 받은 각 당사자는 그 프로젝트와 관련하여 자신의 역할을 서술할 수 있으며, 가능하다면 상대방에게 제공해준 서비스들을 그 웹사이트나 기타 홍보물에 서술할 수 있다. 명시된 반대가 없다면 상대방의 웹사이트에 링크를 하는 것도 가능하다.

7. 비밀정보

각 당사자는 본 계약서와 관련하여 준비작품 비밀정보을 비롯해 상대방의 어떤 비밀이나 독점적인 기술, 그리고 비즈니스 정보와 자료를 받게 된다는 점을 인정한다. 양 당사자, 중개인, 고용인들은 모든 비밀정보를 엄수하고 제삼자에게 누설하지 않으며 제안서에 기입된 의무를 수행하기 위해 필요하거나 법정이나 정부의 요구를 제외하고는 어떤 비밀정보를 사용해선 안 된다.

그러나 비밀정보는 공공영역에 있는 정보, 상대방의 잘못 없이 대중에게 알려진 정보, 혹은 비밀엄수의 의무가 없는 제삼자로부터 정당하게 받은 정보는 이에 해당하지 않는다.

8. 당사자 관계

8.1 독립계약자. 디자이너는 고객의 고용인 또는 고객의 자회사가 아니다. 디자이너는 독립계약자다. 디자이너는 고객의 일반적인 지시 아래 서비스를 제공해야 하지만, 디자이너는 서비스를 수행하는 수단이나 방법을 자유 재량에 따라 결정해야 한다. 본 계약서는 동업이나 합작사업이 아니며, 양 당사자는 본 계약서에서 명시된 경우를 제외하곤 에이전트로 활동하지 못하며 상대를 구속할 수 없다. 디자이너, 디자이너가 만든 저작물이나 성과물은 저작권법에 따라 고용저작물이 되지 않는다. 고객에게 승인된 모든 권리는 그 속성상 계약적이며, 혹은 양 당사자의 서면합의서와 본 계약서의 여러 계약조건에 의해 전적으로 규정된다.

8.2 디자이너 대리인. 디자이너는 서비스와 관련하여 독립계약자로서 제3의 디자이너나 기타 서비스 제공자를 사용하거나 채용할 권한을 가져야 한다. 그러나 디자이너 대리인이 본 계약서의 각종 계약조건에 순응할 책임은 전적으로 디자이너의 몫이다.

8.3 전속계약. 본 계약 기간과 만료 6개월 동안 고객은 당사자가 본 계약서 하에서 임무의 수행 여부를 떠나 어떤 디자이너, 고용인, 혹은 디자이너의 디자인 에이전트를 전업, 파트타임, 컨설팅, 고용저작물, 기타 고용이나 의뢰 등을 하지 않을 것에 동의한다. 그런 고용, 컨설팅 혹은 고용계약서가 발생한 경우, 고객은 디자이너가 (a) 상기인 첫 급여의 25% 이

상이나 (b) 독립계약자로 채용되었을 경우 상기인이 받을 수수료의 25% 이상을 에이전시 수수료로 받을 수 있음에 동의한다. 상기 (a)의 사건에서 수수료의 지불은 고용개시일 30일 이내에 지급되어야 한다. 상기 (b)의 사건에서 지불은 독립계약자가 고객을 위해 서비스를 수행하는 동안 매월 말에 지급한다. 미지불이나 본 항과 관련하여 디자이너는 법과 형평법상의 구제를 청구할 권리를 갖는다.

8.4 비배타성. 양 당사자는 본 계약서가 양 당사자 간의 배타적 관계를 형성하지 않음을 명백히 인식한다. 고객은 타인을 고용해서 디자이너에게 제공한 서비스와 유사하거나 동일한 성질의 서비스를 수행시킬 수 있다. 디자이너는 다른 고객에게 디자인 서비스를 제공, 입찰할 수 있으며 디자이너가 제공한 서비스를 광고할 수 있다.

9. 보증

9.1 고객 측. 고객은 디자이너에게 (a) 고객의 모든 권리, 자격, 이권을 소유하며, 혹은 고객의 내용물 사용을 허가할 전면적인 권리와 권한을 가진다. (b) 고객이 아는 한도까지 고객 내용물은 제삼자의 권리를 침해하지 않으며, 프로젝트와 관련한 어떤 상표권뿐만 아니라 고객 내용의 사용은 제삼자의 권리를 저촉하지 않고 또한 향후로도 저촉하지 않는다. (c) 고객은 제삼자 저작물의 사용을 지배하는 어떤 라이선스 합의서의 계약 조건에 순응할 것이며, (d) 고객은 서비스와 성과물에 관련한 모든 법과 규정을 준수할 것임을 진술하고 보증하며 계약을 체결한다.

9.2 디자이너 측. (a) 본 계약서에 의해 디자이너는 고객에게 본 계약서에서 합의한 서비스를 전문적이며 숙련되게 제공할 것이며, 그런 서비스에서

모든 합리적이며 전문적 기준을 따를 것을 진술하고 보증하며 계약을 체결한다.

(b) 디자이너는 또한 고객에게 (ⅰ) 제삼자 저작물과 고객 내용물을 제외하고, 최종 성과물은 디자이너나 그 독립계약자들의 독창적인 작품이어야 하며, (ⅱ) 최종 성과물들이 디자이너에 의해 해당 프로젝트에 위임된 독립계약자의 작품을 포함하고 있을 경우에 디자이너는 최종 성과물에 대한 모든 필요한 권리, 자격, 이권을 승인한 해당 독립계약자로부터 본 계약서의 조건에 따라 디자이너가 지식재산권을 승인할 수 있는 계약서를 확보해야 한다. (ⅲ) 디자이너의 지식 한도까지 디자이너와 디자인의 하청인들이 제공한 최종 작업물은 어떤 당사자의 권리를 침해하지 않으면, 동 작품을 프로젝트와 관련하여 사용하는 것은 어떤 삼자의 권리를 침해하지 않을 것이라는 점을 진술하고 보증하며 계약한다. 그 프로젝트 규모를 벗어나고 제안서나 본 계약서에서 확인되지 않거나 혹은 본 계약서에서 적시되지 않은 계약조건에 반하여 그 성과물을 고객이나 제삼자가 수정하거나 사용하였을 경우, 디자이너의 모든 보증은 무효가 된다. (c) 본 계약서에서 명시된 보증을 제외하고 디자이너는 어떤 보증도 하지 않는다. 디자이너는 상업성, 특별한 목적을 위한 적합성, 혹은 해당 프로젝트에 적용 가능한 법, 정부 법규, 혹은 규정에 순응하는 등 명시적이든 묵시적이든 다른 어떤 보증도 명시적으로 거부한다.

10. 보상과 책임

10.1 고객 측. 고객은 본 계약서하의 고객 책임이나 의무, 보증을 위반하여 발생한 제삼자의 의한 소송, 요구, 행동으로 발생한 모든 피해, 배상,

비용, 손실, 혹은 경비로부터 디자이너에게 보상하고 면책하는 데 동의한다. 그와 같은 상황에서 디자이너는 어떤 청구나 소송 서면에서 즉시 고객에게 다음과 같이 알려야 한다. (a) 고객이 그 변호나 모든 합의 협상에 유일한 유자격자이며, (b) 디자이너는 고객에게 본 항에서 고객의 의무를 수행하는 데 필요한 거래상 상당한 지원, 정보, 권한을 제공한다. 고객은 그와 같은 지원을 제공함에 있어 디자이너에게 발생한 합리적인 개인경비를 보상할 것이다.

10.2 디자이너 측. 본 계약서의 계약조건, 명시된 보증에 따라 디자이너는 고객의 심각한 태만이나 오류의 결과로서 직접적으로 발생한 그런 소송, 피해, 책임, 비용, 손실이나 경비를 제외하고 본 계약서에서 이뤄진 고객의 보증과 부합하지 않는 어떤 사실의 발견으로 발생한 모든 피해, 책임, 비용, 손실이나 경비를 고객에게 보상하고 면책시키는 데 동의한다. 단, (a) 고객은 디자이너에게 소송 서면에서 디자이너에게 다음의 사항을 공지한다. (b) 디자이너는 변호와 모든 관련 합의 협상에 전적인 책임을 지며, (c) 고객은 디자이너에게 본 항하에서 디자이너의 의무를 수행하기 위해 필요한 지원, 정보, 권한을 제공한다. 이러한 진술에도 불구하고 디자이너는 고객 내용물, 디자이너가 제공한 성과물에 대한 어떤 무단 내용물, 부적절하거나 불법적인 사용, 혹은 그 성과물을 개선하고 유지할 책무의 실패에 따른 어떤 소송이나 반대되는 사실의 발견에 대해서는 고객을 변호하거나 변상할 책임이 없다.

10.3 책임의 한계. 디자이너의 서비스와 저작물은 '현재대로' 팔린다. 이유 불문하고 모든 원인에 의해 발생한 피해에 대해 디자이너, 그의 이사들, 사무원, 고용인, 디자인 하청인, 자회사디자이너 당사자들의 고객에 대한 최고 책임한도와 계약상의 보상조건 존재 유무와 상관없이 고객에 대한 최대 보상은 디자이너의 순수입으로 제한한다. 어떤 경우에도 디자

이너는 어떤 자료나 콘텐츠의 손실, 수익 상실, 업무 방해에 대해 설령 디자이너가 그러한 피해의 가능성을 통지받았고 그럼에도 불구하고 어떤 한정된 구제 조치의 기본적인 목적을 달성하지 못했어도 디자이너가 제공한 저작물이나 서비스와 관련하여 발생한 어떤 간접적, 우발적, 특수한, 후행의, 징벌적 피해에 대해 책임이 없다.

11. 기간과 종료

11.1 본 계약서는 효력 발생일부터 시작해서 서비스가 완료되어 배달된 시점까지 유효하다.

11.2 본 계약서의 종료는 이해 당사자가 통지하는 즉시, 혹은 양 당사자의 상호 합의에 의해 혹은 어느 일방이 (a) 파산하여 파산신청을 제기하고 있어 채권자들에게 양도를 하거나 (b) 본 계약서하의 저작물 책임이나 의무를 위반했지만, 그 위반이 위반에 대한 서면 통지서를 받은 10일 이내에 보상되지 않을 경우엔 언제든지 종료될 수 있다.

11.3 종료할 경우, 디자이너는 종료 날까지 수행된 서비스에 대해 (a) 어떤 선지급, (b) 수수료 지분, (c) 종료 날짜까지 디자이너와 디자이너 하청인이 수행한 일에 대한 시급 중 큰 쪽으로 보상받는다. 그리고 고객은 취소 날까지 발생한 모든 경비, 수수료, 개인돈과 어떤 추가비용을 지불한다.

11.4 고객에 의해 종료되었고 본 계약서의 조건에 따라 완전한 보상이 이뤄졌을 때, 디자이너는 종료일을 현재시를 기준으로 고객에게 제공되어 고객에 의해 승인된 그런 성과물들에 관해 본 계약서의 스케줄 A의 조건에 따라 고객에게 그런 권리와 자격을 승인한다.

11.5 본 계약서의 만료 혹은 종료에 따라 (a) 각 당사자는 상대방의 기밀 정

보를 돌려주거나 혹은 누설 당사자의 요청에 따라 파기하며, (b) 본 계약서의 조건을 제외한 각 당사자의 본 계약서하의 서비스에 배타적인 모든 권리와 의무는 남게 된다.

12. 일반조항

12.1 계약의 수정과 권리의 포기. 본 계약서는 양 당사자에 의해 수정될 수 있다. 본 계약서에 대한 어떤 수정도 서면으로 이뤄져야 하며, 다만 디자이너의 청구서에 고객이 인정한 비용과 경비를 포함하고 그것을 고객이 지불한다는 조건에서 시간이 촉발할 경우, 전자우편에 의한 수정을 예외적으로 인정한다. 어느 당사자가 본 계약서의 어떤 권리의 행사나 보상을 추구하지 않는 것은 그런 권리의 포기로 해석될 수 없으며, 어느 당사자의 한 번 이상 지불 불이행에 의한 포기는 계속 포기나 기타 다른 침해의 포기로 간주되지 않는다.

12.2 통지. 이하에서 주어지는 모든 통지들은 서면으로 이뤄져야 하며, 팩스나 전자메일로 보내고 그에 대한 수신확인을 해야 한다. 또한 배달증명 우편이나 등기우편으로 발송되어야 하며, 주소의 변화에 대한 공지가 서면으로 주어지지 않았다면 아래에 확인된 주소로 보내야 한다. 공지는 우편을 받는 순간, 팩스나 전자메일의 경우 수신확인했을 때 효력이 발생한다.

12.3 양도금지. 어느 당사자도 본 계약서에 들어 있는 그 권리나 의무를 서면이든 구두든 양도하거나 저당잡히지 않으며, 계약 상대방의 사전 서면 동의 없이는 법 등에 의해 양도, 저당, 명의 변경이 불가하다.

12.4 불가항력. 디자이너가 화재, 지진, 노동분쟁, 천재지변이나 대혼란, 죽

음, 질병, 디자이너의 불능, 혹은 어떤 지방, 주, 연방의 규제나 디자이너의 통제를 벗어난 기타 다른 사건일괄적으로 불가항력에 의해 서비스나 그 서비스의 일부를 완성할 수 없을 때, 디자이너는 본 계약서의 위반에 저촉되지 않는다. 어떤 불가항력적인 사건이 발생하면, 디자이너는 해당 서비스 수행의 불가능이나 혹은 연기에 대해 고객에게 통지해야 하고, 해당 서비스의 완성을 위한 스케줄의 수정을 제안해야 한다.

12.5 준거법과 분쟁 해결. 본 계약서의 형성, 구성, 수행, 효력은 법조항들의 갈등이나, 혹은 타 사법관할권의 법조항의 갈등과 무관하게 미국법과 _____ 주의 법에 따른다. 본 계약서에 따른 분쟁사건에서 양 당사자는 당사자 사이의 협의에 의해 어떤 분쟁을 해소하는 데 동의한다. 만약 양 당사자가 그 분쟁을 해결할 수 없을 때, 각 당사자는 미국중재협회나 양 당사자가 상호 동의한 기타 법정에서 조정이나 구속력 있는 중재를 시작한다. 어떤 분쟁의 승소 측은 변호사 수수료나 비용의 상환을 받을 자격이 발생한다. 기타 모든 다른 상황에서 양 당사자는 _____ 주에 위치한 지방법원, 주법원, 연방법원을 사법관할지로 하는 데 특별히 동의한다. 이로써 양 당사자는 그들에게 유용한 어떤 사법권 혹은 재판지를 포기하고 더불어 우편으로 소송 절차를 공지하는 데 동의한다. 고객이 그 성과물들을 본 계약서에서 허락하지 않은 방법으로 사용했을 경우에 디자이너는 적절한 법적 구제조치가 없음을 고객은 인정하며, 이로써 디자이너가 즉각적이고 영구적인 명령에 의해 형평법상의 구제를 받을 자격을 갖췄으며, 본 계약서의 조건에 의한 모든 기타 구제 외에도 그와 같은 기타의 어떤 중재인이나 관할 법정의 법적 구제는 정당함을 고객은 동의한다.

12.6 부분 실효. 가능할 때마다 본 계약서의 각 조항은 관련 법하에서 유효한 것으로 해석되지만, 본 계약서의 어떤 조항이 무효로 효력을 발생시

키지 못한다 해도 본 계약서의 나머지 조항은 완전한 효력을 발생할 것이며 그 무효로 효력을 발생시키지 못하는 조항은 유효하고 효력 발생이 가능한 조항으로 대체될 것이다.

12.7 제목. 여러 가지 항 번호와 머리말은 오로지 편의와 참조를 위한 것으로 본 계약서의 조항들에 대한 규모, 의미, 의도, 해석에 영향을 미치지 않으며 또한 그런 제목들은 법적 효력을 일으키지 못한다.

12.8 통합. 본 계약서는 본 계약서 내에 포함된 계약 내용에 대해 양 당사자는 완벽히 이해했음을 인정하며, 계약 내용과 관련된 양 당사자 간의 이전, 현재까지의 모든 계약서, 이해, 토론을 대신하며 병합한다. 제안서와 기타 다른 계약서 문서들과의 갈등이 있을 경우, 제안서의 용어가 통제할 것이다. 본 계약서는 기본 계약서 문서, 제안서, 스케줄 A, 그리고 양 당사자의 이니셜로 표시된 다음과 같은 문서들을 포함한다.

첨부문서 1 : 인쇄산업용 계약조건

_____   _____

첨부문서 2 : 인터랙티브용 계약조건

_____   _____

첨부문서 3 : 3D용 계약조건

_____   _____

아래의 서명에 의해 양 당사자들은 아래의 서명 마지막 날짜로 본 계약서의 모든 계약조건에 동의하며, 각 계약자 서명은 그것이 본 계약서의 완전한 효력을 발생시키며, 본 계약서의 모든 계약조건에 각 당사자를 구속한다는 사실을 나타낸다.

디자이너

담당자 서명 _____

이름과 직책 _____

날짜 _____

주소 _____

고객

담당자 서명 _____

이름과 직책 _____

날짜 _____

주소 _____

스케줄 A : 지식재산권 조항

IP 1. 최종작품 외의 성과물에 대한 권리

IP 1.1 고객 내용. 기존에 있던 상표권을 포함한 고객 내용은 고객이나 고객 납품업자 각각의 독점적인 재산이고, 고객이나 그 납품업자들은 그와 관련된 모든 권리의 유일한 소유자다. 이로써 고객은 디자이너에게 디자이너의 서비스 수행과 본 계약서에서 승인한 그 성과물들의 제한적인 홍보의 사용과 관련해서만 고객 내용을 사용, 복제하고 전시하거나 출판할 비배타적·비양도적 허가를 승인한다.

IP 1.2 제삼자 저작물. 모든 제삼자 저작물은 소유자의 각각 배타적인 재산이다. 디자이너는 서비스를 수행하는 데 필요하거나 최종작품에 들어가는 제삼자 저작물에 대해 고객에게 통지해야 한다. 그와 같은 상황에서 디자이너는 고객에게 고객의 비용으로 허가가 필요하다고 통지하고, 만약 고객이 그 허가를 제공하지 않는다면 고객은 본 계약서에서 승인된 사용권에 부합하는 제삼자 저작물의 사용을 허락하는 데 필요한 허가를 얻어야 한다. 고객이 제삼자 저작물의 사용을 적절히 얻지 못하거나 사용에 대한 계약을 맺지 못한 채 사용을 지시했을 경우, 고객은 고객이 최종작품에 포함된 저작물과 관련하여 저작권, 상표권, 퍼블리시티권, 사생활보호권, 명예훼손 혹은 양도나 허가로 인해 발생한 모든 피해, 배상, 비용, 손실이나 경비로부터 디자이너에게 배상하고 디자이너를 면책시킨다.

IP 1.3 준비작품. 디자이너는 모든 준비작품에 대한 모든 권리를 갖는다. 고객은 서비스 완성 30일 이내에 모든 준비작품을 디자이너에게 반환해야 하고, 모든 준비작품에 대한 모든 권리는 디자이너의 배타적인 재산이 된다.

IP 1.4 독창적인 제작품. 디자이너는 최종작품을 구성하는 어떤 독창적인 제작품에 대한 전시나 판매를 포함한 모든 권리와 자격을 보유한다. 고객은 서비스의 완성 30일 이내에 모든 독창적인 제작품을 디자이너에게 반환해야 한다.

IP 1.5 상표권. 서비스를 완성하고 명시된 모든 수수료, 비용, 부대비용을 지불해야 할 개인적인 돈을 완벽히 지불받은 즉시 디자이너는 어떤 저작권을 포함하여 모든 소유권을 고객에게 양도하며, 고객이 상표로 사용하기 위해 디자이너가 만든 저작물을 구성하는 어떤 제작물이나 디자인에 대해 디자이너는 그와 같은 양도를 증명하기 위해 고객이 합리적으로 요청하는 모든 추가 서류를 작성해준다. 이로써 고객은 고객의 상표 사용으로 침해가 발생했다고 주장하거나, 고객이 상표의 사용권을 얻지 않고 사용했다 주장하는 제삼자에 의한 어떤 소송, 요구, 행동으로 발생한 모든 피해, 배상, 비용, 손실이나 경비로부터 디자이너를 보상하고 면책시킨다.

IP 1.6 디자이너 도구. 디자이너의 모든 도구는 현재에도 미래에도 디자이너의 배타적인 권리다. 이로써 디자이너는 프로젝트를 위한 최종 성과물과 함께 필요한 정도로만 디자이너의 도구들을 사용할 비배타적, 비양도성고객의 웹호스팅이나 인터넷 서비스 공급업자에게 그와 같은 사용을 재허가할 권리 제외, 영구적, 세계적인 허가를 고객에게 양도한다. 고객은 직간접적으로 어떤 형태나 방법으로든 역컴파일이나, 역설계, 파생상품을 만들지 않으며, 혹은 디자이너의 어떤 소프트웨어나 기술을 포함하는 어떤 디자이너의 도구를 수정하지 않는다.

IP 2. 최종작품에 대한 권리

최종작품에 대한 소유권은 다음과 같은 선택이 가능하다. A-라이선스_{수정권이} 없는 배타적 라이선스 혹은 수정권이 있는 배타적인 라이선스와 같은 사용 제한이 있는 라이선스로 어떤 경우든, 허가 없는 사용에 대해서는 청산을 해야 한다 또는 B-양도가 있다. 선택 사항에 없는 모든 대안은 삭제하거나 말소해라. 각 조항에 대한 적절한 미디어를 선택해라.

IP 2.A (1) (a) 수정권이 없는 제한 사용을 위한 라이선스

IP 2.1 _____ 인쇄, _____ 인터넷/인터랙티브, _____ 3차원 미디어에 대해 서비스를 완성하고 모든 수수료, 비용, 부대비용이 모두 청산되는 즉시 디자이너는 아래에 서술된 최종작품에 대한 권리를 고객에게 승인한다. 본 계약서에 명시되지 않은 모든 추가 사용은 추가 라이선스와 추가 수수료를 요구한다. 기타 모든 권리는 디자이너가 분명하게 보유한다. 고객에게 승인된 권리는 오로지 그 원본 형태의 최종작품 사용을 위한 것이다. 고객은 최종작품을 절단, 왜곡, 조작, 변형, 애니메이션화, 파생상품 제작, 일부 추출, 기타 다른 형태로 변경할 권리가 없다.

사용 범주 : _____

사용 미디어 : _____

사용 기간 : _____

사용 지역 : _____

초판 발행 : _____

그와 같은 사용에 있어 고객은 _____ 배타적/_____ 비배타적 권리를 갖는다._{둘 중 하나 선택}

혹은

IP 2.A (1) (b) 수정권이 없는 배타적 라이선스

IP 2.2 ＿＿＿＿ 인쇄, ＿＿＿＿ 인터넷/인터랙티브, ＿＿＿＿＿＿3차원 미디어에 대해 디자이너는 고객에게 제안서에 규정된 프로젝트와 관련하여 그리고 본 계약서의 여러 계약조건에 따라서만 최종작품을 사용, 복제, 전시할 배타적·영구적·세계적 권리와 라이선스를 승인한다. 고객에게 승인된 이 권리는 최종작품을 오로지 원작 형태로만 사용하기 위한 것이다. 고객은 최종작품을 절단, 왜곡, 조작, 변형, 모방, 애니메이션화, 파생상품 제작, 일부 추출, 기타 형태로 변경할 권리가 없다.

혹은

IP 2.A (1) (c) 수정권이 있는 배타적 라이선스

IP 2.3 ＿＿＿＿ 인쇄, ＿＿＿＿＿ 인터넷/인터랙티브, ＿＿＿＿＿3차원 미디어에 대해 디자이너는 본 계약에 의해 고객에게 제안서에 서술된 프로젝트에만 관련된 본 계약서의 각종 계약조건에 따라서 최종작품을 사용, 복제, 개작, 수정, 전시할 배타적·영구적·세계적 권리와 라이선스를 승인한다.

그리고

IP 2.A (2) 무단 사용의 청산
IP 2.4 최종작품에 대한 고객의 사용은 본 계약서에 있는 프로젝트를 위해

서만 사용권이 제한된다. 고객이 기타 다른 시간, 장소, 다른 프로젝트, 본 계약서에서 승인한 규모의 범위를 벗어난 최종작품, 성과물, 기타 파생상품의 사용은 추가적인 수수료를 요구하며, 디자이너는 양 당사자에 의해 서면으로 동의되지 않았다면 원 프로젝트 수수료의 _____%에 해당하는 추가 보상을 받을 자격이 발생한다. 그런 지불이 없을 경우, 디자이너는 법적 구제 수단을 추구할 자격을 갖춘다.

혹은

IP 2.B 양도

IP 2.5 서비스의 완성과 모든 수수료, 비용, 경비를 완전히 지불받은 후, 본 계약에 의해 디자이너는 최종작품에 대한 저작권과 기타 지식재산권을 포함한 모든 권리, 자격, 이해를 고객에게 양도한다. 디자이너는 고객과 합리적으로 협력하는 데 동의하며, 그런 양도를 입증하기 위해 합리적으로 필요하여 추가되는 모든 서류를 작성해준다.

첨부문서 1 : 인쇄회사용 계약조건

P1. 견본

고객은 디자이너의 포트폴리오와 기타 자체 홍보용으로써 사용할 목적으로 최종 성과물의 각 인쇄물이나 출판물 형태의 견본_____부를 디자이너에게 제공한다. 그런 견본은 최고 품질의 저작물을 나타낸다.

P2. 최종작품

인쇄물과 디자이너에 의한 인쇄 서비스의 알선이나 중개는 만약 그 최종 인쇄저작물이 인쇄나 인쇄 관련 서비스 납품업자에 의해 확인 가능한 현재 혹은 표준 업계 관행에 따른 종류, 품질, 가격으로써 수용 가능한 범위 내에 있다면 본 계약서를 이행한 것으로 간주한다. 상업적으로 합당하거나 가능할 때마다 디자이너는 고객에게 현재 혹은 표준 업계 관행의 부수를 제공한다. 그러나 디자이너는 현재 혹은 표준 업계 관행에 대한 변화나 변경을 협상할 책임이나 의무는 없다.

첨부문서 2 : 인터랙티브용 계약조건

I 1. 지원 서비스

I 1.1 보증 기간. 지원 서비스는 어떤 실수나 결함의 정정을 포함한 성과물의 유지나 개선을 위해 거래상 상당히 보증되는 기술 지원과 보조를 말한다. 하지만 제안서 범위를 벗어난 프로젝트나 기타 서비스의 개선을 포함하지는 않는다. 본 계약서의 만료 후 첫_____개월 동안 보증 기간, 디자이너는 고객에게 추가 비용 없이 _____시간까지 지원을 제공할 것이다. 추가되는 시간은 디자이너의 정상적인 시급으로 청구될 것이며, 그것은 추가 지원을 요청한 날짜부터 효력이 발생한다.

I 1.2 유지보수 기간. 보증 기간의 만료나 고객의 선택으로 디자이너는 월 _____ 수수료 혹은 시간당 _____ 의 디자이너 시급으로로 향후 _____

개월 동안 지원 서비스를 제공한다. 양 당사자들은 상호 서면 합의서
에 의해 유지보수 기간을 1년 이상 연장할 수 있다.

I 2. 개선

유지보수 기간 동안 고객은 디자이너에게 성과물의 개선을 요구할 수 있고,
디자이너는 그런 개선을 위해 디자이너의 재원을 최적화하며, 상업적으로
합리적인 노력을 해야 한다. 양 당사자는 개선 요구 날짜에 존재하던 삼자
에 대한 선행 의무가 그런 개선 요구의 즉각적인 이행을 연기시킬 것이라는
점을 이해한다. 그런 개선은 당신의 합리적인 가격으로 디자이너의 시간과
재료에 근거하여 제공된다.

I 3. 추가 보증

I 3.1 결함. 고객 내용과 관련해 고객의 보증에 동의하여 디자이너는 최종 성
과물이 결함 없다는 사실을 진술하고 보증한다. 본 계약서에서 결함이
란 '어떤 재료에 관해 제안서에서 서술된 명세서를 어겼음'을 나타내
지만 디자이너에 의해 배달된 후 고객이나 제삼자에 의해 최종 성과물
에 만들어진 고객 내용, 수정, 변경, 변화에 의해 야기된 문제 또는 제
안서에서 구체화된 것 외에 웹브라우저와 같이 제삼자의 응용이 최종
저작물과 상호교류했을 때의 문제는 포함되지 않는다. 양 당사자는 이
항의 위반에 대한 고객의 유일한 보상과 디자이너의 유일한 책임은 확
인된 어떤 결함을 정정할 디자이너의 의무로 보증 기간 내에 있다는 점

을 인정한다. 디자이너가 제공했거나 서술한 제삼자 저작물에 의해 결함이 야기되었을 경우, 디자이너의 유일한 의무는 다른 제삼자 저작물로 대체하는 것이다.

I 3.2 디자이너 도구. 고객이 공급한 재료와 관련해 고객의 보증에 동의하여 디자이너는 디자이너가 아는 한도까지, 디자이너의 도구는 제삼자의 권리를 의식적으로 침범하지 않으며, 그러한 도구를 프로젝트와 관련하여 사용하는 것은 제삼자의 권리를 의식적으로 침범하지 않을 것이다. 다만 그러한 저촉이 고객 내용에 의해 저촉되었거나, 재료와 장비의 결합에서 관련 명세서의 규모를 벗어나 그 성과물을 고객이나 제삼자가 수정하거나 사용했을 경우엔 예외다.

I 4. 법의 준수

디자이너는 모든 최종 성과물들이 알려진 관련 법과 규정에 순응하도록 의도되었다는 것을 보증하기 위해 거래상 상당한 보증의 노력을 해야 한다. 성과물들을 받는 즉시 고객은 소프트웨어와 기술 이전과 관련된 모든 법에 따를 책임이 있다.

첨부문서 3 : 3D용 계약조건

3D 1. 프로젝트 사진

디자이너는 본 계약서의 기본 계약조건의 제7항에 따라 그 프로젝트의 모든 완성된 디자인이나 설치를 기록, 사진 촬영하고 녹화 등과 디자이너의 홍보 목적을 위해 기록물, 사진, 녹화 등을 복제, 출판, 전시할 권리를 갖는다.

3D 2. 추가적인 고객 책임

고객은 고객이 합리적이고 시기적절하게 다음을 수행할 책임이 있음을 인정한다.

ⓐ 만약 그것들이 성과물의 디자인이나 생산에 영향을 미친다면 행정적이며 경영적 결정을 위한 대화와 요구되는 관청의 승인이나 만남을 조정한다.

ⓑ 토목 계획, 건축 계획, 정면도, 시설 장소, 색이나 재료의 견본, 모든 관련 규정, 법, 규제 정보와 같이 디자이너가 요구하는 정보나 재료를 정확하고 완벽하게 제공한다.

ⓒ 승인된 이름이나 명칭을 제공한다. 최종 사용자, 필요하다면 기증자와 같은 제삼자로부터의 승인과 변경된 사본을 얻는다.

ⓓ 제작과 설치를 공개하기에 앞서 제작품, 메시지 계획, 표지판 설치 계획, 디자인 도면에 대해 최종 확인하고 서면 승인을 얻는다. 인쇄 오류나 오자와 같은 오류나 탈자와 같은 실수가 있는 저작물을 수용할 때 그런 실

수를 정정하는 비용은 고객의 책임이다.

(e) 주택이나 전기신호를 지원하는 데 필요한 모든 전기, 구조 혹은 역학적 요소의 기록, 허가, 라이선스, 이행을 주선해라. 다른 거래업체와 신호 제작과 설치를 협조해라.

(f) 입찰과 계약협상에 응해라. 출처를 확인하고 제작자나 납품업자를 만나 직접 최종 가격과 계약조건을 설립해라.

3D 3. 엔지니어링

본 서비스에는 제안서에 기술된 재료 및 시공에 대한 세부사항의 선택과 명세서를 포함한다. 그러나 고객은 디자인 도안의 해석과 본 계약서하에 수행된 모든 제작물의 디자인과 엔지니어링에 대한 모든 책임엔지니어링은 고객, 건축가, 엔지니어, 혹은 제작자의 전적인 책임이라는 사실을 인정하고 동의한다.

3D 4. 이행

고객은 제작이나 설치와 같은 이행 비용에 대해 그 프로젝트의 어느 기간에서도 제안서에 제공된 추정금액이 오로지 계획 목적이었다는 사실을 인정하고 동의한다. 그와 같은 추정금액은 프로젝트의 노력이나 비용이 변하지 않을 것이란 진술이나 보증이 아니다. 고객은 제작과 설치와 같은 이행 서비스에 대한 직접적인 책임을 지는 당사자들과 계약을 하고 지불해야 한다이행. 디자이너는 그런 서비스 납품업체를 평가하고 선택하고 감시하는데,

고객을 지원하고 조언했는지 여부와 관계없이 제삼자 서비스에 품질과 시간에 대한 책임을 지지 않는다.

3D 5. 법의 준수

디자이너는 미국 장애인 복지법과 같은 관련 법이나 규정에 모든 최종 성과물이 준수하도록 거래상 상당한 보증의 노력을 해야 한다. 그러나 디자이너는 전문가가 아니며 그러한 법규, 규정, 규제에 순응하는 보증을 하지 못한다. 그와 같은 법규, 규정, 규제를 갖는 최종 성과물에 대한 순응은 고객의 책임이다. 디자이너는 최종 성과물의 적법성과 순응성을 보증하기 위해 거래상 상당한 보증의 노력을 해야 한다.

3D 6. 고객 보험

고객은 본 계약서 기간 동안 고객의 전적인 부담으로 건축 및 유지 책임보험, 제조물책임보험, 일반사업자보험, 광고상해보험을 유자격 보험인으로부터 사건당 최소 _____ 백만 원의 금액으로 가입을 유지해야 한다. 그런 보험은 개인적으로 디자이너를 추가적인 피보험자 명단에 삽입하며, 디자이너의 요청이 있으면 고객은 보험증서를 디자이너에게 한 부 제공한다.

디자인업 표준하도급 기본계약서(전문)

- 디자인명(하도급명) :
- 계약 기간 : _____ 년 ___ 월 ___ 일부터 _____ 년 ___ 월 ___ 일까지
- 계약금액 : 금 _____ 원정(₩_____)
- 공급가액 : 금 _____ 원정(₩_____)
- 부가가치세 : 금 _____ 원정(₩_____)

구 분		금 액	지급기일	지급 방법
선급금				
중도금	1차			
	2차			
잔금				

- 납품(완성)일자(장소) : _____ 년 ___ 월 ___ 일 ( )
- 계약이행보증금 : _____ 원정
- 지체상금율 : 1일 _____ %, (단, 총 계약금액의 _____ %를 초과할 수 없음)

　　상기의 디자인 위탁업무에 대하여 원사업자 _____ 와 수급사업자 _____는(은) 이 계약문서에 의하여 계약을 체결하고 신의에 따라 성실히 계약상의 의무를 이행할 것을 확약하며, 이 계약의 증거로서 계약서를 작성하여 당사자가 기명날인한 후 각각 1통씩 보관한다.

　　　　　　　　　　　　　　　　　　_____ 년 ___ 월 ___ 일

원사업자(갑)　상호 또는 명칭 : _____　전화번호 : _____

주소 : _____

대표자 성명 : _____　(인)

주민등록(법인)번호 : _____

수급사업자(을)　상호 또는 명칭 : _____　전화번호 : _____

주소 : _____

대표자 성명 : _____　(인)

주민등록(법인)번호 : _____

첨　부 : 1. 기본계약서 본문(계약일반조건)

2. 과업범위

3. 산출내역서

4. 개별 계약서(특수조건 등)

디자인업 표준하도급 기본계약서(본문)

○○○회사(이하 '갑'이라 한다)와　○○○회사(이하 '을'이라 한다)는 갑이 을에게 _____ 에 대한 디자인의 제작을 위탁(이하 '디자인 위탁'이라고 한다)하는 것을 내용으로 하는 계약을 다음과 같이 체결한다.

제1조 기본원칙

① 갑과 을은 이 기본계약(이하 '계약'이라 한다) 및 이에 따른 개개의 거래계약(이하 '개별 계약'이라 한다)을 신의성실의 원칙에 따라 이행해야 한다.

② 갑과 을은 이 계약의 이행에 있어서 '하도급거래 공정화에 관한 법률(이하 '하도급법'이라 한다)' 등 관련 법령을 준수해야 한다.

제2조 정의

이 계약에서 '디자인'이라 함은 하도급법 제2조 제11항 및 제12항 제3호에서 정한 '문자·도형·기호의 결합 또는 이것들과 색채의 결합에 의하여 구성되는 지식·정보 성과물' 중 '상품의 형태, 용기, 포장 및 광고 등에 사용되는 디자인'으로서 '산업디자인진흥법' 제2조 정의의 규정에 의한 디자인 등을 포함한다.

제3조 기본계약 및 개별 계약

이 계약은 갑과 을 간의 디자인 위탁에 관한 기본사항을 정한 것으로서 별도의 약정이 없는 한, 이 계약과 별도로 체결되는 개별 계약에 대해서도 적용된다.

제4조 계약의 내용 및 개별 계약의 체결

① 갑과 을은 디자인 위탁의 내용, 납품시기 및 장소, 검사 방법 및 시기, 하도급대금과 그 지급 방법 및 지급기일, 디자인 위탁 후 원재료 가격 변동 등에 따른 하도급대금 조정의 요건, 방법 및 절차, 위탁 내용의 이행 등과 관련하여 기본계약에서 정하지 아니하거나 개별 계약으로 위임한 사항 등 디자인 위탁에 관하여 필요한 구체적이고 세부적인 사항을 이 계약과 별도로 개별 계약을 체결하여 정한다.

② 개별 계약은 원칙적으로 갑이 제1항의 내용을 서면(전자문서 포함)으로 작성하여 을에게 의사표시를 하고, 을이 이를 승낙함으로써 성립하며, 갑은 정당한 사유가 없는 한 이에 따른 갑과 을이 서명 또는 기명날인한 서면

을 을에게 교부해야 한다.

③ 갑은 을에게 디자인 위탁을 함에 있어 사전에 제1항 및 제2항에 의한 개별 계약을 체결한 후 이를 위탁해야 하며, 개별 계약에 따로 정하지 아니한 사항은 이 기본계약에 의한다.

제5조 계약의 변경

① 갑과 을은 합리적이고 객관적인 사유가 발생하여 부득이하게 계약변경이 필요하거나 발주자의 요청에 의하여 계약 내용을 변경·추가하고자 하는 경우에는 상호 합의하여 기본계약 혹은 개별 계약을 기명날인한 서면에 의해 변경할 수 있다.

② 갑의 요구로 위탁 내용의 변경이 발생하여 하도급대금의 조정이 필요한 경우, 갑과 을은 협의하여 디자인 위탁 내용 변경에 따른 하도급대금을 합리적으로 조정한다.

제6조 하도급대금의 결정

① 갑은 하도급대금을 정함에 있어 디자인의 내용, 물량, 저작권 소유, 인건비, 관리비, 물가, 적정수익 등을 고려하여 합리적으로 을과 협의하여 정한다.

② 계약 기간 중 제1항에서 정한 하도급대금에 변경 사유가 발생 때에는 갑또는 을은 상대방에게 하도급대금 조정을 요구할 수 있으며, 이 경우 요구일로부터 30일 이내에 최대한 빨리 상호 협의하여 다시 정할 수 있다.

③ 제1항 또는 제2항의 규정에 의한 하도급대금 결정이 특별한 사유로 인하여 지연될 경우에는 갑과 을이 협의하여 정한 임시 하도급대금을 적용하되, 이 경우 임시단가와 확정단가의 차액은 확정단가를 정하는 때에 소급하여 정산한다.

제7조 부당한 하도급대금 결정의 금지

① 갑은 하도급대금을 정함에 있어 부당한 방법을 이용하여 동종 또는 유사한 것에 대하여 통상 지급되는 대가보다 현저하게 낮은 수준으로 결정하거나 하도급받도록 강요해서는 안 된다.

② 다음 각호의 어느 하나에 해당하는 갑의 행위는 부당한 하도급대금의 결정으로 본다.

1. 정당한 사유 없이 일률적인 비율로 단가를 인하해 하도급대금을 결정하는 행위

2. 협조요청 등 어떠한 명목으로든 일방적으로 일정금액을 할당한 후 그 금액을 빼고 하도급대금을 결정하는 행위

3. 정당한 사유 없이 특정 수급사업자를 차별 취급하여 하도급대금을 결정하는 행위

4. 을에게 발주량 등 거래조건에 대하여 착오를 일으키게 하거나 다른 사업자의 견적 또는 거짓 견적을 내보이는 등의 방법으로 을을 속이고 이를 이용하여 하도급대금을 결정하는 행위

5. 갑이 을과의 합의 없이 일방적으로 낮은 단가에 의하여 하도급대금을 결정하는 행위

6. 수의계약으로 하도급 계약을 체결할 때 정당한 사유 없이 갑의 도급내역서상의 재료비, 직접노무비 및 경비의 합계(다만, 경비 중 갑과 을이 합의하여 갑이 부담하기로 한 비용 및 갑이 부담하기로 한 비용 및 갑이 부담해야 하는 법정경비는 제외한다)보다 낮은 금액으로 하도급대금을 결정하는 행위

7. 경쟁입찰에 의하여 하도급 계약을 체결할 때 정당한 사유 없이 최저가로 입찰한 금액보다 낮은 금액으로 하도급대금을 결정하는 행위

제8조 하도급대금 지급

① 갑은 '을의 디자인 납품일(납품 등이 빈번하여 갑과 을이 월 1회 이상 세금계산서의 발행일을 정한 경우에는 그 정한 날을 말하며, 이하 같다)'로부터 60일 이내의 가능한 한 짧은 기한으로 정한 지급기일까지 하도급대금을 지급해야 한다.

② 갑은 을에게 하도급대금을 지급함에 있어 발주자로부터 당해 디자인위탁과 관련하여 지급받은 현금비율 미만으로 지급해서는 안 된다.

③ 갑이 을에게 하도급대금을 어음으로 지급하는 경우 발주자로부터 당해 디자인 위탁과 관련하여 교부받은 어음의 지급 기간(발행일로부터 만기일까지)을 초과하는 어음을 교부해서는 안 된다.

④ 갑이 하도급대금을 어음으로 지급하는 경우 그 어음은 법률에 근거하여 설립된 금융기관에서 할인이 가능한 것이어야 하며, 어음을 교부한 날로부터 어음의 만기일까지의 기간에 대한 할인료(공정거래위원회가 하도급법 제13조 제8항에 의해 정하여 고시하는 어음할인료를 말한다. 이하 같음)를 어음을 교부하는 날에 을에게 지급해야 한다. 다만 '을의 디자인 납품일'로부터 60일 이내에 어음을 교부하는 경우에는 '을의 디자인 납품일'로부터 60일을 초과한 날 이후 만기일까지의 기간에 대한 할인료를 '을의 디자인 납품일'로부터 60일 이내에 을에게 지급해야 한다.

⑤ 갑이 하도급대금을 어음대체결제수단을 이용하여 지급하는 경우 지급일(기업구매전용카드의 경우는 카드결제승인일을, 외상매출채권담보대출의 경우는 납품 등의 내역전송일을, 구매론의 경우는 구매자금결제일을 말한다)부터 하도급대금 상환기일까지의 기간에 대한 수수료(대출이자를 포함한다)를 지급일에 을에게 지급해야 한다. 다만, '을의 디자인 납품일'부터 60일 이내에 어음대체결제수단을 이용해 지급하는 경우에는 '을의 디자인 납품일'로부터 60일을 초과한 날 이후 하도급대금 상환 기일까지의 기간에 대한 수수료를 '을의 디자인 납품일' 60일 이내에 을에게 지급해야 한다.

⑥ 갑이 '을의 디자인 납품일'로부터 60일을 초과하여 지급하는 경우에는 그 초과 기간에 대하여 지연이자(공정거래위원회가 하도급법 제13조 제7항에 의해 정하여 고시하는 지연이자를 말한다. 이하 같음)를 지급해야 한다.

⑦ 갑은 을에게 디자인 제작에 있어 초기비용의 소요가 예상되는 경우에는 선급금을 지급할 수 있으며, 선급금의 사용 분야, 선급금 정산 등에 대하여 을과 협의하여 별도로 개별 계약으로 정할 수 있다.

제9조 발주자가 있는 계약에 대한 특칙 : 선급금, 기성금, 하도급대금 직불 등

① 갑이 발주자로부터 선급금을 받은 때에는 을이 디자인 제작에 착수할 수 있도록 갑이 받은 선급금의 내용과 비율에 따라 선급금을 지급받은 날(위탁하기 전에 선급금을 받은 경우에는 위탁한 날)로부터 15일 이내에 선급금을 을에게 지급해야 한다.

② 갑이 발주자로부터 기성금을 지급받은 때에는 을의 위탁을 수행한 부분에 상당하는 금액을 그 지급받은 날로부터 15일(하도급대금의 지급기일이 그 전에 도래하는 경우에는 지급기일을 말한다. 이하 같음) 이내에 을에게 지급해야 한다.

③ 갑이 발주자로부터 대금을 지급받고 지급받은 날로부터 15일 이내에 하도급대금을 어음 또는 어음대체결제수단으로 지급하는 경우에는 발주자에게 지급받은 날로부터 15일을 초과한 날 이후 만기일까지의 기간에 대한 어음할인료 또는 수수료를 발주자에게 지급받은 날로부터 15일 이내에 을에게 지급해야 한다.

④ 제1항 내지 제3항의 규정에도 불구하고 다음 각호의 1에 해당하는 사유가 발생한 경우 을은 발주자에게 디자인 완성분에 상당하는 하도급대금의 직접 지급을 요청할 수 있다.

  1. 갑의 지급정지·파산 그 밖에 이와 유사한 사유가 있거나 사업에 관한 허가·인가·면허·등록이 취소되어 갑이 하도급대금을 지급할 수 없게

된 경우

2. 발주자가 하도급대금을 직접 을에게 지급하기로 발주자, 갑, 을 상호 간에 합의한 경우

3. 갑이 이 계약서 제8조 제2항에 의하여 지급해야 하는 하도급대금의 2회분 이상을 을에게 지급하지 않은 경우

제10조 부당결제청구 등의 금지

① 갑은 을에게 디자인 위탁에 필요한 물품 등을 자기로부터 사게 하거나 자기의 장비 등을 사용하게 한 경우에 정당한 이유없이 당해 위탁에 대한 하도급대금의 지급기일에 앞서 구매대금이나 사용 대가의 전부 또는 일부를 지급하게 하거나, 자기가 구입·사용 또는 제삼자에게 공급하는 조건보다 현저하게 불리한 조건으로 지급해서는 안 된다.

② 갑은 정당한 사유 없이 을에게 자기 또는 제삼자를 위하여 금전, 물품, 용역 그 밖에 경제적 이익을 제공하도록 하는 행위를 해서는 안 된다.

제11조 보고의무

을은 사전에 정한 약정에 따라 정기적으로 또는 수시로 갑에게 디자인 수행 진행 상황을 보고해야 하며, 이에 갑의 별도 지시가 있을 경우 그에 따라야 한다.

제12조 재하도급

① 을은 디자인 위탁을 수행함에 있어 그 일부 또는 전부를 제삼자에게 위탁하는 경우 사전에 갑의 승인을 받아야 한다.

② 을은 제1항의 규정에 의하여 디자인을 제삼자에게 위탁하는 경우에도 이 계약 및 개별 계약에 따른 을의 이행 의무를 면하지 않는다.

제13조 납품 및 검사

① 을이 납품을 한 디자인에 대한 검사의 기준 및 방법은 갑과 을이 협의하여 개별 계약으로 정하되 이는 객관적이고 공정하며 타당해야 한다.

② 을은 갑과 협의하여 정한 납품 기일 내에 디자인을 납품해야 한다.

③ 갑은 디자인의 납품이 있는 때에는 검사 전이라도 즉시 수령증명서를 을에게 교부해야 한다.

④ 제3항에서 '수령'이라 함은 을이 납품을 한 디자인을 받아 갑의 사실상 지배 아래 두게 되는 경우(이전이 곤란한 경우에는 검사를 개시한 때를 수령한 날로 의미한다. 이하 같음)를 의미한다.

⑤ 갑은 정당한 사유가 있는 경우를 제외하고는 을에게 디자인을 수령한 날로부터 10일 이내에 검사 결과를 을에게 서면으로 통지해야 하며, 이 기간 내에 통지하지 않은 경우에는 검사에 합격한 것으로 본다.

제14조 부당한 위탁취소 및 부당반품의 금지

① 갑은 위탁을 한 후 을의 책임으로 돌릴 사유가 없음에도 불구하고 다음 각호의 어느 하나에 해당하는 행위를 해서는 안 된다.

1. 위탁을 임의로 취소하거나 변경하는 행위

2. 디자인의 납품에 대한 수령을 거부하거나 지연하는 행위

② 갑은 을로부터 디자인을 납품받은 때에는 을에게 책임을 돌릴 사유가 없음에도 불구하고 이를 을에게 반품해서는 안 된다.

③ 제1항 및 제2항에의 해당 여부 판단은 하도급법 제8조 및 제10조에 의한다.

제15조 부당감액의 금지

① 갑은 을에게 책임을 돌릴 사유가 없음에도 불구하고 디자인 위탁을 할

때 정한 하도급대금을 부당하게 감액해서는 안 된다.

② 다음 각호의 어느 하나에 해당하는 갑의 행위는 부당감액으로 본다.

1. 위탁을 할 때 하도급대금을 감액할 조건 등을 명시하지 아니하고 위탁 후 협조요청 또는 거래 상대방으로부터의 발주 취소, 경제 상황의 변동 등 불합리한 이유를 들어 하도급대금을 감액하는 행위

2. 을과 하도급대금 인하에 관한 합의가 성립된 경우 그 합의 성립 전에 디자인 제작한 부분에 대해서도 일방적으로 합의 내용을 소급하여 적용하는 방법으로 하도급대금을 감액하는 행위

3. 하도급대금을 현금으로 지급하거나 지급기일 전에 지급하는 것을 이유로 지나치게 하도급대금을 감액하는 행위

4. 갑에 대한 손해 발생에 실질적 영향을 미치지 않는 을의 경미한 과오를 이유로 일방적으로 하도급대금을 감액하는 행위

5. 위탁에 필요한 물품 등을 자기로부터 사게 하거나 자기의 장비 등을 사용하게 한 경우, 적정한 구매대금 또는 적정한 사용 대가 이상의 금액을 하도급대금에서 공제하는 행위

6. 하도급대금 지급 시점의 하도급대금 등이 납품 등의 시점에 비하여 떨어진 것을 이유로 하도급대금을 감액하는 행위

7. 경영적자 등 불합리한 이유로 부당하게 하도급대금을 감액하는 행위

8. '고용보험 및 산업재해보상보험의 보험료 징수 등에 관한 법', '산업안전보건법' 등에 따라 갑이 부담해야 하는 고용보험료, 산업안전보건관리비, 그 밖의 경비 등을 수급사업자에게 부담시키는 행위

제16조 원재료 가격 변동으로 인한 계약금액의 조정

① 을은 계약 체결 후 90일 이상 경과하고 잔여 납품물량에 대하여 다음 각

호에 해당하는 사유가 발생한 경우에는 계약금액의 조정을 신청할 수 있으며, 신청이 있은 날로부터 30일 이내에 상호 협의하여 계약금액을 조정한다. 다만, 원재료 가격이 급등하는 등 계약금액을 조정하지 않고서는 계약 이행이 곤란하다고 인정되는 경우에는 을은 계약 체결일(계약 체결 후 계약금액을 조정한 경우 그 조정일)로부터 90일 이내에 계약금액의 조정을 신청할 수 있다.

1. 산출내역서에 포함되어 있는 품목의 가격 또는 요금 등의 변동으로 인한 등락액이 잔여 납품물량에 해당하는 계약금액의 100분의 3 이상인 때

2. 계약금액에서 차지하는 비중이 100분의 1 이상인 납품물량의 원재료 가격이 100분의 15 이상 증감된 경우

② 갑은 제1항에 따른 신청이 있은 날부터 10일 이내에 하도급대금 조정을 위한 협의를 개시해야 하며, 정당한 사유 없이 협의를 거부하거나 게을리해서는 안 된다.

③ 제1항에 따른 신청이 있은 날부터 10일이 지난 후에도 갑이 하도급대금의 조정을 위한 협의를 개시하지 않거나 제1항에 따른 신청이 있은 날부터 30일 이내에 하도급대금 조정에 관한 합의에 도달하지 못한 경우에는 갑 또는 을은 하도급분쟁조정협의회에 조정을 신청할 수 있다.

④ 하도급계약금액의 조정을 요청하는 경우에는 조정요건에 해당하는 사유를 명시하여 증빙자료와 함께 서면(전자서면 포함)으로 요청해야 한다.

⑤ 계약금액의 조정은 원재료 가격 변동 기준일 이후에 반입한 재료와 제공된 역무의 대가에 적용하되, 착수 전에 제출된 납품 예정 공정표상 원재료 가격 변동기준일 이전에 이미 계약 이행이 완료되었어야 할 부분을 제외한 잔여 부분의 대가에 대한 것만 적용한다. 다만, 갑의 귀책 사유 또는 천재지변 등 불가항력으로 인해 지연된 경우에는 그러지 않는다.

제17조 기술자료 제공 강요 금지 등

① 갑은 정당한 사유가 있는 경우 외에는 하도급법 제2조 제15항에 따른 기술자료를 자기 또는 제삼자에게 제공하도록 을에게 강요해서는 안 되며 취득한 기술자료를 자기 또는 제삼자를 위하여 유용해서는 안 된다.

② 갑의 행위 중 다음 각호의 행위는 정당한 이유 없는 기술자료 제공 강요 행위로 본다.

    1. 을의 기술자료를 요구하여 무단으로 자신이 사용하거나 다른 업체에 제공하는 행위

    2. 을의 제안서에 포함된 기술자료, 광고전략, 아이디어를 무단으로 사용하는 행위

제18조 부당한 경영간섭의 금지

① 갑은 을의 사업 활동의 자유나 경영의 자율성, 즉 을의 경영 활동에 대한 자주적 결정권을 침해하는 부당한 경영간섭 행위를 해서는 안 된다.

② 갑의 행위 중 다음 각호의 행위는 부당한 경영간섭으로 본다.

    1. 을이 임직원을 선임·해임함에 있어 갑의 지시 또는 승인을 얻게 하는 행위

    2. 정당한 이유 없이 을의 디자인 제작 품목, 디자인 제작 규모 등을 제한하는 행위

    3. 을로 하여금 갑 또는 갑의 계열 회사의 경쟁사업자와 거래하지 못하도록 하는 행위

    4. 을의 경영을 간섭할 목적으로 하도급 거래량을 조절하는 행위

    5. 갑이 을의 의사에 반하여 을의 사업장에 출입하여 생산 과정, 투입 인력 등을 실사하는 행위

제19조 손해배상

을의 귀책 사유로 인해 갑에게 다음 각호 1의 손해가 발생한 경우에는 을이 이를 배상해야 한다. 다만 천재지변, 전쟁, 폭동, 테러, 기타 불가항력적인 사유로 인하여 상대방 및 제삼자에게 발생시킨 손해에 대해서는 책임을 묻지 않는다.

1. 납품 지연으로 인한 손해
2. 디자인의 멸실·훼손
3. 을의 관련 법규 위반으로 인한 손해
4. 을이 재위탁한 제삼자의 귀책 사유에 의한 손해

제20조 계약의 해제 혹은 해지

① 갑 또는 을은 다음 각호의 1에 해당하는 사유가 발생한 경우에는 본 계약 또는 개별 계약에 대하여 그 전부 또는 일부를 해제·해지할 수 있다.

1. 갑 또는 을이 금융기관으로부터 거래정지처분을 받은 경우
2. 갑 또는 을이 감독관청으로부터 영업취소·영업정지 등의 처분을 받은 경우
3. 갑 또는 을이 어음·수표의 부도, 제삼자에 의한 강제집행(가압류 및 가처분 포함), 파산·화의 개시 및 회사 정리 절차의 신청 등 영업상의 중대한 사유가 발생하여 계약 내용을 이행할 수 없다고 인정될 경우
4. 갑 또는 을이 해산, 영업의 양도 또는 타 회사로의 합병을 결의한 경우
5. 갑 또는 을이 재해 기타 사유로 인하여 이 계약 또는 개별 계약의 내용을 이행하기 곤란하다고 쌍방이 인정한 경우
6. 을이 디자인의 제작·납품 등과 관련하여 금품수수, 재하도급대금 미지급 등의 문제를 일으킨 경우

② 갑 또는 을은 다음 각호의 1에 해당하는 사유가 발생한 경우에는 상대방

에게 상당한 기간을 정하여 그 이행을 최고催告하고, 그 기간 내에 이를 이행하지 아니한 때에는 이 계약 또는 개별 계약의 전부 또는 일부를 해제·해지할 수 있다.

1. 갑 또는 을이 이 계약 또는 개별 계약의 중요한 내용을 위반한 경우
2. 갑이 정당한 사유 없이 을의 위탁 수행에 필요한 사항의 이행을 지연하여 을의 용역위탁 수행에 지장을 초래한 경우
3. 을이 정당한 사유 없이 납품을 거부하거나 제작 착수를 지연하여 납기 내에 납품이 곤란하다고 인정되는 경우
4. 을의 인원·장비 및 품질관리 능력이 부족하여 계약 내용을 원만히 이행할 수 없다고 인정되는 상당한 이유가 있는 경우

③ 갑 또는 을은 제1항 또는 제2항의 규정에 의하여 계약의 해제·해지 사유가 발생한 경우 상대방에게 지체 없이 서면으로 통지해야 한다.

④ 제3항에 의하여 계약이 해제·해지된 때에는 각 당사자의 상대방에 대한 일체의 채무는 기한의 이익을 상실하며 지체 없이 이를 변제해야 한다.

⑤ 갑과 을은 자신의 귀책 사유로 인하여 이 계약 또는 개별 계약의 전부 또는 일부가 해제·해지됨으로써 발생한 상대방의 손해를 배상해야 한다.

제21조 지체상금

① 을이 정해진 기간 내에 위탁 수행을 완료하지 못한 경우, 갑은 지체 일수에 하도급대금의 _____ /1000을 곱한 금액(이하 '지체상금'이라 한다)을 하도급대금에서 공제한다.

② 제1항의 경우 기성 부분에 대한 검사가 끝난 경우에는 그 부분에 상당하는 금액을 하도급대금에서 공제한 금액을 기준으로 지체상금을 계산해야 한다. 다만 기성 부분의 인수는 그 성질상 분할할 수 있는 용역에 대한 완성 부분으로 인수하는 것에 한한다.

③ 갑은 다음 각호의 1에 해당되어 위탁 수행이 지체되었다고 인정할 때에는 그 해당 일수를 동조 제1항의 지체 일수에 산입하지 않는다.

1. 불가항력의 사유에 의한 경우

2. 갑의 책임으로 위탁 수행의 착수가 지연되거나 위탁 수행이 중단된 경우

3. 을의 부도 등으로 연대보증인이 보증이행을 할 경우(부도 등이 확정된 날부터 갑이 보증이행을 지시한 날까지를 의미함)

4. 을의 부도 등으로 보증기관이 보증이행업체를 지정하여 보증이행할 경우(갑으로부터 보증채무이행 청구서를 접수한 날부터 보증이행 개시일 전일까지를 의미함, 다만 30일 이내에 한함)

5. 기타 을의 책임에 속하지 않는 사유로 인하여 지체된 경우

④ 지체 일수의 산정 기준은 다음 각호의 1과 같다.

1. 위탁 수행 기간 내에 수행을 완료한 경우 검사에 소요된 기간은 지체 일수에 산입하지 않는다. 다만, 수행 기간 이후에 검사시 을의 계약이행 내용의 전부 또는 일부가 계약에 위반되거나 부당함에 따라 검사에 따른 수정 요구를 을에게 한 경우에는 수정 요구를 한 날로부터 최종 검사에 합격한 날까지의 기간을 지체 일수에 산입한다.

2. 위탁수행 기간을 경과하여 수행을 완료한 경우에는 용역수행 기간 익일부터 검사(수정요구를 한 경우에는 최종검사)에 합격한 날까지의 기간을 지체 일수에 산입한다.

제22조 권리·의무의 양도 금지

갑과 을은 서면으로 상대방의 승낙을 얻지 않는 한 이 계약 또는 개별 계약으로부터 발생하는 권리·의무의 전부 또는 일부를 제삼자에게 양도하거나 담보로 제공할 수 없다.

제23조 비밀의 유지

① 갑과 을은 이 계약 또는 개별 계약으로 알게 된 상대방의 다른 디자인에 대한 기획안 등 업무상·기술상 비밀을 상대방의 승인이 없는 한 부당하게 이를 이용하거나 제삼자에게 누설해서는 안 된다.

② 갑과 을은 계약 기간 중, 계약 기간의 만료 또는 계약의 해제·해지 후에도 제1항의 이행 의무가 있으며, 이에 위반하여 상대방에게 손해를 입힌 경우에는 이를 배상한다.

제24조 이의 및 분쟁의 해결

① 갑과 을은 이 계약 및 개별 계약에 명시되지 않은 사항 또는 계약의 해석에 다툼이 있는 경우에는 우선적으로 서면상의 자료에 따르며 자료가 없는 경우에는 상호 협의하여 해결한다.

② 제1항의 규정에 불구하고 법률상 분쟁이 발생한 경우에는 갑 또는 을은 하도급법 제24조에 의한 하도급분쟁조정협의회에 조정을 신청할 수 있다.

제25조 계약의 효력 및 유효 기간

① 이 계약은 계약 체결일로부터 계약 해제·해지일 이전까지 효력을 가진다.

② 제1항의 규정에 의하여 이 계약의 효력이 소멸된 이후에도 개별 계약의 효력이 존속되는 경우에는 제1항의 규정에 불구하고, 이 계약의 효력은 당해 개별 계약의 존속 기간까지로 한다.

제26조 기타

이 기본계약에 첨부된 디자인 하도급거래 개별 계약(일반조건, 특수조건 등)은 이 계약의 일부를 구성한다.

첨부 : 디자인하도급거래 개별 계약(특약조건 등)

　이 계약의 체결을 증명하기 위하여 계약서 2통을 작성하여 갑과 을이 서명
날인한 후 각각 1통씩 보관한다.

20＿＿년 ＿＿월 ＿＿일

갑 주 소 ＿＿＿＿＿＿＿＿＿＿＿＿＿＿

　　회사명 ＿＿＿＿＿＿＿＿＿＿＿＿＿＿

　　대표자 ＿＿＿＿＿＿ ㊞

을 주 소 ＿＿＿＿＿＿＿＿＿＿＿＿＿＿

　　회사명 ＿＿＿＿＿＿＿＿＿＿＿＿＿＿

　　대표자 ＿＿＿＿＿＿ ㊞

21 윤리 및 사회적 책임

윤리와 디자인을 토론할 때, 우리는 최소한 세 가지 차원을 고려해야 한다. 첫 번째는 일상적인 비즈니스 거래에서 전문가의 행동과 관련된 문제이고, 그다음은 접근성, 유용성, 소비자 안전, 환경보호와 같은 분야에서 필요한 특정 전문가의 전문성 문제이며, 이 두 번째 문제는 곧 세 번째 문제 전반적인 전문가의 가치문제로 이어져, 삶에 있어 도덕적 원칙과 의무에 대한 폭넓은 기준을 고민하게 된다.

전문가의 행동

디자인 경력에서 윤리적 행동을 어떻게 정의하며 어디서 지침을 얻는가? 윤리적 지침은 미국과 그 밖의 여러 나라의 디자인 조직에서 발행하고 있다.

여러 규범을 읽다보면 그중 일부는 고객, 납품업자, 다른 디자이너와의 일상적인 비즈니스 거래에서 품위와 존경을 보여주는 구체적인 방법에 집중되어 있는 한편, 다른 일부는 포괄적인 문제를 해결하며 근본적인 윤리 문제를 보여주고 있음을 알 수 있다. 일상적인 비즈니스 거래를 위한 지침엔 다음과 같은 사항이 포함된다.

- 공정하고 공개된 경쟁에서 다른 디자이너에 대한 존경심을 보여라.
- 당신의 전문적인 경험과 능력을 솔직하게 서술해라.
- 어떤 형태의 이익 갈등도 피해라.
- 각 고객의 비즈니스를 정확히 꿰뚫고 솔직하고 사심 없는 조언을 해라.
- 모든 고객 정보에 대한 비밀을 엄수해라.
- 뒷거래와 뇌물을 일체 사절해라.
- 최고 품질의 혁신적인 저작물을 개발하는 것에 헌신해라.
- 표절이나 도용을 일체 삼가라.
- 디자인을 창조하면서 다른 사람과 공조할 때, 그들이 원작자임을 정당하게 승인해라.

이런 규범들이 협회 회원들에게 추천되고 있지만 그 준수는 자발적이다. 그런 지침은 디자이너와 고객 사이의 오해와 분쟁을 피하는 데 도움이 되며, 해당 분야로 첫발을 디딘 새내기 디자이너를 교육시키는 데도 매우 중요하다. AIGA는 폰트, 소프트웨어, 삽화, 사진을 구매하고 이용하는 것과 관련된 윤리 관행의 지침서도 발행하고 있다.

전문가의 전문기술

당신의 디자인 분야와 고객 비즈니스의 성격에 따라 다음과 같은 분야에서 추가적인 책임과 의무를 인식할 필요가 있다.

유니버설 디자인과 접근성

장소, 제품, 서비스는 연령대, 능력, 신체조건에 상관없이 모든 사람에게 보편적으로 접근 가능해야 한다. 당신도 당신의 디자인 작품이 장벽을 낮춰 모든 사람에게 환영받길 원할 것이다. 당신의 디자인은 시민 생활에서 동원성, 커뮤니케이션, 참여성을 촉진해야 한다. 이런 디자인을 유니버설 디자인 혹은 보편적 디자인이라 하며 대중에 대한 이런 도덕적 의무의 일부가 미국을 비롯해 일본과 영국과 같은 외국에서 법으로 정해져 있다.

예를 들어, 당신이 미국에서 일하며 물리적 공간을 디자인하고 있다고 가정하면, 당신의 프로젝트는 민간 비즈니스뿐만 아니라 정부기구에도 영향을 미치는 1990년에 통과된 민권법인 미국 장애인법을 준수해야 한다.

컴퓨터 제품 라벨

당신이 소비제품이나 포장디자인에 참여하고 있다면, 당신과 당신의 고객은 적용 가능한 라벨 요구조건을 알아야 한다. 미국에서 많은 연방과 주에서 안전하지 못하거나 비위생적인 제품을 소비자들이 구매하지 못하도록 법규로 정하고 있으며, 비슷한 법이 캐나다, 일본 그리고 유럽 연합에서도 발효되고 있다. 그 법은 음식, 제약, 직물, 침구, 가구, 그리고 완구와 같은 여러 가지 제품군에 적용된다. 구체적인 양식은 다르지만, 라벨 요구조건엔 종종 내용물이나 국적의 확인 그리고 안전지침과 경고문이 포함된다.

생태 및 지속가능이란 문화 창출

날이 갈수록 생태 및 지속가능과 관련된 문제들이 세계적으로 화두가 되고 있다. 디자이너도 현 프로젝트에서 사용되는 재료와 공정에 관한 책임 있는 선택을 하고, 훌륭한 정보에 입각해 장기적인 계획과 활동에 관해 고객에게 전문적인 조언을 제공함으로써, 그런 문제에 커다란 기여를 할 수 있다.

특히 산업 디자이너들은 이중의 과제에 직면해 있는데, 제품을 지속적으로 재창조하고 개선해야 하는 한편, 과도한 계획적 폐용화planned obsolescence, 고객이 교체품을 사도록 제품의 수명주기가 한정되게 설계하는 정책–옮긴이와 일회성 문화throwaway culture에 직면해 있다는 것이다. 혁신적인 사고는 소비와 낭비를 줄이고 독성 물질의 사용을 줄이며, 재활용과 재순환을 촉진하고, 에너지 효율성을 높이며, 재생가능한 에너지원의 개발과 사용을 촉진한다. 많은 국가에서 생태 원칙들이 법으로 명문화되고 있다. 예컨대, 독일은 재활용재의 사용, 지속가능한 에너지원의 사용, 폐기물 감축에 관련하여 제조업자의 기준을 마련하는 데 앞장서고 있다.

디자이너는 여러 전문 협회를 포함한 많은 출처에서 일반적인 참고정보를 얻을 수 있다.

전문가의 가치

분명 앞서 언급된 유니버설 디자인 관심과 생태적 책임은 도덕적 가치와 의무라는 더 큰 틀의 일부다. 그것은 미래의 디자인 방향과 디자인의 역할에 대한 근원적 의문과 디자인 역할에 대한 문제의식의 발로다. 디자이너의 전문가적인 행동에 대해선 강한 합의가 이뤄졌지만, 사회에 대한 디자이너의 미묘한 세상문제에 대한 해결책을 발견하는 데 있어 디자이너의 역할에 대한 합의는 부족한 편이다. 이 시점에서 우리는 무엇을 어떻게 할 것인지에 대한 객관적인 지침을 넘어 무엇이 옳고 선한지에 대한 객관적인 판단으로 나가야 한다. 선량한 세계시민이 아니어도 유능한 디자이너이자 성공적인 사업가로 할 수 있는 일은 아주 많기 때문이다. 여기서 우리가 직면하고 있는 복잡하게 얽힌 사회·경제·정치적 문제 중 몇 가지를 살펴보자.

소비자 문화의 팽창

디자이너는 다양한 활동에 참여하지만 업무의 상당 부분은 기업의 상업주의를 홍보하는 것이다. 그런 프로젝트를 맡았을 때, 우리는 우리의 작품이 대중들에게 미치는 영향력과 충격을 인식해야 한다. 마케팅이나 광고는 구매자의 자기 이미지나 개인가치 등의 소비자 문화를 창출한다. 물질주의와 과소비를 부추기는 디자이너의 작품은 조작적이며 기만적인 광고나 마케팅 메시지를 통해 소비충동이나 불필요한 제품의 구매를 야기한다. 이런 부정적인 영향은 정치권에서도 보이고 있는데, 정치문제에 대한 합의를 도출하거나 선거홍보에서 최신 마케팅 기법이 이용되고 있다.

기업권력의 증가

대부분의 주요 디자인 회사들은 대기업 고객을 상대로 일하며, 훌륭한 디자인이 종종 악덕기업을 지원한다는 것은 공공연한 비밀도 아니다. 개인의 수익 창출은 공익과 충돌하기도 한다. 디자이너는 기업고객에 대한 조언자로서 최종 사용자에 대한 옹호자로 기능한다. 디자이너는 그런 능력을 갖고 있기 때문에 고객에게 긍정적인 역할을 행사할 수 있으며 책임감을 불어넣을 수 있다. 그런 목적을 이루기 위해 우리는 더 파고 들어가 질문을 던지고 의혹을 표출하며 대안을 제시해야 한다. 우리는 비즈니스와 사회적 욕구 사이에서 발생하는 모순을 해결하기 위해 적극적으로 나서야 한다. 프로젝트를 맡을 때마다 우리는 이렇게 자문해야 한다. 그 메시지는 진실한가? 이 서비스는 유익한가? 그 제품은 유용하고 잘 만들어졌으며 재생 가능하게 생산되었는가? 우리는 또한 고객이 우리를 선택하게 만들어 그 경력을 구축해야 한다. 일부 디자이너는 의식적으로 영리목적의 고객에서 벗어나 비영리 영역에서 공익성의 행동주의적 마케팅으로 방향을 돌리고 있으며, 많은 디자이너들이 위탁 프로젝트가 아니라 자신의 프로젝트를 개발하는 데 뛰어들고 있다. 그런 면에서 작은 규모로 일하는 디자인 기업가들이 새로운 비즈니스 모델과 관행을 개척하는 데 훨씬 더 자유롭다.

무역의 세계화

많은 디자이너들이 외부 컨설턴트든 사내 직원으로든 다국적 기업과 일하고 있다. 세계적인 기업들은 원자재 공급처와 생산처, 판매처가 각기 다른 국가에서 이뤄지고 있으며, 그로 인해 자본주의가 확산되고 있다. 그런 다국적 기업은 해당국 정부에 영향력을 행사하고 지역경제에 상당한 영향을 끼치지만, 그들의 활동은 오히려 경제적 불균형을 초래하고 있다. 게다가 개발도상국을 비롯한 여러 국가에서 노동조건, 인권, 환경보호와 같은 문제를 야기한다.

디자이너의 역할

디자인은 문제해결 과정이다. 오늘날 세계는 너무나 많은 문제를 안고 있다. 그래서 디자이너들이 능동적으로 나서서 더 큰 역할을 떠맡아야 하며, 우리의 개인 신념과 전문가 활동을 일치시켜야 한다. 우리는 우리의 작품을 통해 디자인 시스템의 기본 가치들을 행동으로 옮길 기회와 책임을 갖는다. 그래서 우리가 바라는 세상을 만들기 위한 꿈을 디자인으로 구현해야 한다.

세상의 복잡한 문제를 해결하려면 더 큰 맥락을 인식하고 다른 전문가와 연계해야 한다. 많은 경우 그 도전의 규모는 우리의 영역을 넘어선다. 그래서 우리는 경제학자, 인류학자, 생물학자, 정치 과학자, 사회학자와 같은 다른 분야의 전문가들과 어깨를 맞대야 한다. 그런 공조를 통해 우리는 인도주의적 뿌리, 역사적 시야, 다문화 인식, 비판적인 사고, 프로젝트 지도력, 역사적인 접근을 이룰 수 있다.

우리는 정치 과정에 적극 참여하여 제도와 우선권을 재편성해야 한다. 디자인은 세상을 형성하고 삶의 방향을 이끄는 데 훌륭한 도구다. 윤리적 디자인은 그 모든 것을 개선할 뿐만 아니라 풍요와 다양성, 그리고 미래 세대의 건강을 보증해주는 우리의 방식이다.

22 성공적인 디자인 팀

디자인계에서 중요한 프로젝트는 규모가 대단히 크기 때문에 한 사람만으론 완성할 수 없다. 이 때문에
각 디자인 회사들은 효과적인 팀워크(협동작업)를 양성하기 위한 문화를 일구기 위해 노력하고 있다.

성공적인 디자인 팀이란?

디자인 팀뿐만 아니라 다른 많은 직업군에서 팀은 보통 위계질서적 문화로 유연성이 떨어진다. 이것은 특히 역사가 유구한 기업에서 더욱 심하다. 세월의 무게만큼 그들은 내부지향적으로 흘러 관료화되어 파벌 싸움이란 내홍內訌을 겪기 십상이다. 그러나 디자인 팀은 전혀 다르다. 그들은 짧은 기간 동안만 함께 일한다. 보통 프로젝트 하나를 완성하는 데 걸리는 시간은 몇 주에서 몇 개월이 고작이다. 같은 프로젝트는 없기 때문에 각 팀의 크기와 구성은 그때마다 다르며 같은 형식의 접근은 가동되지 않기 때문에 프로젝트마다 공정과 장치가 다르다. 그래서 디자인 회사는 인적 자원을 네트워크로 구성해서 필요성에 따라 배치할 수 있도록 그 인적 자원 구조를 탄력적이며 유연하게 유지한다.

　디자인 팀은 규율이 적고 정보의 흐름은 많은데 이런 특징은 빠른 혁신에 매우 중요한 요소다. 디자인 팀은 외향적이며 고객의 욕구에 초점을 맞춘다. 이 때문에 그 팀의 조직구성은 엄격하고 위계질서적이 아니라 분산적이며 유기적이다. 서열과 규율이 적기 때문에 디자인 팀은 외부환경에 쉽게 적응한다. 디자인 팀은 또한 자기관리적이며 의사결정에 모든 팀원이 정기적으로 참여하는 평등한 성격을 갖는다. 이런 환경에 잘 맞는 개인 유형은 도전에 이끌리고 자신과 전문성을 키우는 기회에 동기가 강하게 유발되는 사람이다.

기술의 올바른 배합

새로운 프로젝트가 시작될 때, 가장 중요한 사전 계획 중에 기술의 정확한 배합이 있다. 이것은 프로젝트의 성공을 위해 매우 절실한 요구조건이다. 훌륭한 계획이란 적절한 자원을 가장 효율적으로 배합하는 것이다. 디자인은 물론 그 배합에서 마법을 부리는 마법사이지만 다른 기술들도 매우 중요하다. 대규모 프로젝트는 다양한 분야를 필요로 하며 복잡한 문제는 폭넓은 전문기술을 요구한다. 예컨대 연구, 전략, 콘텐츠 개발에서 기술, 엔지니어링, 프로젝트 관리가 필요할 것이며 프로젝트의 궁극적인 성공은 재능, 전문 기술, 산업적 경험의 올바른 배합에 있다.

각 팀의 정확한 크기는 필요한 기술이 얼마만큼 다양한가에 달려 있다. 대규모 프로젝트에서 핵심 팀은 필요에 따라 다른 팀원을 보강하여 이뤄진다. 많은 조직 전문가들의 조언에 따르면, 한 문제를 해결하기 위한 집단의 가장 효율적인 크기는 5명에서 7명 사이다. 이 때문에 핵심 팀의 규모는 대체적으로 작다. 다른 인적 자원은 구체적인 상황에 따라 소집된다. 디자인 회사에서 프로젝트를 위한 핵심 팀은 주로 고용인들로 구성되며 회사는 어떤 직원이 어떤 기술을 가지고 있는지에 대한 중요한 비즈니스 판단을 한다. 그래서 그 직원의 핵심 능력을 파악하고 그 서비스 내에서 해당하는 일이 반복될 때마다 그 직원을 투입한다. 외부 자원은 일시적인 필요성과 프로젝트의 변화를 위해 사용된다. 핵심 프로젝트 기술을 고객이 제공해줄 수도 있다는 점을 명심해라. 훌륭한 디자인 회사는 공급업자보다는 동업자로 기능하는 고객과 긴밀한 협조하에 일을 한다.

프로젝트에 투입된 다른 전문가들은 프리랜서나 하청으로 들어온 다른 디자인 회사 소속 디자이너일 것이다. 기술도 다양하지만 기술의 차이도 초보에서 숙련자까지 다양하게 존재하며, 프로젝트에서 처음부터 끝까지 함께 일하는 것도 아니다. 일부는 오로지 한두 국면에서만 필요할 것이다. 전체 팀은 그 일을 완수할 만큼 충분히 커야 하지만 만약 팀 규모가 너무 크면 결속력이 떨어지고 혼란이 가중되어 비용이 기하급수적으로 증가하고, 반대로 팀 규모가 너무 작으면 일을 감당하지 못하고 핵심 기술이 떨어지기 때문에 프로젝트를 실패하게 된다.

역할 분담의 명확화

각 개인은 그가 가진 기술 때문에 팀에 합류하였으므로 특정한 역할에 배속된다. 처음부터 각 개인에게 맡길 역할과 서로 간의 관계를 명확히 해놓아라. 개인의 역할은 프로젝트에 따라 상당히 변한다. 각 역할엔 책임과 더불어 구체적인 임무가 맡겨진다. 그런 활동 하나하나가 프로젝트를 진척시키는 원동력인 것이다.

대규모 프로젝트엔 다양한 재주꾼이 모여든다. 그런 인적 자원을 적절히 모았다면, 그들을 어떻게 관리하고 유지해서 모든 일을 순조롭게 흘러가게 할 것인가? 그런 재주꾼들을 유기적으로 관리하는 두 직책이 있다. 바로 팀장과 프로젝트 관리자다.도표 22-1 참조

도표 22-1 디자인 팀은 다양한 인적 자원에 의존한다. 그 자원은 효과적인 지도자가 적재적소에 배치하고, 경험 있는 프로젝트 관리자가 지원해줄 때 가장 좋은 효과를 낸다.

팀장

디자인 회사에서 다른 분야의 간부가 이런 역할을 맡을 수도 있지만, 보통은 디자인 이사가 이 자리를 차지한다. 일반적으로 디자인 팀장은 대장처럼 행동하며 팀원들의 일을 일일이 참견하는 권위적인 하향식 접근을 하지 않는다. 오히려 촉매제의 역할로 팀을 원활하게 돌아가게 만드는 윤활유 역할을 하여 팀원들에게 동기를 부여하고 어려운 문제들을 해결하며 모든 사람의 노력을 조율한다. 그래서 대안을 탐색하고 경계선을 확장하며 모든 팀이 적극적으로 일하게 만들어 집단이 합의를 도출해낸다. 그 결과 팀원들이 모래알처럼 흩어지는 것을 막아 서로 하나가 된다. 이제 전체 팀은 중요한 문제에 함께 움직이고, 브레인스토밍 회의를 진행하며, 여러 가지 분야를 통합하고, 다양한 형태의 미디어를 연결하는 프로젝트를 위한 통일된 개념을 개발하게 된다.

팀장은 집단이 결정하기 어려운 이율배반적인 문제에 부딪히면 판단을 내려야 한다. 팀장은 완성된 저작물이 전략적으로는 건전하고, 품질에선 최고가 되도록 디자인 공정을 이끌어야 한다. 단기간에 좋은 아이디어를 개발하여 결함 없이 실행해야 한다. 팀장은 전략적이며 창조적인 문제들을 위해 고객의 주요 협상자가 되어야 한다. 팀장은 프로젝트 과정에서 고객의 기대를 관리할 책임이 있으며, 때론 한 발 물러나 설득할 줄 아는 덕성도 갖춰야 한다.

팀장은 개별 팀원들의 욕구와 목표에 민감해야 한다. 훌륭한 팀장은 스승의 역할도 해야 한다. 그래서 팀원이 창조적으로 사고하고 잠재력을 개발할 수 있도록 도와줘야 한다. 그 팀원이 직원이라면, 그 팀원이 다양한 프로젝트 과정에서 개인적으로 성장할 수 있도록 뒷받침해줘야 한다. 스승이 되려면 팀장은 신뢰를 얻어야 한다. 그는 검증된 능력과 관련 산업 분야에서 두루 경력을 쌓고 그 자리에 올라야 한다. 지도자는 상호존중하는 분위기를 만들고 유지해야 한다. 그러기 위해선 정직, 신뢰, 팀원들에게 깊고 꾸준한 관심을 둬야 한다. 효과적인 디자인 팀장은 탈권위적으로 팀원이 독립적으로 임무를 수행하게 해준 후, 그 성과를 다시 집단으로 되가져와 평가하고 통합하게 한다. 이것은 빠른 시제품과 점진적 변화라는 사이클을 통해 대부분의 프로젝트를 진척시키는 힘이다.

끝으로 팀장은 활기와 즐거움이 늘 훈훈하게 감돌게 만들어야 한다. 즐거움은 강력한 동기유발 인자로 분위기를 활성화시켜 긍정적인 발전과 새로운 사고를 자극한다. 하지만 바로 이 부분에서 모든 디자인 회사는 역설과 마주하게 된다. 자유와 질서의 균형점은 과연 어디일까?

진정한 혁신은 창조적인 위험을 요구해 실험과 실수가 따르기 마련이다. 그러나 디자인 팀에겐 실험이나 실수를 표용할 여유는 전혀 없다. 그들은 예산과 스케줄에 성숙하고 책임 있는 자세로 접근해야 한다. 창과 방패의 문제에서 팀장은 유능한 프로젝트 관리자로부터 예산과 스케줄 문제에서 크게 도움을 받을 수 있다.

프로젝트 관리자

프로젝트 관리자의 역할은 매우 중요하다. 대부분의 디자인 팀엔 프로젝트 관리자가 필수적이다. 프로젝트 관리자는 디자인과 그 제작 과정을 잘 알아야 하지만, 그의 역할이 디자이너의 역할은 아니다. 프로젝트가 처음 시작될 때, 그는 프로젝트 예상금액과 스케줄을 개발하고 잠재적인 위험을 확인한다. 프로젝트가 진행되면 그 관리자의 주요 책임은 행정업무를 도맡아 팀을 지원해주는 것이다. 프로젝트 관리는 디자인 능력과는 다른 특별한 기술을 요구한다. 작은 회사에서 디자이너에게 프로젝트 관리를 요청하기도 하지만, 그의 주특기가 관리와 맞지 않아 인적 자원의 낭비로 이어질 수 있다. 프로젝트 관리자를 두면 디자이너는 관리에서 해방되어 디자인에 전념할 수 있을 것이다. 프로젝트 관리자는 필요하면 회의를 건의하고 최신정보를 전해주며 예산과 마감 일정을 조정할 뿐만 아니라 각 업무 진척 상황을 기록한다.

분야에 따라 그 직책은 다르다. 인터랙션 디자인interaction design, 컴퓨터 소프트웨어 사용성에 관한 연구라는 새로운 디자인 영역−옮긴이 팀에선 '프로듀서'로, 프린트 작업을 주로 하는 팀에서 프린트 구매와 관련된 전문기술을 가진 담당자를 '프로덕션 매니저production manager'로, 광고팀에선 적시·적재·적소를 책임지는 '트래픽 매니저traffic manager'로 불린다. 프로젝트 관리자가 필터 역할을 해 팀원의 긴장감을 높여 생산성을 높이기도 한다. 그 관리자는 프로젝트 정보나 요청을 받은 후, 그런 정보나 요청을 해당 팀원에게 전해준다. 그러나 이런 역할은 많은 광고 에이전시에 있는 회계이사의 역할과는 다르다. 디자인 회사는 회계이사를 중매인 혹은 통역자로 간주하기 때문에 대부분의 디자인 회사는 회계이사를 없애고 고객과 디자인 팀이 직접 접촉하게 만든다.

불화의 해결

팀에서 화목한 인간관계의 역동성을 프로젝트 내내 유지할 수 있다면 이상적인 상황일 것이다. 그러나 현실적으론 불화가 있기 마련이다. 다양한 분야 출신의 똑똑하고 야심찬 사람들이 한 솥에 한꺼번에 들어가면 어쩔 수 없는 현상이다. 특히 마감일이 임박해 긴장감이 고조되면 작은 불씨도 도화선이 될 수 있다.도표 22-2 참조 그렇다면 불화를 예방하거나 최소화할 수 있는 방법은 없는 걸까? 성공적인 팀워크를 위한 몇 가지 비결이 있다.

미꾸라지 한 마리가 시냇물을 흐린다는 말처럼 개인 팀원이 프로젝트와 무관하게 사적인 문제로 불화를 일으킬 수 있다. 이런 불화는 낮은 생산성이나 좌절을 낳을 수 있고 심할 경우엔 할당된 임무도 마치지 못한 채 중도에서 탈락할 수도 있다.

두 팀원이 물과 불의 관계가 될 수 있다. 이런 개인 간의 마찰은 효과적인 공조를 저해한다.

내부적인 말다툼이나 알력은 팀을 서로 견원시 하는 두 파로 나눌 수 있다. 그런 분열된 충성심은 팀의 결속력을 해치고 합의를 도출하고 유지하는 것을 불가능하게 만든다.

대형 회사에서 긴장과 라이벌 의식이 서로 다른 팀이나 부서 사이에서 일어날 수 있다. 그런 적대감은 회사의 정책, 예산 다툼, 혹은 자원을 둘러싼 경쟁으로 촉발될 수 있다.

┃ 도표 22-2 불화는 다양하게 발생할 수 있다.

신중한 구인

팀을 구성할 때 팀원 선택에 신중을 기해라. 창조성과 전문성 외에도 인간성을 봐라. 그 도전자가 팀 환경에 잘 적응할 수는 있으며, 거기에 더해 전문가적 기질, 신뢰성, 긍정적인 태도를 갖추고 있는가? 자아가 강한 사람은 불화의 소지가 높고, 까다롭거나 속임수를 쓰는 사람은 전체 프로젝트의 성공을 저해한다.

상호 존중

가지각색의 팀원은 다양한 전문기술을 가지고 있다. 그들은 해당 분야에서 전문가이어야 하며 나머지 팀원으로부터 전문가로 인식되고 존경받아야 한다. 올스타 팀이란 모든 기술을 잘 짜 맞춰 성공을 이루는 팀이다. 사실 서로 다른 분야를 하나로 합치는 것은 팀을 구성하는 이유로 팀의 가장 강력한 이점 중 하나다.

프로젝트의 공동운명체

모든 팀원은 공동 운명체로 함께 얻거나 잃는다. 한 프로젝트에서 한 요소만 성공할 가능성은 없다. 참여한 팀원의 개인 목표는 집단의 목표와 일치해야 한다. 달리 의도된 결과는 실패를 부를 뿐이다.

함께 공유하는 공정 진행 방법

디자인 팀은 함께 일하기 위한 공동의 틀과 공유된 언어가 필요하다. 효과적인 협조를 이끌어 내려면 공유된 방법, 전문용어, 단계에 대한 헌신이 필요하며, 여기엔 모든 팀원이 참석한 가운데 공정에 대한 열린 비판이 포함된다. 그 목표는 모든 팀원으로부터 최선의 아이디어를 요구해 함께 개발하는 것이다.

열린 대화

프로젝트 진행 중에는 긍정적이고 효과적인 대화를 유지해야 하며, 갈등은 빠르고 공정하게 해결해야 한다. 창조적 긴장은 프로젝트에 유익하지만, 개인적 갈등은 유해하다. 갈등이 발생하면 그것을 빨리 인식하고 해결해야 한다. 여기엔 팀장의 공명정대한 개입과 프로젝트 관리자의 적극적인 조정이 필요하며, 문제를 해결하려는 집단의 강한 헌신이 필요하다. 팀장은 비판이 개인적으로 흐르지 않도록 주의해야 한다. 모든 팀원은 팀장이나 다른 팀원으로부터 임무 수행에 관한 피드백을 자주 받아야 하며, 변화가 필요할 때마다 건설적인 제안을 받아야 한다.

하루 단위로, 그리고 주 단위로 진행 과정을 점검해라

대부분의 디자인 프로젝트엔 많은 정보 공유와 잦은 회의가 있다. 대형 프로젝트에서 임박한 마감이나 비상 사태를 해결하기 위해 매일 빠른 밀담을 갖는 게 일반적이다. 또한 프로젝트 관리자가 조직해서 팀장이 이끄는 확대 주간 회의도 있을 것이다.

디지털 기술 덕분에 원격 협조도 가능해졌지만 빠르게 움직이는 프로젝트에서는 같은 공간에서 얼굴을 맞대고 활동을 협상하는 회의가 최상이다. 모든 팀원의 스케줄을 존중하고 회의를 짧고 간결하게 해라. 회의에서 무엇이 변경되었고, 무엇을 성취했는지를 말해라. 긍정적인 행동, 결과, 기여를 알아줘라. 나쁜 소식도 함께해라. 이것은 그 집단이 잘못된 전달사항을 시정하고 경우에 따라 분위기를 반전시키거나 에너지를 새로 집중시킬 기회가 된다. 그러나 팀장은 개인적인 문제가 심각한 팀원에게 따끔한 충고를 잊어선 안 된다. 이 점에서 오랜 격언을 귀담아 둘 필요가 있다. 칭찬은 여러 사람 앞에서, 비난은 개인적으로 해라. 모든 팀원이 적극적으로 회의에 참여해 의사를 밝힐 기회를 가져야 한다. 회의가 끝난 후, 이뤄진 결정과 필요한 후속 조치를 요약해라. 각 역할에 책임을 맡은 팀원과 그것이 완수되는 날짜를 확인해라. 결과에 대해서는 개인적인 책임을 져야 한다.

가능할 때마다 그 진척 상황을 가시화해라. 그 디자인 작품에서 최근에 반복되는 결과들과 더불어 기타 연구 결과와 브랜드 전략 문서와 같은 중요한 기록을 드러내라. 예산의 연소 속도초기 자본금이 모두 소진되는 시간－옮긴이와 모든 사람에게 중요한 일정이나 마감을 상기시키는 최신 스케줄을 보여주는 차트를 게시해라. 연소 속도에 대한 자세한 정보는 25장 참조 프로젝트 정보를 모아두는 보관소가 있어야 한다. 그것이 인트라넷 사이트가 될 수도 있지만 팀원이 공유하는 물리적 공간이 있다면 그곳이 훨씬 더 좋다. 많은 산업 디자인 회사는 대규모 프로젝트와 관련된 모든 자료를 펼쳐놓을 수 있는 작업실을 갖추고 있으며, 팀 회의는 모두 거기에서 이뤄진다. 팀의 부재시 보호해야 할 기밀 자료가 있다면 잠금장치가 달린 문이 있어야 한다. 공유할 수 있는 공간이 있으면 서로 신체적으로 가깝게 유지할 수 있고, 그 결과 상호 교류를 높여 친밀감을 북돋는다.

저작물의 완성

프로젝트가 끝나면 팀은 완성된 저작물을 고객에게 전달하거나 그것을 인쇄회사와 같은 제삼자에게 넘겨 완성하도록 한다. 그리고 팀의 모든 인적 자원을 새로운 업무로 재배치해야 한다. 여기서 아주 중요한 심리적 문제가 발생한다. 비즈니스를 계속 추진하려면 디자인 회사는 지속적으로 일감을 맡아야 한다. 비즈니스의 종합적인 계획이 숨 돌릴 틈도 없이 바빠서 한 프로젝트가 끝나면 모든 팀원이 즉시 다른 프로젝트로 옮겨가야 한다. 그러나 자신들이 무엇을 완성했는지 잠시 음미할 순간도 없다면 그것은 매우 실망스러울 수 있다. 이것은 팀원의 사기를 저해하고 극도의 피로감을 유발할 수 있다. 팀 전원이 완성된 프로젝트에 대한 사후 검토를 위해 적어도 한 번쯤은 최종 회의를 가져야 한다. 이것은 성공이란 기준으로 완성된 저작물을 평가할 기회다. 그것은 완성물에서 프로젝트의 잘잘못을 평가할 수 있으며 실패를 교훈으로 삼을 수 있는 기회다. 대형회사라면 그런 회의는 다른 팀원들과 당신이 배운 것을 공유할 수 있는 기회가 되어야 한다. 그래야 회사 차원에서 배움의 문화를 양성할 수 있다. 대규모 프로젝트를 마무리 짓는 방법에 대한 자세한 정보는 25장 참조 회의에서 팀원들의 성취도를 평가하면서 그들에게 팀플레이에 관한 피드백을 포함시켜라. 이것은 인격과 전문성을 키워준다.

　크고 어려운 프로젝트를 끝내면서 정서적인 매듭과 완성에 대한 성취감을 충족시켜줘야 한다. 팀의 노고를 인정하면서 보상해주는 방법은 많다. 작은 행사나 축하연을 열거나, 팀장이 작은 감사의 메모를 전하는 방법도 있다. 이런 일은 프로젝트를 매듭짓는 유효한 방법이며 사기에 커다란 영향을 미칠 수 있다. 그것은 그간에 함께한 경험을 결론지으며 그 노력이 귀중했고 미래의 노력을 위한 긍정적인 동기를 창출했다는 분명한 메시지를 보내는 것이다.

23 학생인턴 활용

많은 디자인 팀에 학생인턴이 포함되어 있다. 학생인턴은 경비절감을 모색하는 회사엔 솔깃한 유혹이다. 디자인 회사에서 가장 큰 지출은 항상 급여의 문제로, 급여를 줄이는 한 가지 대중적인 전략이 바로 학생인턴이라는 무료 노동력이다. 그러나 인턴도 실제 근로관계가 인정되면 근로자성이 인정되어 근로기준법이 적용되기 때문에 인턴 프로그램은 신중하게 이용해야 한다.

무급 인턴에 대한 법률

무급 인턴이 가능한 것은 인턴제도 자체를 근로자 채용으로 보지 않고 교육의 일환으로 보는 데 있다. 하지만 우리 대법원 판례는 계약의 형식에 관계없이 실제 근로관계가 인정되면 근로자로 보고 있기 때문에 근로자성이 인정되는 인턴은 근로기준법의 적용을 받는다. 보상을 요구하는 인턴의 불만이 접수되어 감사를 실시한 결과, 상당한 법의 저촉이 드러나면 큰 벌금을 물 수 있다. 또한 당신은 해당 노동자는 물론 같은 상황에 놓여 있는 다른 노동자의 미지급 임금과 소송비용 및 법정 수수료라는 이중의 고난에 처할 수 있다. 따라서 이런 잠재적인 문제 때문에라도 인턴 프로그램은 신중하게 이용해야 한다. 이 장에선 인턴에 대한 주요한 법적 요구조건을 다룬다.

정의

몇 가지 정의부터 시작해보자. 인턴십은 무슨 의미일까? 인턴은 훈련 중인 전문가로 스튜디오에서 온전히 쓸모 있는 지식이나 경험을 아직은 갖추지 못한 훈련생이다. 인턴십은 학생에게 업무 담당자의 감독하에 관심 분야의 현장실무를 제공한다. 인턴십은 보통 한 학기며 그 작업 스케줄은 파트타임으로 수업 참여를 방해하지 않는다. 인턴은 자원봉사자가 아니다. 노동부 규정에 따르면 자원봉사자란 비영리단체나 공익기관, 자선이나 인도적인 이유로 서비스를 제공하는 개인이다. 따라서 영리를 목적으로 하는 회사에서 일하는 인턴은 이런 규정을 충족시키지 못한다.

인턴은 프리랜서도 아니다. 인턴의 노동관계는 독립계약자 신분에 대한 미 국세청의 지침에 어긋난다.

무급 인턴십은 회사 재정에 큰 보탬이 되지만 해당 학생에겐 크게 불리한 점도 있다. 노동에 대한 보상도 없고 유급 휴가와 같은 직원 혜택도 없으며 인턴십이 끝났을 때 실업수당도 없다.

마지막으로 인턴십은 무료로 학생을 이용할 기회가 아니다. 사실 근로기준법은 잠재적 착취로부터 노동자를 보호하기 위해 존재한다.

유급 고용인

만약 당신의 인턴십이 고용노동부의 근로기준법상 요구조건을 적절히 충족시키지 못하면, 그 인턴은 유급 직원이 될 것이다. 물론 급여의 수준은 경험 많은 직원보다는 낮다. 한국은 고용노동부 홈페이지를 통해 근로기준법과 최저임금 요구조건을 명시해놓았다. 2012년 현재 최저임금액은 시급 4천580원 일급 3만 6천640원으로 책정되어 있다.

유급 인턴은 또한 장시간 일했을 때 초과수당도 받을 자격을 갖추지만 경력 있는 디자이너에게 적용되는 '창조적 전문가' 공제를 받을 자격은 없다. 공제를 받기 위해선 고용인이 어느 정도의 자율성과 자기 주도가 필요한 일에 참여해야 한다. 완전히 훈련받은 전문가는 면밀한 감독 없이 일하며 독립적인 판단을 지속적으로 사용하지만 이것은 어떤 인턴에게도 적용되지 않는다.

상호 혜택

신중히 고려한 인턴십 프로그램은 디자인 회사와 학생의 관계를 유익하게 한다. 학생에게 인턴십은 실무를 배울 수 있는 좋은 기회다. 그것은 디자인 프로젝트의 실무 작업환경을 보여주며 그 복잡한 도전을 알게 해준다. 또한 경력을 높이고 추천인을 얻으며 인맥을 쌓을 수 있는 귀중한 기회가 된다. 그것은 또한 급료나 혹은 학점을 제공해 학위를 이수하는 데 도움이 된다. 동시에 디자인 회사는 신선한 사고와 새로운 시야를 얻을 수 있어 매우 유익하다. 물론 무급 인턴십은 급여비용을 줄이는 데도 일조한다!

마지막으로 정리한다면, 이 장에선 인턴십 프로그램을 위한 법적 요구조건에 관한 보편적인 정보를 공유했다. 관련 법이 당신의 특정한 상황에 어떻게 적용될지에 대한 구체적인 의문이 있다면, 노동법을 전공한 변호사의 조언을 받는 게 좋다.

24 세일즈랩과 일하기

대부분의 디자인 회사는 디자이너가 설립한다. 고객에게 판매하는 디자인 작품을 생산하는 데 적극적으로 참여하는 디자이너가 설립자가 되는 것이다. 그러한 경우, 설립자는 비즈니스 초기에 모든 마케팅과 판매까지 모두 책임지는 것이 매우 일반적이다. 설립자는 개인적으로 신규고객을 유치하고 그 저작물을 제작하는 동안 각 프로젝트를 이끈다. 이런 접근은 회사가 소규모로 이뤄지는 한 대체적으로 유효하다.

새로운 비즈니스의 개발

회사가 성장하면 설립자의 개인 업무량이 점차 늘어나 혼자 여러 가지 업무를 감당하지 못할 시점에 이른다. 그래서 일부 업무를 다른 사람에게 넘기거나, 아니면 회사의 규모를 소유자의 개인 업무량을 감당할 정도로 한계를 설정해야 한다.

업무량을 분담할 시점이 오면 설립자는 무엇을 자신이 계속 맡고 무엇을 다른 사람에게 넘길 것인지를 신중히 고려해야 한다. 여기엔 주로 내적인 문제디자인 공정을 이끌기 등와 주로 외적인 문제비즈니스계에서 회사를 대표하는 역할 등가 있다. 디자이너로서 많은 설립자는 디자인 현장에 남아 있길 선택한다. 결국 신입 사원이나 신규 직원을 채용해서 새로운 비즈니스 개발을 맡겨야 한다. 이것은 근본적인 변화로 그와 더불어 많은 중요한 과제가 발생한다.

신규 직원에게 마케팅과 판매를 맡길 땐, 그 변화 과정을 매우 신중하게 계획해야 한다. 기대를 설정하고 회사의 욕구를 충족하며 새로운 직원이 성공할 수 있게 만들 수 있는 구조를 설립하기 위해서는 사전준비가 필요하다. 훌륭한 계획은 혼란을 예방하고, 성과 측정을 쉽게 하며, 분쟁과 불화의 가능성을 줄인다. 여기에 몇 가지 준비사항이 있다.

당신의 전반적인 마케팅 전략을 향상해라

우선 현재 고객과 서비스가 어떻게 배합되어 있는가 살펴라. 무언가 바꾸고 싶은 게 있는가? 젊은 회사는 수동적으로 들어오는 프로젝트만 받는 경향이 있지만, 기존의 회사는 훨씬 더 적극적으로 시장을 공략한다. 적극적인 마케팅을 하려면 우선 전략을 분명히 해야 한다. 성장이 목적인가, 아니면 회

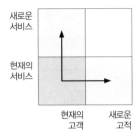

새로운
서비스

현재의
서비스

현재의   새로운
고객   고적

도표 24-1 성장은 종종 새로운 서비스를 기존의 고객에게 더하거나, 기존의 서비스를 새로운 고객에게 판매해 발생한다. 하지만 새로운 서비스를 새로운 고객에게 판매하는 행위는 위험도가 매우 높다.

사의 규모를 현재와 같이 유지하고 싶은가? 기존 거래처에 대한 당신의 계획은 무엇인가? 이것을 '자기거래'라 하며 나름의 추동력이 있어 거래를 진척시키는 힘이 있다. 기존 거래처에서 추가적인 일을 요청할 때는 디자인 팀으로 바로 온다. 새로운 마케팅 직원은 기존의 거래처와는 관계하지 않고, 새로운 범주의 고객을 찾아내는 데 전념할 것이다.

당신은 어떤 범주의 일을 원하며, 당신의 회사는 그 계통에서 현재 어떤 평가를 받고 있는가? 잠재적인 성장에 대한 몇 가지 생각은 도표 24-1 참조

기회를 확인하고 추구하려면 절차를 명확히 설정해라

현재의 관행을 살펴라. 잠재적 고객을 어떻게 알아보고, 그들의 새로운 프로젝트에서 당신을 어떻게 인식시키는가? 여기엔 많은 인맥, 지속적인 비즈니스 저널의 조사, 무역 출판물, 인터넷, 그리고 고객의 산업행사에 지속적으로 눈도장을 찍는 일이 포함된다. 이런 모든 활동을 예의 주시하려면 그

런 접근 기록과 소비자 관계 관리를 위한 데이터베이스가 필요하다. 아직 구비되지 않았다면 지금이 마련할 시기다. 그런 데이터베이스는 새로운 비즈니스 개발을 위한 기본적인 장치다. 또한 이 모든 마케팅 활동을 관리할 신규 직원에게 적절한 행정적 지원이 필요하다.

신규 비즈니스를 확장해 가면서 새로운 비즈니스에 우선권을 설립하거나 걸러낼 수 있는 명확한 선택 기준을 마련해야 한다. 그런 기준은 보통 설립자가 설정하며 회사에 따라 상당히 다르다. 하지만 그런 기준에 다음과 같은 사항이 일부 혹은 전부가 포함되어야 한다. 각각의 새로운 프로젝트에서 당신의 서비스와 기술 능력이 조화를 이뤄야 하고, 창조적 도전을 드러내야 하며, 디자인 팀의 이익과 부합해야 한다. 완성되었을 때, 당신은 그 프로젝트가 어느 정도 주목받길 원할 것이다. 그 고객조직은 당신의 목표 산업 내에 존재해야 하며 존경받는 회사로 장기적인 관계를 위한 잠재력을 지녀야 한다. 거기서 당신의 주요 접촉 고객은 충분한 권위를 가진 사람이어야 한다. 그리고 마지막으로 각 프로젝트는 현실적인 예산과 스케줄뿐만 아니라 수익을 창출할 수 있어야 한다. 일부 디자인 회사는 특정 품목에 가중치를 두기도 한다. 당신은 기준을 명시해야 하며 그런 목적엔 작업 계획표가 적절하다. 그래야 모든 프로젝트에 일관된 기준을 적용시킬 수 있다.

새로운 비즈니스 개발을 위해 구체적이며 현실적인 목표를 설정해라. 신규 직원에게 요구할 성취가 무엇인지를 미리 생각해둬라. 당신의 전략이 그 회사를 현재 규모로 유지하는 것이라면, 어느 정도 규모의 일이 필요할 것인가? 기존 고객과 서비스가 현재 업무량에서 얼마나 차지하고 있는가? 그렇다면 왜 변경을 원하는가? 그들이 불만스러운가, 아니면 수익이 나지 않는가? 정확히 어느 정도의 새로운 일이 기존 고객을 대체하는 데 필요한가?

당신의 전략이 성장이라면 얼마만큼 성장할 것인지를 판단해라. 연간 매출을 위한 새로운 목표를 설정한 후, 그것을 고객의 범주와 프로젝트 종류로 나눠라. 각 분야에서 어느 정도의 매출이 나오고 있으며, 새로운 비즈니스 개발에선 매출이 얼마나 창출되어야 하는가? 이런 판단을 할 때, 얼마만큼 성장이 가능하며 내부 시스템은 얼마나 발 빠르게 적응할 수 있는지에 대해서도 현실적이어야 한다. 대부분 연간 조직성장 목표는 10~20% 정도가 적당하며, 50% 이상의 성장 목표는 직원과 시스템에 쉽게 과부하를 줄 수 있다. 동기화가 될 정도로 충분히 높게 목표를 설정하되, 지나치게 높게 잡지는 마라. 성취할 수 없는 목표를 닦달하면 팀이 타락할 가능성이 높다.

홍보자료는 현재적이며 완성된 것이어야 한다

잠재적인 고객과 만날 때, 새로운 비즈니스 개발 직원에게 훌륭한 홍보자료를 제공해줘야 한다. 최초의 홍보자료가 최소한 6개월은 지속되어야 한다. 새로운 직원이 속도를 따라 잡기까지 그 정도의 기간이 걸린다. 나중에 그 직원은 새로운 아이템을 개발하는 데 참여하게 될 것이다.

　대부분의 디자인 회사들은 표준적인 시스템을 갖추고 있어 비공식 기자회견, 서비스나 고객에 관한 개략적인 자료, 프로젝트나 고객 범주에 따른 일련의 사례 연구, 최근의 언론보도에 관한 자료를 가지고 있다. 이런 자료들을 조합해서 프레젠테이션 폴더로 만들거나 사내 바인딩 시스템으로 사용할 수 있다. 많은 회사가 우편엽서 형식으로 정기적으로 광고홍보지를 제작하기도 한다. 새로운 비즈니스 개발 직원을 채용할 때, 제작 중이거나 최근에 완성된 인쇄광고지나 이메일 뉴스레터가 있으면 큰 도움이 된다.

자세한 직무 내용 설명서를 작성해라

젊은 디자인 회사는 때때로 독립계약자로 외부 판매사원을 이용한다. 그것은 사진가나 삽화가가 대리인과 일하는 것과 흡사하다. 기존의 회사는 그런 책임을 사내에 두어 비즈니스 개발을 좀더 통합적이고 지속적으로 추진한다. 이때 그 직원에겐 아주 강력한 직함을 주어야 한다. 이사의 직함은 고객 조직에서 고위직과 접촉하는 데 도움이 된다. 그리고 그 직원의 의무와 개인적인 책임을 설명하는 상세한 직무 내용 설명서를 작성해라. 디자인 회사에서 새로운 비즈니스 개발 담당자는 보통 다음과 같은 일을 한다.

- 목표산업을 조사한다.
- 일감을 확인하고 품질을 확인한다.
- 잠재적인 고객에게 자신의 존재를 알리기 위해 접촉을 시도한다.
- 체계적인 우편, 전화, 약속, 서신을 통해 모든 가능성을 가지고 후속 조치를 취한다.
- 업무 능력 프레젠테이션을 한다.
- 접촉 데이터베이스를 유지하면서 활동과 기회에 대한 주기적인 보고서를 작성한다.
- 제안서를 검토하고 프로젝트 스케줄, 예산, 가격을 개발하기 위해 다른 팀원들과 협력한다.
- 각 프로젝트 일의 규모를 명확히 규정한 제안서를 작성한다.
- 제안서를 제출하기 전에 내부 승인부터 얻는다.
- 고객과 협상해 서명 승인을 얻는다.
- 새로운 프로젝트를 디자인 팀에 보낸다.
- 비즈니스나 시민단체를 통해 해당 비즈니스계에서 그 디자인 회사를

알린다.

- 언론보도문을 작성하고 지속적인 홍보 노력을 기울인다.
- 필요할 때, 고객의 입장이 되어 설립자와 디자인 팀과 협력해 그 회사의 마케팅 홍보물을 개발한다.

이런 직무 내용 설명서를 개발하는 데 최선의 노력을 기울이고, 가능한 구체적으로 작성해라. 초기에 그런 책임사항들을 명백히 해둬야 하며 더불어 향후 변화할 권리를 확보해둘 필요가 있다. 당신의 회사는 발전할 것이며, 당신은 필요할 때 그런 직위를 새로 규정할 수 있어야 한다.

판매보상 구조를 결정해라

새로운 비즈니스 개발 직원이 처음부터 간부급 팀원으로 영입되었다면, 그에 걸맞는 보상이 이뤄져야 한다. 디자인 전문가 협회인 AIGA가 해마다 발간하는 디자인 급여조사를 초기 참고자료로 삼으면 된다. 그런 급여 수준을 결정할 때, 마케팅과 판매직 직위의 수입은 대형회사, 전국적인 거래처를 가진 회사, 그리고 광고 에이전시에서 더 높다는 점을 참고해라. 판매에 따른 보상은 여러 가지 방식을 취할 수 있어 기본급_{그 위치가 정규직보다 낮다면 그에 비례하여 정해진다}이나 판매수수료_{보통 '스트레이트 커미션(straight commission)'이라 하는데 판매액에 대한 퍼센트 지급을 말한다-옮긴이} 혹은 양자를 혼합하기도 한다.

일부 회사는 새로운 비즈니스 개발 지위를 만들면서 초기 비용을 줄이기 위해 판매수수료 구조를 선택한다. 그러나 이것은 새로운 비즈니스 개발을 책임지는 세일즈랩_{sales rep}이 질보다는 양을 추구하게 만들기 때문에 문제의 소지가 있다. 가장 쉬운 거래처는 당신이 원하는 거래처가 아닐 수도 있다.

설립자나 사장의 집행 결정권을 유지하기 위해, 세일즈랩과의 고용계약서에 '신규 거래처 일의 수용 여부는 유일한 결정권자로서 회사가 결정한다'는 점을 서술해야 한다. 세일즈 랩과의 고용계약서 문제는 잠시 후에 다룬다.

판매수수료로 계약한 고용인은 종종 정액수당을 받길 원한다. 이는 그 기간 동안 얼마만큼의 판매수수료를 벌든 상관없이 주기적으로 정해진 금액을 지불해 달라는 요구다. 그 지불 간격은 예컨대 '3개월 단위'처럼 협상과 조정을 통해 정해질 수 있다. 정액수당은 아직 발생하지 않은 판매수수료에 대한 선불이기에 그 세일즈랩이 임기를 마쳤을 때 배보다 배꼽이 더 커 지출된 돈이 더 많을 경우, 차지백charge-backs, 손해배상청구에 관한 분쟁이 심심치 않게 일어난다.

다른 디자인 회사는 기본급만 지급해 그런 문제를 피한다. 이런 접근은 그 세일즈랩이 가져온 여러 기회에서 마음 놓고 선택할 자유가 있다. 또한 성

43만 4천 달러 3%	43만 4천 달러 6%	43만 4천 달러 9%	43만 4천 달러 12%	43만 4천 달러 15%	수수료 수입율
1만 3천 달러	2만 6천 달러	3만 9천 달러	5만 2천 달러	6만 5천 달러	수수료
6만 5천 달러 (기본급)	5만 2천 달러	3만 9천 달러	2만 6천 달러	1만 3천 달러	
6만 5천 달러 (총수입)	6만 5천 달러	6만 5천 달러	6만 5천 달러	6만 5천 달러	6만 5천 달러

도표 24-2 기본급, 매출 목표와 판매수수료의 혼합은 각 회사의 필요성에 따라 조정될 수 있다. 기본급이 낮을 때, 매출 목표를 달성하면 판매수수료를 높여 전체적인 보상을 동일하게 유지한다.

과제에 영향을 받지 않기 때문에 선택에 따른 분쟁의 여지가 없다.

끝으로 이 양자를 결합하는 회사가 있다. 기본급은 세일즈랩에게 안정감을 주는 한편, 판매수수료는 성취 인센티브로 이바지할 것이다.도표 24-2 참조 그 결합에서 기본급이 높으면 판매수수료의 퍼센트가 낮아질 것이고2~8% 범위, 기본급이 낮으면 판매수수료가 높아진다8~15%. 그러나 이런 정보만으로는 부족하며 그 시스템이 어떻게 가동되는지 구체적으로 알아볼 필요가 있다.

판매수수료는 무엇을 바탕으로 하는가?

- 마케팅 및 판매이사는 새로운 프로젝트를 수주하고 그 안에 예상되는 합리적인 이윤을 삽입한 제안서에 서명을 받아온다. 그러나 각 프로젝트를 예산에 맞게 성공적으로 완성해서 기대되는 이윤을 남기는 것은 그 디자인 팀의 책임이다. 이런 이유로 마케팅 및 판매담당자는 한 프로젝트에서 발생하는 총전문가 수수료에 기반하여 판매수수료를 받는다. 반면에 그 디자인 팀원은 완성된 프로젝트가 실제로 많은 이윤을 남겨야만 성과보너스를 받는다. 프로젝트의 성공은 주로 팀의 통제 내에 있는 요소에 달려 있으며, 각 프로젝트에 발생하는 총이윤은 회사가 경비 등을 충당하기 위해 사용하기 때문에 디자인 팀에게 주는 성과보너스는 회사 전체의 순이익과 연관되지 않는다. 회사의 순이익은 그 팀의 통제 밖에 있는 많은 요소에 의해 영향을 받는다.

- 대부분의 회사에서 판매수수료 계산은 전문가 수수료에 기초한다. 재료, 외부 서비스, 상환 가능한 비용 등과 관련된 프로젝트 수입은 특히 제외된다.

단일요율만 존재하는가?

- 판매수수료 구조는 다양한 방법과 종류가 될 수 있지만, 전반적인 구조를 이해하기가 쉬워야 한다. 필요 이상 복잡하게 만들지 마라.

- 주요 임무가 새로운 관계를 개척해야 하는 외부 세일즈랩은 회사의 원칙에 맞는 회사나 프로젝트 범위의 프로젝트를 수주했을 때 더 높은 판매수수료를 받는다. 그 목표 명단은 합의된 스케줄에 따라 개선된다.
- 바람직하지 않은 회사, 분야가 다른 프로젝트, 거래가 끊긴 과거의 거래처를 다시 잡는 것엔 판매수수료가 낮아진다.
- 고용 당시에 이미 거래가 활발했던 거래처에는 판매수수료를 지급하지 않는다. 이것은 자기거래로 고려되기 때문에 그 명단은 세일즈랩이 출근한 첫날 제공되어야 한다.
- 판매수수료만 받은 새로운 세일즈랩이 자신의 고객을 소개해줄 수 있다. 그런 일이 일어나면 다른 에이전시와 이익 갈등이 없는지를 명확히 확인해야 한다. 세일즈랩은 그런 거래처 각각의 첫 번째 프로젝트에 대해 수수료 수입fee income, 수익의 20~25%를 요구할 것이다. 그런 정책에 불편하지는 않은지 판단해야 한다. 그리니 두 번째 프로젝트부터는 합의된 표준요율로 조정해야 한다.
- 일반적으로 디자인 회사는 세일즈랩을 신규 거래처 개발에서 점차 프로젝트 관리자로 역할을 조정해간다. 이것은 두세 해가 지나면서 새로운 거래처가 주 거래처로 변하고 그에 따라 판매수수료를 서서히 줄이면서 이뤄진다. 예를 들어, 새로운 고객과의 첫 번째 프로젝트엔 7.5%의 판매수수료를 주고, 첫 2년 동안의 후속 프로젝트엔 5%의 판매수수료를 주며, 그 이후의 거래엔 판매수수료를 주지 않는 식이다.

판매수수료 지불시기

- 지불 시기는 매우 중요하다. 당신은 세일즈랩에게 언제 판매수수료를 지불해야 하며, 세일즈랩은 언제 판매수수료를 받을 자격을 얻을 수 있는가? 그 시점은 제안서가 서명되거나 구매서를 받거나, 혹은 서비스

비용을 청구할 때가 아니라 고객이 지불을 완료했을 때다.

- 대규모 프로젝트에선 프로젝트가 완료될 때까지 기다릴 필요는 없다. 판매수수료를 중도금이 지불될 때마다 계산해도 된다.
- 그러나 고객 예탁금이나 리테이너 피를 받았을 때는 판매수수료를 주어선 안 된다. 서비스가 아직 수행되지 않았기에 프로젝트가 취소되면 고객에게 상환할 수도 있기 때문이다. 서비스를 실제 수행할 때까지 기다린 후, 그 저작물에 대한 내부청구서가 발생한 다음에 예탁금이나 리테이너 피에서 돈을 전용해 그 내부청구서를 청산한다. 그런 내부 청산에 판매수수료가 계산될 것이다.

언제 지불되는가?

- 판매수수료 활동을 요약해 그것을 세일즈랩에게 보고할 정기적인 스케줄을 짜야 한다. 대부분의 회사는 사내 재무제표를 완성한 월 단위로 이것을 한다. 그 수치들의 출처를 분명히 해라. 당신은 세일즈랩의 활동에 대한 증거인 현금영수증에서 판매수수료에 대한 것까지 감사추적을 유지해야 한다.
- 매월 판매수수료 보고서를 준비할 때, 그것에 덧붙일 매뉴얼 점검표를 작성해라. 그러나 판매수수료를 다음 정기급여의 일부로 확인하는 게 더욱 일반적이다. 그렇게 하면 그 판매수수료는 당신이 지급하는 급여로 보이게 된다. 판매수수료는 과세대상 개인소득으로 모든 일반세금과 원천과세가 적용된다.
- 세일즈랩이 사임하거나 해임되면 급여나 휴가비, 판매수수료를 포함한 퇴임 시점까지 발생한 모든 임금을 정산할 필요가 있다. 퇴직정산은 당사자 간의 특별한 합의가 없다면 노동법에 따라 퇴직 후 14일 이내에 지급되어야 한다.

- 일단 지급된 판매수수료는 법적으로 취소되지 않는다.
- 또한 당신은 수익을 내지 못한 프로젝트를 위해 공제를 하거나 잃어버리거나, 파손된 컴퓨터나 휴대폰과 같은 기타 비즈니스 경비를 벌충하기 위해 퇴직금을 줄일 수 없다.

당신에게 적합한 판매수수료 시스템을 개발하는 데는 얼마간의 시간이 걸린다. 위에서 언급된 변수들을 조정할 때마다 약간의 샘플 계산을 함으로써 발생하는 잠재적인 충격을 측정해라. 새로운 비즈니스 규모에 긍정적인 '최선'의 시나리오로 시작해라. 그 후 대금 연체와 같은 부정적인 '최악'의 시나리오를 계산해라. 시나리오 계획은 새로운 시스템으로 만들 수 있는 재정적 결과를 이해하는 데 도움이 될 것이다. 달성하기 어려운 목표를 새로운 비즈니스 개발 담당자가 달성한다면, 그의 보수가 회사에서 가장 높을 것이다. 이것은 특별한 상황은 아니며 그 회사의 설립자나 사장은 이런 생각에 열려 있어야 한다.

새로운 비즈니스 개발을 위한 연간 예산을 계획하면서 회사는 세일즈랩에게 고용인 급여, 복지 혜택, 세금은 물론 마케팅 소재, 명함, 협회 회원권, 출장비, 접대비, 데스크톱 컴퓨터, 휴대폰 등을 지급해야 한다. 이런 추가적인 비즈니스 경비가 종종 연간 급여액의 1/3을 초과하기도 한다.

여유를 갖고 최선의 후보를 찾아라

세일즈랩은 고위직으로 영입된다. 따라서 능력과 인간성에서 적합한 사람을 찾는 데 충분한 시간을 투자해라.

뛰어난 후보라도 디자인 회사를 위한 새로운 비즈니스 개발에서 고전하게 될 것이다. 게다가 많은 회사들이 고객 측에서 마케팅 경험을 가진 후보자를 찾는다. 전략적인 서비스를 판매할 때, 매우 귀중한 자산이 될 수 있는 고객전략 개발과 브랜드 관리에 직접 개입하길 원하는 것이다. 모든 후보자는 디자인 과정과 더불어 복잡한 프로젝트에 필요하고 상세한 사전 계획을 잘 이해해야 한다. 언행과 글에서 훌륭한 구사력을 갖추고 조직적이며 진취적인 사람이어야 한다. 또한 긍정적이고 낙관적인 성격에 훌륭한 대인관계의 역동성을 갖추고, 필요할 때는 부드럽게 인내할 줄 아는 덕성을 갖춰야 한다.

구인광고는 목표지향적으로 접근해야 한다. 일반적인 상식과 달리 그런 직위에 대한 구인광고는 지역 일간지나 누구나 보는 구인 사이트는 피해라. 무자격자들이 몰려들 가능성이 농후하다. 구체적으로 접근하고 그 후에 필요에 따라 구인 과정을 점진적으로 확장하는 것이 더 현명하다.

가장 좋은 출발점은 설립자나 간부들의 적극적인 인맥을 통하는 것이다. 납품업자를 비롯해 동료 디자이너에게 부탁해라. 고객에게 사람을 구한다는 말을 해도 좋다. 그들 중 일부가 훌륭한 후보자일 수 있다. 고객이야말로 디자인 서비스의 구매자라는 개인적 경험과 더불어 당신의 목표산업 중 하나에 대한 깊은 이해를 가진 마케팅 전문가이지 않은가! 그러나 그런 구직 과정이 에이전시와 서로 얼굴을 붉힐 가능성이 있다면 그 복잡성을 신중하게 생각해라. 만약 당신이 그 특별한 사람을 거래처에서 빼내어 오는 것이라면 그로 인해 거래처를 잃을 수도 있는가, 아니면 오히려 그 관계를 더 돈독히 할 수 있는가?

인맥으로 결과를 낳을 수 없다면 그 구인을 우선 회사의 웹사이트에서 출발해서 다시 전문가 협회 사이트의 구인란이나 관련 출판물 구직광고를 이용하는 식으로 확대해야 한다. 헤드헌팅 회사를 이용하는 것도 한 방법으로, 비용은 들지만 많은 장점이 있다. 디자인 헤드헌팅 회사는 관련 업계의 많은 사람을 알 것이다. 그들은 이직을 크게 염두에 두고 있지는 않지만 개인적으로 접근하면 관심을 보일 유능한 인물을 전국적으로 접촉할 수 있다.

강력한 후보자의 수를 충분히 확보하면, 그들의 과거 판매 경력을 세심히 살펴라. 그들의 향후 성과는 그들이 과거에 올린 성과를 기초로 측정되어야 한다. 그들이 지난 직장에서 얼마나 오래 있었는지를 확인해라. 그 후보자가 거의 해마다 직장을 옮겼다면, 과거 고용주들이 그를 최초 목표 기간에만 활용했고 새로운 거래처들에서 압력이 발생하자 그를 퇴직시켰다는 의미다.

마음에 드는 후보자를 찾았으면 정식으로 고용계약서를 작성해라. 이런 고용계약서는 판매수수료를 받는 직위에는 특히 중요하다. 그 계약서에 상세한 보상 계획이 들어가기 때문이다. 판매수수료는 재직 기간이나 퇴임 시기에 언제 어떻게 발생하고 지불되는지를 계약서에 정확하게 기술해라. 그리고 용어에 대한 혼란이 없도록 모든 주요한 용어를 정의해라.

판매수수료는 일종의 임금이기 때문에 임금 및 근로시간에 대한 모든 법을 준수해야 한다. 노동법 변호사의 전문적인 조언을 바탕으로 고용계약서를 작성하라. 그런 작은 법률 비용은 나중에 많은 근심을 덜어줄 수 있다. 부실하게 작성된 계약서는 쉽게 분쟁을 야기하며, 경우에 따라선 고용주로서 자칫 벌금을 낼 수도 있다.

변호사와 함께 고용계약서를 작성하면서 경쟁 제한에 관한 조언을 구해라. 당신이 고용한 세일즈랩이 회사의 내부 정보를 얻게 될 것이다. 그런 정보엔 고객접촉, 가격 구조, 기타 거래비밀이 포함된다. 언젠가 그 세일즈랩이 퇴직하여 경쟁사로 갈 수 있다. 그러한 경우에 비경쟁조항noncompetition clause, 혹은 경쟁금지조항(covenant not to compete)이라고도 한다은 회사를 보호하는 수단이 된다. 목적은 그 세일즈랩의 생계유지를 방해하거나 향후 경력을 방해하려는 것이 아니고, 불공정 경쟁으로부터 회사를 보호하려는 것이다. 그 세일즈랩에게는 두 가지 사항이 금지될 것이다. 첫째는 적절한 승인 없이 그런 독점적이며 민감한 정보를 외부로 유출하지 말아야 하며, 둘째는 경쟁사에게 당신과 경쟁할 비즈니스를 권유하지 말아야 한다. 이런 협의적인 제약은 재임 기간과 퇴임 후1년 합리적인 기간 동안 적용될 것이다.

새로운 비즈니스 담당자에게
오리엔테이션 기간을 제공해라

당신이 고용한 세일즈랩은 당장 무슨 결과를 내지는 못한다. 그가 고용인으로서 자리를 잡고 잠재적인 고객과 거래를 맺으려면 일정한 시간이 필요하다. 6개월 이상의 오리엔테이션 기간을 염두에 둬라. 이 시간 동안 당신은 그를 지도하고 감독해야 한다. 당신은 그와 함께 제안서들을 검토하기도 하고 마무리된 계약을 살펴볼 것이다. 그 세일즈랩은 당신의 포트폴리오와 사례 연구에 매우 익숙해질 것이고, 당신의 서비스를 확실하게 파악한 후 회사를 대표해 비즈니스 활동을 하게 될 것이다. 이런 적응 과정엔 회사의 기준을 충족하는 분야와 목표 대상에 대한 배움이 포함된다. 그 세일즈랩은 각각의 잠재적인 프로젝트가 회사의 역량과 전략적 목적에 얼마나 적합한지 판단힐 수 있어야 한다.

그런 오리엔테이션 기간 동안 그 고용인의 자질이 검증되지 않으면 과감히 그 고용을 끝내라. 새로운 비즈니스 개발은 회사의 지속적인 성장 동력이기 때문에 적합하지 않은 사람의 손에는 맡길 수 없다. 그 관계를 종료하고 더 유능한 인재로 대체해라.

새로운 고용이 잘 가동되고 점차 생산성이 높아진다면 필요에 따라 꾸준한 지도와 편달을 해라. 일상적이며 즉흥적인 대화 외에 그 성과를 공식적으로 측정하기 위해 일정한 주기로 회의를 주관해라. 그런 회의를 고용 3개월, 6개월, 혹은 1주년 기념으로 가져라. 필요에 따라 그 지위에 대한 책임과 활동을 조정할 권한이나 혹은 1주년 기념식에서 판매수수료 구조를 미세 조정할 권한을 보유해라. 유능한 후보자를 고용해서 올바른 지도를 제공하면 그 결과는 상상을 불허한다. 시간이 흐르면서 그 세일즈랩은 회사의 고위 경영진으로 합류하게 될 것이며 회사의 성장에 크게 기여할 것이다.

25 대규모 프로젝트

경력이 쌓이면서 더 큰 프로젝트의 기회도 많아진다. 작은 프로젝트와 큰 프로젝트 사이엔 커다란 차이가 있다. 그중 가장 뚜렷한 차이는 프로젝트의 규모와 복잡성이 커지면서 더 많은 자원이 필요해진다는 것이다. 이 때문에 위험도 높아진다. 움직이는 부분이 많아지면서 잘못될 확률도 높아지기 때문이다. 그래서 대규모의 프로젝트에선 계획과 관리에 더욱 공식적으로 접근해야 한다. 이 장은 그런 도전에 필요한 실제적인 조언으로 이뤄져 있다.

기초 계획

상세하고 체계적인 계획 없이 대형 프로젝트를 주먹구구식으로 시행할 수는 없다. 사전 계획은 준비 국면으로 생각하고, 그것에 필요한 만큼 시간과 노력을 투자해라. 기초적인 프로젝트 계획은 앞서 11장에서 토론했다. 그중 몇 가지를 강조해 새로운 토론 과제로 삼아보자.

- 고객의 상황을 이해하기
- 최종 사용자 확인하기
- 저작물의 규모를 확인하기
- 완성된 저작물을 평가하기 위해 사용될 최종 성과지표를 확인하기

잠시 시간을 내어 이 각각을 상세히 살펴보자.

고객 상황
고객회사와 그들의 경쟁사, 그들의 해당 산업 분야에 대한 사전정보를 빠르게 최대한 수집해 계획을 입안해라. 프로젝트의 전반적인 흐름을 알아야 한다. 그래야 어떤 일을 해야 할지를 알게 된다.

최종 사용자
그 프로젝트의 궁극적인 소비자, 독자, 혹은 수혜자를 확인해라. 디자인 공정에서 당신은 고객의 필요성을 충실히 이행하는 대변자다. 선행 오리엔테이션으로 적절한 계획을 짜야 한다. 이제 당신은 프로젝트 초기 국면으로 더욱 깊이 들어가고 있다. 그래서 당신의 사전 계획에는 다음과 같은 고민이 담길 것이다. 최종 소비자와 당신 고객과의 상호작용에 대한 새로운 통

찰력을 얻는 데 필요한 시간과 재원을 설명해야 하며, 여기에 현재 충족되지 않고 있는 그들의 욕구까지 확인할 수 있다면 금상첨화일 것이다.

저작물의 규모

대부분의 디자인 회사는 정액제를 기본으로 고객과 일한다. 따라서 프로젝트의 계획은 절대적이다. 정확한 가격책정은 프로젝트의 규모를 얼마나 정확히 확인하는가에 달려 있다. 이에 대한 몇 가지 핵심 측면은 앞서 다룬 바 있다.

- 11장에서 우리는 정액제 계약서의 필요성을 상세하고 구체적으로 토론했다.
- 12장에서 우리는 원래의 규모를 능가하는 고객의 요청에 대한 변경서의 중요성을 다뤘다.
- 22장에서 우리는 프로젝트 팀의 크기와 구성에 대해 토론했다.

프로젝트 계획은 저작물의 규모에 대한 당신의 이해를 반영한다. 거기엔 필요한 기술의 조합, 시간, 비용에 관한 예측이 담겨 있다. 그 바탕엔 당신 팀의 자존심이 걸린 품질 수준에 관한 예측이 깔려 있다. 따라서 그 계획의 골격엔 최초의 작품을 만들겠다는 당신의 창조적 방법론이 반영되어 있어야 한다.

최근에 점점 더 많은 디자인 회사들이 시작 전부터 그 정확한 규모를 도저히 가늠할 수 없는 연구 및 개발 프로젝트에 참여하고 있다. 계획이란 관점에서 최종 결과를 알 수 없을 때 어떻게 해야 하는가? 이런 종류의 프로젝트를 '비정형 프로젝트'라고도 하는데, 그 도전이 일상적이지 않거나 예측할 수 없는 대규모의 실험적인 프로젝트에 특히나 정액제로 입찰하려 한다면 가장 현명한 방법은 순차적 방법으로 접근해 한 번에 한 국면만 입찰하는 것이다.

당신의 첫 프로젝트 계획은 미래의 노력을 위한 골격을 형성하는 데 필요한 초기 연구에 집중해야 한다. 본질적으로 첫 제안서는 정보수집과 발견으로 이뤄지며, 이것을 '이머션immersion'이라 부르기도 한다.

첫 번째 업무 목표는 문제를 정의하는 것이다. 그 문제가 정의되면 그다음 나중 제안서에는 문제의 해결책이 들어가야 한다. 이런 식으로 각 제안서는 다음 제안서와 연결된다.

최종 성과지표

제공할 서비스나 성과물이 무엇이었든 당신은 그 결과물을 고객과 어떻게 평가할지 방법을 명확히 해야 한다. 그런 최종평가는 주관적인 해석의 여지가 전혀 없는 객관적인 측정에 기초해야 한다. 예를 들어, '나는 그것이 좋다'나 '나는 그것이 마음에 들지 않는다'가 아니라, '그것이 가동한다'나 '그것이 가동하지 않는다'처럼 되어야 한다. 이것은 저작물의 시각적인 외관을 평가할 때 더욱 말할 나위가 없다.

프로젝트가 클수록 다양한 평가 방법이 동원된다. 성공을 정의하는 핵심 요소들을 조심스럽게 고려해라. 일단 성과지표가 규정되면 그것을 이용해 출발 상황을 평가해라. 이것이 기준이 되어 나중에 무엇이 얼마만큼 기준에서 벗어났는지를 알 수 있게 된다. 이런 정보를 팀 전체와 함께 조심스럽게 검토해라. 성공하려면 모든 당사자들이 완성된 저작물이 어떻게 평가받는지를 알아야 한다.

큰 규모로 계획하기

모든 규모의 디자인 프로젝트에 응용되는 몇 가지 핵심 문제들을 검토했으니, 이제 대형 프로젝트에 특히 유용한 계획과 관리 기법을 몇 가지 탐색해보자.

- 역장 분석
- 후원자와 영향력 통로의 중요성
- 위험분석
- 하위 프로젝트의 유용성
- 계획을 시각화하는 두 가지 방법

역장 분석

이 방법은 1930년대에 사회 심리학자 쿠르트 레빈Kurt Lewin이 개발한 것으로 고객조직 내외부에서 프로젝트를 돕거나 방해하는 핵심 사항들을 확인하는 기법이다. 당신은 우선 단골들, 납품업자, 경쟁사, 혹은 관리자 명령과 같은 추진 요소들의 목록을 작성하면서 프로젝트를 시작한다. 그 프로젝트의 바람직한 결과를 위해 힘을 행사히는 모든 요소들을 가능한 구체화해라.

다음엔 성취가 가능한 일을 방해하는 힘을 확인해라. 고객이 큰 조직이라면, 조직의 정책문제에도 각별히 주의를 기울여야 한다. 변화를 가로막는 개인이나 조직 내의 습관이나 태도가 있는데, 특히 유서 깊은 고객조직은 관습에 얽매이기 쉽다. 당신의 새로운 전략과 우선권은 기존 권력층에 위협으로 비춰질 수 있다. 프로젝트의 성질에 따라 낡은 관습에서 새로운 문화로 이전하는 동안 생산성 저하에 대한 염려가 있을 수 있다. 이 목록에 프로젝트의 바람직한 결과에 역행하는 모든 요소를 포함해라.

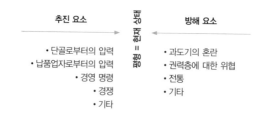

추진 요소	평형 = 현재 상태	방해 요소
• 단골로부터의 압력 • 납품업자로부터의 압력 • 경영 명령 • 경쟁 • 기타		• 과도기의 혼란 • 권력층에 대한 위협 • 전통 • 기타

도표 25-1 대규모 프로젝트를 맡을 때, 역장 분석은 당신의 노력을 돕거나 혹은 방해하는 핵심 요소들을 확인하는 데 매우 유용한 도구가 된다.

두 목록을 나란히 놓아라.도표 25-1 참조 현재 상태는 추진 요소와 방해 요소가 서로 반대편에 나란히 배열되어 있어 어떤 면에선 평형을 이루고 있다. 당신과 당신의 고객은 그 균형점을 바람직한 방향으로 옮겨야 한다. 그렇게 하지 못하면, 당신의 프로젝트는 성공할 가능성이 희박해진다. 역장 분석은 대규모 프로젝트 계획에 매우 유용한 장치다. 그것은 우선권을 명확히 하고, 방해물을 줄이며 긍정적인 힘들을 강화시킬 수 있는 방법을 찾게 해주기 때문이다.

후원자 및 영향력 통로

프로젝트 계획을 입안할 때, 고객조직의 구조를 알아야 한다. 그래서 후원자나 영향력 경로를 확인해라. 직간접적으로 그 프로젝트에 관여할 핵심 인물과 그들 각각이 갖는 권한의 크기를 파악해라. 어떤 핵심 인물에 어떻게 접근할 것인가? 대규모 프로젝트에서 성공하려면 고객 측에서 실질적인 의사결정권을 가진 우호적인 옹호자가 있어야 한다. 그래서 처음부터 정확한 옹호자와 접촉해야 한다.

프로젝트의 여러 관련자들을 확인하면서 다음과 같은 사람들에 주목해라.

- 추천인
- 추천인이 당신에게 최초로 접근한 사람일 것이다. 기업 차원에서 추천인은 관리자나 구매담당자일 가능성이 높다. 추천인은 잠재적인 서비스 제공업자의 능력을 조사하고, 범위를 좁히기 위해 초기 조사를 실행하며 경쟁적인 입찰을 요구할 것이다. 그러나 그 추천인이 광고조사 컨설턴트와 같은 외부 조언가나 산업전문가일 수 있다. 그 추천인에게 해당 프로젝트에 당신도 참여할 자격이 있음을 설명해라.
- 결정권자
- 결정권자는 해당 프로젝트에 당신의 참여를 결정할 법적·재정적 권한뿐만 아니라 최종적으로 당신이 만든 저작물을 수용하거나 거절할 권한을 가지고 있다. 대규모 고객조직에서 결정권자는 바쁜 이사일 것이며, 당신이 제일 먼저 만날 사람은 아니다. 프로젝트의 성공을 위해 당신은 최종 의사결정권자를 확인해 그 사람의 관심을 이해하고 그 사람과 정보를 공유해야 한다.
- 중간 관리자
- 대규모 프로젝트에서 많은 일상적인 거래는 중간 관리자와 이뤄지며, 이들은 상위 결정권자에게 올라갈 당신의 정보나 요청을 거르거나 차단할 위치에 있다. 그런 일이 발생하면 그 프로젝트는 상당한 영향을 받게 되기 때문에 처음부터 담당 중간관리자를 확인하여 서로 효과적인 실무 관계를 구축해라.
- 이해관계자
- 모든 고객조직은 납품업자, 유통업자, 부가가치 재판매업체_{기존의 제품에 가치를 부가하여 신상품으로 재판매하는 회사 – 옮긴이}와 같은 다른 비즈니스와 깊은 관계를 맺고 있다. 이런 비즈니스 파트너들은 그 프로젝트에 상당한 재정적·법적·윤리적 관심을 가질 수 있으며, 당신 고객의 의사결정 과정에

큰 영향력을 발휘할 수 있다. 그들의 관점을 고려해야 한다.

- 프로젝트 실행자 혹은 관리자
- 디자인 회사가 전달한 최종 성과물을 고객조직의 직원이 실행하거나 관리하는 경우가 있다. 흔한 두 가지 예로는, 아이덴티티 시스템과 웹사이트이다. 누가 최종 성과물을 관리하며 그들의 관심 사항은 무엇인지 이해한 후, 그 성과물을 효과적으로 이행할 수 있도록 필요한 지침이나 장치를 제공해 줘라.

위험 분석

우리가 분석할 다음 문제는 위험이다. 대규모 프로젝트는 작은 프로젝트보다 위험이 일어날 확률이 높다. 그것은 디자인에 관한 위험이 아니라 스케줄, 세부 계획, 재정에 대한 잠재적인 위협이다. 가장 일반적인 위험은 다음과 같은 범주로 나눌 수 있다.

- 사람
- 프로젝트가 성공하려면 올바른 기술을 가진 헌신적인 팀원을 적시에 이용할 수 있어야 한다. 거기에 더해 당신은 그들이 최선을 다할 수 있도록 필요한 정보나 자원을 제공해줘야 한다.
- 회사정책
- 대규모 고객조직과 일할 때, 회사의 정책이 문제의 소지가 될지 금세 알 수 있다. 앞서 토론했듯, 가장 좋은 해결 방법은 주요 이해당사자를 모두 확인해서 그 프로젝트의 필요성에 대해 그들 사이 애초에 충분한 합의가 있었는지 확인하는 것이다. 그 후 사태를 원만히 해결하기 위해 주요한 일정마다 내부의 결정권자와 긴밀히 협조해 승인을 얻어야 한다.

- 기술
- 혁신을 위해서는 항상 경쟁이 필요하다. 그러나 지나친 신기술은 상당한 위험을 초래할 수 있다. 이런 위험은 특히 인터랙티브 프로젝트에서 강한데, 당신이 선택한 기술이 입증되어 신뢰받고 충분히 이해되어 필요할 때 정확하게 이용 가능해야 한다.
- 재정
- 대규모 프로젝트는 시작되기 전에 고객이 충분한 자금을 확보해야 하며, 프로젝트가 진행되면 자금을 원활히 유통시켜야 한다. 고객조직에서 재정적 통제는 중요한 문제다. 예상되었던 자금이 다른 곳으로 변경되어 그 프로젝트가 중단되기도 한다.
- 계약
- 디자인 프로젝트에서 여러 가지 법적 문제가 불시에 발생할 수 있기 때문에 계약조건을 신중히 협상해야 한다. 특히 어떤 프로젝트 요소를 실패하면 그 문제가 법적 책임으로 비화될 때는 말할 것도 없다. 계약 조건에 대한 자세한 정보는 19장 참조
- 안전문제
- 디자인 프로젝트에는 여행처럼 신체적 위험이 포함되기도 한다. 일반적으로 그래픽이나 인터랙티브 디자인 프로젝트에선 상해의 문제가 거의 없지만, 물리적 공간의 시설을 포함하는 건축 및 환경 디자인에선 상해의 위험이 상대적으로 높은 편이다. 영화제작과 같은 일부 연예오락 프로젝트에도 신체적 위험이 내재한다.
- 자연재해
- 끝으로 자연으로 인한 프로젝트 위험이 있다. 야외 행사날에 비가 오는 단순한 불편함도 있지만 태풍, 홍수, 지진과 같은 강력한 위험도 있다. 심각한 악천후나 자연재해를 정확히 예측하기란 불가능하지만, 지혜

로운 사람이라면 특정 지역이나 계절 등에 그런 위험이 더 높다는 것을 안다.

이런 긴 목록을 읽고 나면 아침에 침대에서 일어나는 것조차 과연 안전한가 하는 의구심이 일어날 것이다. 사실 대부분의 디자인 프로젝트에서 그렇게 많은 위험에 직면하는 것은 아니며, 그중 일부의 위험만 맞닥트리게 된다. 어떤 특별한 프로젝트와 관련된 구체적인 위험을 알게 되면 그 위험을 평가해라.도표 25-2 참조 한 가지 유용한 평가법으로 위험이 발생할 확률에 따라 서열을 매긴 후0부터 10까지 다시 위험의 강도를 별도로 서열을 정해 점수를 합산해서 가장 낮은 수치에서 가장 높은 수치까지 정리하는 것이다. 그렇게 위험에 대한 서열 분류로 위험도에 따른 계획을 마련할 수 있다. 다음과 같은 전략으로 그런 위험에 대처해라.

- 그런 위협을 피해라
- 그런 위협의 원인을 확인해서 그것을 피해라. 그 프로젝트에서 해당 위험요소를 완전히 제거하면 된다.
- 그런 위협을 비껴가라
- 감당하기 힘든 위험 요소는 타인에게 맡기거나 보험에 가입해라. 기타 책임질 사항에 대해 적절한 보험으로 안전장치를 마련해라.

불가능	가능성?	확실

경미	심각성?	심각

도표 25-2 모든 대규모 프로젝트는 위험을 내포하고 있지만, 일부 위험은 더 조심하고 계획을 더 치밀하게 짜야 한다.

- 비상 사태에 대비한 계획을 가져라
- 대규모 프로젝트는 다양한 성과물을 갖게 된다. 그래서 크고 복잡한 프로젝트를 일련의 하위 프로젝트로 나누면 관리가 쉬워진다. 각각의 하위 프로젝트엔 별도의 스케줄과 자원이 들어간다. 계획과 추적에 대한 이런 접근은 세월이 흐르면 구체적인 업무 형태에 대한 자료가 저장되는 데이터베이스를 구축하게 한다. 그런 하위 프로젝트를 적절히 분류할 수만 있다면, 그 구체적인 정보는 향후 예산과 스케줄을 짜는 데 크게 도움이 된다.

건축과 같은 일부 분야에서 이런 프로젝트·하위 프로젝트 접근은 일반적이다. 밀접하게 연결된 여러 프로젝트를 전체적으로 조정하는 것을 '프로그램 관리'라고 한다. 프로그램은 공동의 전략적 목적을 가진 프로젝트들의 집합이다. 그것은 상호연관성도 많아 서로 다른 성과물을 만들더라도 계획, 우선권 선정, 관리에서 서로 협력하면 더 큰 효과를 거둘 수 있다. 그 프로그램이 몇 개월 혹은 몇 년의 기간 동안 실행되는 저작물처럼 장기적인 스케줄이라면 그 효과는 말할 것도 없다.

계획의 시각화

프로젝트가 클수록 그 계획을 시각화해라. 프로젝트 계획을 도표로 준비하면 '큰 그림'을 명확하게 볼 수 있게 된다. 디자이너들이 흔히 사용하는 두 가지 방법은 간트 차트Gantt chart와 퍼트 도표PERT Chart다.

- 간트 차트
- 제안서를 다룬 제11장에서 간트 차트를 잠깐 언급한 바 있다. 간트 차트는 일정 기간의 활동을 보여주는 특별한 형태의 막대그래프다. 프로

젝트 계획을 시각화하는 이 방법은 1917년 산업 디자이너 헨리 간트 Henry Gantt가 개발했다. 프로젝트는 각 성분의 국면과 단계로 나눠지며, 그 각각을 수평막대로 표시한다. 막대의 길이는 임무 기간을 말하며, 그 막대의 상대적인 위치는 그들 간의 시간 관계를 보여준다. 그래서 간트 차트는 어떤 임무를 동시에 맡길 수 있고, 어떤 임무를 순차적으로 이뤄야 하는지를 보여준다.그러나 임무 사이의 상호연관성을 상세히 보여주지는 못한다. 프로젝트 본래 계획을 보여주는 간트 차트는 계획과 실제 활동을 비교할 때도 사용할 수 있다. 그 프로젝트의 각 임무에서 실제 성과를 보여주는 수평막대를 계획을 위해 사용한 막대 바로 아래에 두면 된다. 대부분의 프로젝트 관리 소프트웨어엔 간트 차트가 포함되어 있으며, 일부 단독형 차트 응용프로그램도 이용 가능하다. 간트 차트 견본은 도표 11-2를 참조해라. 대규모 프로젝트에 적용되며 실제로 투입되는 시간과 금액을 시각화하는 이 주제는 매우 중요하며 잠시 후 다시 살펴볼 것이다.

- 퍼트 도표

– 이 방법은 프로젝트 계획을 전혀 다르게 시각화한다. 퍼트는 '프로그램 평가 및 검토 기술PERT; Program Evalution and Review Technique의 머리글자로, 이 도표는 1950년대 경영 컨설팅 회사인 부즈 앨런Booz Allen이 개발했다. 그것은 핵심 활동들, 그 활동들 사이의 상호의존성, 그리고 프로젝트를 관통하는 임계 경로critical path, 여러 가지 방법 중 기간이 가장 오래 걸리는 방법만 선택하는 것으로 전체 공정 중 시간이 가장 많이 걸리는 경로-옮긴이를 보여주는 네트워크 도표다. 퍼트 도표를 준비하려면 시간이 정해져 마감 시한이 있는 임무와 스케줄 유연성유동성을 갖는 임무 사이를 구별해야 한다. 이런 활동을 잇는 임계 경로는 개별 프로젝트 및 전체 프로젝트를 위한 최대의 시간을 나타낸다. 대규모 프로젝트가 정확한 마감 시간에 완성되어야

한다면 최소한 임계 경로를 유지해야 한다. 전문가 수준의 프로젝트 관리 소프트웨어엔 퍼트 도표를 만들 수 있는 프로그램이 들어 있기도 하다. 견본은 도표 25-3을 참조해라.

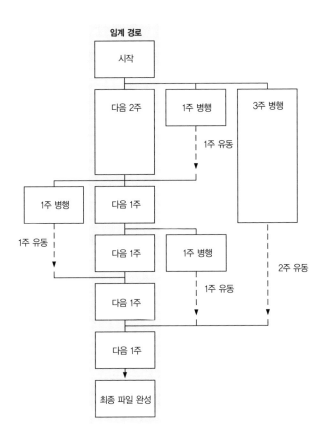

도표 25-3 퍼트 도표는 임무의 상호의존성과 기간을 분류하기 때문에 대규모 프로젝트를 계획하는 데 매우 유용하다.

이행

계획과 이행은 일치하지 않기 마련이다. 아무리 종합적인 사전 계획을 완성했어도 일이 진척되면서 많은 문제가 계획대로 되지 않을 것이다. 그래서 유연성을 유지해야 한다. 당신의 계획은 상황이 진전되면서 바뀌게 된다. 디자인 회사들이 직면하는 주요한 딜레마를 살펴야 한다. 창조적 관점에서 변화와 발견을 늘 반겨야 한다. 하지만 현명한 사업가로서 당신은 예산과 계획에 따라 움직여야 한다. 이 계통에서 잔뼈가 굵은 사람이라면 누구라도 알고 있듯, 대규모 프로젝트가 계획대로 순조롭게 진행되기란 결코 쉽지 않다!

프로젝트 계획을 이행하기 위해선 모든 팀원이 긴밀히 공조해야 한다. 또한 목표들이 성취되고 있는지 확인하기 위해선 핵심 점검표에서 공정을 감시해야 한다. 이런 성과 관리는 적어도 주 단위로 시행해야 한다. 일반적으로 큰 프로젝트엔 작은 프로젝트보다 훨씬 더 많은 서류가 필요하다. 대형 프로젝트를 관리하느라 눈코 뜰 새 없이 바쁜 디자인 회사에서 각 프로젝트에 투입되는 노동과 경비를 추적하는 효율적인 시스템 가동은 필수적이다. 그 시스템은 현재의 정확한 일일 업무보고서의 작성을 쉽게 해줄 수 있을 만큼 성능이 좋아야 한다.

보고서는 유형별로 상세함이 달라야 한다. 팀원이 사용할 보고서가 가장 상세해야 하며, 고객과 공유할 중간보고서는 간략해야 한다. 지나치게 상세한 보고서는 고객의 주의를 흩트리는 우를 범할 수 있다. 고객용 보고서는 경과를 보여주며 고객의 기대를 관리하는 중요한 장치다. 시기적절하고 믿을 만한 요약보고서를 고객에게 제공하는 것은 좋은 거래처 서비스를 위한 필수적인 측면이다.

고객과 공유하는 프로젝트 요약보고서엔 총액만 표시해라. 대부분의 프로젝트 추적 소프트웨어는 재정 정보를 순net 혹은 총total에서 선택할 수 있게 한다. 순경비는 당신 스튜디오의 내부 경비다.급여율에 따른 노동경비 + 공급업자에게 지불된 구매비용 반면에 총경비는 외부로 청구하는 비용으로 고객에게 보내는 당신 청구서에서 나타나는 총액이다.총청구율에 따른 노동비용 + 할증이 더해진 구매비용

디자인 팀 내에서 효과적인 추적 시스템은 프로젝트에서 우선권을 정립하는 데 도움이 된다. 우선권을 올바로 유지하는 데 다음과 같은 개념은 많은 도움이 된다.

파레토 원칙

이 개념은 이탈리아의 경제학자이자 사회학자인 빌프레도 파레토의 이름을 본 딴 것으로 '80대 20의 법칙80/20rule'이라고도 한다. 1906년, 파레토는 이탈리아의 수입 분포에 대한 연구를 발표했는데, 소수가 수입의 대부분을 차지하고 있었다. 이런 불평등 분포에 대한 관측이 경영 개념으로 발전되었는데, 대부분의 집단에서 대다수 품목은 상대적으로 거의 중요하지 않으며 소수의 품목만이 진실로 중요하다는 것이다. 이것은 대규모 디자인 프로젝트에서도 통용된다. 단 몇 가지 일만 그 효과와 결과에 있어 특출나게 두드러진다. 따라서 프로젝트 관리자가 분명한 우선권을 설정해 가장 중요한 요소에 팀의 노력을 집중시켜야 한다. 초점을 잃고 갑자기 엉뚱하게 빗나가 별스럽지 않은 일에 시간과 노력을 낭비하는 사례가 비일비재하다. 프로젝트의 궁극적인 성공에 별 상관도 없는 일에 말이다.

예산 감시

앞서 잠깐 언급했던 실제 투입된 시간과 재료의 시각화 문제를 자세히 살펴보자. 대규모 프로젝트에서 예산이 사용되는 속도의 추적은 필수적이다. 작

은 프로젝트는 빈틈없는 스케줄을 가지기 마련으로, 그런 빡빡한 스케줄은 스트레스를 주긴 하지만 집중력을 높인다는 점에서 유익하다. 그러나 대규모 프로젝트는 장기적인 스케줄을 가지기 십상이어서 팀이 자신도 의식하지 못하는 사이에 예산을 넘어가기 쉽다.

예산의 소진 속도를 감시할 수 있는 한 가지 기법은 앞서 언급했던 간트 차트를 확장하는 것이다. 그것은 현재의 예산 상태를 보여주는 두 번째 막대를 더하면 된다. 간트 차트는 특별히 계획과 추적 프로젝트 전용으로 개발되었다. 그러나 투입된 총시간이나 총금액을 시각화하는 방법이 두 가지 더 있다. 표준 막대그래프와 선그래프다.

- 막대그래프
- 보통 막대그래프는 자료 집단 간의 차이를 보여주는 데 뛰어나다. 일반적으로 정보는 일련의 수평막대나 수직기둥을 시간순으로 표시한다. 막대의 길이는 자료의 가치에 비례한다. 막대그래프는 특정한 주week에 투입된 자금이나 노동 시간을 보여준다. 그것들은 일반 스프레드시트 응용프로그램으로 쉽게 만들 수 있다.
- 선그래프
- 이것은 흔히 시간 단위별로 활동의 증감을 보여주는 데 사용된다. 일련의 점으로 이뤄진 자료를 연결한 그 선은 위아래로 출렁거리는 경향이 있으며, 그래서 많은 사람이 병원의 차트처럼 보인다고 해서 '열 차트fever charts'라고도 부른다. 그러나 디자인 프로젝트에서 선그래프는 주로 누적 총량을 보여주는 데 사용하기 때문에 그 연결선은 상승만 한다. 그런 누적 총량은 그 프로젝트 기간 동안 꾸준히 누적된 비용을 나타낸다. 두 번째 선을 이용해서 예상 비용과 실제 비용을 시각적으로 비교할 수 있다. 이 선그래프는 표준 스프레드시트 프로그램으로 만들

수 있다.

막대그래프와 선그래프로 프로젝트의 연소 비율을 감시할 수 있다. '연소 비율'은 제한된 금액이 얼마나 빨리 소비되는 중인지를 나타내는 투자용어다. 창업회사의 관리자들은 회사운영에서 양(+)의 현금흐름을 성취하기 위해 필요한 시간이나 추가 자금을 얻기 전 그들이 얼마만큼의 시간을 가지고 있는지를 이해하기 위해 연소 비율을 계산한다. 프로젝트 관리에서 연소 비율은 전체 예산이 어떤 비율로 사용되고 있는지를 묘사하기 위해 사용된다. 정액제 계약으로 일할 경우, 전체 프로젝트를 예산이 소진되기 전에 마쳐야 한다. 그렇지 않으면 계획했던 이윤이 잠식되기 시작할 것이다.

빠르게 움직이는 프로젝트를 주도하기 위해서 많은 디자인 회사들은 현행 지출액 차트를 만들어 게시함으로써 팀원들이 예산을 얼마나 빨리 사용하고 있는지를 보여준다. 그 차트는 주별 총액이나 누적 총액 혹은 둘 다 보여준다.도표 25-4 참조 때론 본 계획을 단순화해서 일직선으로 표시하는 것도 도움이 된다. 이것은 총예산을 예상되는 주 단위의 총수로 나누면 된다. 이것은 활동 수준이 모든 주week에서 동일하다는 가정에서 이뤄진다. 실제로는 그렇지 않겠지만 예산을 일직선으로 보여주고 거기에 실제 성취 자료를 더하면 읽기가 훨씬 쉬워진다. 실제 과업을 나타내는 꺾이는 선은 일직선 예산에 뚜렷한 대조를 보이며 일직선 주위로 움직인다. 이런 차트 작성은 회사의 프로젝트 추적 시스템에 있는 현재의 자료에 쉽게 접근할 수 있어야 한다. 그 자료에서 이용 가능한 원래 수치는 주 단위이거나 누적 수치일 수 있다. 어느 한 수치만 있어도 나머지 수치는 쉽게 계산할 수 있다. 주 단위로 사용한 총금액을 막대그래프로 표시했다면 직원, 프리랜서, 재료의 소계를 나타내는 다른 세부항목은 각 막대를 겹겹이 쌓아 나타낼 수 있다.

자료를 개선할 때마다 실제 총액이 예정금액을 넘어가기 시작하는지 알

프로젝트 연소 비율

고객 : ABC 회사　　직무 번호 : 15025　　시공일 : 2월 8일　　총예산 : 10만 달러
　　　　　　　　　　직무 이름 : 엑스포 재료　　준공일 : 4월 19일　　총소요 기간 : 10주

주간 활동	1	2	3	4	5	6	7	8	9	10
직원	2,000	5,000	7,000	9,000	2,000	10,000	12,000	14,000		
프리랜서	0	0	0	0	0	3,000	6,000	9,000	잔여 시간	
재료	0	0	2,000	3,000	0	0	3,000	6,000		
계	2,000	5,000	9,000	12,000	2,000	13,000	21,000	29,000		

실제 누적	1	2	3	4	5	6	7	8	9	10
직원	2,000	7,000	14,000	23,000	25,000	35,000	47,000	61,000		
프리랜서	0	0	0	0	0	3,000	9,000	18,000	잔여 시간	
재료	0	0	2,000	5,000	5,000	5,000	8,000	14,000		
계	2,000	7,000	16,000	28,000	30,000	43,000	64,000	93,000		

도표 25-4 대규모 프로젝트에서 주간 활동은 변할 것이다. 그래서 누적 총계를 도표화하면 전체적인 연소 비율을 추적하기가 쉽다.

게 될 것이다. 가속화된 연소 비율이 긍적적인 징후일 수도 있다. 그것은 프로젝트가 계획보다 앞서 가고 있으며, 프로젝트가 조기에 완성될 것이란 지표다. 프로젝트가 스케줄보다 많이 앞서면 유휴 자금과 자원을 재배치할 수도 있다.

　　그러나 예산에 앞서는 예산 소진은 좋지 않은 징후다. 그것은 보통 다음과 같은 고질적인 문제 중 한두 가지를 암시한다.

- 프로젝트에 투입될 시간과 돈에 대한 초기 예측이 부정확했다.
- 프로젝트 요구조건이 처음부터 충분히 정확하게 규정되지 않았다.
- 일이 합의된 규모를 넘어가고 있다.
- 디자인 결함, 생산성 저하, 혹은 기술적 도전이 나타나고 있다.

실제 경비가 예산을 초과하기 시작하면 당신이 개입하여 연소 비율을 낮춰야 한다. 디자인 회사에서 다음과 같은 전술이 일반적이다.

- 팀에 효율성을 제고할 방법을 전해준다.
- 프로젝트가 여전히 초기 국면이라면 시험적인 창조적 디자인의 수를 줄여라.
- 유휴 팀원이 있다면 팀의 규모를 줄여라.
- 변경서 발행을 서둘러라.

마지막 사항은 중요하다. 디자인 프로젝트가 고객의 추가요청 때문에 차질을 빚는 경우가 빈번하기 때문이다. 원래의 규모를 벗어나면 변경서를 제출해라.12장 참조 그로 인해 예산이나 마감 시한을 재협상할 수 있을 것이다.

예산초과가 고객의 변경 때문이 아니라면 고객에게 추가로 자금을 조달받을 가능성은 없다. 정액제로 계약을 맺었는데 일이 마무리도 되기 전에 자금이 부족해지기 시작하면 그것은 예산을 적게 잡은 것이다. 그럴 경우, 추가적 보상 없이 그 프로젝트를 완수하는 것 외에 달리 대안이 없다. 사업가로서 이 문제에 특히 조심해야 한다. 잦은 이윤의 부족은 회사의 장기적인 생존 능력을 위태롭게 한다.

성과 관리

분석의 양과 보고서의 양식은 진행 중인 프로젝트의 복잡성에 맞춰 조정되어야 한다._{도표 25-5 참조} 그 도표의 맨 위에 성과 관리라고 불리는 것이 있는데, 많은 엔지니어링 회사와 소프트웨어 개발업자들이 업무 진척 상황을 측정하기 위해 사용하는 기법이다. 성과란 '특정한 기간까지 완성된 작업'을 말한다. 성과에 대한 분석은 세 가지 성과지표인 스케줄 성취, 비용 성취, 기술 성취에 기초한다. 각각을 간단하게 살펴보자._{앞서의 토론으로 첫 번째 두 항목은 충분히 익숙할 것이다.}

- 스케줄 성취
  - 이것은 시간 예산의 관리다. 세부적인 간트 차트를 이용하면 노동 시간을 추적하고 변수들을 감시할 수 있다. 그 목표는 그 프로젝트가 스케줄보다 앞서는지 뒤처지는지 혹은 예정대로 완성될지를 파악하는 것이다.

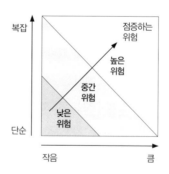

┃ 도표 25-5 계획과 분석의 양은 프로젝트의 크기와 복잡성에 맞춰 조정해야 한다.

- 비용 성취
- 이것은 재정 예산의 관리다. 상세한 선그래프를 이용하면 프로젝트의 재정 측면을 계획하고 추적할 수 있다. 보통 순비용과 총청구금액을 보여주는 두 가지 조합이 있다. 그 자료는 그 프로젝트가 예산을 밑도는지 초과하는지를 결정하고, 어떤 변화의 크기를 계산하기 위해 지속적으로 개선되고 분석된다. 프로젝트를 완성하는 데 충분한 자금이 남아있는지를 지속적으로 파악해야 한다.

- 기술 성취
- 세 번째 성과지표인 기술 성취는 우리가 아직 토론한 바가 없는 새로운 영역으로 성취된 프로젝트의 양을 측정하는 것이다. 그것은 어느 시점까지 완성된 물리적 %로 디자인 회사에겐 꽤나 어려운 과제다. 디자인에서 공정을 양적화하기가 대단히 힘들기 때문이다. 프로젝트가 얼마만큼 진척되었는지 물으면 디자인 팀은 순전히 주관적으로 응답하곤한다. 예컨대, '개념적 개발은 50%가 끝났다'는 식으로 그 수치를 느낌으로 산출한다. 그러나 성과 관리는 공정을 객관적으로 측정하려는 시도로 프로젝트를 일련의 구체적인 진척 상황으로 쪼개어 각각을 금액이나 완공 %와 같은 수치로 계량화하는 것이다. 일부 진척 상황은 다른 진척 상황보다 수치가 더 높을 것이다. 중간보고경과보고서를 준비할 때마다 진척이 많이 된 업무를 현재시로 완성된 일의 %로 결정한다. 일단 팀의 프로젝트가 얼마나 앞서 있는지 뒤쳐졌는지를 정확하게 측정하면, 당신은 스케줄과 비용을 파악하기 위해 그런 측정치를 누적 총계와 비교할 수 있다. 한 가지 주의 : 기술 성취의 추적은 프로젝트 계획을 계량화하고 그 계획을 실천하기 위한 것이기 때문에, 업무 자체가 예측할 수 없는 새로운 방향으로 갈 수 있는 연구 및 발견 프로젝트에는 썩 잘 들어맞지 않는다.

이런 세 가지 성과지표를 기초로 성과분석은 잔여사업비 추정액혹은 최종공사비 예측이라고도 한다도 계산 가능하다. 이것은 현시점을 기준으로 하여 실제 성과를 토대로 예상되는 총비용과 기대되는 전체 스케줄에 대한 예측이다. 이것은 완공에 어떤 변화가 있을지를 예측하게 해준다. 즉 계획과 실제와의 최종적 차이를 보여줄 것이다.

대형 프로젝트에서 이런 실시간 흐름은 정정할 시간이 여전히 유효할 때 성취문제에 조기 경보를 울려준다. 불일치가 빨리 확인될수록 그 문제를 조기에 치유할 수 있다. 그러나 그런 중간조치는 프로젝트 관리자 혼자서 성취할 수는 없다. 그것은 전체 팀의 개입과 헌신을 요구한다. 그런 이유로 성과지표는 종종 팀의 득점 게시판처럼 사용되기도 한다. 불일치는 %나 비율로 나타나며 어떤 분야가 문제의 소지가 있는지를 명확히 보여준다.

많은 팀을 가진 대규모 스튜디오에서 이런 성과지표는 회사의 고위직과도 공유된다. 진행 중인 모든 프로젝트에 대한 실시간 정보는 관리자들이 어려움에 처한 프로젝트에 관심을 집중하게 만들어 추가지원이나 조언을 가능케 한다.

품질 관리

시간, 금전, 성취된 작업량에 대해선 충분히 논의했다. 그러나 이 시점에서 이런 의문이 떠오를 것이다. '품질은 어떻게 하지?' 품질 관리는 별개의 문제다. 프로젝트 추적 시스템은 품질을 측정할 수단이 없으며 자료에서 나온 긍정적인 수치가 창조적인 성공을 보장하진 않는다. 훌륭한 디자인은 강력한 창조적 지도자를 요구한다. 이 지도자는 적절한 사람을 팀으로 이끌어 성취에 대한 영감을 불어넣으며, 높은 기준을 유지하면서 반복되는 디자인

공정을 통해 그 팀을 효과적으로 인도한다.디자인 팀 역할과 역동성에 대한 자세한 정보는
20장 참조

마무리

대규모 프로젝트를 떠맡아 무사히 이행했다. 이제 마감이 임박했다. 여기에
마무리를 성공적으로 이끄는 몇 가지 조언이 있다.

고객에게 인도

대규모 프로젝트가 거의 끝나갈 때, 완성된 작품을 성공적으로 인도하기 위
해 팀과 고객에게 시간을 할애해라. 특히 웹사이트나 기업체 아이덴티티와
같은 프로젝트에서 운영기술과 같은 책임을 전달하는 과정을 관례화해라.
그 고객은 당신이 개발한 그 솔루션을 사용하려면 준비와 훈련이 필요하다.

그 프로젝트의 최종 성과분을 전달할 때 고객과 최종 회의를 열어 그의 만
족도를 평가해라. 회의는 고객이 어떤 결함을 확인해서 정정을 요구할 수
있는 마지막 기회이며, 또한 당신이 혹시 필요한 후속 프로젝트를 제안할
수 있는 천금 같은 기회이기도 하다. 이런 식으로 마무리를 정리하는 것은
일회성 프로젝트를 지속적인 관계로 승화시킬 수 있는 방법이다.고객과의 마무리
과정은 10장 참조

마지막 내부 검토

고객의 만족도를 평가한 후, 팀과 더불어 그 프로젝트에 대한 내부 평가를 시
행해라. 일부 회사는 이것을 '사후 평가'라고 하는데 프로젝트가 완성된 후
에 이뤄지는 평가이기 때문이다. 더 멋진 용어로는 '산후 평가'라 불리기도

한다. 이런 최종 회의는 가능한 빨리 열어야 그 프로젝트의 세부사항이 여전히 생생할 때 모든 팀원을 활용할 수 있다. 그리고 모든 팀원이 참석한 가운데 그 과정과 결과를 점검해라. 그래야 프로젝트의 모든 국면과 그에 대한 전문가의 견해가 드러난다. 좋고 나쁜 평가를 조사함에 있어 솔직해라. 그러나 프로젝트의 일부에서 문제가 드러나더라도 그 토론이 성토장으로 바뀌지 않도록 조심해라. 그런 토론은 잘만 조절하면 디자인 팀이 실수에서 교훈을 터득하고 미래의 프로젝트에 적용할 유익한 개선점을 찾을 수 있는 합의를 도출할 귀중한 기회가 된다. 이 토론에서 나온 대부분의 문제는 하나의 프로젝트를 계획하고 관리하는 세부적인 문제와 관련되어 있다. 그러나 회사 차원의 문제도 표면화될 수 있다. 그 프로젝트의 공정과 계획에 관한 몇 가지 문제를 검토해보자.

- 무엇이 잘 되었고 그 이유는 무엇인가?
- 무엇이 잘못되었고 그 이유는 무엇인가?
- 무엇을 빼먹었고 무엇을 예측하지 못했는가?
- 이런 종류의 향후 프로젝트에선 무엇을 바꿔야 하는가?
- 프로젝트와 관련된 어떤 행동 과정이 필요한가? 누구에 의해 언제 필요한가?

다음으로 표면화된 회사 차원의 문제를 해결하는 방법을 살펴보자.

- 당신이 이번 프로젝트에서 배운 것을 기본으로 회사의 비전과 비즈니스 계획을 위해 어떤 변화가 고려되어야 하는가?
- 전체적인 시스템과 공정에 어떤 개선이 필요한가?
- 새로운 기회에 반응하기 위해 어떤 미래의 지식과 기술이 필요한가?

- 직원과 훈련의 연관성은 무엇인가?
- 회사 차원의 어떤 행동 과정이 필요한가? 누구에 의해 언제 필요한가?

이런 최종 평가의 결과를 기록하고 맡은 행동 과정을 근면하게 따르라. 그 프로젝트가 성공하면, 당신은 그것을 사례 연구로 자신의 디자인 포트폴리오에 넣어라. 그리고 그 기록을 디자인 파일로 보관해라. 이와 별개로 나중에 어떤 재정적 혹은 법적 분쟁에 필요할 수 있는 고객의 승인서나 기타 중요한 정보를 반드시 저장해둬라.

만약 당신이 향후 다른 프로젝트에 유용할 수 있는 어떤 새로운 재료나 양식을 만들어낸 프로젝트에서 일했다면, 그것을 쉽게 접근할 수 있는 형식이나 위치에 저장해라. 많은 디자인 회사는 일반적인 절차, 일련의 팸플릿과 프로젝트 계획과 추적 양식, 공급업자의 역량에 관한 참고 파일을 바인더로 관리한다.

만약 당신이 큰 회사에서 일한다면, 프로젝트 검토 결과를 내부적으로 공표하는 방법을 생각해라. 새로운 지식을 전파할 수 있는 가장 좋은 방법 중 하나는 팀원들과 최종 토론회를 갖는 것이다. 각각의 주요한 프로젝트를 마친 후 최종 평가를 시행하는 것은 배움의 문화를 배양하는 데 필수적이다. 시간이 흐르면서 그것은 개인 기술을 향상시키고 회사의 성공에 크게 기여할 최고의 관행으로 뿌리내릴 것이다.

26 재정 관리

이 장에선 그래픽 디자인 회사에 필요한 재정 관리의 필수사항들을 검토한다. 디자인 회사를 창업할 때, 기본적인 회계 시스템은 공인회계사가 설립해야 하며, 특히 디자인 전문 분야의 고객을 상대해본 공인회계사라면 금상첨화일 것이다. 회사가 작다면, 회계나 장부정리는 계속 외부에 의뢰해라. 그러나 회사가 성장해 어떤 판단이 선다면 재정 분야를 전담할 부서를 만들어라.

재정 관리의 중요성

재정 관리의 이익은 상당하다. 재정 정보는 현재적이며 완결된 것으로 올바른 의사결정을 위한 토대다. 이 장에선 기초적인 재정보고서를 준비하고 사용하는 과정을 살펴보며, 디자인 회사에 특별히 중요한 몇 가지 핵심 문제를 추가로 설명한다. 목표와 벤치마킹 성취를 설정하기 위한 조언과 더불어 회사를 건강하게 운영하는 몇 가지 조언을 곁들일 것이다.

재정 성과를 효과적으로 추적하고 관리하려면 쉽고 복잡한 여러 가지 세부사항을 살펴보고, 그 모든 조각들이 어떻게 상호 연관되는지를 명확하게 이해해야 한다. 디자인 회사는 주 단위로 혹은 월 단위로 보고서를 작성한다. 더불어 여러 전망을 결합해서 비즈니스의 전체적인 흐름을 파악한다.

주간 보고서

스튜디오가 아무리 바빠도 적어도 일주일에 한 번은 개별 프로젝트 보고서들을 살펴봐야 한다.프로젝트 관리에 대한 자세한 정보는 12장, 25장 참조 또한 고객으로부터 들어오는 현금과 공급업자에게 지불하는 지불금, 임대료, 세금, 급여와 같은 전반적인 현금흐름 상황을 살펴봐야 한다.현금흐름에 대한 자세한 정보는 14장 참조

월간 보고서

월말에 고객에게 그달의 마지막 청구서를 보내면서 후속 조치로 열린 항목을 해결하기 위해 고객에게 결산내역서를 작성해 발송하라.보통 이런 고객 내역서

는 미결제보고서의 형태를 취한다.

손익계산서또는 수입내역서라고도 한다와 대차대조를 포함한 완벽한 월간 재무제표를 준비해야 한다. 그런 보고서들은 그달이 끝난 직후 최대한 빨리 작성해라. 다른 사람이 재무제표를 작성한다면 사업가로서 당신은 시간을 내어 그 정보를 읽고 분석해야 한다. 또한 당신은 그런 양식에 익숙해져야 하며 그 모든 수치가 어디서 왔으며 어떻게 계산되었는지를 알아야 한다. 그리고 그 재무제표를 건전한 비즈니스 결정을 위한 기초로 삼아라.

손익계산서는 월, 분기, 연도처럼 일정 기간의 경영 성과를 보여주는 것으로 그 특정한 기간 내의 수입과 지출, 그리고 손익의 발생을 보여준다. 반면 대차대조표는 기간을 표시하지 않는다. 그것은 특정한 순간 기업의 자금력을 보여주는 것으로 비즈니스의 순간 손익을 보여주는 자산과 부채에 대한 항목별 내역서다. 그것이 항목 간의 관계를 수학적으로 표현한 회계 방정식에 기초하기 때문에 대차대조표라 불린다. 그 공식은 '자산 = 부채 + 소유자의 자본'이다. 설명하자면 비즈니스의 총자산에서 총부채를 뺀 수치는 소유주의 자산으로, 이것을 회사의 순이익 혹은 장부가치라고 한다.

재무제표는 발생주의로 작성해라. 발생주의회계는 수입과 경비를 발생한 순간 계산된다. 이것은 현금거래 시기와는 무관하다. 그래서 그런 재무제표에선 그달의 프로젝트 활동을 명확히 알게 된다. 당신이 고객에게 보내는 청구서는 판매로 기록되어 열린 수취계정미수금으로 추적된다. 당신이 공급업자로부터 구매한 비용은 경비로 기록되어 열린 지불계정미불금으로 추적된다. 이것은 현금주의회계와는 대조적이다. 현금주의회계는 수입과 경비가 실제 현금이 교환될 때까지는 계산되지 않는다. 현금지불은 거래가 발생한 후 나중에 이뤄지기 십상이기 때문에 현금주의회계는 월별 활동이 정확히 기록되지 않고 수치가 급변해 활동에 대한 오해의 여지가 많다. 따라서 발생주의 재무제표가 사실을 정확하게 나타낸다.

또한 발생주의회계에서 정상적인 일상거래에 들어가지 않는 감가상각과 같은 품목은 매월 말에 정리할 때 기재사항이 조정된다. 감가상각은 잠시 후에 다루겠다.

손익계산서와 대차대조표는 상호 관계가 있다. 매 연말에 손익계산서에 보이는 최종 순익혹은 손실은 대차대조표의 유보계좌 이익잉여금계좌로 옮겨간다. 그래서 이듬해에 손익계산서는 '0'에서 새로 시작하게 된다.

다음은 디자인 회사의 대차대조표와 손익계산서에 대한 일반적인 양식이다. 견본 %는 각 범주의 상대적인 크기를 암시한다. 금액은 회사의 규모에 따라 달라질 것이다.

디자인 회사의 대차대조표

현자산

- 현금   16%
- 수취계좌   45%
- 대손충당금   0%
- 재공품   10%
- 기타   4%
- 현자산 소계   75%

장기자산

- 가구/비품/장비   20%
- 컴퓨터   20%
- 자동차   1%
- 임차권   7%

- 손해 : 누적 감가상각   −28%
- 기타   5%
- 장기자산 소계   25%

총자산   100%

현부채

- 지불계정   11%
- 여신한도/단기채무   9%
- 이자   10%
- 고객예탁금   9%
- 기타   7%
- 현부채 소계   46%

장기부채

- 임대/장기부채/기타   11%

소유주 자산

- 주식   5%
- 보유금   38%
- 소유주 자본 소계   43%

총부채 및 자산   100%

이런 대차대조표 양식에 익숙해지도록 핵심 범주와 용어에 대해 간단한 설명을 해보자. 더 자세한 정보를 알려면 공인회계사의 조언을 얻어라.

자산

자산은 회사가 소유하고 있는 가치재를 말한다. 자산은 현금에 얼마나 근접하는가를 의미하는 유동성의 순서로 대차대조표에 기입된다.

유동자산

유동자산에는 현금과 더불어 12개월 내에 현금화될 수 있는 단기투자 등이 포함된다. 수중에 현금을 얼마나 확보하고 있어야 할까? 디자인 회사에서의 경험에 따르면 3개월 급여와 총경비에 해당하는 금액이면 적당하다. 우량고객을 잃는 등 회사에 불운한 일이 일어나면 이런 현금보유는 조정과 회복을 위한 숨 쉴 틈을 준다.

수취계정

수취계정은 고객에게 발송되었지만 처리가 되지 않은 미결청구서의 총액이다. 대부분의 디자인 회사에서 가장 큰 유동자산은 바로 이 수취계정이다.

대손충당금

고객과 청구서 분쟁에 휘말려 일부 청구서나 기타 지불을 받지 못할 수도 있다. 그래서 매월 말에 대차대조표를 정리하면서 잠재적인 악성채무를 대비해 몇 %의 악성채무 비율을 수취계좌에 넣어 계산을 하는 결산수정 기입 계정의 기록을 수정하는 것으로 일종의 변동금액 – 옮긴이으로 만약의 사태를 대비하는 게 현명하다. 그런 충당금의 액수는 과거 경험에 의존하겠지만 보통은 작다. 믿을 만한 고객을 선택하고 세부적인 제안서에 서명을 얻어 훌륭한 고객 서비스를 제공하는 데 신중하다면 그런 분쟁은 거의 일어나지 않는다.

재공품

프로젝트를 활발히 진행하고는 있지만, 아직 고객에게 청구서를 보내지 않은 작업량은 귀중한 자산이다. 특히 대형 회사에서 매월 말에 재무제표에 표시되는 재공품의 액수에 민감해야 한다. 이런 결산수정 기입을 작성하는 데는 두 가지 선택이 있다. 하나는 순비용이고, 다른 하나는 시간당 총노동가치다. 첫 번째 방법을 사용하면 손익계산서의 판매비용 항목에 이미 기재되어 있지만, 청구되지 않은 프로젝트 비용은 임시로 대차대조표로 이동하여 재고비용으로로 설정된다. 두 번째 방법에선 그 미수금은 미수금과 관련하여 계약된 시간당 노동가치로 발생할 수입으로 손익계산서 항목에 남게 된다.

장기자산

여기엔 컴퓨터, 장비, 사무가구, 차량과 같은 품목이 들어간다. 100달러 이상으로 내구수명useful life, 내용연수이 3년 이상 되는 품목을 구입할 땐 그것을 경비로 처리손익계산서에 기재하는 것하지 말고 자본으로 평가대차대조표에서 자산으로 장부처리하는 것해라. 그 목적은 커다란 구매로 유동채산성이 악화되는 것을 막으려는 것이다. 또한 큰 구매는 보통 자본을 외부에서 조달하는데, 그래야 유동자금을 고갈시키지 않고 장기 부채loan payable, 지불채무와 장기자산을 조화시킬 수 있다.

감가상각

장비 또는 가구와 같은 자산은 영원히 지속될 수 없다. 각 품목의 내구수명에 기초하여자산의 형태에 따라, 이것은 3년처럼 짧을 수도 있고 20년처럼 길 수도 있다, 구매가의 적절한 %로 해마다 결산수정 기입에서 경비로 처리된다. 감가상각을 계산하는 다양한 방법이 있지만, 가장 단순한 방법은 '일직선'으로 해마다 동일한 액수를 경비로 처리하는 것이다.도표 26-1 참조 그 품목이 소진될 때쯤이면, 그것의 장부가치는 '0'으로 줄어들어 있을 것이다. 장기자산엔 부동산도 포함되는데, 비즈니스 빌딩은 감가상각되지만 토지는 안 된다. 비즈니스 빌딩을 소유한 디자인 회사는 많지 않다. 그러나 임대 사무실을 전기공사나 리모델링처럼 그 공간을 수리했다면 그런 비용을 감가상각할 수 있다. 감가상각 기간은 정상적으론 남아 있는 임대 기간이 된다.감가상각에 대한 의문은 당신의 공인회계사에게 물어라.

부채

부채는 채무나 기타 어느 시점에 상환해야 할 의무다. 그것은 유동성 부채와 장기 부채로 나눌 수 있다.

유동성 부채

여기엔 향후 12개월 내에 갚아야 하는 채무가 포함된다. 예를 들어, 납품업

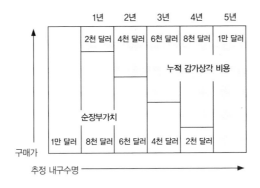

도표 26-1 일직선 감가상각에서 어떤 자산의 구매가격을 그 자산의 내구수명으로 나누어 나온 동일한 금액을 해마다 감가상각 비용으로 기록한다.

자가 보낸 청구서지불계정는 보통 30일 이내에 지불해야 한다. 프로젝트가 취소되면 반환해야 하는 고객 예탁금도 여기에 포함된다. 은행 여신한도도 단기적인 사용 목적이기 때문에 여기에 포함된다.

장기 부채

여기엔 12개월 이후에 갚아야 할 채무나 기타 의무가 포함된다. 만약 당신이 몇 년 후에 상환할 사업 자금을 융통했다면, 그 융자금은 대차대조표 두 개의 항목에 별도로 기입될 것이다. 즉 유동성 부채와 장기 부채다.

소유자의 자산

대차대조표에서 이 부분은 비즈니스의 누적 수익과 회사 설립자가 투자한 종잣돈을 포함한다. 그 회사의 자산을 유동화한다면, 그것은 모든 채무를 상환한 후 소유자에게 남는 잔액을 말한다. 어떤 면에서 그것은 현재 저당 잡히지 않은 비즈니스 부분이다.

유보이익

유보이익은 '비즈니스 내부에 쌓인 누적된 순이익'이다. 재무제표에서 이것은 '금년'과 '과년'이란 하위 범주로 나뉜다. 이 유보이익은 미래의 필요성이나 회사 소유주의 미래 배당을 위해 보유된다.

이제 관심을 손익계산서 양식으로 돌려보자. 다음의 견본은 일반적인 예이다.

디자인 회사를 위한 손익계산서 양식

수입

- 노동청구서　　　　　　　　　　　71%
- 외부 서비스 및 재료에 대한 청구서　29%
- 총수입　　　　　　　　　　　　　100%

판매비용

- 직접 노동비용　　　　　　　　　25%
- 독립계약자　　　　　　　　　　　5%
- 외부 서비스 및 재료 비용　　　　26%
- 총판매비용　　　　　　　　　　56%

총이윤　　　　　　　　　　　　44%

경비

- 간접 노동비　　　　　　　　　　11%
- 기타 운영비　　　　　　　　　　22%
- 총경비　　　　　　　　　　　　33%

- 인센티브 전 순익　　　　　　　11%
- 인센티브　　　　　　　　　　　6%

세전 순익　　　　　　　　　　　5%

이런 견본 수치에서 25%의 직접 노동비와 11%의 간접 노동비용은 총급여비용이 전체 수입의 36%를 차지한다는 의미다.

손익계산서에 포함된 주요 용어와 개념을 간단히 살펴보자.

수입

이 항엔 모든 종류의 수입이 포함된다. 디자인 회사에 있어 대부분의 수입은 고객에 대한 서비스 판매에서 나오며, 이것은 크게 두 범주로 노동청구서와 외부 서비스 및 재료에 대한 청구서로 나눌 수 있다.

노동청구서

당신의 직원이 제공한 전문 서비스에 대해 고객에게 청구하는 비용을 말한다.

외부 서비스 및 재료에 대한 청구서

여기엔 대개 할증된 금액으로 당신이 고객에게 청구하는 제삼자의 모든 용역이 포함된다.

판매경비

청구할 수 있는 저작물을 만들기 위해선 고객 프로젝트와 직접 관련된 여러 가지 비용이 발생한다.

직접 노동비용

직접 노동은 당신 팀이 고객 프로젝트에 투자한 시간이다. 그런 시간을 추적해서 청구할 수 있는 급여로 만들어야 한다. 일반적으로 직접 노동비용이 총급여의 약 2/3가 된다. 그 나머지 청구할 수 없는 급여는 손익계산서의 경비 항목으로 기재된다.도표 26-2 참조

독립 계약자 경비

일부 디자인 회사의 프리랜서 의존도는 높다. 프리랜서가 포함될 때, 디자인 회사는 경비를 별도로 추적하지만 고객에게 그 경비를 청구할 때는 별개의 항목으로 나누지 않는다. 만약 그 경비를 전문가 서비스를 위한 청구서 항목으로 산입했다면, 그 경비를 직원의 노동 비율로 고객에게 청구하는 중이란 의미다. 이것은 프리랜서 비용에 약간의 퍼센트를 가산하는 접근법과는 다른 기타 외부 비용으로 처리한 것이다.

외부 서비스와 재료 비용

이것은 디자인 회사가 프로젝트 납품, 재료, 혹은 인쇄와 같은 외부 서비스를 위해 제삼자에게 지불하는 금액이다. 이것은 공급업자가 디자인 회사에 보내는 청구서 금액으로 이 항목에 기록된다. 이런 청구서 금액에 디자인 회사가 할증을 붙인 금액이 고객에게 보내는 외부 서비스와 재료에 대한 총

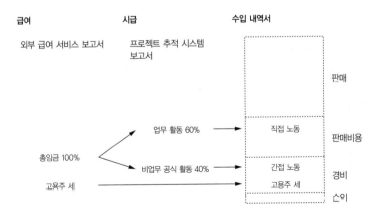

▍도표 26-2 총임금은 직접 노동비와 간접 노동비를 나누면 손익계산서에서 총이윤이 정확해진다.

청구서다. 앞서 수입 항목에서 토론한 바 있다.

총이윤

이것은 광고회사를 제외하고 거의 모든 산업 분야에서 사용되는 표준 계산이다. 판매비용에서 직접경비노동과 재료를 제하면 총이윤이 된다. 프로젝트의 자체 경비를 충당한 후 남은 총이윤은 회사에서 여러 가지 목적으로 유용하게 쓰이게 될 추가 금액이다.

경비

손익계산서의 이 항목엔 고객 프로젝트와 직접적으로 관련되지 않은 모든 일반 운영경비가 포함된다.

간접 노동비용

프로젝트 진행 기간에 고객 프로젝트에 보낸 시간과는 직접적으로 조회되지 않는 급여 경비의 부분이다. 거기엔 마케팅 시간, 병가나 정기 휴가, 유급 휴가, 직원회의, 비서나 행정 활동이 포함된다. 일반적으로 이 부분이 급여의 약 1/3을 차지한다.

기타 운영비

여기엔 임대료, 이용료, 전화비, 보험료, 고용주 세와 후생복지비, 홍보자료 비용이 포함된다.

인센티브 전 순익

디자인 회사가 수익을 내면 수고한 팀원에게 관례적으로 보너스나 인센티브를 준다. 그러나 대부분 정기적이 아니라 임의 재량에 따른 것으로 월, 분기, 혹은 연 단위로 결정된다. 이것은 퇴직연금, 수익배분, 혹은 성공적인 프로젝트나 거래처에 대한 개인적 성과에 주는 상여금의 형태를 취한다.

세전 순익
어떤 보너스나 인센티브 급여가 경비로 기재된 후 세금을 위해 보고되는 잔여 수익이다.

퍼센트

손익계산서의 각 항목을 비즈니스 총수입의 퍼센트로 보는 것도 유용하다. 재정 소프트웨어는 이것을 자동으로 처리할 수 있다. 디자인 회사에서 각 경비 범주를 노동청구서의 %로만 분석하는 것도 일반적이다. 디자인 회사는 디자인이란 서비스를 파는 데 집중하기 때문에 노동청구서가 주요 수입원이다. 재료 청구서는 보통 상당히 적다. 왜냐하면 많은 디자인 회사들이 많은 양의 인쇄와 같은 삼자 서비스를 중개하는 데 따른 잠재적인 법적 책임을 떠맡고 싶어 하지 않기 때문이다. 인쇄와 같은 삼자 서비스에서 하자가 발생했을 때 고객이 그런 구매를 직접했다면 디자이너가 책임질 일은 없다.

지금까지 우리는 그래픽 디자인에 토론을 집중했지만, 일부 디자인 조직은 혼합되어 있다. 그들은 기존의 그래픽 디자인 업무에 광고 업무를 맡기기도 하다, 이때 재정보고서 분야에 대한 도전이 발생한다. 비교 목적을 위해 광고 에이전시가 사용하는 표준적인 손익계산서 양식을 살펴보자.

광고회사를 위한 손익계산서 양식

수입

- 노동청구서   16%
- 미디어의 재판매   55%
- 외부 서비스 및 재료의 재판매   29%
- 총수입   100%

소유지분증권

- 미디어 배치 비용   46%
- 외부 서비스 및 재료 비용   24%
- 기타 프로젝트 비용   2%
- 총소유지분증권   72%

에이전시 총수입   28%

운영비	총계	AGI
- 노동총비용_{직접 및 간접 노동비용}	15%	53%
- 기타 운영비	8%	28%
- 총운영비	23%	81%

인센티브 및 세금 전 순익	5%	19%

이 견본에서 볼 수 있듯이 광고 에이전시는 그래픽 디자인 회사와는 전혀 다른 손익계산서 양식을 사용한다. 표준적인 총이윤은 계산하지 않는다. 광

고 에이전시 청구서의 상당 부분은 직원노동보다는 전통적으로 미디어의 재판매와 삼자 서비스에서 발생하기 때문이다. 미디어 배치와 같은 대규모 구매를 종종 '어버브 더 라인ATL: Above The Line, 4대 매체인 TV, 신문, 라디오 잡지와 뉴미디어인 인터넷, 케이블TV 등을 통한 직접 광고 활동을 말한다—옮긴이' 혹은 소유지분증권이라고 한다. 이 범주엔 에이전시가 인쇄 중개업자로 활동한 프로젝트의 인쇄비용도 포함된다. 그 에이전시는 삼자에게 지불한 금액에 할증을 해 고객에게 청구한다. 이런 커다란 소유지분증권의 비용이 총청구서에서 공제될 때, 잔여 금액에 에이전시 수수료와 노동청구 비용이 반영된다.

총청구서에서 모든 소유지분증권을 공제한 금액이 '에이전시 총수입AGI'이 된다. AGI는 모든 '빌로우 더 라인below the line, 인적·물적 활동을 통한 직접적인 판매 활동—옮긴이' 비용모든 급여와 경비를 포함을 충당하면서도 여전히 순익을 내야 할 만큼 충분히 커야 한다. 그래서 광고 에이전시 손익계산서에 나타나는 각 '빌로우 더 라인' 항목은 두 가지 방법으로 분석될 수 있는데, 바로 회사의 총청구비에 대한 %와 AGI %다. 당신 회사가 광고를 하지 않는다면 AGI %를 이용해선 안 된다.

디자인 회사를 위한 추가적인 재정문제들

효과적인 가격 책정 및 비용 통제를 개발하고 적절한 현금을 유지하며 부채를 관리하는 기본적인 비즈니스 문제 외에도, 디자인 회사에 특히 중요한 두 가지 문제가 더 있다. 바로 인사 균형을 유지하고, 노동청구서와 비업무 노동청구서 시간의 건강한 비율을 유지하는 것이다.

인사 균형

디자인 회사로서 당신의 비즈니스는 적절한 인프라로 지원을 받는 프로젝트 팀으로 구성된다. 전반적인 인원 수는 작업량에 최대한 들어맞는 것이다. 이것은 고용을 신중히 하라는 의미로 특히 지원 부서를 신경 써야 한다. 예로써 직원이 총 10명일 경우, 그중 적어도 7명은 높게 청구할 잠재력이 있어야 하며 여기엔 디자인 감독, 디자인, 생산, 프로젝트 조정이 포함된다. 반면에 그 10명 중에서 마케팅과 판매, 재정, 네트워크 관리·IT, 접대나 비서와 같은 청구 가능성이 없는 지원 부서엔 3명이 넘어서는 안 된다. 그렇다고 지원을 부실하게 하는 우를 범해선 안 된다. 사무실에서 아무도 전화를 받지 않고 장부도 정리하지 않는다면, 프로젝트는 원활히 돌아가지 않을 것이다. 적절한 지원 수준은 디자인 직원이 잡무에서 벗어나 고객이 맡긴 일에 집중할 수 있게 해준다.

다음으로 새로운 비즈니스 개발 활동은 청구 가능한 업무 능력에 맞게 유지해야 한다. 최초의 고용 결정이 그런 잠재력을 결정하겠지만 일단 직원을 채용하면 새로운 비즈니스 개발을 통해 업무량을 꾸준히 유지해야 그 잠재력을 성취할 수 있다. 활발한 청구는 건강한 작업량과 훌륭한 시간 관리의

개인 노동력 청구 가능성

디자이너		시간	퍼센트
전업 스케줄	52주 x 40시간	2,080	100%
감가 요소 :			
정기 휴가	3주 x 40시간	120	6%
병가	8일 x 8시간	64	3%
공휴일	10일 x 8시간	80	4%
행정(총무), 직원회의	45주 x 5시간	225	11%
마케팅	0	0	0%
총계		1.591	76%

▌도표 26-3 개인 디자이너의 노동청구의 목표는 종종 75~80%의 범위다.

결과일 것이다.

개인직원의 업무가동시간 및 비업무가동시간

개인직원의 최대 업무가동시간은 얼마나 될까? 한번 계산해보자. 계획된 전체 시간량에서 적용 가능한 정기 휴가, 병가, 유급 휴가, 직원회의, 행정 시간, 그리고 마케팅 활동의 시간을 빼면 된다. 그 결과가 직원이 고객 프로젝트에 기여할 수 있는 계획상의 최대 시간이 된다. 예를 들어, 디자이너의 목표는 도표 26-3과 같을 것이다.

많은 디자인 회사는 고용계약서에서 각 직원에 대한 업무가동시간의 목표를 서술하거나 혹은 매해 연초에 그 목표를 협상한다. 비교 관점으로써, 일부 법률 회사나 회계사무소는 개인의 업무가동시간 성취에 대한 목표를 합의하고 그 비율에 따라 급여를 결정하기도 한다. 이것은 시간과 업무에 기초하여 자신의 거래처와 청구서를 발생시키는 법률 동업자에게는 잘 적용된다. 그러나 고객에게 정액제로 거래를 하는 디자인 팀에게는 다소 적절하지 못하다.

회사의 업무가동시간과 비업무가동시간

회사의 입무가동시간 %는 프로젝트에 참여한 모든 팀원의 조합이다. 이런 통계를 효율 혹은 생산성이라고도 한다. 직원 배치를 처음부터 효율적으로 유지하고, 프로젝트 작업량을 적절하게 유지한다면 그래픽 디자인 회사의 총효율성은 60~65%의 범위가 되어야 한다.도표 26-4 참조 이 범위 아래라면 비효율적이므로 회사 운영이 어려워진다. 낮은 업무가동시간 %는 비업무가동 인원이 너무 많이 배치되어 있고 업무가동 직원에게 충분한 업무가 주어지지 않았다는 의미다. 그 반대로 업무가동 %가 장기적으로 65%를 넘어간다는 것은 작업량이 너무 많다는 의미다. 이것은 프로젝트 팀원의 탈진을

회사 차원의 업무가동시간의 잠재력

직원 유형	인원 수	전업 시간	전체 시간	업무가동시간	목표
디자인	5	2,080	10,400	76%	7,904
생산	3	2,080	6,240	76%	4,742
프로젝트 관리자	3	2,080	6,240	70%	4,368
신규 비즈니스 개발	2	2,080	4,160	40%	1,664
행정 및 재정	3	2,080	6,240	20%	1,248
계	16		33,280	60%	19,926

▎도표 26−4 회사가 만들어낼 수 있는 총업무가동시간은 각 역할에 얼마나 많은 사람을 확보하고 있는가에 달려 있다.

초래할 위험이 있다.

고객 프로젝트에 투입한 시간을 분석할 때, '업무가동시간'과 '수금액' 사이에는 커다란 차이가 있다. 일부 직원이 추가 프로젝트 시간을 보고할지라도, 그것이 고객에게 추가적인 청구를 발생시키지 못할 수 있다. 어떤 팀원이 개인목표를 달성하지 못했을 때 작업시간표 한두 장을 슬쩍 끼워 넣어 업무가동시간을 속이고 싶은 유혹을 느낄 것이다. 정액제 프로젝트에서 그런 시간은 청구서 총액에 변화를 일으키지도 못하면서 예산만 잠식한다. 시간 및 재료 관계에서 그것은 심각한 문제를 초래할 수 있다. 따라서 정직하고 정확한 시간 보고서는 절대적인 요구조건이다.

- 마케팅 직원에 대한 주의
- 위의 견본에선 회사가 새로운 비즈니스 개발 고용인에게 40%의 목표를 부과했다. 이것은 도표 26−5에서 더 자세히 살펴볼 것이다. 그러나 마케팅 담당자의 현실적인 업무가동시간의 목표는 회사에서 그 역할이 얼마나 잘 규정되느냐에 달려 있다. 만약 그 역할이 주로 외부의 세일즈랩으로 규정되어 있다면, 업무가동시간 %는 낮아질 것이다. 그러

개인 업무가동시간의 잠재성

신규 비즈니스 관리자		시간	퍼센트
전업 스케줄	52주 x 40시간	2,080	100%
감가 요소 :			
정기 휴가	3주 x 40시간	120	6%
병가	8일 x 8시간	64	3%
공휴일	10일 x 8시간	80	4%
행정, 직원회의 등	45주 x 5시간	225	11%
마케팅	45주 x 16.5시간	743	36%
계		848	40%

▍도표 26-5 마케팅 관리자를 위한 업무가동시간의 목표는 보통 30~40%의 범위다.

나 새로운 비즈니스 개발 담당자나 회계 관리자, 프로젝트 관리자로서 적극적인 고객 프로젝트에 참여하기 위해 시간을 낸다면, 업무가동시간이 높아질 것이다. 당신이 책임 분담을 어떻게 책정하는가 하는 문제는 자신이 처한 상황에 따라 판단할 문제다.

각각의 지불 기간 동안 전체 팀의 실제 업무가동시간 %를 추적한 후, 그것을 앞서 토론했던 전체 급여를 직접노동판매비용에 포함된 프로젝트 시간과 간접노동경비에 포함된 비프로젝트 시간이란 두 가지 범주로 나누어 배정해라.

벤치마크

시간이 지나면 회사의 적정 활동 수준에 대해 어떤 감을 키울 수 있겠지만, 외부의 자료를 이용하는 것도 좋다. 매월 당신 회사의 성과를 기초적인 산업계의 표준과 비교해봐라. 핵심적인 재정지표는 지불 능력, 효율성, 수익성, 노동이란 네 가지 범주로 이뤄진다. 이 중 일부는 %로 표현되지만, 다른 것들은 곱이나 비율로 표현된다. 각 비율은 어떤 대차대조표나 손익계산서를 다른 대차대조표나 손익계산서로 나눈 결과 값이다. 그래서 그것은 구체적인 재정 관계에 초점을 맞춘 것이며 각각의 정상적인 범위는 산업별로 많은 차이가 난다. 당신이 참고할 수 있도록 이 네 가지 주요 범주에 들어 있는 핵심 지표들을 설명하면서 그래픽 디자인을 위한 표준적인 벤치마크를 곁들인다.

지불 능력

지불 능력은 재정적 의무를 모두 충족시킬 수 있는 장기적인 능력을 말하며, 부채와 자산을 비교하여 분석된다. 이런 부채와 자산의 비교에는 여러 가지 변수가 있다. 현재의 비교량만 볼 수도 있고, 장기적인 양만 볼 수도 있으며, 이 두 가지를 결합한 총액을 볼 수도 있다. 지불 능력을 분석할 때 현금 이외의 자산도 고려된다. 그것을 유동화하면 손실에 대비할 수 있는 수단이 되기 때문이다.

디자인 회사는 채무에 신중해야 한다. 채무가 반드시 '나쁜 것'은 아니지만 이자와 원금에 대한 부담이 있다. 따라서 이자와 원금을 시기적절하게 상환해야 한다. 채무 비율이 높을수록 지속적인 수입과 꾸준한 현금흐름이 더욱 중요해진다. 일이 많아 프로젝트가 겹치기보다는 프로젝트가 끝나면 새로 시작하는 단발성이거나, 장기적인 계약이 거의 없이 단기 프로젝트만 중복된다면 그런 수입이나 현금흐름이 어려울 수 있다.

유동비율
공식 : 유동자산/유동부채
일반적인 범위 : 1.6~2.2

설명 : 이것은 단기적인 지불 능력에 대한 측정이다. 즉 단기 부채가 만기되었거나 예측할 수 없는 비즈니스 환경에서 불시에 현금을 조달해야 할 때, 그것을 상환하거나 조달할 수 있는 회사의 즉각적인 능력을 말한다. 대출이나 주요 납품업자들의 신용공여를 염두에 둔다면, 그들은 이 비율을 지표로 당신의 상환 능력을 타진한다. 위에서 서술된 1.6이란 수치는 디자인 회사에게 높은 수치는 아니지만 그렇다고 안심하기에는 너무 낮다. 유동비율이 2.1 이상은 되어야 좋다. 그것은 향후 12개월 내에 만기가 되는 부채 1달러에 대해, 회사의 현금이나 그 기간에 현금화할 수 있는 자산이 2달러라는 표시다.

당좌비율

공식 : (현금 + 수취계정)/총유동부채

일반적인 범위 : 1.4~1.7

설명 : 이것은 종종 '시금석' 비율이라고도 한다. 그 이유는 단기 지불 능력에 대한 더욱 엄격한 테스트로 가장 유동적인 자산인 현금, 시장성 유가증권현금에 해당하는 증권, 그리고 수취계정만 고려하기 때문이다. 위의 수치보다 낮은 당좌비율은 건강하지 못한 것으로 단기 채무를 충당하기엔 유동성이 너무 낮다는 의미다.

총부채/자산

공식 : (유동부채 +장기채무)/자산

일반적인 범위 : 1.1 이하

설명 : 지불 능력을 측정하는 또 다른 방법은 회사의 채무를 자산과 비교하는 것이다. 이런 비교를 '자산대비 부채' 혹은 '부채 비율자본 대비 부채 비율'이라고도 하는데, 은행이 회사의 재정 충실도를 결정하는 데 사용하는 표준적

인 방법이다. 부채 비율이 2 대 1보다 낮으면 대부분의 비즈니스에선 합리적이고 안전한 수치지만, 디자인 회사에 권장되는 한계는 1 대 1이다. 신용제공자에게 높은 부채 비율은 그 회사가 재정운영을 부채에 너무 의존해 신용 위기에 몰릴 수도 있다는 신호다. 이런 상황을 '차입자본이 높다'고 하는데, 부채가 소유주의 자산에 비해 아주 높다는 의미다.

효율성

일반적으로 효율성은 투입에 대한 산출의 비율이다. 디자인 회사에 효율성이란 당신이 얼마나 짜임새 있게 비즈니스를 운영하는가로 고객청구서에 대한 수금이 얼마나 빠르고, 공급업자에게는 얼마나 크게 의존하며, 비즈니스 자산을 얼마나 효율적으로 이용하는가에 대한 측정 수단이다.

수금 기간

공식 : 수취계정/(연간 판매/365일)

일반적인 범위 : 58~68일

설명 : 이것은 서비스 판매를 현금화하는 데 걸리는 평균 시간을 말한다. 수취계정과 현금흐름 사이에는 직접적인 관계가 있다. 평균수금 기간이 길수록, 당신의 돈이 수취계정에 더 많이 묶여 있어 청구서 지불과 같은 유용성에 현금이 부족해진다는 의미다. 위의 수치에서 볼 수 있듯, 많은 디자이너가 청구서에 기재된 '30일 내 대금 결제 조건'을 고객에게 강제하기란 쉽지 않다.

연간판매 대비 자산

공식 : 자산/연간 판매

일반적인 범위 : 32~44%

설명 : 이것은 비즈니스 총자산과 관련하여 판매를 발생시키는 회사의 능력에 대한 일반적인 측정이다. 즉 자산투자로 얻는 판매 비율이다. 최적의 상황은 적절한 자산투자만으로 높은 판매를 올리는 것이다.

연간판매 대비 지불계정

공식 : 지불계정/연간 판매

일반적인 범위 : 2.4~4.2

설명 : 이것은 납품업자에게 지불하는 상대적인 속도다. 그 수치가 일반적인 범위보다 높다면, 당신이 납품업자의 자산 미불금을 당신의 운영자금으로 사용 중이라는 의미다.

수익성

이것은 동종 업계의 다른 회사와 재정적인 비교를 할 때 매우 중요한 범주로, 주목해야 할 네 가지 측정 수단이 있다.

총이윤

공식 : (연간 판매-연간 판매비용)/연간 판매

일반적인 범위 : 42~53%

설명 : 앞서 손익계산서 정의에서 설명했듯, 총이윤이란 프로젝트 판매액에서 자체적인 직접 노동과 재료비용을 제한 후 기타 목적을 위해 회사에서

유용할 수 있는 금액이다. 총이윤이 위의 수치보다 낮다면, 프로젝트 비용을 절감하거나 단가를 올려야 한다. 혹은 이 둘을 동시에 실시할 수도 있다. 또한 당신이 제공하는 서비스 분야를 바꾸거나 새롭게 조정할 생각을 해야 할 것이다.

인센티브 전 이윤

공식 : 인센티브 전 순익/연간 판매

일반적인 범위 : 8~11%

설명 : 일부 디자인 회사에선 그 목표가 20% 정도로 높은 경우도 있지만, 대부분의 그래픽 디자인 회사의 목표는 연 10%의 순익이다. 이러한 수익에서 임의 보너스, 이익분배보상, 혹은 퇴직연금 등의 보상을 결정해야 한다.

세전 이윤

공식 : 세금 전 순익/연간 판매

일반적인 범위 : 2~6%

설명 : 임의 인센티브나 임의 보너스를 기재한 후, 영업세를 내기 위해 신고해야 할 수익 금액이다.

총자산이익률

공식 : 세전 순익/총자산

일반적인 범위 : 6~14%

설명 : 이것은 세전 이익을 비즈니스 총자산으로 비교하는 것이다. 그 수치가 높을수록, 자산이익률이 높은 것이다. 그러나 적은 자산으로 높은 수익률을 바라는 마음은 기타 중요한 고려사항인 위험, 지속가능성, 재투자 등과 조화를 이뤄야 한다.

노동

디자인 회사에서 노동은 가장 중요한 자원이다. 그것은 가장 큰 단일 경비이자 주요 수입원이다. 성공하려면 다음과 같은 노동지표들을 면밀히 통제할 필요가 있다. 이 중 세 가지는 기타 핵심 지표들과 더불어 도표 26-6에 포함되어 있다.

유효승수

공식 : 노동청구서/직접 노동비용

일반적인 범위 : 2.8~4.0

설명 : 이것은 때론 '순유효승수'라고도 하며, 프로젝트 노동비용을 노동청

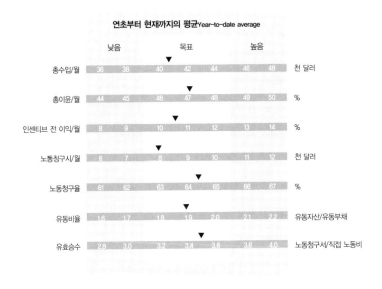

| 도표 26-6 회사의 주요 지표들을 월별로 추적해라. 당신의 활동에 가장 유의미하게 관련되는 지표들을 선택하고 각각에 대해 업계의 기준을 기초로 수용할 범위를 설정해라. 그 범위를 벗어나면, 근본 원인을 해결하기 위한 조치를 취해야 한다.

구서와 비교해보는 것으로 매우 중요하다. 승수로서, 그것은 직접 노동비 1천 달러에 대해 3천500달러의 수수료를 발생시킨다. 말할 필요도 없이 그 승수가 4.5 혹은 5.0처럼 높을수록 좋다.

고용인당 총수입

공식 : 총연간 판매/한 해 평균 고용인 수

일반적인 범위 : 15만~20만 달러

설명 : 이것은 비즈니스 분야에 따라 크게 변한다. 만약 당신이 삼자 서비스를 중개하거나, 미디어 배치와 같은 대형 소유지분증권을 갖고 있다면 그 수치는 위의 수치를 훌쩍 뛰어넘는다.

고용인당 노동청구서

공식 : 연간 순노동청구서/한 해 평균 고용인 수

일반적인 범위 : 10만~12만 5천 달러

설명 : 대부분의 그래픽 디자인 회사에서 이것은 고용인당 총수입보다 노동 효율성에 대해 더 믿을 만한 지표다. 이것은 재료, 인쇄, 혹은 기타 외부 서비스에 대한 노동청구서로 왜곡되지 않기 때문이다.

노동청구율

공식 : 직접 노동비용/총기본급여

일반적인 범위 : 59~69%

설명 : 손익계산서 정의에서 설명했듯, 이것은 직접 노동 효율성이다. 지불 시기마다 이것은 진행 중인 프로젝트와 관련된 전체 직원노동의 비율을 확인한다. 디자인 회사에선 장기적으로 그 효율성을 약 65%로 유지하려 한다.

손익분기 승수

공식 : (직접 노동비용 + 운영비)/직접 노동비용

일반적인 범위 : 2.5~3.0

설명 : 여기엔 간접 노동비용과 기타 일반적이며 행정적인 비용급여세, 후생복지비, 기타 경비, 임대료 등이 포함되지만 인센티브나 영업세는 포함되지 않는다. 이런 승수는 프로젝트에 투입된 직접 급여 1천 달러에 대해 간접 운영비로 2천750달러가 추가로 발생되었다는 의미다.

일반경비승수

공식 : (운영비 + 기타 경비 + 이자)/직접 노동비용

일반적인 범위 : 1.6~2.3

설명 : 여기서 일반경비에 채무이자와 같은 요소가 포함되어 더욱 폭넓게 계산되지만, 인센티브나 세금은 포함되지 않는다. 일반경비승수는 회사가 바쁠 때 낮아지는 경향이 있다. 그리고 낮을수록 좋다. 좋은 시기엔 작업량은 늘어나고, 프로젝트 스케줄은 더욱 치밀하게 돌아가 그 결과 직접 노동으로 기록되는 급여는 늘어나고, 일반경비로 흡수되는 비용은 줄어들게 된다.

비즈니스를 원활히 운영하기 위한 몇 가지 제안

재정을 튼튼하게 유지하려면 할 일이 많다. 초보자로서 당신은 모든 프로젝트에 대해 예산을 충실히 계산하고, 가격책정에서 합리적인 수익을 산입해야 한다. 그 후 예산에 맞게 각 프로젝트를 완성하도록 노력해야 한다.

진행 중인 프로젝트로 아무리 바쁘더라도 앞으로 남은 일을 나타내는 수주잔량에 눈을 떼어서는 안 된다. 그런 수주잔량의 증감은 미래의 판매에

대한 강한 지표이며, 더 확장하면 미래의 손익에 대한 지표가 된다. 따라서 회사의 예상 작업량과 청구서에 대한 상세한 계획을 유지해야 한다. 거기엔 완공되어 가며 공정량이 줄어들고 있는 현재 프로젝트와 새로 부상하는 서명된 계약, 그리고 눈독을 들이고 있는 잠재적인 프로젝트가 포함된다. 잠재적인 프로젝트의 가치는 수주한 것이 아니고 가능성이기 때문에 보류된다. 이런 계획으로 향후 회사가 얼마만큼의 일감을 확보할 수 있는지를 파악할 수 있다. 그래야 판매 활동을 미세조정하고 인원 수를 필요에 따라 조정할 수 있다. 향후 예상에 대한 자세한 정보는 27장 참조

매해 비즈니스 연도 초에 회사의 구체적인 목표를 설정해라. 그 목표들은 당신 팀이 달성하려면 바짝 긴장해야 할 만큼 충분히 공격적이어야 한다. 하지만 도달할 수 없을 정도로 지나치게 장밋빛이거나 비현실적이어서는 안 된다. 그러므로 각 업무 형태에 따른 목표를 설정해라.

- 프로젝트 범주에 의한 총수입
  - 이것은 당신의 포트폴리오가 어떻게 성장하기를 바라는지에 대한 지표다.
- 프로젝트 종류에 의한 총이윤
  - 어떤 종류의 일은 다른 종류의 일보다 수익이 더 많기 마련이다. 시간이 흐르면서 성공하는 사업가는 수익이 되는 서비스를 확장하고, 그렇지 않은 서비스는 재고하게 된다.

또한 고객과 관련된 목표를 설정해라.

- 고객 범주에 의한 총수입
  - 산업계에서 스스로 몰락하는 가장 좋은 방법은 엉뚱한 분야의 비즈니스에서 고객을 찾는 것이다.

- 어떤 단일 고객이 연간 판매의 25%를 넘어선 안 된다.
- 단일한 큰 거래처보다는 중소 규모의 여러 거래처를 갖는 것이 훨씬 더 안전하다.
- 규칙적으로 고객청구서를 고객수익과 비교해라.
- 가장 활발한 거래처가 반드시 가장 좋은 수익처는 아니다. 주기적으로 단가와 서비스 수준을 조정해라. 그래야 각 개별 거래처가 수용할 만한 이윤을 창출한다.

비즈니스를 안정적으로 운영하려면 좋은 내부 목표가 있어야 한다. 내부 목표가 있으면 획득할 수 있고, 증명할 수 있으며, 실제적인 활동을 완벽하고 지속적으로 포착해서 측정할 수 있다. 또한 당신 회사의 성과를 동료 전문가의 성과와 비교할 수 있는 자료를 확보해라. 거기에 더해 전반적인 경제와 고객산업의 흐름을 파악하고 그에 적응해야 한다.

27 예측

대부분의 디자인 회사에서 전반적인 작업량은 매달 일정하지 않다. 그래서 적절한 자원을 적절할 시기에 배치하기가 힘들다. 작업량을 예측할 좋은 방법이 없다면, 인원을 과다 배치(수익을 맞추기 힘들다)하거나 과소 배치(고객의 일을 제대로 성취하기가 어렵다)하기 십상이다. 이 장에선 디자인 회사를 위한 두 가지 예측 방법을 살펴보자. 첫 번째는 구체적인 프로젝트와 고객 거래처에 기초한 작업량에 대한 단기 프로젝션이다. 두 번째는 시장조건에 관한 새로운 가정에 입각하여 과거의 성과를 기초로 한 전반적인 재정 활동에 대한 장기 프로젝션이다.

작업량 예측하기

예측 행위란 추측에 불과하다. 그러나 충분한 관련 정보를 가지고 노력하다 보면 쓸 만한 결과가 나오기 마련이다. 그 수정구는 회사의 생산 능력을 확연히 보여줄 것이다. 그런 현실을 파악하는 순간, 필요한 조치를 취할 수 있다. 그래서 새로운 대규모 프로젝트의 시작을 가속화혹은 지체한다든지, 더 많은혹은 더 적은 자원을 준비하게 된다. 특히, 작업량에 대한 믿을 만한 프로젝션투영도은 필요한 적정 인원 수를 결정하는 데 커다란 도움이 된다.

선제 조건

미래의 작업량과 재정을 예측하기 전에, 현재의 상황부터 정확히 알아야 한다. 그런 필수적인 비즈니스 정보는 진작부터 받고 있어야 한다.

- 일일 프로젝트 평가서
- 신규 비즈니스 활동에 대한 주간 요약서
- 월별 재무제표

하나씩 가볍게 살펴보자.

일일 프로젝트 평가서

프로젝트에 투입되는 시간과 재료의 추적은 매우 중요하다. 노동과 외부 비용에 대한 실시간 총액에 쉽게 접근할 수 있어야 하는데, 그러기 위해선 작업시간표와 공급업자의 청구서를 매일 기재해야 한다. 다양한 프로젝트 추적 시스템이 그런 작업에 유용하다. 그 시스템은 특히 추정 수치와 실제 수치를 비교하고 프로젝트의 수주잔액을 계산해야 한다. 이런 수치들은 작업량 계획을 작성하는 데 필요하다. 또한 남아 있는 시간과 재료에 대한 감시는 우리가 25장에서 토론했던 것처럼 대규모 프로젝트에서 연소 비율을 추적하는 데 필수적인 부분이다.

신규 비즈니스 활동의 주간 요약서

모든 신규 비즈니스 개발 노력에 대한 주간 요약서엔 스케줄에 대한 대략적인 추정치와 임박한 프로젝트에 대한 예상되는 청구서가 포함된다. 각각의 기회를 할 수 있는 한 계량화하고 모든 마케팅 활동을 포착해라. 많은 스튜디오에서 새로운 프로젝트를 수주하는 데는 여러 사람이 개입하게 된다. 주간 요약서를 준비하고 토론하는 것은 그 집단이 정보 교환과 우선순위를 합의하며 노력을 조정할 수 있게 해준다.

월간 재무제표

월간 재무제표대차대조표와 손익계산서는 시기적절하고 정확해야 한다. 26장에서 토론했듯, 당신은 핵심 재정지표들을 추적해서 흐름을 주시해야 한다. 그런 목적을 월별 차트로 자료를 시각화하는 것도 아주 좋은 생각이다.

이제 선제조건을 모두 갖추면 프로젝션을 준비할 차례다. 두 가지 양식에 초점을 맞춰보자. 우선, 단기적인 접근을 살펴본다.

단기 예측

단기 예측을 '상향식' 프로젝션이라 한다. 그것이 진행 중인 프로젝트와 거

▌도표 27-1 프로젝트 작업량은 줄어들고 있는 현재의 프로젝트들과 늘어가기 시작하는 새로운 프로젝트들로 구성된다. 가장 이상적인 경우는 총작업량이 당신 회사의 생산 능력에 근접하는 것이다.

래처에 관한 구체적인 세부사항으로 구성되어 있기 때문이다. 또한 현재의 정보로 구성되어 있기 때문에 대단히 현실적이다. 이에 대한 일반적인 개념은 도표 27-1로 시각화되어 있다.

이런 프로젝션을 준비하면서 두 세트의 현재 수치를 동시에 가져와야 한다. 점점 줄어들고 있는 진행 중인 프로젝트와 점점 커져갈 것으로 예상되는 새로운 비즈니스를 합쳐야 한다. 도표 27-2는 이런 양식의 견본이다. 작업표의 상위 부분은 진행 중인 프로젝트를 보여준다. 그 기둥들은 각 프로젝트에서 승인된 금액을 보여주며, 이미 청구된 금액은 제외되고 잔여금액만 남아 있다. 이 수주잔액은 그 스케줄에 남아 있는 개월 수에 따라 기록된다.

여기서 시간이 아니라 금액을 다루고 있는데, 이것은 그 두 가지가 거의 동조화된다는 중요한 가정에 입각한 것이다. 그러나 예상보다 훨씬 더 노동집약적인 것으로 드러난 정액제 프로젝트라면 사정은 달라진다. 실제 업무는 협상가격을 넘어설 것이다. 이 열린 프로젝트의 목록을 읽어 내려가다

고객	프로젝트	승인된 총량	지급된 청구금액	잔여 청구금액	10월	11월	12월	1월	향후
					현재진행 중인 일				
알파	아이덴티티	95,000	50,000	45,000	45,000	0	0	0	0
알파	팸플릿	25,000	15,000	10,000	10,000	0	0	0	0
브라보	안내서	20,000	10,000	10,000	5,000	5,000	0	0	0
브라보	b/w광고	15,000	6,500	8,500	4,250	4,250	0	0	0
골프	연구	40,000	10,000	30,000	10,000	10,000	10,000	0	0
시에라	포장	60,000	10,000	50,000	12,500	12,500	12,500	12,500	0
탕고	인쇄	50,000	0	50,000	0	16,667	16,667	16,667	0

전망	프로젝트	예상 총액	확률 요소	예상 총액	10월	11월	12월	1월	향후
					잠재적인 새로운 일				
알파	템플릿	30,000	100%	30,000	0	10,000	10,000	10,000	0
브라보	사이트 개선	90,000	90%	81,000	0	20,250	20,250	20,250	20,250
폭스트로트	무역쇼	85,000	80%	68,000	0	0	22,667	22,667	22,667
골프	브랜드	80,000	50%	40,000	0	0	13,333	13,333	13,333
호텔	배너광고	40,000	33%	13,200	0	0	4,400	4,400	4,400
줄루	아이덴티티	95,000	25%	23,750	0	0	0	7,917	15,833
줄루	가이드라인	65,000	25%	16,250	0	0	0	0	16,250

10월 1일 현재시로 총금액

총금액				
86,750	78,667	109,817	107,733	92,733

필요한 인원 수				
8	8	11	10	9

도표 27-2 이런 단기 프로젝션은 예상되는 월 청구에 관한 작업량을 보여준다. 이로부터 그 작업에 필요한 대략적인 인원 수를 뽑아낼 수 있다.

보면, 일부는 이제 겨우 시작 단계인 반면 다른 일은 거의 마무리된 것을 보게 될 것이다. 각 프로젝트가 끝나면 담당했던 개인이나 팀은 새로운 일에 투입될 것이다.

이제 이 작업 계획표의 중간 항으로 움직여보자. 그것은 떠오르는 잠재적인 새로운 프로젝트를 보여준다. 각 새로운 비즈니스 프로젝트는 예상스케줄과 총청구액으로 배정되어 있다. 이런 추정 청구서는 그 일감을 수주할 확률을 반영하여 판단되어야 한다. 수주 확률은 자체적인 판단 요소다. 그 잠재적인 프로젝트가 기존 고객의 추가 작업이라면 확률이 100%고, 그 프로젝트가 단독 입찰이라면 또한 그 확률이 매우 높을 것이다. 반면에 당신이 새로운 고객에게 접근하기 위한 경쟁적인 입찰 상황에 있고, 그 고객이 여러 회사와 접촉하고 있다면 그 확률은 매우 낮아져 1/3 33%나 1/4 25%이 될 것이다.

새로운 비즈니스 자료를 매주 편집해라. 각각의 기회를 계량화할 때 충분한 정보를 가진 고객과 깊고 충분한 대화를 나눠야 당신이 내린 가정의 신뢰도가 높아진다. 계량화하기에 모호한 대화는 여기에선 '0'으로 기재되어야 한다.

- 스케줄에 관해
  - 이 프로젝션의 상위 부분을 판단하여 다음 시공 날짜를 정해야 한다. 어떤 프로젝트의 필수 자원들이 현재진행 중인 일에 매여 있다면 새로운 대형 프로젝트를 내일 당장 시작하겠다고 약속할 수는 없지 않겠는가!

다음 단계의 단기 프로젝션의 준비는 우리가 토론 중인 두 가지 요소, 즉 프로젝트 추적 자료와 비즈니스 정보를 더하는 것으로, 그것은 작업 총량의 대략적인 프로젝션과 일치한다. 이렇게 투영된 작업량에 기초하여 필요한 총인원 수를 추정할 수 있다. 도표 27–2의 아래 항목에서 '필요한 인원 수'의 월별 수치는 실제에 근접하는 근사치다. 그런 수치는 과거 개인당 평균청구 자료를 이용해 계산하면 된다. 이것은 정확성을 요구하는 과학이 아니라, 총수입 대비 총고용인 수를 빠르고 단순화시킨 비교일 뿐이다. 그 수치엔 현장의 디자이너를 비롯한 모든 직원이 포함된다. 개인 청구는 업무의 성질과 구입한 삼자 서비스의 양에 따라 회사마다 크게 다를 수 있다. 예를 들어, 미디어 배치 회사는 인원 수는 적지만 청구액은 매우 크다.

26장에서 토론했듯, 디자인 회사의 개인당 연간 노동청구비는 평균 내락 10만 달러에서 12만 5천 달러 사이로 월평균으로 계산하면 약 8천 달러에서 10만 달러다. 예를 들어 회사 전체의 프로젝트 월 청구가 대략 20만 달러인

데 과거 고용인당 청구가 평균 1만 달러라면, 그 프로젝트 작업량에 필요한 인원은 대략 20명이다.

적정 인원 수를 계산했다면, 그것을 실제로 투입시킬 직원의 수와 비교해라. 두 수치는 정확하게 일치하지는 않을 것이다. 능력과 수요가 완전히 동조하지는 않기 때문이다. 그러나 만약 양자 사이의 불일치가 매우 크다면, 인적 자원에 대한 일부 변화를 고려해야 할 것이다. 그 프로젝션의 결과 인원 수가 더 필요하다는 결론이 나오면, 프리랜서를 예약하거나 직원을 새로 채용하기 전에 잠시 시간 여유를 가져라. 일반적으로 정상적인 업무 능력보다 수요가 조금 더 많은 것이 바람직하다. 그래야 긴장감이 조성되어 회사가 조직적이며 효율적으로 가동되기 때문이다. 제조업에서 단기적 수요 폭증은 회사에 일시적인 초과업무를 만들어낸다. 급여정책이 시급이라면 초과 스케줄은 비용 증가를 낳는데, 그런 추가비용이 증가된 판매보다 많지는 않은지 신중하게 분석해야 한다.

하지만 디자인 회사는 보통 고정급여를 지불한다. 그래서 일시적인 작업량의 증가로 노동비용의 변화 없이 추가적인 청구가 발생한다. 이런 단기적인 역동성을 '압박'이라 하는데, 그런 상황이 너무 오래 지속되면 도덕적 해이라는 진짜 위험을 초래할 수 있다. 그런 압박은 작업의 품질을 떨어트리고 고용인을 탈진시킨다.

그 반대 상황은 디자인 회사가 능력 이하로 운영되는 상황이다. 고객 프로젝트가 원활히 돌아가지 않는다면 노동력이 이완된다. 일반적으로 디자인 회사는 재정 보유고가 그리 넉넉하지는 않으며, 고객 청구에 기여하지 못하는 노동비용에 지불할 여유가 그리 많지 않다. 단기 프로젝션이 작업량에 비해 직원 수가 많다면 다음과 같은 선택을 고려해 볼 수 있다.

- 더 많은 프로젝트를 수주하기 위한 마케팅 노력을 강화해라.

- 이미 승인된 신규 프로젝트의 시작 날짜를 앞당겨라.
- 웹사이트를 개선하는 등 작업량을 임시적으로 사내 프로젝트로 돌려라.
- 일시적으로 일이 없는 고용인들에게 누적된 정기 휴가를 이용하도록 유도해라.
- 직원 규모의 축소를 고려해라.

  인사문제와 급여문제는 직원에게 매우 중요하기 때문에 그런 결정을 가볍게 내릴 수는 없다. 회사의 상황에 맞추어 단기 프로젝션의 양식을 미세조정하여 모든 수치를 최대한 현재적이며 신뢰할 수 있게 해라. 자원에 관한 어떤 결정을 내리기 전에 매월 적어도 두 번은 이런 프로젝션을 작성해라.

  인사 관리 분야에서 프로젝트 직원과 관련된 문제를 '노동력 계획'이라 한다. 모든 비즈니스는 노동력의 적재·적소·적시라는 문제에 늘 직면한다. 인원 수는 이런 문제의 한 측면일 뿐이다. 또한 기술의 조합도 고려해야 한다. 특정한 디자인에 대한 수요 공급은 도시마다 다르다. 디자인 회사의 소유주나 관리자로서 당신은 수요 공급의 법칙에서 수요 측면에 있다. 오늘 회사의 요구조건은 내일과는 또 다르다. 회사가 다른 분야의 디자인으로 발전해간다면 기술의 조합도 점진적으로 달라진다. 새로운 프로젝트 양식은 다른 디자인과 이행 능력을 요구할 것이다. 훨씬 더 큰 규모에서 회사의 기본적인 비즈니스 모델의 변화를 숙고해야 할 것이다. 예를 들어, 만약 삼자 서비스 중개를 활성화시킨다면 회사엔 소수의 핵심 직원만 필요하다.

  계획 과정의 이 시점에서 회사에 새로운 기술을 도입해야 할까? 그 대답이 '그렇다'라면 관심을 공급 측면으로 돌려야 한다. 현지 노동시장의 조건은 어떤가? 노동력 공급이 회사의 필요성에 충족되는가? 얼마나 많은 훌륭한 디자이너가 당신의 디자인 분야에 유용하며, 얼마나 많은 경쟁이 그들 사이에 존재하는가? 디자인 직원의 채용은 느리고 조심스럽다. 그러나 만약 단기 프로젝트에서 당장 지원이 필요할 수도 있다. 그때는 단기 공지로 한두 명의 프리랜서를 채용하는 것도 한 가지 방법이다. 그런 선택을 열어두기 위해 넓은 전문가 네트워크를 유지하면서 적절한 디자이너와 그들의 전문성, 청구율에 대한 정보를 평소에 알아두는 것도 좋다.

그러나 장기적이며 효과적인 고객 관리를 위해 중요한 거래처엔 프리랜서가 아닌 직원을 배정하고 싶을 것이다. 예측이라는 멋진 작업을 하고 있다면 고용인 채용에 충분한 시간을 들여야 한다. 이것은 족히 한 달 이상 걸릴 수 있다.

이런 단기 프로젝션 양식에 관한 마지막 주의사항은 작업 계획표를 준비할 때 시간의 틀이 변할 수 있다는 점이다. 그래서 오른쪽에 더 많은 기둥이 필요할 수 있다. 우리의 예처럼 4~5개월은 작고 빠른 프로젝트가 많은 그래픽 디자인 회사에 일반적이지만, 제품 개발 혹은 환경그래픽 디자인 회사의 프로젝트가 보통 6개월 이상 소요되므로 그런 프로젝트엔 더 큰 스케줄이 필요하다.

장기 프로젝션

이제 1년 이상 걸리는 장기 프로젝션에 대해 토론해보자. 이런 형태의 예측을 '하향식'이라 하는데, 재정 활동에 대한 전방 프로젝션_{미래 투영도}을 프로젝트가 아니라, 과거 실적에 바탕을 두기 때문이다. 회계에선 이것을 '견적 프로젝션'이라 하는데 라틴어로 '형식에 따라' 혹은 '형식의 문제로'란 의미다. 이것은 데이터에 하나 이상의 가정이나 가설이 산입된 재무제표를 확인하는 데 사용되는 용어다. 예를 들면 우리의 초점은 정기적인 비즈니스 운영에 맞춰져 있어 인수합병과 관련된 특별한 문제나 경비는 없다고 가정한다는 식이다. 장기 프로젝션은 '만약'이라는 안경을 통해 미래의 세상을 투시한다. 그 미래의 정확성은 그 기초에 깔린 가정들이 얼마나 옳은가에 달려 있다.

디자인 회사에 이런 장기 프로젝션은 주로 판매지향적으로 예상되는 수입과 관련하여 경비를 계획한다. 지난해의 월별 판매, 경비, 순익에 대한 실제 수치를 차용해서 그것을 보수적으로 투영한다. 그래서 필요에 따라 구체적인 수치를 조정해 고객 관계에서 예상되는 변화나 전반적인 시장조건에 대해 새로운 가정들을 반영한다. 이런 장기적인 시간 틀의 커다란 이점으론 과거 활동이 계절별이나 연도별 주기가 있었는지를 확인할 수 있다는 것이다. 많은 회사가 특별한 서비스의 수요에서 그런 반복적인 주기를 보여준다. 예를 들어, 특정한 달에 주기적으로 연례보고서를 디자인했거나 홍보자료를 만들었다면 그달이면 특히 더 바쁘리란 예측이 가능해진다.

장기 프로젝션을 개발하는 데 있어 첫 번째 조치는 지난 12개월 동안 실제 수입과 경비의 스프레드시트를 준비하는 것이다. 엑셀과 같은 일반 스프레드시트 응용프로그램에 들어 있는 스크래치작업용 컴퓨터 내외부의 기억 매체로는 모든 것을 양식화하지 못한다. 모든 수학공식이 이미 내장되어 있는 양식화된 템플릿이 유용하다. 지난 자료를 투입하면서 바로 같은 양식으로 회사 작업 계획표를 만들고 향후 12개월 동안의 기대치를 계획해라.

다음 단계는 두 차트를 준비하여 자료를 시각화하는 것이다. 당신이 양식화된 스프레드시트를 사용하더라도 자신만의 차트 양식을 만들어야 한다. 도표 27-3은 그러한 견본인데, 네 개의 줄이 별도로 작성되어 매월 총판매액, 판매비용, 일반경비, 순익혹은 손실을 보여준다. 여기서 당신의 목표는 예상되는 미래와 최근의 과거를 시각적으로 비교할 수 있는 나란한 차트를 갖는 것이다.

판매비용, 일반경비, 순익을 산업계의 기준과 비교할 목적의 성과 차트를

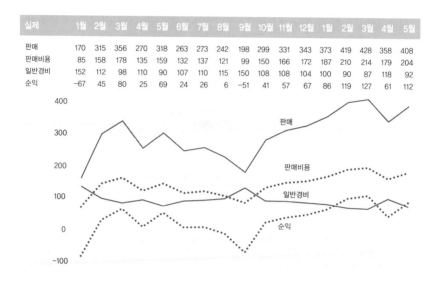

실제	1월	2월	3월	4월	5월	6월	7월	8월	9월	10월	11월	12월	1월	2월	3월	4월	5월
판매	170	315	356	270	318	263	273	242	198	299	331	343	373	419	428	358	408
판매비용	85	158	178	135	159	132	137	121	99	150	166	172	187	210	214	179	204
일반경비	152	112	98	110	90	107	110	115	150	108	108	104	100	90	87	118	92
순익	-67	45	80	25	69	24	26	6	-51	41	57	67	86	119	127	61	112

도표 27-3 손익계산서에서 나온 실제 월별 총액에 대한 장기 차트로 계절별 패턴과 손익분기점을 확인할 수 있다. 이 예에서 월 매출액이 25만 달러 미만이라면 회사는 손실을 본다.

만들어라. 그런 차트를 만드는 가장 좋은 방법은 세 가지 작은 보조 차트를 준비하는 것인데, 그 보조 차트는 단 두 줄로 이뤄진다. 한 줄은 당신의 실제 월별 활동이것은 들쭉날쭉할 것이다이고, 다른 하나는 산업계의 평균이것은 일직선이다이다. 그 기준은 디자인 분야별로 다르기 때문에 당신과 관련된 수치를 찾으려면 약간의 조사가 필요하다. 한 예로 그래픽 디자인 회사의 손익계산서를 살펴보자.

- 판매   100%
- 판매비용   56%
- 일반경비   33%
- 인센티브와 세금 전 순익   11%

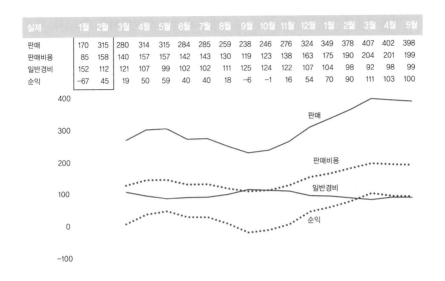

실제	1월	2월	3월	4월	5월	6월	7월	8월	9월	10월	11월	12월	1월	2월	3월	4월	5월
판매	170	315	280	314	315	284	285	259	238	246	276	324	349	378	407	402	398
판매비용	85	158	140	157	157	142	143	130	119	123	138	163	175	190	204	201	199
일반경비	152	112	121	107	99	102	102	111	125	124	122	107	104	98	92	98	99
순익	-67	45	19	50	59	40	40	18	-6	-1	16	54	70	90	111	103	100

도표 27-4 3개월 이동평균은 월별 변동성을 완화하여 전반적인 흐름을 파악하기 쉽게 해준다. 이것은 전방 프로젝션을 만들기 위한 좋은 기초가 된다.

차트의 변화

일부 회사는 '이동평균moving average, rolling average, running average'이란 약간 색다른 장기 프로젝션을 사용한다. 통계에서 이동평균은 짧은 굴곡을 평평하게 만들어 장기적인 흐름이나 주기를 쉽게 파악하게 만든다. 매월 가장 오래된 달은 삭제하고 새로운 달을 더해 새로운 평균을 산출한다. 일반적으로 그 개월 수가 적으면 평균의 변화가 크다. 디자인 회사엔 3개월 평균이 잘 가동된다. 도표 27-4는 그 예를 보여준다.

수입의 흐름은 물론 '필요한 인원 수'도 이동평균으로 파악해봐라. 앞서 단기 예측에서도 했었다. 이동평균은 실제 월별 판매수치보다 급격한 변화가 덜한 인원 수 계획에서 더 잘 들어맞는다.

수입을 차트로 만드는 또 하나의 방법은 판매의 역사를 주요한 고객층으로 나누는 것이다. 이것은 어떤 고객 범주가 점차 확장하거나 축소되는지를 시각적으로 보여준다. 당신이 알고 있는 산업계의 조건, 당신이 집중하려는 분야에 대해 당신이 계획하고 있는 어떤 변화를 더하여 고객층을 투영할 수 있다.

가장 훌륭한 추측

궁극적으로 이런 장기 프로젝션은 그 프로젝션을 준비하던 날에 유용했던 정보를 기초로 하였기에, 미래를 예측하는 데 가장 훌륭한 도구가 된다. 앞서 주목했듯, 그것은 또한 몇 가지 가정을 기초로 하고 있다. 그중 가장 기초적인 가정은 당신의 회사가 '계속기업'이라는 것이다. 이 용어는 회계사들이 쓰는 용어로 회사가 건강한 형태로 유지되고 있으며 향후로도 기업 활동이 왕성할 것이란 의미다. 계속기업을 가꾸려면 몇 가지 특성을 가져야 한다.

- 탄탄한 고객층
- 비즈니스를 알고 고객, 납품업자들과 훌륭한 업무 관계를 갖고 있는 직원들
- 양호한 상태를 유지하고 있으며 여전히 감가상각 중인^{내구수명이 길게 남아 있다는 의미} 장비, 가구, 비품, 그 외 자산
- 몇 년 동안 증명된 수익^{세금 기록으로 증명된다.}
- 양(+)의 현금흐름^{지속적인 활동을 위한 경비가 넉넉하다.}
- 합리적인 기한 내에 장기 채무를 변제할 수 있는 능력

당신의 디자인 회사가 진정 계속기업이라면 발전 동력을 갖게 되며, 기본적인 활동은 충분히 예측할 수 있다. 이 외에도 성장을 위한 계획이 있어야 한다. 그런 계획이 있다면 그 계획은 얼마나 낙관적이며 유연한가? 낙관성

과 유연성을 갖출 수 있는 방법으로 달성 가능한 성취 범위를 정해라. 이것은 최대한 현실적으로 접근하여 보수적인 흐름선중점적인 사업을 기준으로 한다는 뜻으로 여기선 성취 가능한 목표 달성도를 말한다- 옮긴이을 만든 후, 거기에 앞뒤로 5%의 변화를 허락하여 10%의 최대 오차 범위를 주는 것이다. 이런 접근법의 이점으로는 예외 관리간과하기 쉬운 예외사항을 관리하는 것-옮긴이를 허용한다는 것이다. 즉 월 성과가 허용 범위를 벗어나더라도 그것을 확인하여 정정할 수 있는 행동을 촉발하게 된다.

그래서 얻는 수확

장단기 예측은 많은 요소를 취합하는 힘든 일이지만, 그 준비 과정에서 많은 이점을 얻는다.

- 현재진행 중인 프로젝트들의 대차대조표를 면밀히 볼 수 있다.
- 모든 신규 비즈니스 기대를 모두 계량화할 수 있다.
- 인적 자원과 작업량을 적절하게 조화시킬 수 있다.
- 미래의 재정 활동에 대한 목표를 구체화할 수 있다.
- 흐름을 좀 더 빠르게 추석하여 그에 반응할 수 있다.
- 예기치 않은 나쁜 사태를 줄일 수 있다.

이런 '조기경보' 시스템을 최대한 효율적으로 사용하려면, 새로운 자료를 일정하게 새로 투입해 예측을 개선해야 한다.

28 비즈니스 계획

비즈니스 계획은 창업 전에 작성하는 게 일반적이며, 특히 외부 자금으로 비즈니스를 시작했다면 당연히 비즈니스 계획이 무엇보다 앞서야 할 것이다. 그런데 왜 그런 비즈니스 계획을 다룬 이 장이 책의 서두 부분이 아니라 끝 부분에 위치하고 있을까? 디자인 회사는 대개 비즈니스 계획이 없기 때문이다. 설령 그런 계획이 있더라도 비즈니스가 시작된 몇 년 후에 작성했을 가능성이 농후하다. 대부분의 디자인 회사는 저절로 굴러온 프로젝트 기회에 기반하여 비즈니스에 입문한다. 프리랜서 경력이 몇몇 대형 프로젝트와 충성스런 고객 덕분에 점차 성공적인 작은 비즈니스로 확장되는 것이다. 비즈니스 계획이란 말이 무색한 경우도 적지 않다.

비즈니스 계획의 필요성

프리랜서 경력이 있다면 회사에 필요한 장비나 소프트웨어는 대부분 장만했으므로 기타 용도에 쓸 창업자금은 많이 필요하지 않다. 게다가 디자인 회사가 이미 성공적으로 운영 중이라면, 과연 비즈니스 계획이 필요할까? 필요하다. 기록 그 자체가 커다란 전략 계획 중 일부이기 때문이다.

계획 과정

비즈니스 계획의 작성은 자신의 업무와 그 방향에 관한 여러 골치 아픈 문제에 대해 자신에게 질문을 던지는 것이다. 젊은 회사는 수동적인 경향이 있어 저절로 굴러들어온 프로젝트만 맡기 일쑤다. 그러나 어느 시점에 이르면 회사의 발전에 적극적으로 참여해 더 큰 통제력을 발휘할 때라는 판단이 설 것이다. 비즈니스 계획 과정은 회사의 상황을 평가하고, 모든 운영을 철저히 체계적으로 심사숙고하여 모든 것을 일목요연하게 정리하는 것이다. 최근의 흐름을 분석한 후, 그것을 향후 3년 동안의 현실적인 목표를 설정하는 데 이용해라. 비즈니스 계획의 작성은 일회성 노력이 아니라는 점이 무엇보다 중요하다. 그것은 회사의 잠재적인 능력을 최고조로 발휘할 수 있도록 해주는 지속적인 전략 계획 과정의 일부인 것이다.

비즈니스 계획 내용들

비즈니스 계획을 다루는 서류의 구조는 고려해야 할 문제들의 논리적 귀결성을 반영한다. 그것은 회사의 대략적인 윤곽을 보여주는 것으로 시작해 점차 구체적으로 들어간 후, 재정 활동에 대한 세부 프로젝션으로 마친다. 그 문서의 정확한 세부사항들은 산업별로 다소 다른데, 디자인 회사의 개략적인 내용은 다음과 같다. 다음 항목들을 개별적으로 살펴보며 무엇을 준비해야 할지 알아보자.

- 보고용 요약서
- 가치성명서
- 비전성명서
- 사명선언서
- 목표
- 서비스 내용
- 비즈니스 환경 및 시장 흐름
- 고객 프로필
- 경쟁사 평가
- 지속가능성의 장점
- 마케팅 계획
- 운영 계획
- 인적자원 계획
- 기술 및 시설 계획
- 향후 3년 동안의 재정 계획

보고용 요약서

보고용 요약서 항목이 서류에 첫 항이 되지만, 작성은 맨 마지막에 한다. 보고용 요약서는 나머지 항목들에서 가장 중요한 정보만 요약한 것으로, 그 모든 항들이 동일한 목표를 향해 어떻게 함께 작동하는지를 보여준다. 그것은 회사의 결정적인 성공 요소를 확인해준다. 보고용 요약서는 두 페이지를 넘어서는 안 된다. 그것은 은행의 대출담당자나 잠재적 투자자처럼 아직 그 회사에 익숙하지 않은 사람에게 회사의 개관을 보여주는 것이다.

가치성명서

비즈니스 계획의 작성을 서술한 책은 많지만, 가치성명서를 언급한 책은 찾기가 힘들다. 보통 성공적인 창업과 수익창출이 쉬운 시장만 기회를 노리기 때문이다. 예컨대, 어떤 시장에 세탁소나 세차장의 수요가 많다면 그것이 창업의 기회가 된다. 그 비즈니스에 어떤 열정이 있기 때문이 아니라 거기에 수요가 있고, 그래서 그것을 효율적으로 계획하고 관리하면 수익이 발생할 것이며 언젠가는 다른 사람에게 쉽게 매각할 수 있기 때문이다. 물론, 여기엔 어떤 철학도 담겨 있지 않다.

디자이너에겐 그 상황이 다르다. 디자이너는 그 직업과 일이 사회에 미칠 수 있는 긍정적인 영향에 열정적이다. 디자이너는 '디자인은 문제해결 과정으로 세상에 해결할 문제들로 넘쳐난다'는 사실을 가슴 저리게 인식하고 있다. 회사, 제품, 서비스, 환경, 시스템 디자인을 통해 디자이너는 가치를 창조하고 이해를 드높이며 삶의 질을 향상시킨다.

비즈니스 계획에는 강한 목적의식이 반영되어야 한다. 명확한 가치성명서는 당신의 비즈니스 활동을 인도하는 원칙이다. 가치성명서는 간결하고 강력하며 진지해야 한다. 이런 핵심 가치들은 시간이 지나도 변하지 않으며, 당신이 힘든 결정에 직면할 때마다 의사결정을 인도하는 길잡이가 될 것이다. 디자이너의 가치성명서에선 다음을 강조해야 할 것이다.

- 디자인의 힘을 _____ 에 사용한다.

비전성명서

가치와 철학에 대한 성명서에서 이제 비즈니스의 목적에 대한 성명서로 나아가보자. 한두 문장으로 장기적인 회사의 목적을 서술해라. 이 성명서는 회사가 나아갈 길을 천명하는 것으로 당신이 열망하는 궁극적인 목적이다. 그것을 야심차지만 성취 가능하게 만들어라. 당신의 비즈니스 목적은 고결해야 하지만, 가능성의 영역 내에 있어야 한다. 몇 가지 예를 살펴보자.

- _____ 분야에서 세계적인 명성을 획득한다.
- _____ 지역에서 _____ 분야의 선도적인 공급업자가 된다.
- _____ 에서 지배적인 시장 지위를 달성한다.

스스로의 의도에 대한 명확한 이해가 있어야 한다. 당신이 가고자 하는 방향을 규정해야 그 진로를 그릴 수 있다. 가치성명서처럼 비즈니스 비전도 지속적이어야 하며, 그런 장기적인 목적을 향해 자신을 끊임없이 담금질해야 한다.

사명선언서

미래 지향적인 성명서에서 이제는 우리가 서 있는 현실을 직시해보자. 사명 선언서는 당신의 엘리베이터 스피치, 즉 회사에 대한 간결한 묘사다. 그것은 짧게 서술해야 한다. 그리고 모호해선 안 된다. 구체적이되 일반인도 이해할 수 있게 쉬워야 한다. 한두 문장으로 간결명료하게 작성해라.

- 어떤 종류의 회사인가?
- 당신의 주요 분야는 그래픽 디자인인가, 인터랙티브 디자인인가, 제품 개발인가, 광고인가, 그 밖의 다른 분야인가?
- 무엇을 파는가?
- 당신의 청구서를 대부분 차지하는 두세 가지의 구체적인 서비스를 서술해라.
- 누가 당신의 서비스를 구매하는가?
- 이들이 주요 고객의 범주다.
- 당신의 경쟁력 우위
- 당신의 고객은 왜 다른 회사가 아닌 당신에게 구매를 하는가? 무엇이 당신의 서비스를 차별화하는기?

사명선언서는 시장에 보내는 당신의 메시지로 간결하게 작성해라. 당신의 서비스, 고객, 경쟁 우위는 비즈니스 계획의 나머지 항목에서 상세히 분석할 것이다.

사명선언서는 주기적으로 개선되어야 한다. 그것은 특정한 시간에서 보는 회사의 현 상황이기 때문에, 당신의 비즈니스 활동이 발전하면서 그에 걸맞게 내용이 변해야 한다. 사명선언서는 고객과 고용인들의 눈에 잘 띄게 유지해야 한다. 많은 디자인 회사는 그것을 홈페이지에 게시하고 홍보자료에서 그것을 강조한다.

목표

비즈니스 목표는 고객 거래처의 수, 연간 총청구, 직원의 규모, 혹은 사무실 수와 같이 수치를 다루는 항에 기재되는 단기적인 목표다. 목표엔 시간의 틀과 마감 시간이 포함된다. 예를 들어, 목표 중에 연매출 100만 달러 달성이 들어갈 수 있다. 구체적인 단기 목표는 동기를 부여하고 에너지를 집중하게 한다. 최종 목표를 정한 후, 성취를 위한 단계를 결정해라. 각 목표는 일련의 실행 과정을 통해 성취된다. 비즈니스 계획의 나머지 항목에서 그런 목표에 다다르기 위해 해야 할 일들을 정확하게 설명할 것이다.

서비스 내용의 기술

디자인 회사라면 적어도 두 가지 이상의 서비스를 제공할 것이다. 그러나 만능을 자랑하지 마라. 성공하는 회사는 몇 가지 분야에만 집중한다. 설립자로서, 당신은 무엇에 집중할 것인지를 판단해야 한다. 당신의 강점과 전문적인 경험을 살려야 한다.

　무엇을 가장 잘 하고, 무엇을 가장 즐기는가? 과거의 실적을 살펴봐라. 어디서 가장 성공했고, 어디서 가장 수익을 내었는가? 영리한 사업가로서 당신은 즐겁지 않고 잘 하지 못하며 손실을 입은 분야에서는 손을 떼라.

　비즈니스 계획에 대한 이 항목에서 당신의 핵심 능력을 서술해라. 즉 당신의 전문 분야를 정해야 한다. 창업을 했을 때, 그래픽 디자인 분야에선 기업 아이덴티티, 포장 시스템, 홍보물 등이, 인터랙션 디자인에선 웹 개발, 모바일 애플리케이션 개발 등이, 제품개발 디자인에선 산업 디자인, 엔지니어링 등이, 광고 디자인에선 방송, 인쇄, 인터넷 마케팅 등에 초점이 맞춰질 것이다.

많은 회사는 서로 밀접하게 관련된 두세 가지의 주요 범주에 집중한다. 고객이 다른 서비스를 요청했을 때 가능하다면 그 요구를 수용해야겠지만, 시장엔 열 가지 재주를 가진 것처럼 보이지 마라. 그런 모습은 대형 디자인 회사에서도 인적 자원의 남용으로 이어진다. 색깔이 없는 회사의 이미지는 치명적으로, 만인의 연인처럼 시장에 접근하는 것은 시장에 부정적인 메시지를 보낼 위험성이 높다. 당신이 발악 혹은 발광하는 것처럼 보일 수 있다.

당신의 전문 분야를 조심스럽게 선택해라. 미래의 계획은 주로 그런 결정

도표 28-1 서로 관련 없는 서비스를 제공한다면, 각 범주의 서비스는 별도의 계획을 추적하는 장치가 있어야 한다. 많은 고객 관계는 그런 범주들을 서로 연결시키지 못한다.

에 달려 있다. 계획에는 다양한 자원과 공정이 포함되며, 다양한 가격책정과 마케팅 전략이 필요하다는 사실을 반영해 두세 가지의 추적 장치가 있어야 한다.도표 28-1 참조 신기술이 필요한 혁신적인 서비스는 할증가격을 부를수 있어 더 큰 이윤을 창출하지만, 또한 경쟁에서 앞서가기 위한 그런 혁신적인 서비스 개발은 한편으로 압박도 된다.

비즈니스 환경과 시장흐름

당신의 전문 분야를 선택할 때, 지속적인 수요가 있을 분야에 집중해야 한다. 이런 계획 부분에서 조금은 난해한 질문을 던져봐라. 당신의 관심 분야에 현재 얼마만큼의 수요가 있는가? 향후 3년 동안 그 수요가 증가할 것인가, 줄어들 것인가? 가장 큰 기회는 어디에 있는가? 당신의 해답은 개인적의견이나 희망사항이 아니라 조사에 기초해야 한다.

당신은 전반적인 경제의 흐름은 알 것이다. 반복되는 경제순환은 소비자신뢰, 기업의 지출, 재정의 유용성에 커다란 영향을 미친다. 그러나 이 외에도 당신은 고객 산업에서의 흐름도 분석할 필요가 있다. 기회가 모든 산업에서 동일한 것이 아니라, 특정한 분야에서 뚜렷하게 나타날 것이다.

당신은 관심 분야의 산업에 대한 개략서를 준비 중으로 그 목표는 현재의흐름과 미래의 전망을 파악하려는 것이다. 그 산업이 성장하고 있는가, 안정적인가, 혹은 후퇴하고 있는가? 각 산업에서 현재의 조건과 예상되는 성장률은 회사가 신제품 개발, 마케팅 전략, 광고를 어떻게 접근할지를 결정할때 중요한 요소가 된다.

많은 디자이너들은 이것이 모든 서류 중에서 가장 힘겹다고 말하고 있다. 그 연구엔 시간이 많이 걸리고, 몇몇 핵심 정보를 얻기 위해선 돈을 지불할 각오도 해야 한다. 다음의 충고는 조사를 실행할 때 도움이 될 것이다. 우선 관심 산업계의 규범을 살펴보자.

- 한국표준산업분류KSIC : Korean Standard Industrial Classification
- 한국 표준 산업분류9차는 A-U까지의 국내 산업분류 중 디자인을 'M전문, 과학 및 기술 서비스업'에 소속시키고, '73 기타전문, 과학 및 기술 서비스업'의 하위 분류에 '732 전문디자인업-7320 전문디자인업'으로 다루고 있다.

- 한국표준직업분류KSCO : Korean Standard Classification of Occupations
- 한국 표준 직업분류6차 개정에 따르면 디자인은 1-9까지의 직업범주 중 '2 전문가 및 관련 종사자-28 문화예술스포츠 전문가 및 관련직-285 디자이너'에서 다루고 있다. 직업분류이기 때문에 디자이너별로 다루고 있는 것이 특징이며, 1차 분류는 '2851 제품디자이너', '2852 실내장식 디자이너', '2854 시각 디자이너', '2855 웹 및 멀티미디어 디자이너', '2856 문화예술디자인 및 영상 관련 관리자'로 분류되어 있다.

- 디자인산업 동향 브리프
- 한국디자인진흥원에서 분기별 전문디자인업체의 체감경기를 조사하여 디자인산업 분야별·지역별·경영 활동별 기초자료를 제공하고, 관련 산업 동향 및 정책 동향 분석을 통하여 디자인 비즈니스에 대한 전문지식을 전달하기 위해 발행하고 있으며, 이는 한국디자인진흥원 홈페이지www.kidp.or.kr를 통하여 확인해 볼 수 있다.

새로운 제품이나 서비스로 무장한 발 빠른 산업들이 〈월스트리트저널〉이나 〈비즈니스위크〉와 같은 비즈니스 출간물에 종종 올라오곤 한다. 그리고 구글이나 야후와 같은 검색엔진을 이용해 산업전망을 다룬 기사를 볼 수 있다.

　다음으로 관심 산업계의 잡지나 저널을 확인해라. 그것들은 흐름을 읽을 수 있는 매우 훌륭한 자료다. 구독자들은 지난 기사를 인터넷으로도 검색할 수 있으며, 미디어 키트_{홍보자료}를 요청할 수도 있다. 미디어 키트란 '독자의 크기, 인구통계학, 구매 습관을 광고주에게 보내는 정보의 다발'을 말한다. 모든 산업엔 협회가 있는데, 그들은 종종 조사를 실시해 회원들에게 영향을 미치는 현재의 조건들과 흐름에 관한 정보를 발간한다. 많은 산업 집단이 연례 회의를 주관한다. 당신 고객에게 가장 중요한 비즈니스 행사를 확인해라.

　많은 산업 쇼는 행사 후에도 웹사이트를 계속 유지한다. 그런 사이트를 방문해보면 프레젠테이션과 주관자에 관한 정보를 얻을 수 있다. 가능하다면 다가올 행사에 직접 참석하여 조사를 시행해라. 그것은 행사 관계자를 확인하고 제품을 보며 보고서도 챙기고 마케팅 대표들을 만날 수 있는 호기가 된다. 그것은 또한 당신이 홍보자료를 배포할 수 있는 참석자의 명단을 구매할 수 있는 기회도 될 것이다.

　산업계에 대한 분석을 끝냈다면 이제 개별 회사에 초점을 맞춰야 한다. 주요 회사의 사이트를 방문해라. 그리고 산업 쇼에서 당신의 관심을 끌었던 회사를 조사해라. 상장회사라면 최근의 연례보고서를 무료로 한 부 요청해라. 그들의 비즈니스에 대한 정보를 상세히 알 수 있을 것이다. 일부 회사는 그들의 웹사이트에 보고서 PDF 파일을 올려놓기도 한다.

　조사가 진행되는 이 시점에서 비즈니스 계획을 위해 필요한 정보가 여전히 미진한 느낌이라면 유료 정보공급업체를 고려해 볼 수 있다. 그들로부터 산업계와 회사에 대한 폭넓은 현재 정보를 구매할 수 있다. 그런 유료 서비스에도 기본적인 많은 정보는 무료로 제공한다. 하지만 그런 무료 정보는 유료 정보를 구매하거나 더 나아가 지속적인 조사 서비스를 구독하도록 유혹하는 미끼다.

목표회사에 대한 정보를 수집하면서 그 고객사의 경쟁사에 대한 정보도 수집해야 한다. 그래야 그 분야의 서비스, 제품, 유통망, 마케팅 전략, 고객들을 상대적으로 비교할 수 있다. 그 회사들이 서로 어떻게 차별화되는지를 눈여겨볼 필요가 있다.

고객 프로필

고객은 어떻게 구매를 결정할까? 당신이 비즈니스에 종사하고 있다면, 현재의 관계에서 시작해 새로운 목표고객을 거기에 더해라. 업계를 조사하면서 핵심인사들에 관한 정보는 이미 수집했을 것이다. 조직의 구조를 살피고 최근의 변화에 주목해라. 신임 사장이나 마케팅 이사가 변화를 꾀하기 위해 영입되기도 한다. 다음 사항을 생각해봐라.

- 주요 접촉 인사의 직책은 무엇인가?
- 그들의 서열은 어느 정도인가?
- 그들이 의사결정권을 가지고 있는가?
- 그들은 무엇을 구매하는가?
- 구매 이유는 무엇인가?
- 그들의 의사결정을 추동하는 핵심요소는 무엇인가?
- 구매 절차는 어떻게 되는가?
- 예를 들어, 큰 회사에서 개별 프로젝트에 입찰하려면 사전에 승인된 공급업자 명단에 우선 등재되어야 한다.
- 구매는 언제 이뤄지는가?
- 예를 들어, 일부 프로젝트가 연간 비즈니스 주기에 매여 있는가? 주요

제품 발주가 별도의 스케줄에 따라 발생하는가?

　때로는 지리적 위치도 중요하다. 일부 고객은 근접한 회사와 일하길 선호한다. 근접성이 문제라면, 그것을 처리할 수 있는 방법을 모색해야 한다. 몬태나에 있는 디자인 회사가 현지에 팀원이 하나도 없는 플로리다의 거래처를 서비스하기란 요원한 일이다. 현지 회계담당자를 고용하거나 지사를 여는 방법을 고려할 수 있다. 이것은 주요 거래처를 확보하기 위해 광고 에이전시가 자주 사용하는 방법이다.

경쟁사 평가

이 시점에서 당신의 경쟁사들을 하나씩 조심스럽게 확인해서 조사해라. 그들의 어떤 서비스가 당신의 서비스와 유사하지는 않은가? 당신이 프로젝트를 신청할 때 누가 경쟁자로 떠오르는가? 당신이 새로운 고객을 목표로 삼았다면, 그들이 현재 누구로부터 구매하는지를 확인해라. 당신이 8~10개의 경쟁사를 확인했다면, 그들의 웹사이트를 방문하고 검색엔진을 이용해 그들에 관한 새로운 기사를 찾아보며, 그들이 어떻게 홍보하고 서비스 가격을 정하는지 분석하고, 그들의 주요 거래처를 확인해라. 경쟁, 포지셔닝, 차별화에 대한 자세한 정보는 10장 참조

　당신의 분야에서 다른 집단의 경쟁자와 마주칠 수도 있다. 회사를 창업하면서 경쟁사가 전혀 확인되지 않는다면, 당신이 하고 싶은 그 서비스가 존재하지 않을 가능성도 있다.

　경쟁사들에 관한 상세한 정보를 모으면서 그들의 장단점을 파악하고, 그것을 당신의 장단점과 비교해라. 무서울 정도로 솔직해라. 당신의 목표는

당신의 서비스에 관해 무엇이 새롭고 무엇이 다른지를 설명할 수 있는 것이다. 당신의 서비스는 어떤 면에서 경쟁사의 서비스보다 더 우수한가?

지속가능성의 장점

핵심 장점을 확인할 때, 그것이 세월이 흘러도 어떻게 지속적일 수 있는지를 설명해라. 또한 그것을 지킬 방법도 생각해둬라. 다른 사람이 당신의 성공을 모방할 수 없도록 어떤 종류의 방어벽을 칠 수 있는가? 디자인 회사에 있어, 그런 방어 수단에 다양한 형태의 지식재산권을 개발하고 보호하는 것이 포함된다. 예를 들어, 인터랙션 디자인 회사는 그들이 개발한 소프트웨어 응용프로그램에 실용특허를 등록할 수 있다. 또 다른 전략으로 당신과 시너지 효과를 갖는 서비스를 제공하는 회사와 배타적인 관계를 협상할 수도 있다. 당신의 비즈니스 모델에 항상 방어 수단을 갖춰둬라.

　시간이 흘러도 여전히 경쟁 우위를 점한다면 그것을 바탕으로 성장을 모색할 수도 있다. 당신의 서비스를 어떻게 진화시킬지 생각해라. 서비스를 어떻게 합리적으로 확장시킬까? 그 서비스를 당신의 고객들에게 더욱 넓고 포괄적인 제안으로 확장시킬 수 있을까? 회사의 규모를 키울 욕심이 있다면 그것은 매우 중요한 목표가 되어 당신의 계획에 분명히 반영되어야 한다.

마케팅 계획

고객과 서비스의 목표에 대해선 충분히 숙고했다. 이제는 소망을 이루기 위해 가능성이 가장 높은 마케팅과 판매를 결합할 때다. 비즈니스계에 이미

몸담고 있다면 충성스런 고객 관계를 많이 맺고 있어야 한다.

스튜디오 업무의 일부는 반복적인 비즈니스로 채워져 있어야 한다. 그것에 더해 전반적인 목표를 달성하려면 신규 비즈니스의 수주량도 계산해둬야 한다. 일반적인 홍보 활동으로 무엇을 성취할 수 있고, 개인의 일대일 판매엔 무엇이 요구되는지를 생각해라. 최대한 포괄적인 홍보 프로그램을 계획해라. 이것엔 다음과 같은 활동이 포함될 것이다.

- 홍보 자료에 목표산업의 최근 연구 사례를 올려라.
- 웹사이트를 재단장해서 고객에게 더 유용하고 유익하게 해라.
- 최근의 인터랙티브와 모션 그래픽의 CD-ROM이나 DVD를 준비해라.
- 우편발송 명단을 개발해 주기적으로 우편을 직접 발송해라.
- 업계의 주요 출판물에 광고를 게재해라.
- 디자인 연간 디렉터리에 페이지를 구매해라.
- 신뢰를 높이기 위해 선별한 경쟁에 입찰해라.
- 중요한 무역 쇼나 산업계 행사에 꾸준히 얼굴을 비춰라.
- 보도자료를 쓰고 긍정적인 언론보도를 다시 부각시켜라.
- 전문가로서의 위상을 제고시키는 기사나 책을 써라.
- 적절한 회원 조직을 통해 인맥을 넓혀라.
- 시너지 효과를 내는 비즈니스와 동맹 관계를 구축해라.
- 현재 및 과거 고객으로부터 적극적으로 사람을 구해라.

이런 잠재적 요소들은 10장에서 자세히 다뤘다. 각 활동에 대해 현실적인 예산과 스케줄을 계획해라. 상장회사에서 마케팅이나 판매에 연간 총비용의 약 10%를 책정한다. 마케팅과 판매의 차이점은 도표 28-2 참조

홍보 프로그램으로 직접적인 우편발송을 고려하고 있다면, 새로운 고객

을 확보하기 위해 우편발송 명단을 구매할 수도 있다. 산업협회는 그들의 회원 명단을, 산업 출판계는 구독자의 명단을, 제품회사는 고객등록 카드를 제출한 고객 명단을 팔기도 한다. 또한 SIC 코드에 준거하여 산업계의 명단을 판매하는 조사 회사도 있다. 명단 구매는 비싸기 때문에 목표를 구체적으로 정하고 최신정보로 제한해라.

완벽한 마케팅 계획을 세우려면 신규 비즈니스 개발 사이클에 있는 모든 단계를 해결해야 한다.

- 목표산업에서의 꾸준한 흐름 조사
- 신규 고객에 대한 지속적인 신분 확인과 자격 검증
- 잠재력이 가장 큰 고객의 성공적인 개발
- 그들에게 어떻게 접근하고, 무엇을 보여줄 것이며, 어떻게 후속 조치를 취할 것인가? 당신의 메시지는 목표 지향적이고 관련성이 있으며 무게감이 있어야 한다.
- 심사숙고한 가격책정 전략
- 프로젝트의 형태에 따라 가격책정과 이윤이 다르다. 이 점을 신중하게 고려해라. 경쟁력을 유지하려면 특정한 프로젝트 범주의 가격을 주기적으로 소정해야 힌다.

마케팅 분야
• 미래·장기 목표
• 단체 고객(포트폴리오 관리)
• 고객십년(시상분뎌)
• 계획

판매 분야
• 현재·단기 목표
• 구체적 프로젝트
• 개인 고객
• 문제해결

도표 28-2 많은 사람이 '마케팅'과 '판매'란 단어를 혼동한다. 사실 그 단어들은 전혀 다른 뜻을 의미한다.

- 효과적인 협상
- 어떻게 반대를 극복하고 협상을 맺으며 그 관계를 배타적으로 지속할 것인가?
- 새로운 프로젝트를 판매 전담 팀에서 디자인 팀으로 자연스럽게 이전하기

  이 문제는 24장에서 자세히 다루었다.

- 지속적인 관계 관리
- 강력한 포트폴리오로 새로운 비즈니스를 얻는다면, 그 비즈니스를 유지하는 비결은 좋은 관계 관리다.

결국, 당신은 판매가 아니라 관계를 구축하고 있는 중이다. 사람은 자신이 좋아하는 회사에서 구매를 한다. 당신이 자신들의 문제를 잘 이해하고 자신들의 내부 능력을 잘 이용해 자신들과 협력할 능력을 보여주면 고객들은 당신을 크게 신뢰하게 된다. 당신의 회사를 단골들의 포트폴리오로 보는 것이 현명하다. 당신은 단순한 디자인 공급업자가 아니라 적극적인 마케팅 파트너가 되어야 한다. 고객이 전문가의 통찰력과 브랜드 관리를 위해 당신에게 의존해야 한다. 이것은 고객의 직원이 이탈했을 때 더욱 빛나게 된다.

비즈니스 계획의 마케팅 부분은 행동 규범의 목록으로 마무리를 지어라. 각 활동에 대해 회사의 마감 시한을 설정하고 당신과 비즈니스 개발 팀원들에게 개인적 책임을 할당하라. 책임성을 개인적 차원으로 설정하지 않으면 어떤 진전도 얻지 못할 것이다. 구체적인 활동에 대한 책임 외에도 결과에 대한 개인적 책임도 물어라. 마케팅 성과를 판단할 성과지표를 개발해라. 이것은 회사마다 다르기 때문에 당신에게 가장 중요한 지표를 규정하면 된다. 그런 성과지표엔 시장점유율, 판매증진, 고객 충성도와 같은 요소가 포함된다.

마케팅 계획은 불변이 아니다. 각 활동이 전반적인 목표들을 성취하는 데

도움이 되도록 정기적으로 미세 조정할 필요가 있다. 즉 마케팅 비용이 판매 결과에 미치는 영향을 감시할 필요가 있다. 마케팅 활동들이 효과적이어서 적시에 상당한 수익을 내며, 돈이 그 활동에 투자되는지를 분명히 하려면 양적·분석적 기술을 적용해야 한다. 당신의 프로젝트 추적 및 재정 관리 시스템을 통해 디자인 서비스와 고객 산업의 과거 마케팅 비용에 관한 자료와 그와 관련된 판매와 수익의 결과를 맞춰봐야 한다. 그로 인해 당신은 각 요소들의 수익성을 분석해 수익 잠재성이 더 높은 곳에 지출을 늘려야 한다.

운영 계획

운영 계획에서 고객 저작물을 제작하는 과정을 서술한 일반적인 설명서를 써라. 새로운 프로젝트를 맡으면 그것을 어떻게 완성시킬 것이며, 그것들을 제대로 진행시키기 위해 어떤 통제를 가할 것인가? 이에는 두 가지 측면이 있다. 높은 디자인 기준을 유지하기 위한 지속적인 양적 통제 시스템과 그 저작물을 스케줄과 예산에 맡게 유지시키기 위한 프로젝트 관리 시스템이다. 일반적인 크기, 예산, 프로젝트 기간을 서술해라. 몇 건의 프로젝트가 동시에 가능한가? 회사 차원의 직업 흐름과 속도를 조정하기 위한 당신의 시스템을 서술해라.

외부자원을 많이 사용한다면, 무슨 자원을 어떤 이유로 사용하는지를 설명해라. 이것은 당신의 외부자원 의존도를 보여주는 것이기에 매우 중요하다. 디자인 회사는 외부 서비스의 커다란 네트워크에 크게 의존한다. 당신이 프리랜서와 공급업자들과 맺는 관계의 품질과 신뢰성은 곧 당신의 성공과 직결된다. 당신은 시너지 효과를 갖는 회사들과 효과적으로 공조하고 필요에 따라 그들의 서비스를 완벽하게 활용해야 한다.

직원의 규모와 구조를 설명해라. 회사가 성공하기 위해 필요한 핵심기술과 현재 각 역할을 담당하고 있는 직원 수를 목록으로 작성해라. 당신 자신의 경영 프로필을 포함시켜 당신의 주요 역할과 그런 역할에 어떤 기술과 품질을 가져왔는지 서술해라.

직원의 채용과 보유, 그리고 그들의 발전은 회사를 위해 중요하다. 디자인은 사람의 비즈니스이며, 직원의 자질은 당신의 성공과 직결된다. 낮은 기술 수준과 직원의 잦은 전직은 훌륭한 작품을 생산하고 고객에게 지속적인 서비스를 제공하는 것을 어렵게 한다. 당신은 어떻게 최고의 인재를 영입하고 그들의 잠재력을 발현시킬 수 있는 환경을 조성할 것인가?

서비스가 발전하면 직원의 구성도 바뀌게 된다. 회사의 규모를 확장할 생각이라면 내부의 사람을 승진시킬 것인가, 아니면 필요한 지위에 외부 인사를 영입할 것인가? 고용과 예상되는 급여에 대한 목록을 작성해라. 디자인 회사가 발전하면서 디자인과 생산 분야가 각기 별도의 팀으로 분리되어, 결과적으로 각기 다른 산업에 종사하는 고객에게 다른 서비스나 저작물을 제공하기 쉽다. 이렇게 인적 자원이 확장되면서 훌륭한 지도자가 필요해지게 된다. 지도자로 승진한 고위임원은 차세대 소유주로 성장할 잠재력을 지니게 된다. 비즈니스 초기엔 그런 생각을 하지 않겠지만, 모든 비즈니스 소유자들은 언젠간 출구전략을 생각하게 되어 있다.출구전략에 대한 자세한 정보는 20장 참조

확장된 직원 규모에 대한 마지막 주의사항으로 인적 자원 계획엔 새로운 비즈니스 개발담당자가 포함되어야 한다. 그것은 인센티브 지급, 핵심 책임의 위임, 설립자의 역할 변경과 같은 중요한 문제를 야기한다.이런 과도 과정에 대한 자세한 토론은 24장 참조

기술 및 시설 계획

저작물을 제작하는 데 필요한 물리적 공간, 장비, 소프트웨어 대해 생각하고, 당신의 회사가 차지하고 있는 공간의 크기와 배치를 설명해라. 디자인과 생산을 위한 공간으로 시작해 회의실, 접객실, 주방, 적당한 창고, 휴게실 등을 염두에 둬라. 당신이 점유한 공간이 비즈니스의 필요성이 변함에 따라 확장이나 계약이 쉬워야 가장 좋다. 디자인 회사에 또 다른 중요한 문제는 그 공간의 위치와 조건이 적절한 이미지를 투영하는지 여부다. 그 공간이 브랜드에 관한 적절한 메시지와 당신이 제공하는 서비스의 품질을 제대로 전달하고 있는가?시설과 관련된 문제에 대한 자세한 정보는 16장 참조

　이제는 회사가 실제 디자인을 하고 제작을 하며 공조를 촉진하고 지식을 공유하기 위해 필요한 장비와 소프트웨어를 서술해라. 전반적인 비즈니스와 재정 관리를 위해 필요한 정보 시스템을 잊어선 안 된다.

향후 3년 동안의 재정 계획

당신의 비즈니스 계획의 재정항목은 향후 3년 동안의 수입과 지출에 대한 상세한 프로젝션으로 구성된다. 여기엔 당신이 앞서 만들었던 모든 가정과 결정이 반영된다. 창업회사의 경우엔 투입될 경비에 대한 자세한 예산으로 시작한 후, 비즈니스가 시작되면 언제부터 회사가 수익을 창출하기 시작할 수 있을지 예측해라. 이것은 또한 창업자금의 규모도 보여줄 것이다. 창업 자금을 절대 낮게 잡지 마라. 창업은 예상보다 시간이 훨씬 더 소요되고 자금도 예상보다 2배는 더 들 것이다. 모든 예상 경비는 전략과 밀접하게 통합되어야 한다.

재정 계획은 3년의 운영을 대비해야 한다. 이미 비즈니스 계통에 몸담고 있다면, 예상 프로젝션은 과거의 흐름에 기반하여 변화에 대한 당신의 가정을 반영하여 조정해라. 판매, 판매비용, 일반경비, 예상되는 순익의 상세한 프로젝션을 준비해라. 이 모든 수치를 26장에서 본 손익계산서 표준 양식에 따른 스프레드시트로 조직화해라. 많은 비즈니스 계획에서 프로젝션은 분기를 기준으로 삼지만, 월별로 준비하면 더욱 유용하다. 그래야 실제 활동을 최종적으로 추적할 수 있다.

월별 판매 프로젝션은 구체적이어야 한다. 주먹구구식 총계를 내선 안 된다. 각 시기에 얼마나 많은 프로젝트가 행해지는지를 추정하여 그런 총계를 논리적으로 개발해야 한다. 노동에 대해서도 구체적이어야 한다. 디자인 회사에서 급여가 가장 큰 몫을 차지하기 때문에, 얼마나 많은 노동이 프로젝트와 관련되어 고객 청구로 이어질 것인지를 추정해야 한다. 정상적인 상황에서 업무가동시간은 총급여의 약 2/3를 차지하며, 나머지 비업무가동시간의 급여는 일반경비로 흡수된다.이 문제는 26장에서 상세히 다뤘다.

수정과 세부 조정

드디어 계획의 초안은 잡았다. 비즈니스 계획의 작성은 늘 반복적인 과정이다. 그 서류는 여러 차례의 수정과 미세조정을 겪는다. 그래서 당신의 초안을 검토하고 피드백을 해줄 경험자를 구하는 것이 좋다. 당신의 회계사와 변호사 혹은 은행가나 보험대리인, 그리고 산업 컨설턴트를 포함한 비공식적인 '비즈니스 자문 위원회'를 개발해라.

이미 비즈니스 계통에 종사하고 있다면, 비공식적인 '비즈니스 자문 위원회'를 소집할 수도 있다. 그들과 모든 문서를 공유하지는 않을 것이지만 비용과 수익 프로젝션은 절대 공개하지 마라, 핵심 고객들과 사적인 대화를 나누면서 그들의 통찰력을 그들의 필요성에 추가하는 것도 좋다. 그들의 욕구를 더욱 충족시키기 위해 어떻게 당신의 서비스와 자원을 배합할지를 토론해라.

비즈니스 계획의 사이클

비즈니스 계획의 서류 작성이 계획 사이클의 첫 번째 단계다.도표 28-3 참조 당신은 회사의 비전과 사명을 규정했으며, 목표를 설정하고 목표를 성취할 수 있는 가장 훌륭한 방법을 결정했다. 이제는 그 계획을 이행할 차례. 멋진 실행이 회사를 성공으로 이끈다.

이런 진행 중에 그 과정을 감시하고 측정하며 필요에 따라 계획을 개선해라. 많은 회사들이 바로 이 단계에서 추락하기 시작한다. 하루의 세부사항에 압도되어 큰 그림을 보지 못하기 때문이다. 적어도 1년에 한 번은 계획에 대한 정보와 가정을 재점검해라. 새로운 기회를 이용하고 상황 변화에 맞추어 수정해라. 당신의 비즈니스 계획을 살아 있는 기록으로 사용하고 유지해야 한다.

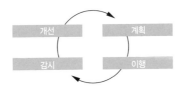

▌도표 28-3 비즈니스 계획 사이클은 지속적인 전략 과정이다.

29 출구전략

성공적인 디자인 회사를 설립해서 오랜 세월 동안 견실하게 관리한 후, 당신은 경력이나 삶에서 새로운 길을 모색할 수 있다. 이 장에선 소유주를 위한 여러 가지 출구전략을 토론하며 디자인 회사의 가격을 책정하고 판매하는 전반적인 과정을 소개한다.

디자인 스튜디오를 떠나게 되는 이유

당신이 디자인 스튜디오를 떠나게 되는 세 가지 주요한 이유가 있다.

첫 번째이자 가장 불운한 경우는 도중에 사망하는 것이다. 그럴 경우 어떤 준비도 못한 채 죽기 전까지 일하게 된다. 돌연사하게 되면 당신의 상속인은 아주 복잡한 상황에 빠지게 된다. 그 상속인이 디자이너가 아니고 그 계통에 문외한이라면, 회사를 운영하기엔 벅찰 것이다. 그 결과 그 상속인은 당신이 남겨놓은 비즈니스에서 많은 가치를 뽑아내지 못할 것이다.

두 번째 선택은 그냥 비즈니스를 접는 것이다. 이것은 과거에 디자인 회사의 설립자들이 가장 흔하게 사용하던 방법이다. 당신의 이름을 내건 작은 회사에서 당신의 저작물은 당신 자신의 이익, 능력, 개인적 관계의 연장선이다. 오랜 세월 동안 당신은 모든 이익을 뽑아내어 회사 그 자체는 빈껍데기와 다를 바 없게 된다. 그래서 이직이나 퇴직 과정은 아주 단순했다. 새로운 일을 맡지 않고, 가구나 장비를 판 후 그냥 문을 닫으면 된다. 이때 재정적 청구도 없다. 이미 받을 건 모두 받았기 때문이다.

세 번째이자 가장 좋은 선택은 그 비즈니스를 새로운 소유자에게 파는 것이다. 수년에 걸쳐 훌륭한 저작물을 제작하고 꾸준한 이익을 낸 견실한 회사를 회계사들은 계속기업이라 한다. 당신이 회사의 내적 가치를 쌓았고 안정되고 튼튼한 거래처를 유지하고 있다면, 그냥 문 닫을 이유는 없다. 뜻있는 구매자를 찾아라.

팔아야 할 이유

회사를 매각하고 싶은 합당한 이유는 많다.

- 그동안 쉴 틈이 없어 새로운 디자인 분야에 도전하고 싶을 수 있다. 혹은 창업은 좋아하지만, 장기적인 규칙적 관리는 싫어하는 연쇄사업가serial entrepreneur, 창업 전문 기업인가 당신일 수 있다.
- 매각이나 합병과 같은 예기치 못한 전략적 기회가 왔는데, 그 기회가 너무 좋아 놓치고 싶지 않을 수 있다.
- 건강문제로 비즈니스를 팔고 싶을 수 있다.
- 이혼으로 자산을 강제로 분할해야 할 경우가 있다.
- 개인의 재정 계획과 자산의 다양화 목적으로 매각결정을 촉발할 수 있다.
- 나이 때문에 은퇴를 고려할 수 있다.

잠재적 구매자

그렇다면 가장 적합한 구매자는 누구일까? 고려할 수 있는 다양한 범주의 구매자들이 있다. 회사의 공동 소유자나, 전략적 구매자예컨대 납품업자, 고객 혹은 경쟁사나, 당신의 직원이나 혹은 공공단체를 염두에 둘 수 있다. 이들을 간단히 살펴보자.

공동소유자

공동소유자공동 설립자나 동업자가 있다면 그 사람이 가장 쉬운 구매자다. 매매조항이 동업계약서나 회사정관에 포함되어 있을 수 있다. 이것은 떠날 의향을 공지하는 상호 합의한 방법으로 당신의 지분에 대한 가치를 매기고 당신이 지불받을 방법과 시간을 정하는 것이다. 보통 떠나는 공동소유자는 구매가격의 25~30%를 줄인 가격을 3~5년 동안 매월 합당한 이자를 포함해 일정액으로 지불받는다.

납품업자

납품업자도 회사 구매에 관심을 둘 수 있다. 당신의 서비스가 그들의 서비스와 보완적이기 때문이다. 그러한 결합은 다양한 요소가 한데 묶여 시너지 효과를 창출해 통일된 전체가 부분의 합보다 커진다. 인수 회사는 수직통합을 추구해 창조에서 최종 이용자까지 서비스와 제품에 대한 흐름을 일괄적으로 통제할 수 있다. 당신이 종사하는 산업에 따라 디자인, 제조, 유통, 도매나 소매에서 자원을 결합하는 것이 합리적일 수 있다. 그러한 커다란 규모의 과정에서 당신의 회사는 체계성에서 한 단계 더 도약할 수 있다. 그러한 예로, 세계적인 전자제조업체 플렉스트로닉스Flextronics가 팔로알토 디자인 그룹Palo Alto Design Group과 프로그 디자인frog design을 인수한 사례가 있으며, 인쇄회사가 포장 디자인 비즈니스를 매수하거나 의류 제조업체가 패션 디자인 스튜디오를 매수할 수 있다.

고객

흔한 경우는 아니지만 비즈니스의 일부나 전체를 고객에게 매각할 수도 있다. 고객은 디자인 서비스에 대한 내부적인 필요성이 지속되면, 그 비즈니스에 관심을 둘 수 있다. 또한 고객은 그런 투자로 비용을 절감할 수 있다. 그러한 예로 대형 사무 장비 회사인 스틸케이스Steelcase가 산업 디자인 회사 아이디오IDEO에 투자한 사례가 있다.

경쟁사

당신 회사의 전략적 구매자가 경쟁사일 수도 있다. 대형회사는 종종 내부적인 '유기적' 성장이 아니라 인수를 통해 성장한다. 다른 회사를 인수하는 것은 새로운 시장으로 진입하거나 혁신적인 서비스를 추가할 수 있는 빠른 방법이다. 대규모 조직은 규모의 경제economy of scale를 추구한다. 규모의 경제란 '전체적인 양적 증가를 통해 제품이나 서비스에서 생산과 마케팅의 단위 비용을 절감하는 것'이다. 경쟁사에 의한 인수는 인터랙션 분야에서 매우 흔하다. 대형 디지털 마케팅 회사인 에이퀀티브aQuantive가 인터랙션 에이전 시 SBI레이저피시SBI/Razorfish를 인수한 사례가 있다.

인수를 통한 성장은 광고계에서는 관행이다. 그로 인해 옴니콤Omnicom, WPP, 인터퍼블릭 그룹Interpublic Group과 같은 지주회사가 광고계를 지배하게 된 것이다. 새로운 광고회사가 창업했을 때, 세계적인 지주회사와 고객을 두고 경쟁하려면 성장 속도가 아니라, 규모를 갖춘 양적 성장을 우선 이뤄 야 한다. 광고 네트워크가 인수를 통해 성장을 추구하려 할 때, 최우량 회 사를 거품 없이 인수해야 한다. 경제순환주기에서 가장 정점에 있을 때 회 사를 구입했는데, 그 후 경기가 급랭하게 되면 인수자는 떠안은 부채를 막 기에도 급급할 것이다. 광고 산업에서 기업의 재편은 주기적으로 이뤄지는 데, 경기가 침체하면 중소 광고 회사들의 폐쇄, 통합, 인수가 빈번히 일어 난다.

고용인

회사를 고용인에게 매각하는 것도 가능하지만 보통 고용인들이 그런 자금 을 마련하는 것은 쉽지 않다. 그래서 자사 기업매수MBO; Management Buy-Out 로 눈길을 돌릴 수도 있는데, 고위 경영진들이 개인 재산으로 자금을 조달 할 수 있다. 그 경우 회사는 지속적으로 강한 성취를 이룰 수도 있으며, 구매 자들이 그만한 자산이 안 된다면 차입매수leveraged buy-out도 가능하다. 차입 매수에서 그들은 비즈니스 자체의 자본을 이용해서 인수자금을 대출받은 후 비즈니스 운영으로 얻은 수익에서 대출을 점진적으로 상환할 수 있다.

당신이 대형회사의 소유주라면, 당신은 우리사주신탁제도ESOP; Employee Stock Ownership Plan의 구성이라는 아주 복잡한 일을 떠맡을 수도 있다. 이것은 고용인들이 임금기준보험료를 이용해서 거의 배타적으로 자신의 회사에만 투자하는 회사 차원의 은퇴 계획의 일환으로 주식을 구매하게 허락하는 것이다. 고용인들은 5년이나 7년처럼 정해진 기간 동안 투자를 한다. 그러나 ESOP엔 법적 제한이 따른다. 그 설립은 공인회계사나 변호사와 같은 많은 전문성을 요구하며 지속적인 보고 요구조건이 많다.

끝으로 새로운 소유주의 장기적인 투자 기간 때문에, ESOP는 설립자를 위한 빠른 출구전략이 되지 못한다.

상장

마지막 선택으로 기업공개IPO: Initial Public Offering가 있다. 이것은 디자인 회사에 일반적이지는 않지만, 경제가 활황이고 회사에서 수요가 큰 혁신적 서비스를 제공하고 있다면 기업을 공개해 대중에게 주식을 파는 것이 가능하다. 회사가 급성장할 잠재력을 가지고 있다면, 투자자들은 그런 성장에 편승하고 싶어 한다. 이것은 인터넷의 폭발적인 성장 때문에 1990년대 말 웹 개발 회사에서 일어났던 사례이기도 하다.

조건이 좋다면 기업공개는 많은 자본을 끌어들여 사세 확장을 위한 자금과 유동성을 확보할 수 있는 좋은 방법이다. 이런 방법은 보통 잠재력이 높은 회사가 벤처자본 회사로부터 시모펀드를 수용하면서 시작된다. 나중에 인수 회사가 들어와 기업공개를 관리할 것이다. 자본이 대중에게 공개되기 때문에 그 전체 과정은 엄중한 정부의 요구조건을 충족해야 한다. 또한 기업공개는 원래 소유주를 위한 즉각적인 출구를 제공하지는 않는다. 벤처자본가들과 인수회사가 흔히 경영의 지속성을 원하기 때문이다. 그 상장된 회사는 그 회사의 성공을 일궜던 사람이 떠나면 위험해질 수도 있다.

출구를 염두에 둔 경영

조만간 회사를 매각하지는 않더라도 결과적인 출구를 염두에 두고 경영을 시작할 수도 있다. 그러한 경우, 그 비즈니스에 있는 현재의 장단점을 분석해라. 예를 들어, 현재의 단독 소유권에서 동업이나 법인으로 법적 구조를 전환하면 훗날 매각이 더 쉬울까? 채무나 장기 임대를 더 조심스럽게 고려해야 하지 않을까? 새로운 소유주는 극히 우호적인 조건이 아니라면 그와 같은 의무를 떠맡고 싶어 하지 않을 것이다.

장부를 완벽하게 하고 기록되지 않은 채무가 있어선 안 된다. 예컨대 잠재적인 악성부채, 혹시 모를 고객예탁금 반환, 고용인의 유급 휴가비에 대비하여 적절한 비축금을 장부에 기재해 놓았는가? 적절한 보험은 들어놓았는가? 당신의 디자인 분야에 따라 여기엔 오차와 누락에 대한 보험, 전문가책임보험, 미디어책임보험, 제조물책임보험이 포함될 수 있다.

당신의 재무제표는 발생주의회계로 작성해야 한다. 그래야 매달 활동을 정확하게 파악할 수 있다. 당신의 재무제표를 공인회계사가 주기적으로 검토하고 감사를 하면 금상첨화일 것이다. 아직 감사를 해본 적이 없다면, 지금부터라도 그것을 심각하게 고려해봐라.

가치 구축

일일 기준으로 잠재적 구매자를 위한 매력적인 사냥물이 되도록 회사를 경영해라. 그것은 의식적으로 회사의 내부 가치를 쌓는 것으로, 여러 가지 방법이 있다.

- 고객층
- 여기엔 장기 거래처, 수금 비율, 다양한 고객층, 고객 산업에서의 장기 흐름이 포함된다.
- 서비스
- 당신은 수요가 많고 일감이 지속적인 서비스에 초점을 맞추고 있는가?
- 핵심 인사
- 기술과 성격이 적절히 혼합된 팀을 만들었는가? 회사의 지속적인 성공을 위한 그들의 장점은 무엇인가?
- 마케팅과 판매
- 서비스를 홍보하고, 적절한 작업량을 유지하는가? 여기엔 훌륭한 포지셔닝과 차별화뿐만 아니라 효과적인 마케팅과 판매 과정이 있어야 한다. 그래야 지속적으로 새로운 기회를 발굴하고 새로운 일을 수주할 것이다.
- 계약
- 어떤 종류의 문서, 임대문서, 계약서에 서명했는가? 계약조건이 당신의 비즈니스에 유리한가? 무엇보다도 고객과 장기적인 관계를 유지하는 것이 좋다.
- 가격책정
- 가격은 경쟁력이 있으며, 적절한 이윤을 산입했는가?
- 작업 방법
- 훌륭한 저작물을 제작하는 적절한 공정을 개발했는가? 그 공정은 효율적이며 생산적인가? 그것을 스케줄과 예산에 맞게 집행하고 있으며, 또한 심각한 문제를 예방하고 있는가?
- 재정 시스템
- 정확하고 시기적절한 정보를 제공하는 믿을 만한 시스템과 절차를 가

지고 있는가? 효율적으로 비용을 관리하기 위한 통제가 자리를 잡았는가?

- 벤치마크
- 수익성과 이용성과 같은 주요 지표들에서 당신의 성과를 동료들의 성과와 효율적으로 비교하는가?

- 현금흐름
- 비즈니스가 급격한 기복 없이 지속적이며 긍정적인 현금흐름을 만드는가?

- 장비 및 기술
- 훌륭한 고객 저작물을 만들기 위해 필요한 모든 자원을 가지고 있는가? 각 범주에서 당신은 가장 좋은 최신 재료를 확보하고 있는가? 모든 소프트웨어는 정품인가?

- 시설
- 물리적 시설은 좋은 위치와 좋은 상태에 있는가? 그들이 고객에게 긍정적인 인상을 만들었고 당신 회사를 위한 올바른 이미지를 투영하는가?

- 지식재산권
- 어떤 귀중한 지식재산권을 개발하고 유지하고 있는가? 여기엔 저작권(이미지에 대한 권리를 보유하고 있는 삽화가나 사진가의 경우, **상표권**(특히 당신 자신의 상호나 비주얼 아이덴티티(visual identity, 시각 이미지 통일), 그리고 아마도 디자인 특허나 실용신안(인터랙티브 디자인 회사가 개발한 독점적인 공정이나 고객 코드화(custom coding))의 경우)이 포함될 수 있다.

- 문화
- 작업장의 평소 분위기는 긍정적이고 창조적인가? 직원의 도덕성은 높은가? 팀원은 날마다 출근하기를 기대하는가? 회사는 최고의 인재들이 일하길 원하는 장소인가?

조언자들

회사의 매각이 다가오면 많은 전문가로부터 도움과 조언을 구해라. 최대한 최고의 조언자를 구해라. 그런 조언자들로는 다음과 같다.

- 비즈니스 회계사
- 공인회계사를 통해 당신의 재무제표를 검토하고 감사하며, 세금문제에 대한 조언을 구해라. 당신의 공인회계사는 당신 산업에 있는 다른 회사와 경험이 있어야 한다.
- 거래 변호사
- 변호사는 계약을 준비하고 지속적인 지시를 위해 필요하다. 그는 비즈니스의 매매와 인수합병 협상에 구체적인 경험이 있어야 한다.
- 비즈니스 중개인
- 당신의 중개인은 당신 산업에 전문가이어야 한다. 중개인에게 지불해야 하는 중개료는 배타적 혹은 비배타적일 수 있다. 대부분의 중개인은 거래 규모에 따라 중개 수수료를 받는다. 종종 금액별로 계산되는데 예를 들자면, 첫 100만 달러엔 5%, 두 번째 100만 달러엔 4%, 그다음 100만 달러엔 3%, 네 번째 100만 달러엔 2%, 그 나머지에 대해서는 1%로 책징된다.
- 산업감정인
- 전문감정인은 산업별로 구체적이다. 대부분의 수수료는 정액제다.
- 개인 재정설계사
- 매각대금을 잘 활용하려면 개인 재정 조언자의 도움이 필요하다.
- 대출자
- 구매자에게 자금을 조달해줄 대출자도 이런 조언자에 포함될 수 있다.

평가

전문감정인이 평가 과정 동안 당신에게 그 과정을 말해줄 것이다. 보통 감정인은 여러 가지 다른 방법을 이용해 회사의 가치를 계산해서 결과의 범위를 얻은 후, 그 범위의 중간쯤에서 최종 가격을 결정한다.

- 순자산가치와 미래 수입투자수익률[Net asset value and future revenue stream(ROI)]
- 이것은 투자에 대한 구매자의 잠재적 수익률에 초점을 맞춘 것으로, 시장의 수요와 더불어 운영 및 경영 요소에 따라 조정된다.
- 자본자산 가격결정 모형CAPM; Capital Asset Pricing Model
- 이것은 회사를 리스크와 기대수익률로 가치를 매긴다. 구매자는 추가적인 위험이 포함되어 있다고 느끼면 별도로 기대되는 수익률을 요구할 것이다.이를 위험 보상이라 한다.
- 할인 현금흐름 분석DCF; Discounted Cash-Flow analysis
- 이것은 발생할 미래의 현금흐름을 추정하여 투자를 평가하는 방법이다.이 방법의 변종을 이익의 자본환원(capitalization of earnings)이라 한다. 그 계산은 돈의 시간가치를 고려한다. '오늘의 1달러는 미래의 1달러보다 더 가치가 있다'는 개념으로, 오늘 받은 1달러는 나중에 그 돈을 받을 때까지 이자가 붙기 때문이다.

가치평가 과정은 여러 표준 성과지표를 이용해 같은 종류의 서비스를 제공하는 다른 회사와 당신의 회사를 비교하는 평가가 포함된다. 당신 회사의 시장가치는 다음 지표 중 어느 하나를 선택한 후 거기에 곱을 하여 계산될 것이다.

- 이자 및 세금 공제 전 이익EBIT; Earnings Before Interest and Taxes

- 이자, 세금, 감가상각비 공제 전 이익EBITDA; Earnings Before Interest, Taxes, Depreciation, and Amortization
- 조정 이익Adjusted profit[순익+초과급여 및 특혜를 위한 환입 금액(net profit+add-back amounts for any excess salaries and perks)]

각 지표는 과거 3년 동안의 가중평균으로 계산된다. 그 한 예로, 경제가 호황일 때 소위 잘 나간다는 홍보회사들이 평균으로 조정된 EBIT에 6배 이상을 곱해 매각된 것으로 알려졌다.

당신이 소유한 회사의 종류에 따라 연간 수입, 총이윤광고계라면 에이전시 총수입, 수수료의 연간 % 성장 혹은 현금흐름을 기초로 한 곱이나 경험의 법칙이 있을 것이다. 비즈니스 매각을 제안하면, 비교 대상으로 최근의 거래를 확인해서 조사를 한다. 예를 들어, 당신이 산업 디자인 회사를 소유하고 있다면 당신과 규모에서 비슷한 회사들이 연매출의 1.0과 1.4 사이나 연수익의 4.3~5.0배로 최근에 매각되었다는 사실을 조사로 알 수 있게 된다. 당신의 평가는 물론 당신 상황의 구체성을 반영하여 조정될 것이다.

회사마다 상당히 다를 수 있는 평가의 한 측면은 비즈니스 권리금goodwill, 영업권이다. 권리금은 회사의 경쟁력을 갖추게 해준 무형자산이 포함된다. 그런 무형자산으로는 강력한 브랜드, 뛰어난 평판, 고용인의 높은 도덕성 등이 있다. 이런 요소들은 매각되는 회사의 대차대조표에는 나타나지 않지만 구매가격엔 포함된다. 매각이 완결되면 권리금은 인수자의 대차대조표에 표시되고, 인수 후 그 액수만큼 과거 회사의 순유형자산을 초과하게 된다.

매각안내서

그다음 단계는 비즈니스 중개인과 유자격 구매자들에게 배포할 매각안내서를 준비하는 것이다. 내용상 매각안내서는 비즈니스 계획이라기보다는 현재 회사의 강점과 품질을 강조하는 요약서에 가깝다. 그 회사를 성공하게 만든 모든 요소를 글로 작성해야 하며, 그 내용은 다음과 같은 사항이 포함된다.

- 회사에 대한 개관당신의 역사와 평판
- 당신 서비스에 대한 설명서
- 전반적인 시장 평가
- 판매와 마케팅 과정에 대한 개관
- 어떤 특별한 자산, 공정, 혹은 계약서에 대한 설명
- 핵심 경영인사의 프로필
- 지난 3년 동안의 재정 성과에 대한 요약이것은 흐름을 보여줄 정도의 정보만 담은 최고 수준의 요약서가 되어야 하지만, 완벽하게 상세해서는 안 된다. 그런 세부사항은 협상이 더 진행되었을 때 공유한다.
- 미래의 재정 성과에 대한 3년 프로젝션가능한 현실적으로 당신의 현재 재정흐름을 투영해라.
- 회사의 소유 구조동업, 유한회사, 기타 등등
- 당신의 제시가격과 선호하는 결제 방식

전문 서비스업의 특별한 문제

전문 서비스를 제공하는 회사의 매각은 제조업이나 소매업 회사의 매각과는 전혀 다르다. 우선 인수자는 관련된 전문 지식이나 경험이 있어야 하기 때문에 구매자가 소수로 국한된다. 디자인 회사로서 이것은 디자인 서비스를 마케팅하고 훌륭한 저작물을 만들며 그 창조적 과정을 효율적으로 관리

할 수 있는 검증된 능력을 의미한다. 또 다른 차이는 전문 서비스 회사의 장기적인 성공은 고객 충성도에 크게 의존한다는 사실이다. 여기엔 강력한 신뢰, 훌륭한 평판, 강한 구인처, 인맥 관리가 포함된다. 개인적 친분 관계에 대한 강조 때문에 소유권이 변경되면 지금까지의 관행이 퇴화할 가능성도 있다. 그래서 설립자에서 새로운 소유주로 지배 구조가 바뀌는 과도기를 성공적으로 만들기 위해선 과도기의 계획과 완성에 각별히 신경을 써야 한다.

시기

매각 시기도 판매가격과 거래조건에 커다란 영향을 미친다. 경제의 전반적인 건강도 한 요소다. 국가 전체의 낙관적인 분위기도 재정조달에 영향을 주며, 당신 산업 내의 흐름과 주기도 또한 중요하다. 해당 산업이 성장세라면 잠재적인 구매자의 리스크 인식은 낮을 것이다. 개인 비즈니스 역시 경제순환에서 자유롭지 않기에 회사의 현재 조건도 중요하다. 사세가 확장 중인가, 아니면 최근에 회사의 규모를 축소해야만 했는가? 인수 대상이 많다면 왜 구매자는 그 시기 그 특별한 순간에 최선의 선택으로 당신의 회사를 꼽았는가?

극심한 경기침체기라면 매각 시기로 적절하지는 않다. 현금을 가진 구매자들은 구매가격을 깎으려 할 것이다. 따라서 경기침체기는 변화와 개선을 위한 시기로 삼아라. 내부 시스템을 미세조정하고 서비스와 자원을 다시 한번 생각해보거나, 아니면 회사를 완전히 재배치하거나 구조조정을 할 수도 있다. 그럼으로써 경제가 호전되었을 때, 당신은 유리한 입장에서 협상을 할 수 있다. 경기 향상 국면 초기가 판매자들이 가장 유리한 협상을 이끌 때이다.

협상

조언을 듣고, 비즈니스 가치평가를 끝냈으며, 매각안내서까지 배포했다면 이제 잠재적 구매자와 대화를 시작할 때다. 각자 기밀엄수 계약서에 서명해라. 당신은 운영에 관한 고급정보를 그에게 누설할 것이며, 당신은 그것을 보호할 필요가 있다. 스스로 마감 시간을 두지 말고 협상을 서둘러 진척시키려 하지 마라. 구매자를 확인하고 협상을 하는 과정은 종종 6개월에서 1년 정도 걸린다. 계약의 정확한 구조는 협상에서 나올 것이고, 당신이 전문가에게로부터 들은 조언이 반영될 것이다. 여기 몇 가지 기초적인 선택이 있다.

- 과세 자산구매A taxable purchase of assets
  - 이 계약은 현금이나 그에 상응하는 대가로 자산을 구매하는 것이다. 그것은 구매자가 인수할 여러 자산에 가격을 할당한 후, 그런 자산들을 합산하여 흥정가격을 정하게 된다.
- 과세 주식구매A taxable purchase of stock
  - 이 계약은 현금이나 그에 상응하는 대가로 인수자가 당신 회사의 주식을 구매하는 것이다.
- 자산의 주식 교환A tax-deferred exchange of assets for stock
  - 이것은 판매자의 자산을 구매자 회사의 주식으로 교환하여 인수하는 것이다.
- 주식과 주식 교환A tax-deferred exchange of stock for stock
  - 이것은 판매자의 주식과 구매자의 주식을 교환하여 매매를 하는 것이다. 이것을 지분풀링pooling of interest이라 하며 '두 회사를 하나로 합병하는 것'이다. 모든 자산과 부채가 장부가치로 구매회사에 이전된다.

많은 변수

이런 과정 중에 그 계약은 계약금액을 포함하여 많은 변수가 파생한다. 과세구매를 협상한다면, 그 계약은 현금과 주식의 혼합으로 구성될 것이다. 매각에 따른 세금을 지불하려면 충분한 현금을 받아야 한다. 주식일 경우 금액, 시기, 당신이 받는 주식의 매각 방법에 관해 제한을 받게 된다. 구매자의 재정조달에 관한 세부사항들도 변하게 된다.

협상에서 셀러 파이낸싱seller financing, 판매자 융자란 뜻으로 '구매자가 매입자금이 부족할 때 판매자가 일부 돈을 융자해주는 방식'－옮긴이이 거론될 수도 있다. 그것은 판매자에게 뒷맛이 개운치 않은 출구가 되기에 이것에 반대하는 편이다. 그러나 사정에 따라 그런 선택을 해야 한다면, 이자율을 협상하고 지불 스케줄의 기간을 정해야 한다. 약속어음도 준비하여 서명을 받아야 하며, 구매자에게 추가적인 안전장치를 요구해야 한다.

협상 과정 동안 공인회계사와 줄곧 긴밀히 공조해 계약 시기와 과세소득 세액을 관리해라. 판매자는 보통 그런 계약에서 개인소득세율보다는 자본이득세율로 과세되기를 원한다. 당신의 공인회계사가 회사의 법적 구조 상황에 맞는 규정을 조언해줄 것이다.

협상 중에 여러 변수들이 니타날 수 있다. 그중 하나는 수취계정과 공정 중인 저작권에 대한 소유권 문제일 것이다. 그것이 떠나는 소유주와 관련되어 있기 때문이다. 그 저작물에 고객이 지불하면 구매자새 소유주는 그 돈을 판매자구 소유주에게 기꺼이 넘겨줘야 한다. 그러나 그 프로젝트에서 열린지불계정에 대한 책임도 분명히 하는 것이 좋다. 판매자가 고객지불을 받을 자격을 갖췄다면, 공급업자 또한 공급업자에게 지불할 책임도 져야 마땅하다.

부동산이 문제가 되기도 한다. 디자인 회사는 사무실을 보통 임대해 사용하지만, 비즈니스 운영 중에 회사의 소유주가 비즈니스와 관계없이 임대건물을 구매할 수도 있다. 그러한 경우, 그 건물은 그 계약에 들어가지 않고 그 비즈니스의 전 소유주는 건물주로 남게 된다.

협상 과정에서 구매자와 판매자의 리스크를 확인하고 관리해야 한다. 무엇이 잘못될 수 있는지 토론하고 그에 맞는 대처 방법을 세워라. 예를 들어, 그 계약이 무산되면 어떻게 하는가? 조언자들에겐 누가 지불할 책임을 질 것인가? 또 다른 예는 구매가 완결된 후 관행이 타락할 잠재적인 위험이다. 이는 구매자의 주요한 리스크로, 이에 대한 대처로서 구매자는 판매자에게 3~5년 정도의 합리적인 과도기 동안 급여를 주면서 일을 계속해주는 고용 계약을 협상하기도 한다.

그런 계약엔 좋은 급여와 높은 직책이 포함된다. 그 외에도 구매자는 그 과도기를 성공적으로 만들기 위해 판매자에게 동기를 부여하고 싶을 것이다. 그런 동기부여로는 미래의 인센티브와 조건부 급여이것을 종종 언아웃(earn-out)이라 한다가 있다. 계약마다 다르겠지만, 계약 전체 금액의 70~80%를 선금으로 지불하고 나머지는 언아웃으로 지급하기도 한다. 양 당사자는 사전에 그 목표에 합의할 것이다. 그리고 계약서엔 어떻게 지불되고 계산될지를 명확하게 규정해야 한다. 이것은 매우 중요한데 비즈니스에 대한 회계는 인수 후 바뀔 것이고, 보고서에 대한 양식과 용어가 달라질 것이기 때문이다. 구체적인 목표는 연간으로 설정될 수 있는데, 목표를 초과하면 더 높은 급여를 협상할 수 있다.

마지막 협상 쟁점은 회사의 이름이 될 수 있다. 과도기 동안 원래의 이름을 보유할 것인가, 그 상호는 언제 바뀌고 새로운 상호는 무엇이 될 것인가 등이다.

계약의 마무리

계약의 마무리 과정은 의향서a letter of intent, 때론 쌍방 계약내용협의서(term sheet)라고도 한다로 시작된다. 의향서는 구매자가 판매자에게 주는 주요 결정사항에 대한 구속력이 없는 요약서다. 의향서에 서명함으로써 '실사 기간'이 시작된다. 실사 기간은 사전에 결정되며 보통 몇 주가 된다. 그동안 잠재적인 구매자는 회사의 모든 장부, 기록, 파일에 접근할 수 있다. 그들은 그것이 사실이고 정확하다는 보증하에 그들에게 주어진 그 정보를 조사한다. 잠재적 구매자는 회사의 운영, 지불 능력, 경영의 신뢰성을 꼼꼼히 평가해야 한다. 그 과정의 일환으로 그들은 고용인이나 고객들과 면담을 할 수 있다. 실사 기간 동안 판매자는 소송과 같은 중요한 사실을 공시할 의무가 있다. 중요한 정보로는 그 계약에 관한 합리적인 사람의 판단에 영향을 미치거나 변화를 줄 어떤 일이 포함된다.

이 시간 동안 잠재적인 구매자는 과거 3~5년 동안의 모든 재정 자료를 검토할 것이다. 그들은 이런 정보를 이용해 새로운 저축이나 비용으로 들어갈 미래 활동에 대한 새로운 프로젝션을 작성할 것이다. 예를 들어, 그 회사가 인수회사의 자회사나 부서로 운영될 것이라면, 매월 운용보수일종의 수수료를 모회사에게 지불해야 할 것이다. 이런 운용보수는 일반경비의 프로젝션으로 더해질 것이다.

마찬가지로 판매자도 잠재적인 구매자를 합리적으로 조사해야 한다. 그들이 준 정보의 정확성을 확인하고 건전한 비즈니스 결정에 도움이 될 수 있는 자료를 요청해라. 그 구매자가 과거에 다른 회사를 인수한 경험이 있다면, 그런 문제를 판매자가 직접 언급하면 커다란 도움이 된다.

실사 기간이 끝나면서 완전한 구매 계약에 서명하고 그 마무리 과정에 종지부를 찍는다. 이런 최종 계약엔 경쟁하지 않는다는 계약조건이 포함될 것이다. 그 목적은 당신이 새로운 회사를 세워 곧바로 경쟁하는 것을 막으려는 것이다. 비경쟁 조건을 강조하기 위해 그 구매가의 일정 부분은 그 조항에 할당하는 것이 보통이다. 그러나 당신은 당신의 미래 경력에 비합리적인 제약이 가해지는 것을 원치 않는다. 따라서 비경쟁 조항은 활동, 장소, 시간에서 매우 구체적이어야 한다.

일부 산업에서 구매자들은 구매계약서에 서명하기 전에 '임시 경영 합의서'란 최종 요청을 하기도 한다. 그것은 사실상 시험운전으로 잠재적인 구매자가 그 회사를 구매하기 전에 한동안 그 회사를 경영하도록 허락하는 것이다. 이것은 디자인 회사에는 드문 일로 딱 잘라 거절해야 한다. 그 비즈니스에 대한 위험이 너무 크며, 구매가 무산되었을 때 그 뒷수습을 당신이 감당해야 하기 때문이다.

성공적인 이전

계약이 성사되었다. 이제 과제는 그 과도기를 성공으로 이끄는 것이다. 변화에 많은 사람들이 반대하고 나설 것이며 어느 정도의 혼란은 불가피할 것이다. 또한 직원들은 불안을 느낄 것이다. 그들은 새로운 절차에 저항감을 느끼고, 심지어는 자신의 미래가 걱정되기도 할 것이다. 새로운 소유주가 핵심 경영자들을 비롯한 직원들에게 동기부여를 해줘야 한다. 중요한 비즈니스 목표와 연계하여 재정적인 인센티브를 제의하는 것도 한 방법이다. 대규모 회사를 포함한 인수합병에서 성공을 저해하는 보편적인 위험은 바람직한 결과에 대한 명확성의 부족, 두 조직 간의 문화적 충돌, 이익의 갈등, 파벌의 등장이다.

당신은 고객 충성도를 새로운 소유주에게 이전시키기 위해 노력해야 한다. 고객과 개인적으로 만나 그 변화의 이점을 강조해라. 개인적인 거래 팀들 내부에서 최대한 지속성을 유지하고 남다른 고객 서비스를 계속 제공해라.

포괄적인 홍보 활동을 계획하고 실행해라. 그런 홍보 활동은 보통 8~10개월 정도가 바람직하다. 특히 상호가 바뀌었다면 그 변화를 설명하며 시장에 긍정적인 메시지를 전해야 한다. 시장에 당신이 비즈니스를 중단했다고 전해서는 안 된다.

끝으로 옛것을 버리고 새것을 받아들일 때 판매자에게 나타나는 정서적 문제가 있다. 설립자가 이런 과도기 동안 흔히 '판매자의 후회'를 경험한다. 이것은 특히 설립자의 자아 정체성이 회사와 단단히 엮여 있을 때 더욱 절실해진다. 프로젝트 관리는 당신에게 권한을 행사하게 하고, 중요한 사람들과 만나게 하며 존경을 얻게 한다. 대중의 시선을 떠나고 권위를 포기하며 심지어 존재감을 상실하는 것은 견디기 힘든 일이다. 그러나 만약 당신이 이 과도기를 사무실에서 마음을 비우고 향후 개인적인 행보를 준비하기 위한 기간으로 사용한다면 심리적으로 한결 마음이 편해질 것이다.

30 사내부서가 갖는 문제

사내 디자인 관리자들은 고품질 디자인 저작물의 제작 외에도 많은 정책적·운영적 문제에 직면한다. 이 중 주요한 문제는 조직의 발전에 대한 필요성과 그런 필요성에 맞추어 필요한 내외의 자원들을 최적으로 결합해야 한다는 것이다.

일단 올바른 기술의 조합과 창조적 기술이 자리를 잡으면, 디자인 관리자는 훌륭한 고객 서비스를 제공해야 한다. 이런 고객 관리는 내부의 지속적인 마케팅 노력과 더불어 새로운 프로젝트 예산과 스케줄에 대한 효과적인 협상이 포함된다. 활발한 프로젝트는 적절한 프로젝트 관리 시스템의 이행을 통해 더욱 효과적이 되며, 그런 프로젝트 관리 시스템은 그 부서의 활동을 분석하고 벤치마킹하기 위한 훌륭한 장치가 된다. 그리고 사내 디자인 관리자는 그 부서의 궁극적 가치인 훌륭한 저작물을 만들어 그 가치를 양적화해 전달함으로써 그 부서의 존재를 지속적으로 정당화할 수 있다.

많은 디자이너가 독립 에이전시가 아닌 기업에서 일한다. 디자인이란 도전은 양자에서 비슷하지만, 그 외의 측면들은 전혀 다르다. 아마도 가장 큰 차이는 큰 조직의 내부에 속한 디자인 팀은 정책적 차원을 갖는 많은 운영적 문제에 직면해야 한다는 점이다. 사내부서의 이름과 강조점은 크리에이티브 서비스에서 마케팅 커뮤니케이션이나 코퍼레이트 커뮤니케이션까지 다양할 수 있지만, 어디에 초점을 맞추는지에 무관하게 디자인 팀은 그 기업의 전반적인 디자인 및 커뮤니케이션에 대한 욕구를 어떻게 충족시킬지를 명확하게 이해하고 있어야 한다.

큰 그림

회사나 산업에 따라 그런 욕구는 아이덴티티 개발, 마케팅 소재, 광고 선전, 웹과 인터랙티브 디자인 등이 된다. 그런 욕구는 종류에 따라 발생 빈도가 다를 것이다. 예를 들어, 기본적인 아이덴티티는 한번 디자인되면 오랫동안 바뀌지 않겠지만 광고, 마케팅 소재, 출간 등은 지속적으로 수요가 발생한다. 사내 디자인 관리자는 전체적인 욕구에 대한 전망과 더불어 상대적인 규모와 우선권을 잘 알고 있어야 한다.

그렇다면 그런 여러 가지 욕구를 어떻게 충족시킬 것인가? 일부 기업에서 사내 팀은 오직 한 가지 디자인 범주만 전담하고 나머지 프로젝트엔 전혀 관여하지 않는다. 한편 다른 기업에선 사내 디자인 부서가 핵심 역할을 차지해서 외주 저작물을 포함한 모든 디자인 활동을 관리한다. 그런 관리로 그 부서는 조직에서 차지하는 위상이 높아진다. 그 부서는 전략에 더 많이 개입하며 모든 디자인과 커뮤니케이션 창의성을 '브랜드'로 유지함으로써 회사의 가치를 크게 향상시킨다.

기술의 조합

포괄적이며 지속적인 브랜드는 아주 다양한 분야의 기술을 조합해야 한다. 당신이 사내부서에서 디자인을 한다면, 당신의 주특기는 무엇인가? 당신의 현재 능력에 대해 매우 솔직하게 자체 평가를 해라. 현재 당신은 어떤 기술의 조합을 가지고 있으며, 그런 기술의 조합이 당신이 맡게 된 프로젝트에 적합한가? 당신의 부서에 없는 경험과 기술은 무엇인가? 당신 부서에 없는 기술을 요구하는 프로젝트는 외부에 의뢰해야 한다. 하지만 미래에는 그런 기술을 효율적으로 다룰 수 있어야 한다.

여러 가지가 혼합된 프로젝트를 사내에서 다뤄야 한다면, 추가로 필요한 기술이 무엇인지 확인해라. 그런 기술 중에서 기존 고용인을 훈련시켜 숙달시킬 수 있을지, 그런 기술을 가진 고용인을 신규로 채용해야 할지 평가해라. 그런 다음, 변화를 일구기 위한 정책을 시행해야 한다. 당신의 역할을 재정의하고 늘어난 자원을 배정하는 문제는 회사의 주요하거나 여러 가지 비중을 가진 자원과 활동을 신중하게 고려해야 하며 각각의 변화는 품질, 비용, 스케줄 사이에서 우선순위에 따라 평가되어야 한다.

자원 계획

회사에서 반복되는 프로젝트의 종류를 목록으로 작성해라. 목록 오른쪽에 몇 개의 칸을 덧붙여라. 각 칸은 그 프로젝트의 성공에 필요한 핵심 기술의 조합으로 채운다. 그런 후 어떤 기술들이 어떤 프로젝트에 사용되었는지를 점검해라.도표 30-1 참조 이런 완성된 성과지표를 길잡이로 직원 배치를 최적화해라. 자주 사용하는 기술의 조합은 직원 몫이 되어야 당신은 더 큰 통제력을 얻고, 소요 시간이 적게 걸리며 비용을 낮출 수 있다. 가끔 필요한 기타 기술은 프리랜서나 외부 회사에 맡겨라.

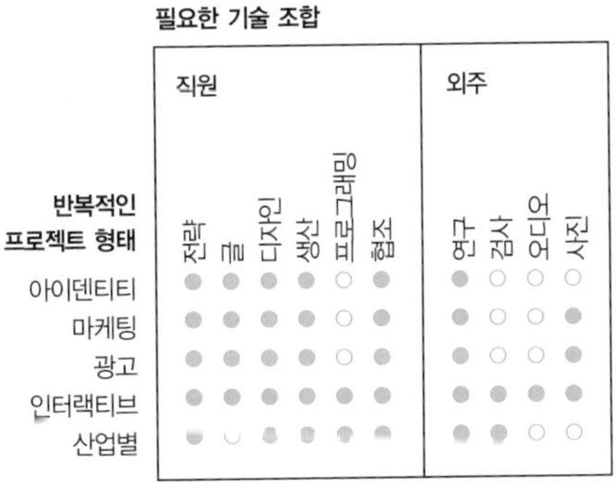

도표 30-1 어떤 자원을 사내로 가져올지 판단하기 위해 회사의 프로젝트에 필요한 구체적인 기술을 분석해라.

이런 견본 성과지표는 두 가지 변화의 가능성을 시사한다. 첫째, 고객 컴퓨터 프로그래밍은 자주 필요하지 않기에 쉽게 외주로 돌릴 수 있다. 둘째, 특정한 형태의 연구는 자주 필요하기 때문에 사내로 들여와야 한다는 것이다.

당신의 성과지표는 다를 것이다. 그것을 가까이 두고 정기적으로 들여다봐라. 프로젝트 요구조건은 바뀌기 마련이며 회사는 발전해야 한다. 자원을 지속적으로 재평가하고, 필요에 따라 개선해라. 외부 서비스에 대해선 접촉목록을 최신으로 유지해라. 각 범주에 대해 2개 이상의 외부 서비스 회사와 접촉해야 한다. 그래야 가격, 이용성, 프로젝트의 필요성에 따른 최적의 조화를 선택할 수 있다.

내부 마케팅

사내 디자인 부서에서 가장 극적인 향상을 이룰 수 있는 분야가 이 부분이다. 자신에게 몇 가지 고민스런 질문을 던져라. 당신 부서의 능력을 다른 부서에 어떻게 알릴 것인가? 그들이 어떤 프로젝트를 당신에게 가져와야 할지 알까? 당신의 저작물이 품질, 비용, 소요 시간에 따라 어떻게 일반적으로 인식되고 있는가? 사내 고객의 몇몇은 디자인 서비스에 다른 선택을 할 수도 있다. 내외적인 당신의 경쟁을 인식해라. 이런 정보를 당신의 내부 마케팅 활동의 안내자로 삼아라. 당신 서비스와 그 가치를 다른 부서에서 온 관리자를 위해 오리엔테이션을 시행하거나, 뉴스레터나 홍보자료를 통해 정기적으로 알려라. 연례적으로 고객 만족도 조사를 시행하여 당신의 노력을 미세조정해라.

공정

사내부서를 위한 또 다른 도전은 디자인이란 문제해결 분야로 프로젝트를 시작하기에 앞서 정보를 수집하고 분석하는 일이 필수적인 활동이라는 사실을 내부 고객들에게 알려야 한다는 점이다. 디자인에 생경한 고객들이 종종 뒤늦게 당신을 프로젝트에 끌어들인 후 당장 양식을 제공하도록 재촉하여 그 공정을 망치려 든다. 이런 막무가내식 접근을 막기 위해, 프로젝트의 진행에 대한 이상적인 경우를 생각해봐라. 가장 적합한 국면, 단계, 일정을 어떻게 소화해야 할까? 그 후 그런 공정을 문서로 설명해라. 그것을 도표로 만들어, 그 도표를 내부 마케팅과 고객 교육의 장치로 활용해라. 이렇게 선별된 과정이 모든 프로젝트를 계획, 추적, 관리하기 위한 당신의 기준틀이 되어야 한다.

프로젝트 계획과 계약서

각 프로젝트는 특히 설문지를 통해 기초적인 조사를 시작한 후, 그런 초기 정보를 요구자와의 개인석 내화의 기초로 삼아 그 프로젝트의 맥락과 목적을 분명히 파악해라. 그런 대화로 충분한 정보를 얻으면, 요구하는 저작물의 규모와 성취해야 할 구체적인 목적을 서술하는 상세한 디자인 준비 서면을 쓸 수 있게 된다. 그런 서류를 손에 쥐게 되면 예산과 스케줄의 초안을 잡을 수 있다. 가장 좋은 방법은 당신 자신의 표준 공정과 그 안에 채무 불이행 비율을 산입한 내부 계획짜기 작업 계획표를 사용하는 것이다. 그 작업계획표는 그 프로젝트에서 제안한 총액을 보여줄 것이며, 당신은 그것을 필요에 따라 조정할 수 있다.

이 시점에서 독립 컨설턴트들은 고객이 검토하고 승인해줄 별도의 제안서를 작성하기 시작한다. 사내부서에 있는 당신에게 공식적인 제안서는 필요 없겠지만, 고객들에게 그 스케줄과 예산에 승인을 요구하는 서면 동의서를 작성해라. 서명된 동의서는 당신의 이해를 공식화하는 것이며, 내부적으로 더 좋은 관리로 이어져 고객에게 당신의 전문가적 이미지를 심어줄 수 있다.

고객 서비스

이제 합의된 프로젝트가 시작된다. 당신은 이미 최고의 창조적 저작물을 만들 만반의 준비를 갖추었다. 그와 동시에 당신은 고객을 돌보는 막중한 일을 해야만 한다. 대형 회사에서 프로젝트가 중도에 그치는 사례가 심심치 않다. 그런 일이 일어나게 해서는 안 된다. 외부 납품업체처럼 고객 서비스에서 근면하고 배려해야 한다. 훌륭한 고객 서비스로는 다음과 같은 사항이 필수다.

- 각 프로젝트 과정 중에 당신은 고객에게 서면과 구두로 진척 과정을 제공하는 데 적극적이어야 한다. 당신의 조직에 가장 좋은 양식과 제출 빈도 수를 발견해라.
- 언제라도 당신과 연락이 가능해야 한다. 고객은 프로젝트의 책임 담당자가 누구인지 알고 싶어 한다. 당신의 팀장을 확인하고 외근 중이더라도 그의 연락처는 반드시 확인해야 한다.
- 그런 요구가 들어왔을 때, 즉각 응답해라. 설령 주말이나 밤이라도 당신은 정기적으로 메시지를 확인하고 당신이 그런 메시지를 받았다는

사실을 고객에게 알려라.

이 모든 일은 전문가로서의 면모를 보여주는 것이다. 훌륭한 디자인과 훌륭한 고객 서비스를 제공함으로써, 당신은 사내 고객들로부터 신뢰와 존경을 얻게 된다. 각 프로젝트 끝에 마무리를 확실히 하고 고객 만족도를 평가하여 일회성 프로젝트를 지속적인 관계로 승화시키도록 노력해라. 당신의 목표는 중요한 동맹자이자 신뢰받는 조언자로서 인정받는 것이다. 궁극적으로 당신이 없으면 고객들이 중요한 프로젝트를 시작할 꿈도 꾸지 못할 정도로 당신의 위상을 높여야 한다.

팀의 문제

당신의 내부 팀에 대한 전반적인 구조와 구성에 관한 의사 결정을 할 때, 프로젝트와 프로그램 관리의 역할에 특히 관심을 쏟아라. 대부분의 디자인 회사에서 전반적인 행정업무를 총괄해줄 담당자가 필수적이다. 이 사람은 창조적 과정에 깊은 이해를 가지고 있어야 하지만, 그들 팀의 역할은 디자이너의 역할이 아니다. 그들의 주요한 책임은 전반적인 행정업무를 돌보아 그 팀을 지원해주는 것이다. 그들이 매일같이 고객의 질문을 받아 문제를 처리해준다. 그들은 필요한 회의를 주선하고, 새로운 정보를 전해주며, 각 저작물의 진행을 기록하고 예산과 마감 시한을 통제한다.

이런 역할을 맞는 직책은 보통 프로젝트 관리자다. 그러나 인터랙션 디자인 팀에서 그들은 프로듀서라고 불린다. 주로 인쇄 일에 송사하는 님에게 이 사람은 인쇄 구매와 관련된 전문성을 가진 생산관리자일 것이다. 광고 팀에서 그는 트래픽 관리자로 올바른 재료가 적시 적소에 있게 할 것이다.

이런 핵심 기술의 조합이 기업의 직원 계획에서 빠지는 경우가 있다. 당신이 그런 사정이라면 당신 팀에 프로젝트 관리자를 추가할 생각을 고려해보라. 이것은 디자이너를 해방시켜 디자인 일에 매진하게 만들 것이다.

추가적인 팀 문제는 이용성이다. 이것은 프로젝트 시간을 비프로젝트 시간과 비교하는 것이다. 독립적인 컨설턴시에서 이것은 노동청구시간과 비노동청구시간의 차이일 것이다. 모든 팀원은 목표 프로젝트 시간의 수를 할당받아야 한다. 기업환경에서 '노동청구'란 말은 오해를 살 수 있는데, 기업마다 그것이 내부적인 예산과 청구에 대해선 다른 접근을 하기 때문이다. 일부는 청구서를 발생시키고, 일부는 사내청구 시스템이며, 아무런 조치가 없는 경우도 있다. 노동청구가능시간은 중요한 관리 성과지표로 설령 실제 청구를 하지 않더라도 그것을 추적해야 한다.

적절한 장치를 선택하기

당신은 이미 최신 디자인 소프트웨어를 가지고 있겠지만, 작업 흐름도를 계획하고 관리하기 위한 적절한 장치들도 필요하다. 그것은 내부 마케팅 노력을 관리하는 데 도움이 될 것이며, 그 결과 당신이 맡게 될 일에 더 큰 통제력을 갖게 된다. 당신의 접촉 추적 시스템을 이용해 기존 고객, 잠재적인 고객, 정보가 되는 광고, 오리엔테이션, 기타 활동에 관한 정보를 유지해라. 다음으로 적절한 프로젝트 추적 시스템의 선택과 이행이다. 당신은 국면, 임무, 스케줄, 자원 관리, 시간 추적, 그리고 프로젝트 추정치 대 실제치의 비교가 내장된 프로젝트 전용 추적 시스템이 필요하다. 이런 시스템 내에서 시간 추적 기능은 노동청구시간과 비노동청구시간 사이를 구별해야 한다.

큰 회사라면 당신은 별도 부서로 그들의 업무 우선권이 있을 정보통신·

IT 부서와 당신에게 필요한 소프트웨어의 필요성을 협상해야 할 것이다. IT 결정권자에게 당신 팀의 프로젝트 추적 필요성이 그들이 지원하는 나머지 부서와 전혀 다르다는 점을 이해시켜야 한다. IT 결정권자는 애초부터 당신이 그냥 스프레드시트 응용프로그램으로 해결해가길 원할 수도 있지만, 그 반대로 대단히 야심차서 처음부터 당신을 위해 고객 솔루션을 개발하려고 할 수도 있다. 그러나 그런 수고는 필요없다. 이미 시중에 훌륭한 디자인 전용 프로젝트 추적 시스템이 많기 때문이다.

프로젝트 추적은 우리를 재정 관리 문제로 이끈다. 사내 디자인 개발 부서는 종종 기업의 재정보고서와 관련된 도전에 직면한다. 흔히 그 정보의 흐름은 매우 일방적이다. 당신은 작업시간표와 승인된 공급업자 청구서를 제출하지만, 당신에게 돌아오는 프로젝트 보고서는 없다. 당신은 우선 당신 부서 내에 중요한 정보를 포착해둔 후, 어떤 필요한 세부사항을 기업의 회계부에 전달하는 것이 좋다. 훌륭한 프로젝트 추적 시스템은 문제없이 이것을 처리할 수 있다. 훌륭한 시스템은 또한 확장도 가능하다. 당신과 함께 성장할 수 있는 시스템을 선택해라. 당신의 부서가 확장할 때마다 그것을 교체하기 위한 혼란과 좌절을 원치 않는다면 말이다.

당신은 훌륭한 시스템을 갖추기 전까지 수동적으로 반응할 것이다. 그것은 한 손으론 불을 끄면서 다른 한 손으론 완성된 저작물을 문 밖으로 내보내려고 허둥대는 모습과 같다. 그런 혼란스럽고 부산스런 접근은 쉽게 탈진을 가져올 수 있다. 그래서 부서에 적절한 관리 시스템을 서서히 발전시켜야 한다. 올바른 절차와 장치를 선택해서 이행하면 업무가 훨씬 더 쉬워지며 규범과 벤치마크의 개발이 용이해진다. 당신의 궁극적인 목표는 미래지향적인 것이다. 그래서 미래의 활동을 투영하고, 자원의 필요성을 예상하며 목표를 설정하고 흐름을 인식해야 한다.

벤치마킹

당신의 활동을 어떻게 벤치마크하고 전반적인 조직에 대한 당신의 영향력은 어떻게 측정할 것인가? 최근의 경기침체와 더불어 외주가 보편적인 흐름으로 자리를 잡아가기 때문에 그에 맞서기 위해 사내 팀의 존재를 정당화시켜야 한다. 당신의 부서와 그 역할에 관한 기업의 결정은 완벽하고 정확한 정보에 기초해야 한다. 당신이 최고의 정보원이라면 의사결정 회의에서 당신은 훌륭한 저격수가 될 것이다.

분석과 벤치마킹을 위한 선제조건은 모든 것을 추적해서 실시간으로 그것을 포착하는 것이다. 정보수집을 자동으로 해라. 올바른 프로젝트 관리 시스템을 선택해 가동하면 그것은 쉬운 일이다. 이에 대한 핵심은 당신의 노동이 사내청구가 되든 안 되든 시간을 철저히 지켜야 된다는 것이다. 다음으로 모든 프로젝트는 직원 노동 예산과 스케줄을 가지고 있다는 점을 분명히 하는 것이다. 그 후 정기적으로 완성된 프로젝트를 요약하고, 원래의 추정예산과 최종 실제금액을 비교해라. 이것은 당신이 흐름을 확인하는 데 도움이 될 것이다. 몇 가지 벤치마크를 위한 구체적인 제안이 있다. 그것을 네 가지 보편적인 범주 프로젝트, 자원, 수익성, 투자회수율로 분류할 수 있다.

프로젝트

- 매년 완성된 프로젝트의 수
- 연간 예산 주기 내에서 당신의 부서에 의해 생산된 저작물의 총규모
- 월간 프로젝트의 수
- 이것은 당신이 계절별 주기를 인식하고 계획하는 데 도움이 될 것이다.
- 고객당 프로젝트의 수
- 가장 활발한 프로젝트 크기, 가장 적은 프로젝트 크기그리고 그 이유, 평균

적인 프로젝트 크기와 프로젝트의 시간을 확인해라. 이것은 또한 과거에 있었던 홍보 활동의 성공에 대한 지침이며, 향후 당신의 서비스를 어떻게 홍보할 것인지에 대한 길잡이가 된다.

- 범주별 프로젝트의 수
- 이것은 당신에게 각 반복되는 일의 형태에 대한 평균 비용, 스케줄, 시간을 개발하게 해주며 각 형태에 대해 프로젝트 관리 템플릿을 개발하게 해줄 것이다.

자원

- 생산성 추적
- 보고된 총시간의 퍼센트로서 프로젝트시간과 비프로젝트시간을 비교해라. 컨설턴시에서 이것은 노동청구시간과 비노동청구시간으로 나뉜다.
- 생산성 목표를 설정해라
- 각 개인이나 부서에서 이것은 팀원이 정액제 보수를 받는다 해도 실제 시간을 추적할 필요성을 부각시킨다.
- 외주 분석
- 외부 구매에 대한 범주, 금액, 이유를 살펴라. 사내 서비스와 외주 서비스의 결합을 지속적으로 재평가해라.

수익성

- 직접비
- 당신의 프로젝트 노동을 급여율로, 당신의 프로젝트 소재는 비용으로 계산해라.
- 비교할 수 있는 외주율

- 공급업자가 그들의 표준 시급율과 그들의 표준 할증률을 이용해 동일한 저작물에 대해 어떤 금액을 산출하는지 계산해라.
- 이전율
- 당신이 저작물을 사내 비율로 고객에게 내부청구하면, 그 비용은 당신의 직접비와 외주비용 사이에서 계산되기 십상이다.
- 이런 비율 사이의 차이
- 여기서 언급된 비율들 사이에서 발생하는 이윤에 대한 분석은 비용절감을 위한 중요한 지표다.

가치/투자회수율

디자인 서비스가 완성된 후, 마지막 도전은 당신이 전달한 혜택을 고객에게 설명하면서 그 혜택을 양적화하는 것이다. 그것들은 객관적이어야 하고, 믿을 만한 자료에 기초해야 하며, 당신의 저작물과 측정 가능한 비즈니스 결과 사이에 직접적이며 논리적인 관계가 있다는 설득 사례를 만들어야 한다. 다음 사항들이 투자회수율에 대한 가시적인 지표가 된다.

- 새로운 제품과 서비스에 대한 마케팅 시간의 절약
- 새롭고 귀중한 지식재산권의 창조
- 전략적 일관성과 지속적인 브랜딩이란 경쟁적 이점
- 시장점유율의 증가와 목표 분야 내에서의 증가된 인식
- 수입증가와 비용절감을 통한 재무 구조의 개선

각 주요 프로젝트를 완결하면서 그 기업에 대한 당신의 저작물이 미친 실제 영향을 보여주기 위해 이런 지표의 일부 혹은 전부를 이용한 사례 연구를 작성하고 배포해라.